企业高技能人才职业培训系列教材

城轨电动列车驾驶员

CHENGGUIDIANDONG LIECHE JIASHIYUAN

（二级）

编审委员会

主　任　仇朝东
委　员　顾卫东　葛恒双　葛　玮　孙兴旺　刘汉成
执行委员　孙兴旺　瞿伟洁　李　晔　夏　莹　叶华平　李　益　杜晓红

主　编　林　宏
编　者　（按姓氏笔画排序）
李素莹　林　宏　姚　军　徐金祥
主　审　鲁新华

中国劳动社会保障出版社

图书在版编目（CIP）数据

城轨电动列车驾驶员：二级/人力资源和社会保障部教材办公室等组织编写. —北京：中国劳动社会保障出版社，2015
企业高技能人才职业培训系列教材
ISBN 978－7－5167－1758－5

Ⅰ. ①城… Ⅱ. ①人… Ⅲ. ①城市铁路-电力动车-驾驶术-职业培训-教材 Ⅳ. ①U266. 2

中国版本图书馆 CIP 数据核字（2015）第 056587 号

中国劳动社会保障出版社出版发行
（北京市惠新东街 1 号 邮政编码：100029）
*
三河市华骏印务包装有限公司印刷装订 新华书店经销
787 毫米×1092 毫米 16 开本 13 印张 20 插页 311 千字
2015 年 3 月第 1 版 2015 年 3 月第 1 次印刷
定价：43. 00 元

读者服务部电话：（010） 64929211/64921644/84643933
发行部电话：（010） 64961894
出版社网址：http://www. class. com. cn

内容简介

本教材由人力资源和社会保障部教材办公室、中国就业培训技术指导中心上海分中心、上海市职业技能鉴定中心、上海申通地铁集团有限公司轨道交通培训中心依据城轨电动列车驾驶员（二级）职业技能鉴定细目组织编写。教材从强化培养操作技能、掌握实用技术的角度出发，较好地体现了当前最新的实用知识与操作技术，对于提高从业人员基本素质、掌握城轨电动列车驾驶员（二级）的核心知识与技能有直接的帮助和指导作用。

本教材既注重理论知识的掌握，又突出操作技能的培养，实现了培训教育与职业技能鉴定考核的有效对接，形成一套完整的城轨电动列车驾驶员培训体系。本教材内容共分为三章，主要包括运行设备及故障处置、信号系统及故障处置、行车管理及应急处置。

本教材可作为城轨电动列车驾驶员（二级）职业技能培训与鉴定考核教材，也可供本职业从业人员培训使用，全国中、高等职业技术院校相关专业师生也可以参考使用。

企业技能人才是我国人才队伍的重要组成部分，是推动经济社会发展的重要力量。加强企业技能人才队伍建设，是增强企业核心竞争力、推动产业转型升级和提升企业创新能力的内在要求，是加快经济发展方式转变、促进产业结构调整的有效手段，是劳动者实现素质就业、稳定就业、体面就业的重要途径，也是深入实施人才强国战略和科教兴国战略、建设人力资源强国的重要内容。

国务院办公厅在《关于加强企业技能人才队伍建设的意见》中指出，当前和今后一个时期，企业技能人才队伍建设的主要任务是：充分发挥企业主体作用，健全企业职工培训制度，完善企业技能人才培养、评价和激励的政策措施，建设技能精湛、素质优良、结构合理的企业技能人才队伍，在企业中初步形成初级、中级、高级技能劳动者队伍梯次发展和比例结构基本合理的格局，使技能人才规模、结构、素质更好地满足产业结构优化升级和企业发展需求。

高技能人才是企业技术工人队伍的核心骨干和优秀代表，在加快产业优化升级、推动技术创新和科技成果转化等方面具有不可替代的重要作用。为促进高技能人才培训、评价、使用、激励等各项工作的开展，上海市人力资源和社会保障局在推进企业高技能人才培训资源优化配置、完善高技能人才考核评价体系等方面做了积极的探索和尝试，积累了丰富而宝贵的经验。企业高技能人才培养的主要目标是三级（高级）、二级（技师）、一级（高级技师）等，考虑到企业高技能人才培养的实际情况，除一部分在岗培养并已达到高技能人才水平外，还有较大一批人员需要从基础技能水平培养起。为此，上海市将企业特有职业的五级（初级）、四级（中级）作为高技能人才培养的基础阶段一并列入企业高技能人才培养评价工作的总体框架内，以此进一步加大企业高技能人才培养工作力度，提高企业高技能人才培养效果，更好地实现高技能人才培养的总体目标。

为配合上海市企业高技能人才培养评价工作的开展，人力资源和社会保障部教材办公室、中国就业培训技术指导中心上海分中心、上海市职业技能鉴定中心联合组织有关行业和企业的专家、技术人员，共同编写了企业高技能人才职业培训系列教材。本教材是系列教材中的一种，由上海申通地铁集团有限公司轨道交通培训中心负责具体编写工作。

企业高技能人才职业培训系列教材聘请上海市相关行业和企业的专家参与教材编审工作，以“能力本位”为指导思想，以先进性、实用性、适用性为编写原则，内容涵盖该职业的职业功能、工作内容的技能要求和专业知识要求，并结合企业生产和技能人才培养的实际需求，充分反映了当前从事职业活动所需要的核心知识与技能。教材可为全国其他省、市、自治区开展企业高技能人才培养工作，以及相关职业培训和鉴定考核提供借鉴或参考。

新教材的编写是一项探索性工作，由于时间紧迫，不足之处在所难免，欢迎各使用单位及个人对教材提出宝贵意见和建议，以便教材修订时补充更正。

企业高技能人才职业培训系列教材

编审委员会

第1章　运行设备及故障处置

PAGE 1

第2章　信号系统及故障处置

PAGE 97

第1章 运行设备及故障处置

完成本章的学习后，您能够：

- ✔ 掌握列车机械系统、电气系统工作原理
- ✔ 掌握运用电动列车综合电路图的方法
- ✔ 进行列车机械系统、电气系统故障分析与处置
- ✔ 掌握接触网技术、接触轨技术的知识
- ✔ 掌握接触网、接触轨故障分析要求
- ✔ 掌握线路专业知识
- ✔ 掌握线路故障分析要求

1.1 电动列车故障分析与处置

知识要求

1.1.1 列车机械系统工作原理

1. 车门工作原理

轨道交通电动列车客室车门数量多且操作频繁，车门状态的好坏将会直接影响运营品质，因此保证车辆客室车门的安全与可靠至关重要。

（1）轨道交通车辆客室车门的特点。

1）要有足够的有效宽度。

2）车门要均匀分布，方便乘客上、下车。

3）车门的数量要足够，使乘客上、下车时间满足运行密度的要求；一般列车每节车厢两侧各设置五扇客室车门。

4）车门附近要有足够的空间，方便乘客上、下车时周转。

5）要确保乘客的安全。

6）要具有较高的可靠性。

（2）客室车门的结构型式。地铁和轻轨车辆的客室车门驱动系统的动力来源如果是直流电机或交流电机，称为电动式车门；如果是驱动气缸，则称为气动式车门。

按照车门的运动轨迹以及与车体的安装方式，客室车门可分为内藏对开式双滑门、外挂式移门、塞拉门和外摆式车门。

1）内藏对开式双滑门。内藏对开式双滑门简称内藏门，在车门开、关时，车门在车辆侧墙的外墙板与内饰板之间的夹层内移动。传动系统设于车厢内侧车门的顶部，装有导轮的车门可在导轨上移动，传动机构的钢丝绳、皮带或丝杠与车门相连接，由气缸或电机驱动传动机构，从而实现车门的往复开、关动作。

2）外挂式移门。外挂式移门与上述内藏对开式双滑门的主要区别在于车门和悬挂机构始终位于侧墙的外侧，车门传动机构的工作原理与内藏对开式双滑门完全相同。

3）塞拉门。车门在开启状态时，车门贴靠在侧墙的外侧，车门在关闭状态时，车门外表面与车体外墙成一平面。这不仅使车辆外观美观，也有利于在高速行驶时减小空气阻力，车门不会因空气涡流产生噪声，也便于自动洗车装置对车体的清洗。塞拉门的开、关动作是车门借助车门上方安装的悬挂机构和导轨导向作用，由电机驱动机械传动机构使车门沿着导轨滑移。

4）外摆式车门。开门时通过转轴和摆杆使车门向外摆出并贴靠在车体的外墙板上，门关闭后车门外表面与车体成一平面，这种车门结构的特点为车门在开启的过程中需要较大的摆动空间。

5）四种车门的性能比较（见表1—1）。

表1—1　　车门性能比较

标准	塞拉门	外挂门	内藏门	外摆门
隔音	很好	很差	差	好
隔热	好	差	差	好
隔空气动压差	很好	差	差	一般
乘客候车区无障碍	差	一般	一般	很差
气流噪声的影响	很低	高	高	很低
开门速度（开、关门时间）	好	很好	很好	差
抖动的可能性	低	高	高	一般
客室死角	一般	一般	差	一般
乘客可用车厢空间	很好	差	很差	很好
夹手	车门和侧墙之间以及门框和下边框之间装有护指橡胶	车门和侧墙之间装有护指橡胶	车门和侧墙之间以及门框和下边框之间装有护指橡胶	车门和侧墙之间以及门框和下边框之间装有护指橡胶

续表

标准	塞拉门	外挂门	内藏门	外摆门
在事故中掉落车门的风险系数	低	高	低	高
门系统的费用	高	一般	很高	高
门系统的有效性	一般	高	很高	一般
运动曲线	复杂	简单	简单	复杂
门系统和门框的重量	高	一般	很高	一般
车体内侧的有效宽度	一般	差	很差	一般
可维修性	一般	差	很差	一般
车辆的弯曲刚度	高	一般	一般	高
车辆的扭曲刚度	低	高	高	一般
设计	流线型	凸出车体	凹进车体	流线型

（3）西门子 A 型电动列车客室车门。西门子 A 型电动列车客室车门是以压缩空气为动力的风动门，具有结构简单、容易控制、安全可靠、故障率低等优点。压缩空气经过门控电磁阀的控制作用于驱动气缸，气缸活塞杆带动钢丝绳、绳轮、防跳轮、滚轮和导轨等组成的机械传动系统动作，使两车门同步反向移动，完成车门的开、关动作。

1）主要技术参数（见表1—2）。

表1—2　　西门子 A 型电动列车客室车门主要技术参数

主要组成部分	技术参数
门框宽度	1 550 mm
门框高度	1 860 mm
车门开度	（1 400 ±4） mm
车门厚度	32 mm
机械装置高度（距轨面）	2 800 mm
开门时间	（2 ±0.5） s
关门时间	（2 ±0.5） s
电源电压	110 V DC ±30%
工作温度	-12 ~ +40℃
工作湿度	≤90%
压缩空气工作压力	0.4 ~0.5 MPa
关门夹紧力	150 ~200 N

2）基本结构和功能。

①门叶和导轨。如图 1—1 所示，车门上部装有由钢化玻璃及氯丁橡胶密封条组成的玻璃窗 4；车门的中心处可承受 90 kg 的横向载荷，而挠度不允许大于 6. 2 mm。车门的两侧立边装有氯丁橡胶密封条；橡胶密封条在两车门的结合处呈凸凹状，保证车门关闭时有良好的密封效果，并可在车门关闭的瞬间起保护乘客免于被夹伤的作用，因此它又被称为护指橡胶条 2。在门另一立边的橡胶密封条 3 主要起防尘、防风的作用。一般来讲，各型列车门叶结构基本与此相同。

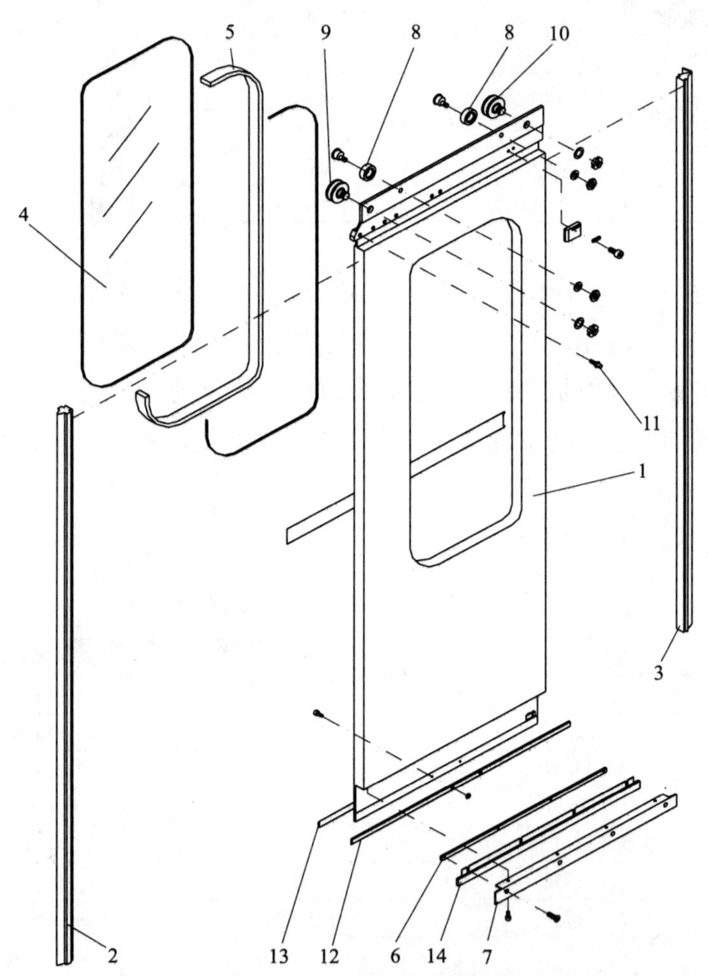

图 1—1　西门子 A 型电动列车客室车门

1—门叶内部　2—护指橡胶条　3—密封橡胶条　4—玻璃窗　5—窗玻璃密封橡胶框
6—门下毛刷卡条　7—门下毛刷封条　8—偏心防跳轮　9—承载轮　10—偏心承载轮
11—锁销　12—内侧磨耗板　13—外侧磨耗板　14—门下毛刷

如图 1—2 所示，每扇车门的顶部装有两个尼龙防跳轮和两个尼龙滚轮。滚轮沿门上导轨滑动并承受门重载荷。

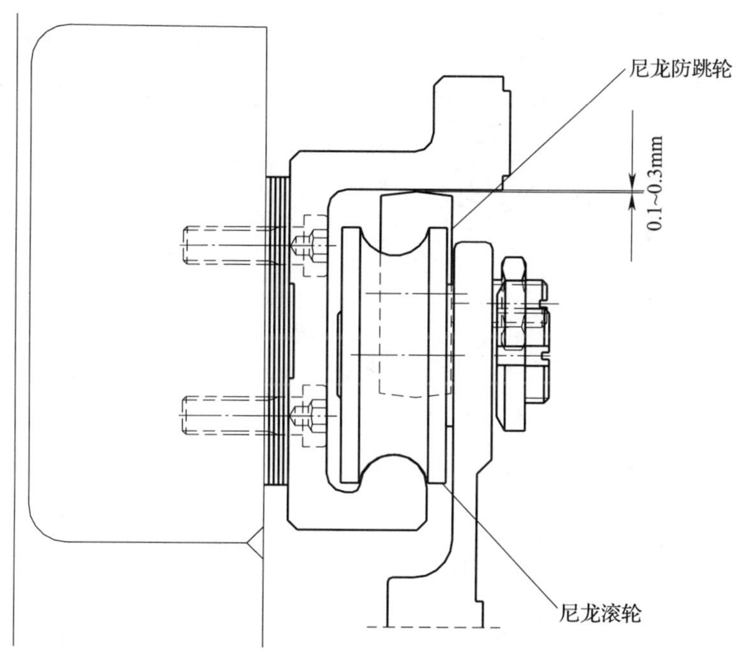

图 1—2　西门子 A 型电动列车防跳轮间隙

②车门的机械传动系统。其作用是将驱动气缸活塞杆的运动传递至两扇门叶，使车门产生开、关动作。该系统由左门驱动架、右门钢丝绳架、驱动气缸、绳轮、钢丝绳和上下导轨等组成。

左门驱动架如图 1—3 所示，安装在左车门上，它的作用主要是将驱动气缸的活塞杆固定在左车门上，使左车门在活塞杆的带动下，随着活塞杆的伸缩而进行开、关动作，因此左车门为主动门。左门驱动架与活塞杆的连接方式为球铰连接。

右门钢丝绳架如图 1—4 所示，安装在右车门上，它的作用主要是将右车门与钢丝绳相连，使右车门与钢丝绳联动。

驱动气缸如图 1—5 所示，是车门系统的主要部件，是车门开、关门动作的执行元件，由压缩空气推动其活塞杆运动，并带动左车门开、关，再通过钢丝绳将动力传递至右车门，因此右车门为从动门。驱动气缸的性能好坏直接影响到车门的开、关动作是否可靠。

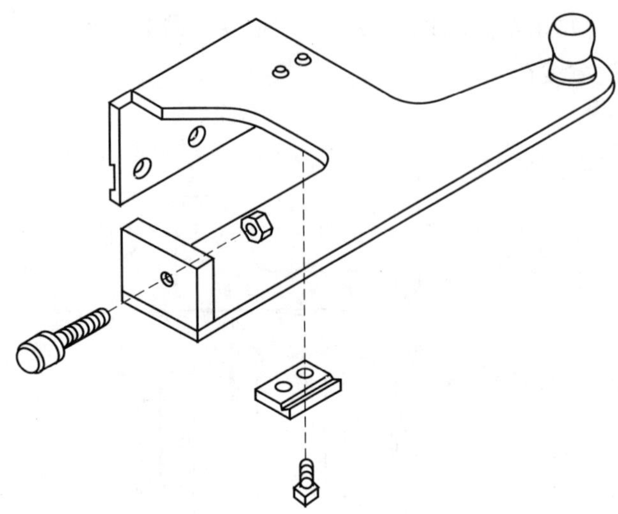

图 1—3　西门子 A 型电动列车左门驱动架

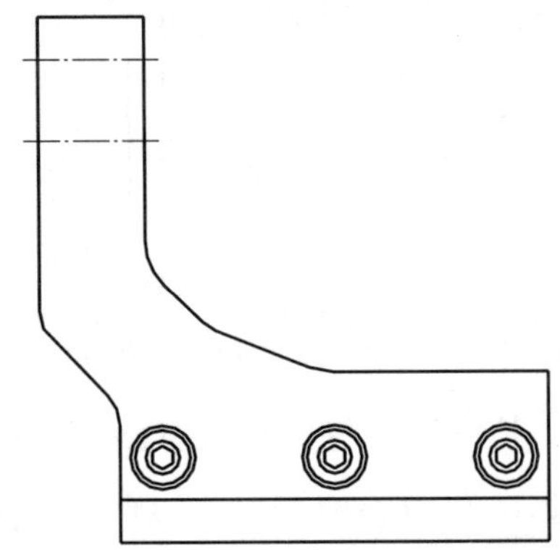

图 1—4　西门子 A 型电动列车右门钢丝绳架

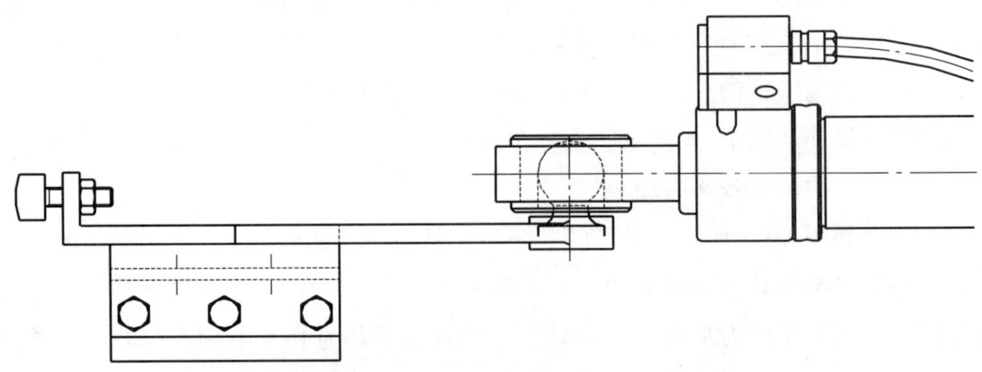

图 1—5　西门子 A 型电动列车驱动气缸

气缸的尾座与车体相连，连接方式允许气缸在车体内纵向转动；与左车门上的驱动架相连，是球铰连接，因此气缸安装处于浮动状态，不会因车体变形而产生活塞杆在气缸内卡死的现象。

钢丝绳在绕过2个绳轮并在通过左门驱动架被左门驱动架上的钢丝绳夹板夹紧后，其两个端头在右门钢丝绳架上汇合。这样钢丝绳将左、右车门联系起来，实现了左、右车门的同步反向联动。图1—6、图1—7所示为钢丝绳的安装情况。

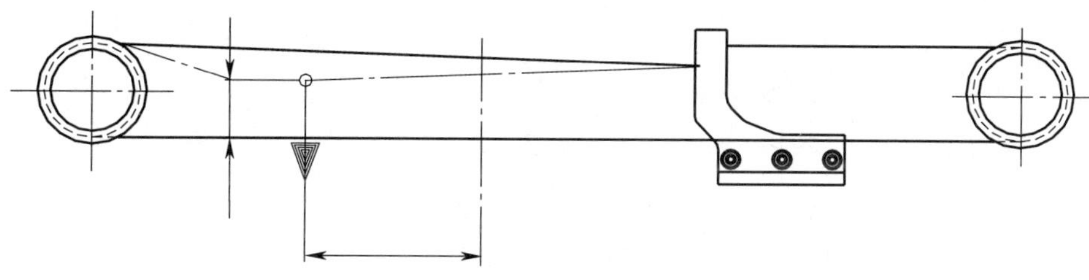

图1—6　西门子A型电动列车钢丝绳的安装

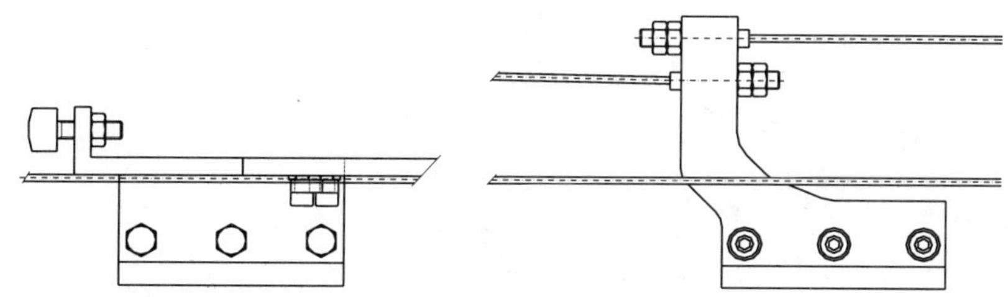

图1—7　西门子A型电动列车钢丝绳夹板及钢丝绳的安装

③机械锁闭机构。机械闭锁机构如图1—8所示，安装在车门系统中心位置的上方，

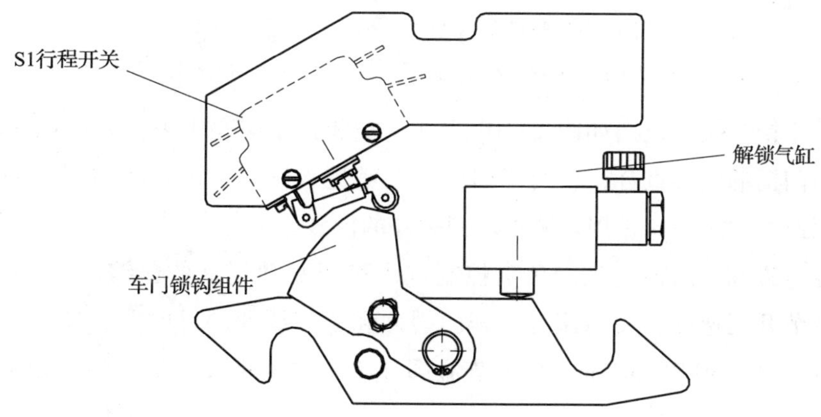

图1—8　西门子A型电动列车机械闭锁机构

由车门锁钩组件、门上锁销和解锁气缸等组成。解锁气缸是执行门钩解锁动作的部件。锁钩板呈反S形，将车门上的圆销锁住后，车门无法开启。扇形板在锁钩板打开时可将S1行程开关触发。复原弹簧的作用是使锁钩板复位。

④紧急解锁装置。红色紧急拉手如图1—9所示，安装在车门上方的正中；其上安装有3个行程开关，并附有紧急机构解锁机构和切除机构，便于遇到紧急情况时乘客使用或车门发生故障时乘务人员操作。

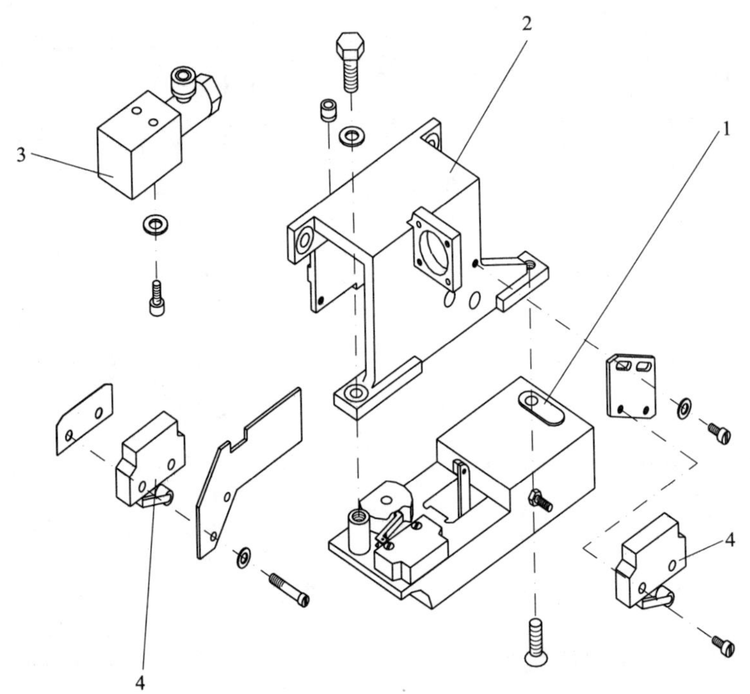

图1—9　西门子A型电动列车红色紧急拉手

1—紧急拉手总成　2—支架　3—解锁气缸　4—行程开关

⑤关门止挡。关门止挡如图1—10所示，安装在车门左上方。两车门关闭时的中心位置需与门框的中心重合，且两车门上的圆销进入锁钩板圆孔后与圆孔的间隙两边需均匀，因此可通过关门止挡来调整车门关停的位置。

⑥门控电磁阀。门控电磁阀负责控制进入车门驱动气缸的压缩空气压力的大小，从而达到调节开门速度、关门速度、开门缓冲和关门缓冲的目的。它是由3个二位三通电磁阀（MV1、MV2、MV3）、5个节流阀和2个快速排气阀组成的，如图1—11所示。

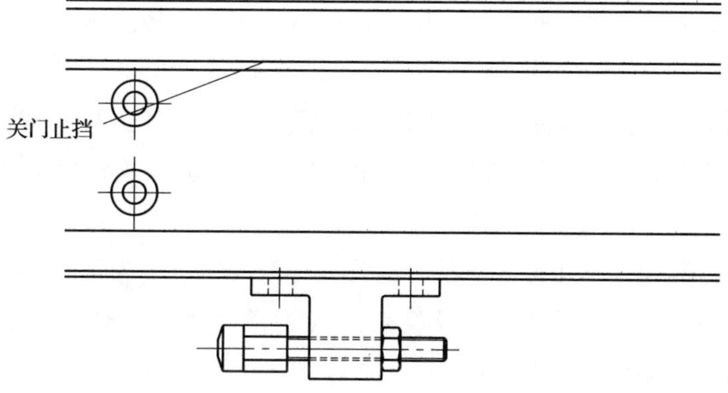

图 1—10 西门子 A 型电动列车关门止挡

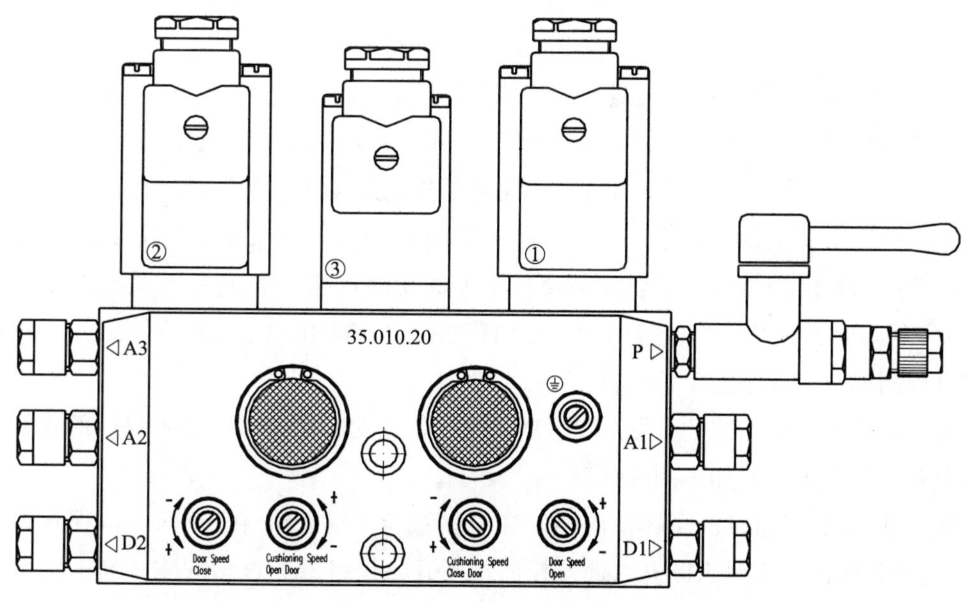

图 1—11 西门子 A 型电动列车门控电磁阀

MV1、MV2 和 MV3 电磁阀分别为开门、关门和解锁电磁阀。

5 个节流阀的功能分别为调节开门速度、关门速度、开门缓冲、关门缓冲和解锁速度。

2 个快速排气阀的功能是将主气缸两端排气管中的废气排向大气。它相当于一个双向选择阀，它的排气口是常开的，当驱动气缸通过它充气时，其阀芯将排气口关闭。

西门子A型电动列车的节流阀装在气缸两端的出口处；3个二位三通电磁阀装在气缸的缸体中部；2个快速排气阀分别与同一端的节流阀为一体。

⑦行程开关。行程开关是反映车门开、关动作的限位开关，它把车门的机械动作变成电信号，反映到车门的监控回路，使驾驶员随时了解车门的开、关状态。S1、S2、S3、S4四个行程开关分别对门钩位置、关门行程、门控切除及紧急手柄位置进行监控和显示。

a. S1为门钩位置行程开关，显示门钩锁定与否的信息，为常闭的行程开关，装在红色紧急拉手上。当门钩锁定时，其1/2触点（为常闭触点）合上（在线路中将电路接通），3/4触点（为常开触点）断开，反之则是门钩尚未锁定。

b. S2为关门行程开关，显示车门关闭与否的信息，为常开的行程开关，固定在车门导轨上部的一个安装架上。当车门关闭时，其1/2触点（常闭）断开，3/4触点（常开）合上（在线路中将电路接通），反之则是车门尚未关闭。

S1行程开关与S2行程开关具有相互联锁作用，即同一侧5个门洞的所有S1与S2行程开关均为串联，若其中任意一个不闭合，司机室会显示故障，列车则无法启动。

c. S3是车门紧急切除行程开关，作用是监控切除动作，为常闭的行程开关，装在红色紧急拉手上。正常情况下，1/2触点（常闭）闭合。当某扇车门由于故障而不能被正常使用时，使用方孔钥匙启动紧急拉手上的切除机构，S3行程开关的1/2触点断开，3/4触点合上，从而将该扇门的监控回路短接，排除在列车门控系统之外，使列车不因这扇门的故障而不能正常运营。

d. S4是紧急开门行程开关，作用是监控紧急手柄的动作，为常闭的行程开关，装在红色紧急拉手上。有如下两种情况。

在ATP系统开通时，当客室内的紧急手柄被拉下时，S1和S4两个行程开关同时动作，此时S1的1/2触点断开，使监控回路断开，司机室会显示故障，列车将自动紧急停车，同时S4的1/2触点的断开使关门电磁阀也失电，且由于紧急手柄的动作使门锁也被打开，车门可由人工开启。另外由于S4的3/4触点的合上，则向驾驶员报警，显示在客室里有异常情况发生，列车会自动停车。

在ATP系统关闭时，当客室内的紧急手柄被拉下时，S4的3/4触点合上，则向司机报警，显示客室有异常情况，但是列车不会自动停车。

3）车门功能。

①客室车门的开、关。正常情况下，车门的开、关和锁闭不允许乘客操作，是由驾驶员在司机室按动左、右侧壁上的开、关门按钮来完成的（交流传动车在右侧壁上

再增设一副左侧门开、关按钮），并且此开、关门按钮上还带有指示灯，以显示车门开、关的状态。只有当开门按钮的指示灯点亮时，车门才有可能打开，这是开门的充分必要条件。在客室外2位端的两侧窗下有门锁机构，必要时驾驶员在车外可用钥匙打开车门。在这些门外设有脚蹬和扶手。

②关门报警。为了提醒乘客不要被车门夹住，特在关门前设置关门报警。报警时蜂鸣器鸣叫时长为4～5 s，蜂鸣器停止鸣叫后车门关闭。

③客室车门监控系统。列车在正常运营时采用全自动列车控制（ATC）模式，车上只有一位驾驶员监控。为了保证列车安全运营，必须有一套有效的客室车门监控回路来监控列车全部车门的开、关状态。

S1行程开关与S2行程开关为联锁作用，即同一侧所有门洞的S1行程开关与S2行程开关均为串联，若其中任意一个不闭合，则说明某个车门没有关好或锁好，司机室会显示故障，列车则无法启动或会紧急制动。因此全列车每侧的S1行程开关与S2行程开关形成的串联回路成为客室车门的监控系统。当所有车门均关好、锁好时，客室车门的监控回路接通，驾驶员首先是通过关门按钮8S3或8S4上的按钮灯8H3或8H4亮或暗来判断全列车的客室车门是否关闭及锁定，然后才根据司机台的显示屏显示内容或车外侧侧墙灯、车门灯来进一步确认。

④列车再开门功能。只有当ATP系统开通时，才有再开门功能。当车门在关闭过程中，如果乘客或乘客随身携带的物品被夹持在待关闭的车门之间，在规定的时间内关门灯未亮，则意味着车门尚未完全关好，再按一下开门按钮（8S2），此时仅有未关闭的车门再次开启，并隔4～5 s后自动关闭。

⑤紧急开门。在紧急情况下乘客可扳动车门上方正中位置的红色紧急手柄开门。这时S1行程开关的1/2触头断开，使列车产生紧急制动。S4行程开关的1/2触头断开，使关门电磁阀的电气连接被中断；但该电磁阀可以通过一个并联接头供电，气缸仍不会释放，直到列车降速到3 km/h时，电磁阀断电，然后车门系统的气路被中断，车门可手动打开；红色紧急手柄会从下方顶起车门的锁钩板，使车门的机械锁打开。车速3 km/h以下时使用红色紧急手柄，关门电磁阀的电气连接会立刻被中断，然后车门系统的气路被中断，车门立刻可手动打开。由于S4行程开关的3/4触头闭合，使驾驶员获得车门紧急开启的信息。

若再将紧急手柄推上复位，车门会自动锁闭。

⑥车门切除。当某扇车门由于故障而不能正常开、关时，则可将该扇门的控制电路切除，使该门处于关闭状态而不能开启。其方法是使用方孔钥匙将应急拉手旁S3行

程开关的3/4触点合上，将1/2触点断开，从而将该扇门的监控回路短路，整列车不会因这扇门的故障而不能正常运营；并从机械上阻止车门的打开；在实施切除前车门需关闭、锁定且紧急手柄处于正常位。

4）司机室侧门的基本结构。在司机室两侧各有一扇单叶的内藏式滑动门，用于驾驶员安全出入。司机室侧门的开、关为手动控制，没有电气控制系统。司机室侧门可以确保司机室与外界进行物理、热量以及声音隔离。

司机室车门结构与客室车门类似。但车门上装有与门把手联动的锁板，并安装有门锁。车门的锁闭由驾驶员掌握的钥匙操纵，车门由驾驶员锁好后，任何人无法进入。在车门未锁时，进出车门需扳动门把手，由于门把手与司机室侧门上方的锁板为联动，因此锁板与门框上的锁销脱离时，车门即可打开。

车门上的窗户可开启。门框上装有开关门止挡，可调整车门关停的位置。

5）司机室通道门的基本结构。在司机室与客室之间有一扇单叶的推拉门，用合页安装在司机室与客室之间的隔墙上。车门下部装有百叶通风板。

它在司机室一侧有开门把手；客室一侧没有开门把手，乘客不能开启这扇门。但在门上方有一红色紧急拉手，在紧急情况下乘客可扳下紧急手柄，开启通道门。

6）紧急疏散门的基本结构。列车在隧道内运行，一旦发生火灾或其他险性事故时，必须紧急疏散车上的乘客。这时驾驶员可打开设在2个Tc车端头正中间的紧急疏散门，引导乘客通过紧急疏散门走向路轨中央，然后向两端的车站疏散。

门叶下部和地板之间用铰链连接；门叶上方装有门锁机构和锁门行程开关；一旦门锁开启车门能自动倒向路基，门板成为连接车体地板与地面的斜梯。

门的两侧各有一组由数个铝合金杆和气弹簧铰接在一起、一头与车端相连、一头与门板相连的拉杆机构，在门倒下的过程中起到缓冲作用，使倒下的速度不会过大，防止车门装置损坏；门两侧的拉杆机构也是斜桥的栏杆和扶手。

门板由铝合金板型材制成，表面涂有防滑漆，防止乘客滑倒。

紧急疏散门有1个检查钢丝绳安放位置正确与否的行程开关、1个锁门行程开关和2个检查紧急疏散门是否关闭良好的行程开关，否则列车无法启动。图1—12所示为紧急疏散门打开后的状况。

紧急疏散门的打开方式分为车上和车下两种。

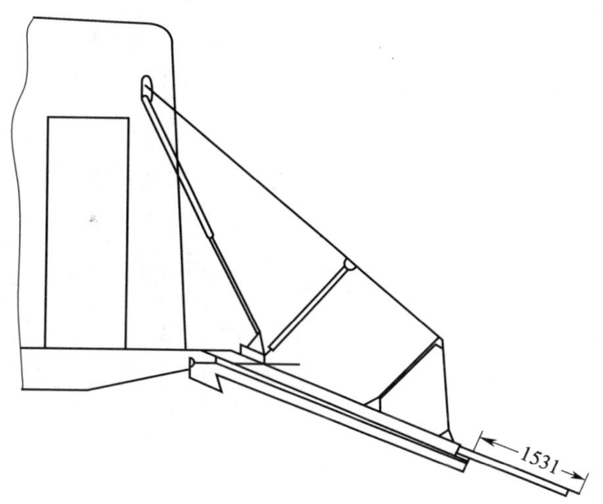

图 1—12　西门子 A 型电动列车紧急疏散门打开后成为斜梯

①车上打开方式。面对紧急疏散门，从挂在左侧副驾驶台侧面的钢丝绳收放筒内拿出开关门手柄，向下拉开门绳索，使门锁杆缩进即解锁；安装在逃生门右侧的开门阻尼顶杆弹出，顶开逃生门，门板缓缓落下；在门板落下的过程中，门板两侧的伸缩保护连杆将其拉住，其中的阻尼装置起到缓冲作用。

②车下打开方式。开门手柄盒位于车头右下角（面向车头时）。首先打开车下红色逃生门开门手柄盒，拉出开门手柄；用力拉手柄，这时通过钢丝绳使门锁杆缩进即解锁；开门阻尼顶杆弹出，顶开紧急疏散门。

关闭紧急疏散门方式。需在司机室内操作时用力转动疏散梯操作手柄，通过钢丝绳收放筒把门拉上。关门时要有一定的冲力才能将门关紧；这时门锁杆弹出，锁住门叶。

城市轨道交通 A 型车的车门布置为每一节车厢的每一侧设有五扇客室门，每扇门由 2 个门叶组成。在气源或驱动电机的作用下，每扇门的 2 个门叶通过钢丝绳或连杆机械连接在车门滑槽内，保持同步反向移动。当车门处于关闭状态时，两门叶被机械锁定。

客室车门的开关由驾驶员在司机室通过左、右侧墙上的门控按钮完成控制。该按钮带车门状态指示，以让驾驶员了解客室车门当前所处的开关状态。

门控系统采用了继电器控制的方法来完成整个控制过程。一旦车门发生故障，司机室故障显示屏上会及时显示故障车门的部位，以让驾驶员尽快做出反应，及时处理。列车门控系统还具备与列车控制系统的监控保护联锁功能，即在列车行驶过程中不能打开车门。在车门打开状态或门控出现故障时列车将不能启动行驶。在列车行驶途中若有紧急状况而有人拉下客室内的紧急拉手时，列车施加紧急制动。

西门子A型电动列车客室车门开关门，解锁，旁路电路。（见综合电路图25、26、28、29、30、31）

（4）西门子A型电动列车客室车门控制回路工作的前提条件。

1）主控制器钥匙接通继电器81－K23的线圈得电，常开触点13－14闭合。

2）车辆速度>0，继电器22－K18、22－K19的线圈失电，常闭触点71－72闭合。

对于第一个条件，只要驾驶员用司机钥匙打开主控制器就可满足。对于第二个条件，只要列车处于静止状态就可满足。所以，一般来说只有列车静止时，车门控制回路才能得电工作。

（5）西门子A型电动列车客室车门的控制。对于车门来说有两种工作情况，即ATP开门旁路切除和ATP开门旁路未切除时的开门授权（使能信号）。

1）ATP开门旁路未切除（正常工作状态）。以开列车左侧门为例，在此工作状态下，列车门钩的解锁和复位指令由ATP发出。当列车进站以后，车载ATP系统收到车站ATP装置的门钩解锁指令，使81K－02的线圈得电，并使各车厢对应列车左侧的相应门解锁继电器81－K03/81－K04得电，使门钩解锁，为开门创造条件。

当车门解锁后，驾驶员按下开列车左门按钮81－S12或81－S02，这样SIBAS KLIP分站1的E114_ 10监测到一个高电平，判断出驾驶员正执行开列车左门操作。

当列车停靠一个站台达到规定时间后，车载ATP系统收到车站ATP装置的门钩复位指令，马上使所有的车门解锁继电器线圈失电，使门钩复位，为关门后锁门创造条件。

当门钩复位后，驾驶员按下关列车左门按钮81－S14或81－S04，这样SIBAS KLIP分站1的E114_ 12监测到一个低电平，判断出驾驶员正执行关列车左门操作。

2）ATP开门旁路切除。当驾驶员将ATP开门旁路旋钮开关81－S9拨向切除位置以后，旁路状态指示灯81－H04得电，同时ATP装置和切除相关的输入变为低电平，而SIBAS KLIP分站1的E115_ 05监测到一个高电平，判断出驾驶员已经将ATP开门旁路切除。

当列车进站时，由于81－S09的常闭触点31－32和21－22断开，而常开触点

13－14、53－54、43－44 闭合。只有当驾驶员按下开列车左门按钮 81－S12 或 81－S02 后，81－K02 线圈得电，然后使各车厢对应列车左侧相应门解锁继电器 81－K03/81－K04 得电，使门钩解锁，为开门创造条件。此时 IBAS KLIP 分站 1 的 E114_ 10 监测到一个高电平，判断出驾驶员正执行开列车左门操作。

由于 ATP 车门系统已被旁路，所以关门前的门钩复位动作操作也不受 ATP 控制，而是在关门按钮按下后，才使相应的车门解锁继电器 81－K03/81－K04 的线圈失电，使门钩复位，为关门后锁门创造条件。与此同时，SIBAS KLIP 分站 1 的 E114_ 12 监测到一个低电平，判断出驾驶员正执行关列车左门操作。

（6）开门指令的发出（见综合电路图 25、28、29）。当驾驶员按下开门按钮时，CCU 系统从 SIBAS KLIP 分站监测到开门信号后，就用 KLIP 分站的输出信号向开列车左侧门相应的车门继电器（81－K14/81－K13）的线圈发出驱动信号，使其得电，这样其常开触点3－11 闭合，常闭触点 4－14 断开。于是开门电磁阀 Y1 得电，关门电磁阀 Y2 失电。由于早先的解钩继电器线圈得电已经导致了解钩电磁阀 Y3 的动作，使门钩解锁，所以开门电磁阀 Y1 得电及关门电磁阀 Y2 失电马上导致门控气缸向开门方向运动，车门随即打开。

（7）乘务员钥匙开门（见综合电路图 28、29、30、31）。当驾驶员使用主控制器钥匙任意从客室内、外打开 17/19 门时，81－S07 或 81－S05 的常开触点 1－2 闭合，此时开乘务门继电器 81－K19 的线圈就会得电，于是常开触点 23－24 和 33－34 闭合，常闭触点 51－52 断开，这样开门电磁阀 Y1 和解钩电磁阀 Y3 得电，关门电磁阀 Y2 失电，从而导致门控气缸向开门方向运动，车门随即打开。

（8）单扇车门的切除功能（见综合电路图 30、31、32、34、36）。当任意一扇车门发生故障后，驾驶员用方孔钥匙将车门切除。当车门被切除后，车门切除行程开关 S3 的常闭触点 1－2 断开，常开触点 3－4 闭合。常闭触点 1－2 断开将导致车门解锁继电器（85－K32、85－K34、85－K36、85－K38 或 85－K40）的线圈失电，于是车门解锁继电器的常开触点 13－14 和 23－24 断开，从而切断了开门电磁阀和解锁电磁阀的供电线路，这样该车门就被锁死，不能被打开了。

在该车门被锁死的同时，由于 S3 的常开触点 3－4 闭合，于是车门锁定继电器（85－K42、85－K44、85－K46、85－K48 或 85－K50）的线圈得电，其常开触点 43－44 闭合，这样该车门上的门关好行程开关 S2 和门锁好行程开关 S1 就被旁路了，具体过程将在关门状态监测中讲述。

在该车门被切除后。车门切除指示灯红灯（83－H22、83－H24、83－H26、83－

H28 或 83 – H30）因为锁定继电器的常闭触点 13 – 14 闭合而得电。

当驾驶员用方孔钥匙取消该车门的切除状态以后，车门切除行程开关 S3 的常闭触点 1 – 2 闭合，常开触点 3 – 4 断开。这样门解锁继电器（85 – K32、85 – K34、85 – K36、85 – K38 或 85 – K40）的线圈得电，而该车门锁定继电器（85 – K42、85 – K44、85 – K46、85 – K48 或 85 – K50）的线圈失电，常开触点 13 – 14 和 23 – 24 闭合，从而使开门电磁阀和解锁电磁阀重新获得了开门的可能。而车门锁定继电器失电，这样该车门门关好行程开关 S2 和门锁好行程开关 S1 的旁路就被取消了。

车门切除指示灯（83 – H22、83 – H24、83 – H26、83 – H28 或 83 – H30）因为锁定继电器的常闭触点 13 – 14 断开而熄灭。

当然，一节车厢上的一侧门全部车门切除信号都被 CCU 系统通过 SIBAS KLIP 分站采集和监测。

（9）车门关门指令的发出（见综合电路图 25、26、27、30、31）。当驾驶员按下关门按钮时，列车 CCU 系统就会监测到驾驶员希望执行关列车左门操作，先通过 SIBAS KLIP 分站向关门报警器发出报警信号。接着 SIBAS KLIP 分站驱动关列车左门延时继电器 81 – K16 的线圈得电，使其常开触点 13 – 14 和 53 – 54 闭合，从而能够通过车门关好、锁好指示灯观察车门关闭情况。最后 SIBAS KLIP 分站切断对开列车左门继电器（81 – K14）线圈的供电，81 – K14 的线圈失电，常闭触点 21 – 22 闭合，常开触点 13 – 14 断开，这样关门电磁阀线圈得电，开门电磁阀线圈失电，于是门控气缸向关门方向运动。当车门运动到锁定位置时，由于此前门钩已经恢复，所以车门将被门钩锁定，关门过程完成。

（10）安全疏散门的监控（见综合电路图 37）。当驾驶员打开安全疏散门后，门上所有行程开关（S01、S02、S03）都被打开，于是安全疏散门锁好监控继电器 86 – K01 的线圈失电，其常闭触点 21 – 22 闭合，安全疏散门解锁指示灯亮起，提示驾驶员安全门已经解锁。当然此时车辆不能执行牵引指令。

当驾驶员关闭安全疏散门到位后，门上所有行程开关（S01、S02、S03）全都闭合，于是安全疏散门锁好监控继电器 86 – K01 的线圈得电，其常闭触点 21 – 22 断开，安全疏散门解锁指示灯熄灭，提示驾驶员安全门已经锁好。

如果安全疏散门某个行程开关（S01、S02、S03）出现故障，不能正确指示安全疏散门是否已经锁好，驾驶员只要将安全疏散门解锁旁路旋钮 86 – S04 拨到旁路位置，其常开触点 13 – 14 闭合，这样 86 – K01 的线圈将会得电，安全疏散门解锁监控功能就被旁路了。

（11）整车车门关门监控（见综合电路图27、32、33）。当某一扇车门关闭到位，相应的门关好行程开关S2才会闭合；同样地，只有某一扇车门被门钩锁好以后，相应的门锁好行程开关S1才会闭合。只有当一节车厢上的一侧门全都关好、锁好以后，相应的门关好锁好继电器线圈才会得电，常开触点13－14闭合。这样只有当和列车左侧门相关的所有门关好锁好继电器的线圈得电，常开触点13－14闭合以后，列车左侧所有门关好锁好继电器81－K10的线圈才会得电，左侧关门按钮（81－S14或81－S04）内置指示灯才会亮起，表明关门操作已经完成。

如果某扇门出现故障，相应的门关好行程开关S2和门锁好行程开关S1则不能闭合，从而导致列车左侧所有门关好锁好继电器的线圈不能得电，影响正常运营（如果车门未关好车辆不能进行牵引操作）。为了解决这个问题，在相应的门关好行程开关S2和门锁好行程开关S1的两端被并联了一个车门锁定继电器的常开触点43－44，一旦车门被切除，相应的门控切除继电器的线圈就会得电，那么常开触点43－44闭合，该扇门的门关好行程开关S2和门锁好行程开关S1就被旁路了。

一节车厢上的一侧门全部关好锁好的信号都被CCU系统通过SIBAS KLIP分站采集和监测。

2. 停放制动工作原理

（1）列车停放制动（见综合电路图14）。

1）要进行列车停放制动施加，必须要使停放制动施加脉冲电磁阀（27－A01－Y01）的线圈得电，需满足以下条件。

①列车接通控制继电器22－K51的线圈得电，常开触点5－7闭合。

②停放制动施加按钮（27－S01）被按下，使其常开触点13－14闭合。

③27－F01、27－F20闭合。

④一旦列车停放制动施加操作在控制单元Tc车进行以后，工作电平将通过车钩传输给列车其余所有车辆，于是所有车辆都将施加停放制动。

2）要进行列车停放制动缓解，必须要使停放制动缓解脉冲电磁阀（27－A01－Y02）的线圈得电，需满足以下条件。

①列车接通控制继电器22－K51的线圈得电，常开触点5－7闭合。

②停放制动施加按钮（27－S01）未被按下，使其常闭触点21－22闭合。

③停放制动缓解按钮（27－S02）被按下，使其常开触点13－14闭合，常闭触点21－22断开。

④27－F01、27－F19闭合。

一旦列车停放制动缓解操作在控制单元 Tc 车进行以后，工作电平将通过车钩传输给列车其余所有车辆，于是所有车辆都将缓解停放制动。

（2）主风缸压力、摩擦制动、停放制动监测电路（见综合电路图 15、16）。以 Tc 车为例，主风缸压力可用信号由主风缸压力传感器（27－A01－B01）检测，如果主风缸压力可用（>0.7 MPa），那么这个信号将通过车钩传遍整列车，最终使位于 Tc 车的主风缸压力可用继电器（27－K09）的线圈得电；相反地，若主风缸压力不可用（<0.7 MPa），则将输入 BECU。

本车停放制动施加信号由停放制动压力传感器（27—A01—B02）检测，如果本节车厢的停放制动已被施加（0.35 MPa），停放制动施加继电器（27－K02）的线圈得电；如果本节车厢的停放制动已被缓解（>0.45 MPa），停放制动缓解继电器（27－K03）的线圈得电。停放制动施加和主风缸压力可用信号都被接入 BECU。停放制动缓解信号被接入 SIBAS KLIP 分站的 E111_ 04 端子。

当一位端转向架的摩擦制动被缓解（压力<0.08 MPa），摩擦制动缓解继电器（27－K04）的线圈得电，常开触点 13－14 闭合，如果此时二位端转向架的摩擦制动也被缓解（压力<0.08 MPa），那么所有摩擦制动缓解继电器（27－K07）的线圈得电，说明本车所有摩擦制动都被缓解。一位端转向架的摩擦制动缓解信号同时还输入 SIBAS KLIP 分站的E111_ 05 端子，二位端转向架的摩擦制动缓解信号输入 SIBAS KLIP 分站的 E131_ 06 端子。

在本车所有摩擦制动缓解（27－K07 得电）时，如果本车停放制动缓解，使得 27－K03 的常开触点 23－24 闭合，那么本车所有摩擦制动缓解继电器（27－K06）的线圈得电，表示本车所有制动都被缓解。

对于摩擦制动施加信号的判断为任意一个转向架的摩擦制动被施加（压力>0.12 MPa），这样就使得摩擦制动施加继电器（27－K05）的线圈得电。

（3）列车停放制动工作状态指示和旁路电路（见综合电路图 16）。上面提到如果本节车厢的停放制动已被施加，那么停放制动施加继电器（27－K02）的线圈得电；如果本节车厢的停放制动已被缓解，那么停放制动缓解继电器（27－K03）的线圈得电。

如果一列车上的所有车厢的停放制动都被施加，所有 27－K02 的线圈都得电，于是它们的常开触点 33－34 都处于闭合状态，电流从非控制单元 Tc 车的列车接通控制继电器（未得电）（22－K52）的常闭触点 71－72 流出，经每节车 27－K02 的 33－34 和控制单元 Tc 车的列车接通控制继电器（22－K52）的常开触点 33－34，形成了一条列车线供电回路，停放制动施加按钮（27－S01）的内置指示灯得电而发光，表明所有车厢的停放制动都被施加。

类似地，当一列车上的所有车厢的停放制动都被缓解，那么停放制动缓解按钮（27－S02）的内置指示灯得电而发光，表明所有车厢的停放制动都被缓解。与此同时，所有停放制动缓解继电器（27－K03）的线圈得电。

从图上还能看到，如果所有停放制动缓解旁路旋钮开关（27－S03）被转到旁路位置时，停放制动缓解继电器（27－K03）的线圈将直接得电，而与停放制动缓解继电器（27－K03）线圈是否得电、常开触点13－14是否闭合已经没有关系了。

3. 紧急制动工作原理（空气制动）

城市轨道交通制动系统具有电制动系统与机械制动系统两大部分，本节仅对机械制动系统加以介绍。

西门子A型电动列车的制动系统由德国克诺尔（KNORR）制动机公司制造，其机械制动系统采用的是空气制动系统。

（1）空气制动系统组成。西门子A型电动列车的空气制动系统由供气部分、控制部分和执行部分组成，如图1—13、图1—14所示。

1）空气压缩机（气源）。西门子A型电动列车在设计时，以Tc、Mp、M三辆车为一个单元，每一单元设置一套空气压缩机组，机组安装在M车的底架上，它包括驱动电机、压缩机、干燥器、主风缸和压力控制开关等。

空气压缩机组除了为空气制动系统提供压缩空气外，也为车门驱动系统、二系悬挂系统、气动喇叭、刮雨器、受电弓气动控制设备、车钩气动控制设备等提供压缩空气。

西门子A型电动列车空压机组的驱动电机是1 500 V直流电动机，但空压机的排量较小，如图1—15所示，其主要技术参数见表1—3。

此压缩机为三缸压缩机，其中两个缸为低压缸，一个为高压缸。另外，其所采用的吸入空气过滤器与直流型电动列车的压缩机也不相同，它采用过滤纸过滤，效果较油浴式过滤器好，但应用成本较高。冷却风扇的叶片不直接安装在曲轴端头，而是通过温控液力联合器连接的。此联轴器在温度较低时，其内的液体黏度很低，不传递转矩，只有当联轴器内的液体达到一定温度时，它的黏度随温度上升，才能传递转矩。使用这种联轴器可节约空压机的能源。

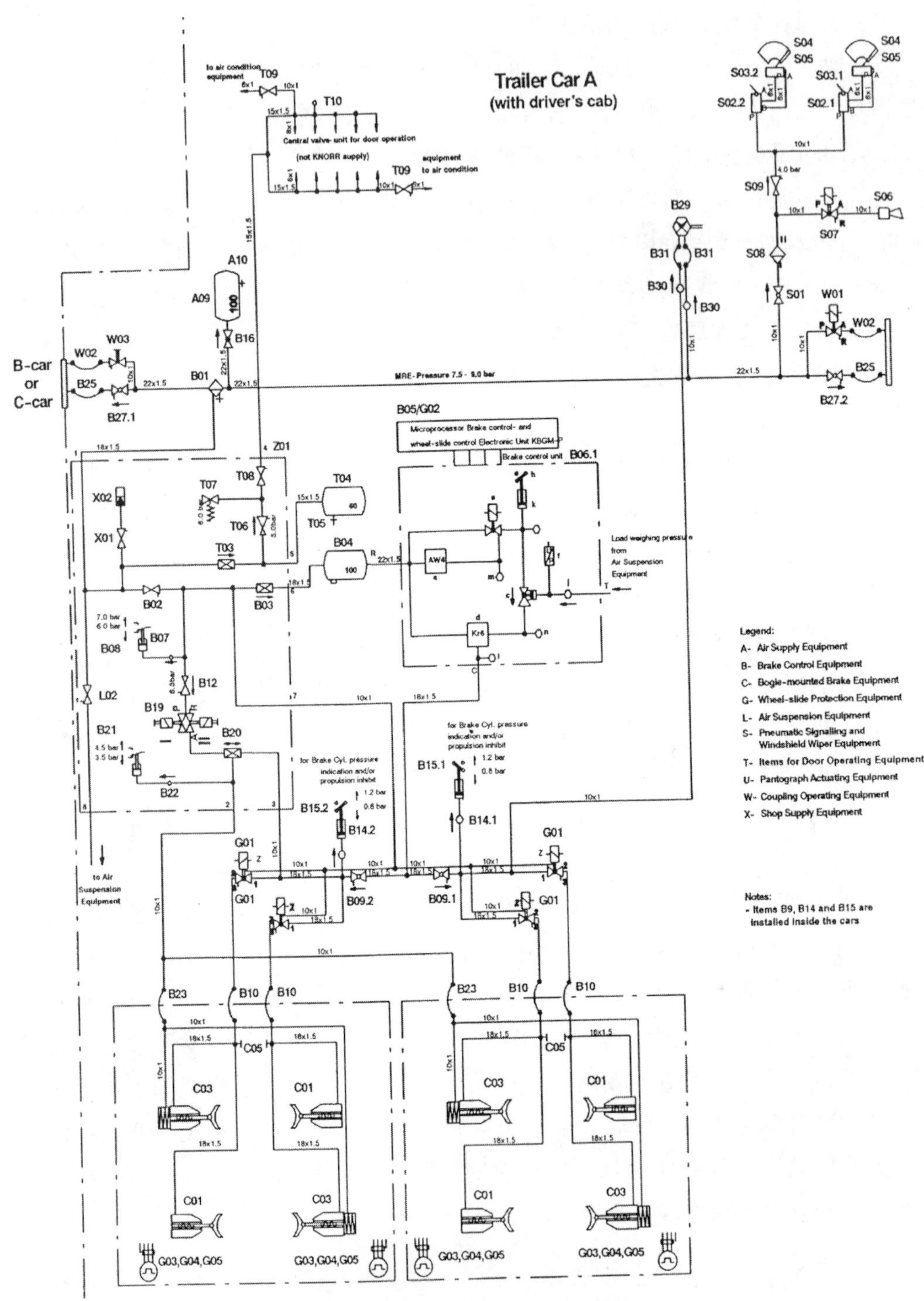

图 1—13 西门子 A 型电动列车制动气路图（Tc 车）

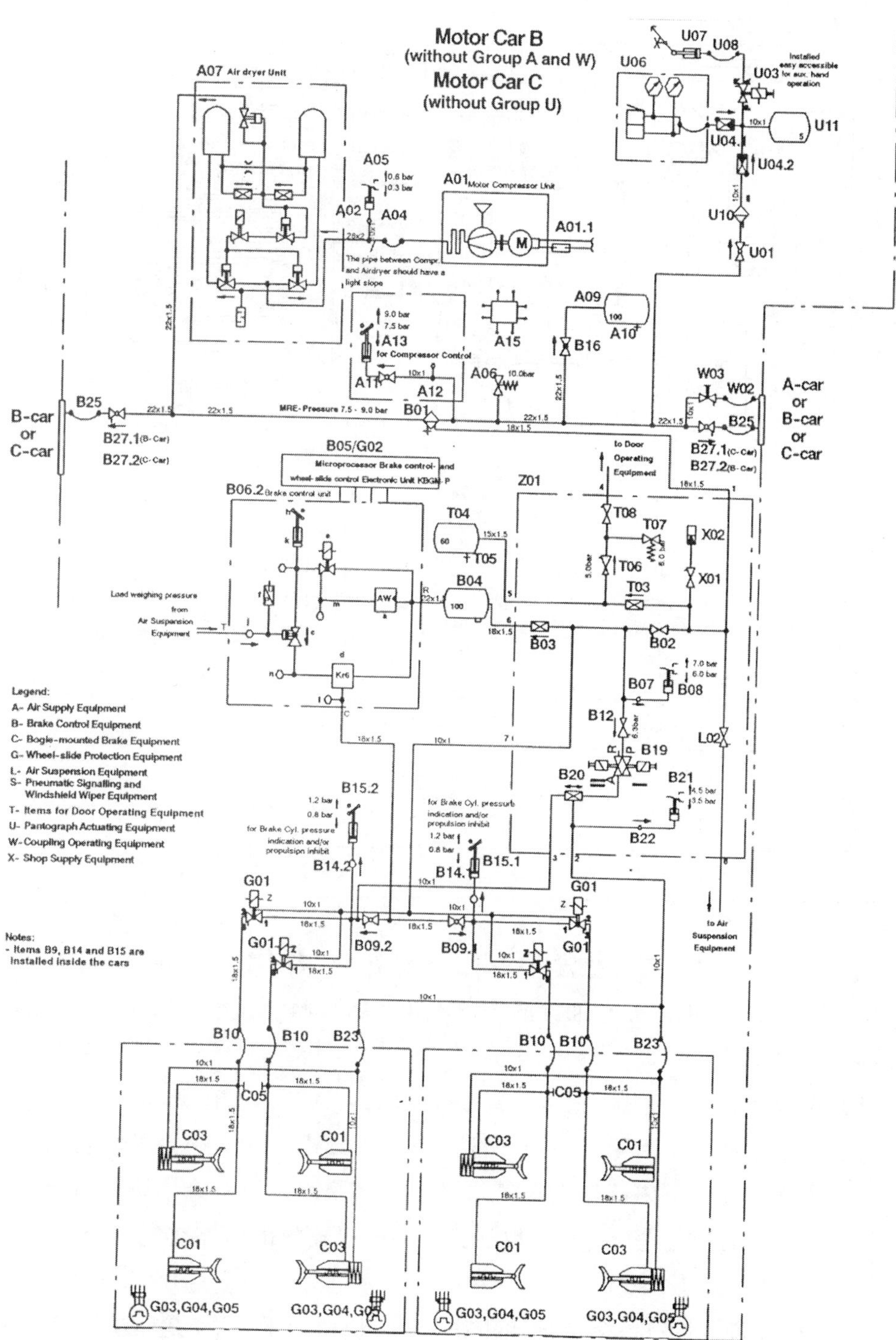

图 1—14　西门子 A 型电动列车制动气路图（Mp 车、M 车）

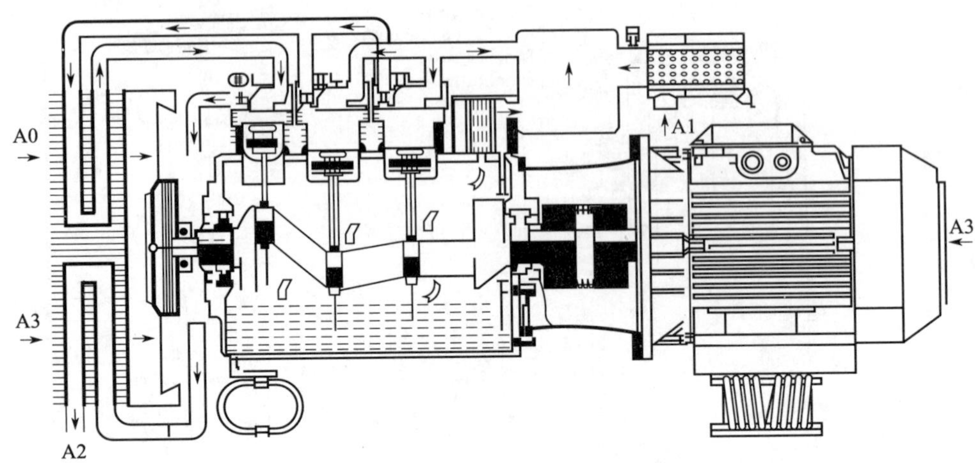

图 1—15　西门子 A 型电动列车空压机组

表 1—3　　西门子 A 型电动列车空压机组主要技术参数

项目	技术参数
电机转速	1 500 r/min
电机电流	5.0 A
功率	6.5 kW
排量	1 500 L/min
工作压力	0.9 MPa

2）空气干燥器。由于空压机输出的高压压缩空气中含有较高的水分和油分，必须经过空气干燥器将其中的水分和油分滤去，才能达到车辆上各用气系统对压缩空气的要求。

西门子 A 型电动列车使用的是双塔式空气干燥器，如图 1—16 所示。

西门子 A 型电动列车空压机的排气量较小，双塔式空气干燥器采取轮换工作的方法，即一个塔对进入塔内的压缩空气进行去油、脱水，另一个塔则进行再生，过一定时间后两个塔的功能进行对换，以达到对压缩机输出的压缩空气连续进行去油、脱水的目的。

双塔式空气干燥器设有一个定时脉冲发生器，使两个干燥塔的电磁阀定时地轮换开、关，以使两个塔的功能定时进行轮换。

图 1—16　双塔式干燥器

3）风缸。西门子 A 型电动列车每辆车设有 1 个 100 L 的主风缸、1 个用于制动系统的 100 L 风缸、1 个用于车门驱动的 60 L 风缸和 1 个 100 L 空气悬挂系统风缸，此外，Mp 车还增加一个用于升弓操作的 5 L 风缸。

4）制动控制单元（BCU）。制动控制单元是空气制动的核心，它接受制动系统电脑（EBCU）的指令，然后再指示制动执行部件动作。其组成部分主要有模拟转换阀、紧急阀、称重阀、均衡阀等。这些部件都安装在一块铝合金的气路板上，犹如电子分立元件安装在印刷线路板上一样，实现了集成化、模块化，其优点在于部件安装紧凑，避免了管道连接而容易造成泄漏。另外，该模块上还设置了一些测试接口，以便该控制单元的调试、检测和维修工作。

制动控制单元的工作原理如图 1—18 所示，当压力空气从制动储风缸 B4 进入制动控制单元 B6 后，分成三路，一路进入模拟转换阀 a，一路进入紧急阀 e，一路直接进入均衡阀 d ，其流程如图 1—17 所示。

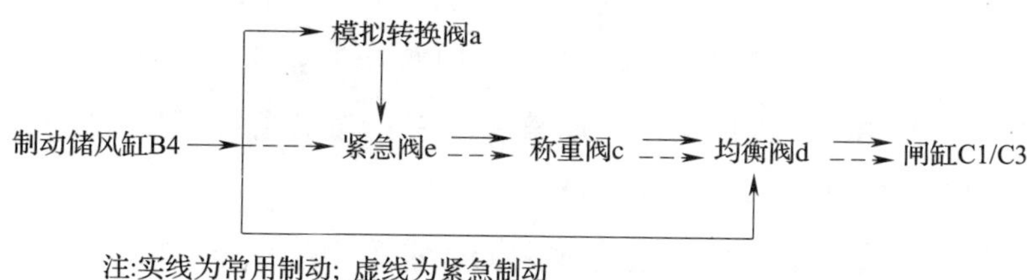

图 1—17　制动控制单元压力空气流程图

模拟转换阀由三部分组成，即比例阀（将电信号转换成气压信号的电磁阀）、排气电磁阀和气电转换器（将气压信号转换成电信号）。当比例阀收到制动系统电脑（EBCU）的指令后，按其要求将阀芯打开，使制动储风缸的压缩空气通过比例阀转变成预控制压力 CV1 并送向紧急阀 e，并同时送至气电转换器和排气阀；气电转换器将压力信号转换成相对应的电信号，馈送回 EBCU，供其进行比较分析。当馈送信号大于或小于制动指令时，EBCU 将发出继续增大或减小比例阀开口的指令，直至预控制压力 CV1 达到制动指令的要求为止。

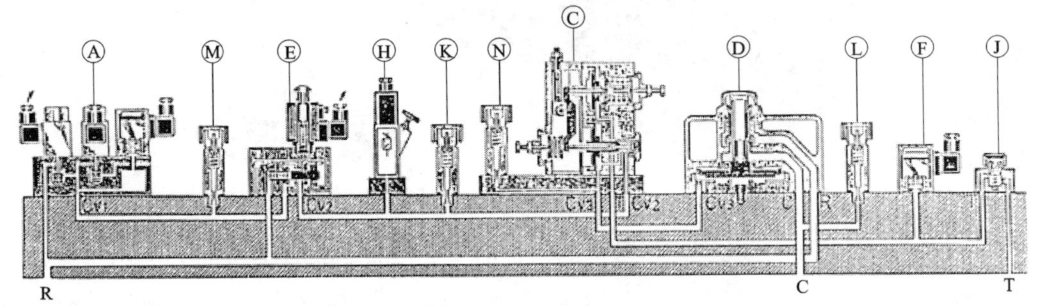

图 1—18　制动控制单元的工作原理

R—压缩空气进口　C—压缩空气出口（至制动缸）　T—载荷信号

Ⓐ—模拟转换阀　Ⓒ—称重阀　Ⓓ—均衡阀　Ⓔ—紧急电磁阀　Ⓕ—气/电转换

Ⓗ—压力开关　ⒿⓀⓁⓂⓃ—压力检测口

紧急阀是一个二位三通电磁阀，它的三个通道分别与模拟阀输出口、制动储风缸和称重阀相连接。常用制动时，紧急阀得电，使模拟阀与称重阀相通；紧急制动时，紧急阀失电，使制动储风缸与称重阀直接相通。通过紧急阀后输出空气的预控制压力被称为 CV2，并通过管路板进入限制阀。

称重阀是利用来自空气簧的压力对 CV2 进行调整和限制，经调整和限制的空气预控制压力被称为 CV3，并通过管路板进入均衡阀。

正常情况下，列车实施常用制动时，由于 EBCU 对模拟阀输出的预控制压力 CV1 的监控，故经紧急阀输出的 CV2 不会超出在相应载荷下的最大制动力，只有在监控失效或实施列车紧急制动时，称重阀才会调整和限制其输出压力 CV3，使 CV3 不超出相应载荷下允许的最大制动力。

均衡阀犹如电子技术中的一个电流放大器。它利用经调整、限制后的预控制压力 CV3 来推动其内部的执行机构，打开制动储风缸与单元制动机闸缸间的通道，一方面使进入单元制动机闸缸的空气压力与 CV3 相等，另一方面使制动储风缸的压缩空气能迅速对单元制动机闸缸进行充气，达到使列车制动的目的。

同样地，列车制动缓解指令也是由制动电脑系统 EBCU 发出的。当模拟转换阀接到缓解指令后，将其排气阀打开，使制动控制单元 BCU 中的预控制压力 CV1、CV2、CV3 的空气通过模拟阀中的排气阀排出，从而使均衡阀的进气阀关闭，排气阀开启；而制动单元闸缸中的压缩空气通过均衡阀的排气阀排入大气，使列车制动得以缓解。

5）单元制动机。西门子 A 型电动列车采用的单元制动机由德国克诺尔公司生产。每个转向架上装有两种型号的单元制动机，一种为 PC7Y（见图 1—19），另一种为 PC7YF（见图 1—20），两者区别在于 PC7YF 附带有停放制动装置。

图 1—19　PC7Y 单元制动机

图 1—20　PC7YF 单元制动机

单元制动机是制动系统的执行部件，它由闸缸、活塞、增力杠杆、活塞弹簧、闸瓦间隙调整器、吊杆、扭簧、闸瓦托、闸瓦、壳体等组成。

停放制动装置是用于车辆在无气情况下长时间停放的，它利用弹簧释放储存的弹力来推动活塞，从而带动二级杠杆，使闸瓦紧贴车轮踏面，达到制动目的。停放制动施加和缓解可在驾驶室通过操作停放制动施加按钮和停放制动缓解按钮来实现。需要指出的是，当列车供风压力较低时，停放制动缓解可通过人工拔出停放制动顶部的缓解销来实施机械缓解。

6）双针压力表。西门子 A 型电动列车驾驶室内均设有一个双针压力表，表上白色指针指示的是主风缸压力，红色指针指示的是制动缸压力。

7）其他部件。空气制动系统在供气部分至各用气单元间还设有各类阀门。

受电弓的驱动系统由截止阀 U1、单向阀 U4、二位三通电磁阀 U3、受电弓气缸和弹簧构成。当电磁阀得电时，主风管向受电弓气缸充气，使受电弓升高；当电磁阀失电时，受电弓气缸排气，使受电弓落下。当列车处于落弓状态，且主风缸内压缩空气不足时（如列车长时间停放），可使用脚踏泵向受电弓气缸供风，使受电弓升起，列车得电，空压机工作。

（2）车辆制动微机控制系统。西门子 A 型电动列车的制动系统都有一个用于制动控制和防止车轮滑行的电子控制系统。

1）电子制动控制系统。西门子 A 型电动列车整个制动系统的控制采用二级控制，简述为“电控制气，气再控制气”。即列车运行中所有与制动有关的参数及信号都送入该电子控制系统进行处理，当列车需要施行制动时，该电子控制系统立即将计算出的一个合适制动力的制动指令输出给制动控制单元（BCU），BCU 将此指令转换成一个合适的制动空气压力来控制充入单元制动机的制动缸空气压力，使闸瓦紧贴车轮，形成列车制动。

电子制动控制系统各个输入信号的含义如下。

①制动指令。制动指令是微机根据变速制动要求，即驾驶员施行制动的百分比（全常用制动为 100%）所下达的指令。它可以是各种形式的，如模拟电流、七级数字信号等，车辆所使用的是最常用的脉宽调制信号。

②制动信号。制动信号是制动指令的一个辅助信号，它是对运行的列车指示要制动了，并使制动管进行预充气，约为 0.05 MPa。

③负载信号。负载信号来自于空气弹簧。由空气弹簧中压缩空气的压力通过气电转换器转换成电信号。此信号以客室车门关闭时储存的信号为基准。

④电制动关闭信号。电制动关闭信号为信息信号，它的出现就意味着空气制动要立即替补即将消失的电制动。

⑤紧急制动信号。紧急制动信号是一个安全保护信号，它可以跳过电子制动控制系统，直接驱动制动控制单元（BCU）中的紧急阀动作，从而实施紧急制动。

⑥停站制动信号。停站制动信号能防止车辆在停车前的急刹车，使车辆平稳地停止。它的功能分三个阶段实施。

第一阶段。当列车车速低于 10 km/h 时，停站制动开始接受摩擦制动力，而电制动逐步消失。且在停站制动出现后，电制动的减小延迟 0.3 s。动车和拖车的摩擦制动力为制动指令的 70%。

第二阶段。当车速低于 4 km/h 时，一个小于制动指令的停站制动的制动等级开始实施，即瞬间将闸缸空气压力降低。这个停站制动的制动等级取决于制动指令。这个制动等级与时间有关，由停车检测出的最初状态来决定。

第三阶段。由停车检测和停站制动信号共同产生一个固定的停站制动等级，这个固定的制动等级已经经过负载的修正，并与制动指令无关。停站制动的制动等级只能随停站制动信号的消除而消除。

2）防滑系统。列车制动时，由于车轮与钢轨黏着不良，导致车轮滑动，此时防滑系统将控制每根车轴上的防滑排气阀，以避免滑动产生。

①防滑系统的作用。防滑系统也是电子控制系统的一部分，其作用如下。

a. 防止车轮抱死。

b. 避免滑动。

c. 最佳地利用黏着，以获得最短的制动距离。

②防滑系统的控制原理。防滑系统控制利用检测到的车轮线速度与车辆速度某一个量的比较，来判断轮子是否打滑，并通过对防滑排气阀的控制，来防止车轮打滑，从而达到控制车辆减速度的要求。具体的控制原理如下。

防滑系统检测车辆每一根车轴的速度后形成一个参考速度来代替车辆的真实速度。将速度传感器测得的车轮速度和减速度与某个规定的标准值进行比较。

目前，比较常用的是利用车轮的速度差进行控制，即同一辆车的几根轴中的一个轮对制动力超过黏着而快要发生滑行时，该轴的转速必然要远小于其他轴的转速，当该轴转速与其他轴最高转速之差大于预定值时，该轴的防滑排风阀便排风，降低控制该轴的制动缸压强，制动力减小，使该轴转速回升；当速度差小于预定值时，该轴排风阀口关闭，相应地，制动缸保压；当该轴转速完全恢复正常时，排风阀充电，使该轴的制动缸压强回升，恢复到较高压强。

这样，不仅可以避免车轮抱死而引起踏面擦伤，同时当黏着力恢复时，制动力也可以快速上升，保证在有效距离内停车。

1.1.2 列车电气系统工作原理

1. 受电弓工作原理

（1）受电弓（受流器）作用。城市轨道交通车辆一般使用的是单臂受电弓，它安装在 Mp 车车顶上。升起后四根（或两根）碳滑板与架空导线接触，将直流电源引入电动车辆内。车辆运行时，滑板沿架空导线滑动并保持良好接触。受电弓的受电性能在很大程度上取决于接触压力。若压力太小，则接触电阻增大且易跳动，导致接触不良，产生电弧；但若压力太大，则摩擦加大，增加滑板和导线的磨损。因此要求受电弓的机械结构能保证滑板在工作高度范围内具有相同的接触压力。受电弓各关节的阻力对接触压力也有影响，当受电弓降低时阻力使压力增加；当受电弓升高时阻力又使压力减小。因此，为使上升压力同下降压力之差尽可能小，必须采取措施减小摩擦力。在静止状态下，接触压力与受电弓之间的关系称为受电弓的静特性。车辆运行时，受电弓随着架空接触导线高度的变化而上下运动，因此，接触压力与受电弓的静特性有关，而且与受电弓上下运动时的惯性力（即受电弓的动特性）也有关。此外，传动装置还应使升降弓过程中初始运动迅速，并使运动停止较缓慢。即在降弓时可使受电弓很快断弧；升弓时可防止受电弓对接触网和受电弓底架有过大的机械冲击。

（2）气动式受电弓。气动式受电弓的结构如图 1—21、图 1—22 所示。底架通过四个支持绝缘子安装在车顶上。集电头上安装四根滑板，滑板两端的弓角可防止在接触网分叉处接触导线，进入滑板底下造成刮弓事故。

图 1—21　气动式受电弓

1）工作原理。受电弓的动作原理如下。升弓时，当压缩空气经过缓冲阀进入传动气缸后，活塞克服降弓弹簧的压力向左移动，通过连杆将下臂杆以顺时针方向向上启动，然后下臂杆便在升弓弹簧的作用下做顺时针转动。在推杆的作用下，使上部框架升起。降弓时，压缩空气从传动气缸经缓冲阀排除，降弓弹簧克服升弓弹簧的拉力将活塞推向右方，带动拉杆向右移动，强制下臂杆做逆时针转动而迫使框架落下。

2）主要部件。受电弓底架安装支持绝缘子，起电气隔离和机械支撑作用，一般常采用瓷和绝缘塑料压制。因此，要求支持绝缘子具有良好的电气性能和机械性能。电气性能主要指能承受工频 35 kV 干闪络电压 1 min 无击穿、闪络现象和工频 13 kV 湿闪络电压 1 min 无击穿、闪络现象。机械性能是指抗拉、抗变能力。

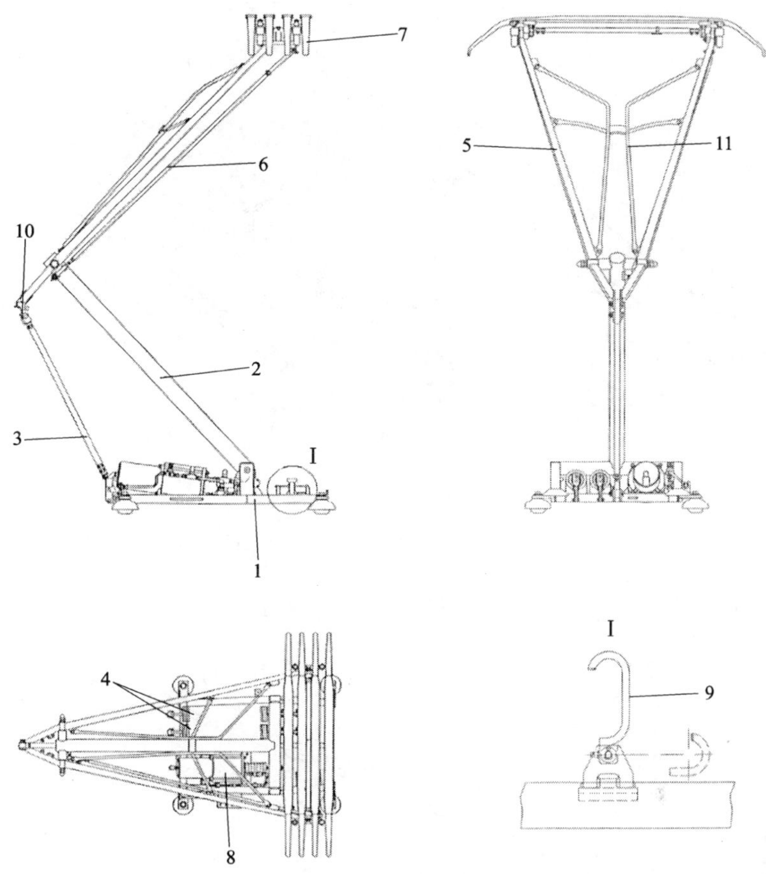

图 1—22　单臂受电弓

1—底架　2—下臂杆　3—推杆　4—升弓弹簧　5—上部框架　6—上部导向杆
7—滑板　8—传动气缸　9—落弓固定钩　10—活动接头　11—支撑架

弓头是受电弓与架空导线接触的部分，主要由滑板、转轴、弓角、弹簧盒组成。弓角是为了防止在接触网分叉处接触导线，进入滑板底下造成刮弓事故。弹簧盒的作用是为了保证弓头的垂向自由度。

上海轨道交通西门子 A 型电动列车采用此气动式受电弓。

（3）电动式受电弓。上海轨道交通阿尔斯通 A 型电动列车使用的是电动式单臂受电弓，它安装在 Mp 车车顶上。与气动式受电弓相比，其主要参数也有所不同，该种受电弓外观如图 1—23 所示。

受电弓升弓后，将触网直流电引入列车高压回路，为列车主回路及辅助回路进行供电，六节编组列车装有两个受电弓，电动式受电弓的主要结构如图 1—24 所示。

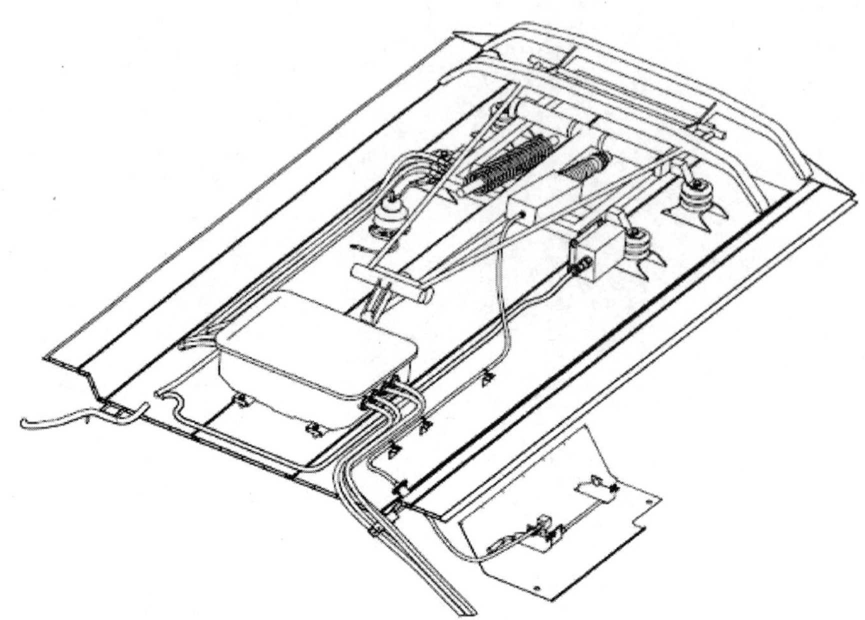

图 1—23　电动式受电弓

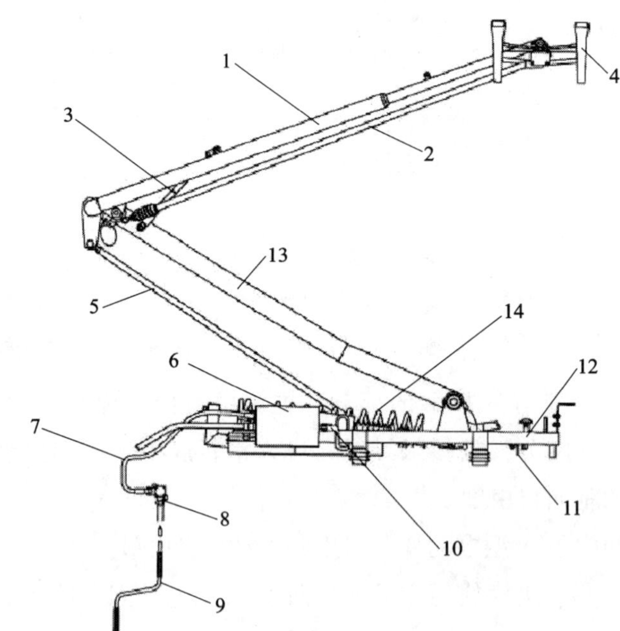

图 1—24　电动式受电弓主要结构

1—上部撑杆　2—平行导向杆　3—液压往复式减振器　4—集电头　5—调节杆
6—电气控制箱　7—连接杆　8—连接头　9—手摇柄　10—电落弓装置
11—锁钩　12—基架　13—下部撑杆　14—升弓装置

基架由矩形空心钢管焊接而成，下列部件固定在基架上。

1）下部撑杆的轴承。

2）上部撑杆和下部撑杆的缓冲装置。

3）运输钩扣。

4）落弓时支撑集电头的支撑弹簧。

阿尔斯通A型电动列车全车共有两个受电弓，采用的是SCHUNK SBE 920型单臂受电弓，具有重量轻、易维护等特点。电动式受电弓的升降是由一台直流电机驱动的，其驱动电力由列车低压总线DC110 V供给。

（4）西门子A型电动列车受电弓控制（见综合电路图4）。

1）升弓操作。

①升弓继电器（21－K10）线圈得电。从综合电路图4中可以看到，如果要进行升弓操作，首先要使升弓继电器（21－K10）的线圈得电，这样必须满足以下条件（见综合电路图6）。

a. 控制司机室继电器（22－K53）的线圈得电，从而使其常开触点23－24闭合。

b. 紧急停车继电器（22－K08）的线圈得电，从而使其常开触点23－24闭合，常闭触点61－62断开。

c. 落弓按钮（21－S03）未被按下，从而使其常闭触点21－22闭合。

d. 升弓按钮（21－S04）被按下，使其常开触点13－14闭合。

e. 本车落弓开关（21－S05）未处于断开位置，从而使其常闭触点21－22和31－32闭合。

f. 蓄电池可以提供足够的电流，使与升弓有关的继电器和控制阀维持其工作。

g. 气缸压力大于0.3 MPa。

当以上条件满足以后，升弓继电器（21－K10）的线圈就会得电，从而使21－K10的常开触点13－14和23－24闭合，由于常开触点13－14的闭合，加之落弓继电器（21－K12）的常闭触点21－22和本车落弓开关（21－S05）的常闭触点21－22处于闭合状态，升弓继电器（21－K10）就得以实现自保持状态，使其线圈可以在升弓按钮（21－S04）被释放的情况下依然保持得电状态。

当然还有另外一种途径可以使升弓继电器（21－K10）的线圈得电，即按下逆变器紧急启动按钮（31－S01），如果实施这样的操作，那么升弓继电器的供电线路将从逆变器紧急启动电源出发，经过逆变器紧急启动按钮（31－S02）的常开触点13－14和43－44，到达Tc车和Mp车之间的车钩（见综合电路图38），然后再通过保护二极管

（21－V06）和本车落弓开关（21－S05）的常闭触点21－22，最终到达升弓继电器（21－K10）的线圈。当然此时升弓继电器（21－K10）的自保持状态没有任何用处，为了使升弓继电器的线圈保持得电，直到逆变器启动，就必须一直按下逆变器紧急启动按钮（31－S02），直到逆变器启动工作指令110 VDC。

从综合电路图4中，可以看到：

a. 一旦升弓按钮（21－S04）被按下，SIBAS KLIP分站1（41－A1.04）将从A1引脚上检测到一个高电平，从而可以判断出升弓按钮已被按下。

b. 一旦升弓继电器（21－K10）的线圈得电，那么受电弓供电延时吸合继电器（21－K11）的线圈也同时得电，由于21－K11是一个延时吸合继电器，所以在其线圈得电（也就是升弓继电器的线圈得电）以后大约8 s，它的常开触点15－18才会闭合（此时升弓继电器21－K10已处于自保持状态），这样受电弓供电继电器（21－K15）的线圈就会得电，于是由其常开触点13－14供电的受电弓供电接触器（31－A02－K02）的线圈就会得电，从而使车辆控制系统可以判断出现在车辆进入受电弓供电状态，而非车间电源供电状态。

②受电弓工作控制阀（21－Y01）的线圈得电。从综合电路图6中可以看到受电弓工作控制阀（21－Y01）的线圈得电的条件是升弓继电器（21－K10）的线圈得电。另外，在逆变器应急启动状况下，由逆变器应急电池供电，受电弓工作控制阀（21－Y01）的线圈和升弓继电器（21－K10）的线圈同时得电。

当升弓继电器（21－K10）的线圈得电后，其常开触点23－24闭合，由于此时落弓继电器（21－K12）的常闭触点31－32和本车落弓开关（21－S05）的常闭触点31－32也都处于闭合状态，于是受电弓工作控制阀（21－Y01）的线圈得电，这样该控制阀将使受电弓气缸向升弓方向运动，直到受电弓与接触网可靠接触为止。

③升弓操作的限制条件。从综合电路图4、6中可以知道，在以下几种情况下，升弓操作将不能进行。

a. 电池不能提供足够的电流，使升弓所需的继电器和控制阀的线圈保持在得电状态。

b. 落弓按钮被按下。

c. 本车落弓开关被拨到断开位置。

d. 车辆处于紧急停车状态。

2）落弓操作。从综合电路图4中可以发现，对车辆进行落弓操作一般有两种方法，即按落弓按钮（21－S03）以及切换本车落弓开关（21－S05）到断开状态。这两种方法的原理基本相似，即使升弓继电器（21－K10）和受电弓工作控制阀（21－Y01）的线圈失电。下面将分别介绍这两种方法。

①按下落弓按钮。要使用按落弓按钮来实现落弓操作，必须具备以下几点条件。

a. 控制司机室继电器（22－K53）的线圈得电，从而使其常开触点23－24闭合。

b. 紧急停车继电器（22－K08）的线圈得电，从而使其常开触点23－24闭合。

c. 落弓继电器保护空气开关（21－F08）闭合。

当满足以上条件以后，驾驶员只要按下落弓按钮，马上就会构成一条从蓄电池电源输出点A33，经过控制司机室继电器（22－K53）的常开触点23－24、紧急停车继电器（22－K08）的常开触点23－24、落弓按钮（21－S03）的常开触点13－14和落弓继电器保护空气开关（21－F08），直到落弓继电器（21－K12）线圈的供电回路。于是落弓继电器（21－K12）线圈得电，其常闭触点21－22和31－32断开，升弓继电器（21－K10）线圈和受电弓工作控制阀（21－Y01）线圈的供电线路被切断，变为失电状态，由受电弓工作控制阀（21－Y01）控制的受电弓气缸向落弓方向运动，直到受电弓完全落下为止。

当驾驶员按下落弓按钮（21－S03）后，SIBAS KLIP分站1（41－A1.04）将从A3引脚上检测到一个高电平，从而可以判断出落弓按钮已被按下。

②将本车落弓开关切换到断开状态。这个操作的实现方式十分直接，通过切换本车落弓开关（21－S05）到切除状态，从而使其常闭触点21－22和31－32处于断开位置，这样便切断了升弓继电器（21－K10）线圈和受电弓工作控制阀（21－Y01）线圈的供电线路，于是这两个线圈失电，由受电弓工作控制阀（21－Y01）控制的受电弓气缸向落弓方向运动，直到受电弓完全落下为止。这里还有几点需要注意。

a. 紧急停车操作也会导致落弓，如果紧急停车按钮1（22－S07）或紧急停车按钮2（22－S19）被拍下，见综合电路图13，则紧急停车继电器（22－K08）失电，落弓继电器21－K12得电，受电弓落下。

b. 落弓一般是通过在司机室按落弓按钮来实现的，而切换本车落弓开关仅用于在发生故障时切除本车受电弓。

3）受电弓状态监视（见综合电路图5）。

①受电弓升弓状态。由综合电路图5知道若本车弓落到位的位置传感器（11－X11－S1）未被压下，本车受电弓落到位继电器（21－K13）的线圈就不得电，其常开触点13－14断开，使落弓按钮（21－S03）的内置指示灯变暗；其常闭触点21－22触点闭合，使SIBAS KLIP分站2（41－A2.02）从A7引脚上检测到一个高电平，从而可

以判断该受电弓已经处于升起状态。当列车控制系统发现所有受电弓都处于升起状态，就会在 SIBAS KLIP 分站 1（41－A1.10）从 A13 引脚上输出一个高电平，使升弓按钮（21－S04）的内置灯泡发光，告诉操作者所有受电弓都已处于升起状态。

②受电弓落弓状态。从综合电路图 5 中可以知道列车判断所有受电弓落下的条件如下。

a. 列车控制继电器 2（72－K09）的线圈处于得电状态，常开触点 13－14 闭合，常闭触点 61－62 断开。

b. 所有 Mp 车的本车弓落到位的位置传感器（11－X11－S1）被压下，处于闭合状态。

c. 某些 Mp 车末端继电器 1（72－K04）的线圈得电，其常开触点 83－84 闭合。

d. 某些 M 车末端继电器 1（72－K04）的线圈得电，其常开触点 83－84 闭合。

当某个受电弓落到位以后，本车弓落到位的位置传感器（11－X11－S1）动作，处于闭合位置，这样本车弓落到位继电器（21－K13）的线圈得电，于是相应的常开触点 13－14 闭合，常闭触点 21－22 断开。当所有受电弓都落到位以后，所有 21－K13 的常开触点 13－14 都闭合，这样就形成了一条经过受控单元列车控制继电器 2（72－K09）的常开触点 13－14、所有 21－K13 的常开触点 13－14、非受控单元列车控制继电器 2（72－K09）的常闭触点 61－62 和车钩线，最终流向控制单元落弓按钮（31－S03）内置灯泡的回路，这样在所有弓都落下时，落弓按钮内置灯泡发光，告诉操作者所有弓都已落下。同时使所有弓落下继电器（21－K14）的线圈得电。

前面提到当某个受电弓落到位时，对应的本车弓落到位继电器（21－K13）线圈的供电线路将会断开，这样 SIBAS KLIP 分站 2（41－A2.02）将从 A7 引脚上检测到一个低电平，从而可以判断该受电弓已经处于落下状态。

从综合电路图 5 中可以看到，当 Mp 车、M 车末端继电器 1（72－K04）的线圈得电，其常开触点 83－84 闭合时，落弓按钮（21－S03）也会亮起。

③受电弓故障处置。受电弓故障是一种比较严重的故障，一旦发生将可能造成列车清客、救援。在这些故障中尤其以全部受电弓异常落下最为严重。该故障是由于落弓列车线常得电，造成落弓继电器（21－K12）得电，升弓继电器（21－K10）与升弓电磁阀（21－Y01）失电，受电弓落下，在进行该故障应急处理时，需要检查紧急停车按钮状态，然后判断是不是“列车信号线落弓”，21－F08 断开，使落弓继电器（21－K12）无法得电，从而避免升弓继电器（21－K10）与升弓电磁阀 21－Y01 失电，避免受电弓再次异常落下。

2. 牵引控制工作原理

TCU 的全称为牵引控制单元（traction control unit），安装在每个牵引箱内，用于监控和控制 PWM 逆变器。

TCU 系统是一个控制电子牵引的设备，由一个机架组成，其采用了 SIBAS－32 微处理技术，由不同的 SIBAS－32 模块系统组成，它能进行完整的闭环牵引控制和电流、电压及温度的实际状态监控。SIBAS－32 由一个协同处理器系统进行操作，该处理器系统有清晰的分级任务配置，一个带 32 位处理器的中央计算机用于更高一级的功能，其作为中央计算机的从属系统工作，主要功能是控制牵引和制动力。

牵引/制动的控制信号为数字信号，由 TCU 读取，调幅（导通角）和频率是连续变化的，在门极单元中将这两个参数的组合作为脉冲形式。门极单元产生触发脉冲，然后由放大器将其传送给 GTO 模块，同时从模块处发生的检查返回信号表示导通指令已被确认，从而驱动电动机工作。

TCU 的保护功能有电压监控、电流监控、温度监控和牵引箱内设备风机的监控。其中电压监控是 TCU 在直流连接电路中对牵引逆变器进行过压保护；除了闭环电流控制器外，TCU 还包括一个实施三级过流保护的模块；温度传感器用于监控温度，TCU 将其测得的实际值与存储的极限值进行比较，如果超过极限值，则产生相应的反应；TCU 检查数据，来确认设备风扇是否损坏。

西门子 A 型电动列车牵引控制电路的起始工作电源为蓄电池。

（1）列车非紧急工作状态（列车紧急工作旋钮开关 22－S05 未转到紧急工作位置）。

从综合电路图 6 中可以看出，如果要使列车接通控制继电器（22－K01、22－K51、22－K52、22－K53）的线圈得电，必须满足以下条件。

1）列车控制的空气开关（22－F01）闭合。

2）用司机钥匙打开主控制器钥匙开关（22－A01－S01），使其 X2 的常开触电 1－2 闭合。

3）联挂牵引继电器（22－K41）的线圈未得电，常闭触点 21－21 闭合。

4）控制列车紧急工作继电器（22－K03）的线圈未得电，常闭触点 71－72 闭合。

5）车辆控制接通继电器（22－K02）的线圈未得电，常闭触点（71－72）闭合。

当列车接通控制继电器（22－K01）的线圈得电后，其常开触点 23－24 和 13－14 闭合，其中常开触点 13－14 闭合使 22－K01 处于导通自保状态，而常开触点 23－24 的闭合使车辆控制接通继电器（22－K02）的线圈获得了得电的条件（Mp 车、M 车的

22－K02 线圈供电线路中包括车钩）。

当用司机钥匙打开主控制器钥匙开关时，SIBAS KLIP 分站 1（41－A1.03）将从 A1 引脚上检测到一个高电平，从而可以判断出主控制器钥匙开关已被接通。

当车辆控制接通继电器（22－K02）的线圈得电时，IBAS KLIP 分站 1（41－A1.03）将从 A3 引脚上检测到一个高电平，从而可以判断出 22－K02 的线圈得电，车辆处于非紧急工作状态。

（2）列车紧急工作状态（列车紧急工作旋钮开关 22－S05 转到紧急工作位置）。

处于这个状态时，列车接通控制继电器（22－K01、22－K51、22－K52、22－K53）的线圈得电的条件与前面介绍的一样，只是由于列车紧急工作旋钮开关 22－S05 转到了紧急工作位置，从而使其常开触点 13－14 闭合，而常闭触点 21－22 断开，这样车辆控制接通继电器（22－K02）的线圈失去了得电的条件，而列车接通控制继电器（22－K01）常开触点 23－24 的闭合却使控制列车紧急工作继电器（22－K03）的线圈得电（Mp 车、M 车的 22－K03 线圈供电线路中包括车钩）。在 Tc 车上，控制列车紧急工作继电器 2（22－K04）的线圈将同时得电。

车辆控制接通继电器（22－K02）的线圈不得电，SIBAS KLIP 分站 1（41－A1.03）将从 A3 引脚上检测到一个低电平，从而可以判断出 22－K02 的线圈未得电，列车处于紧急工作状态。

（3）列车方向控制（见综合电路图 7）。当方式方向手柄（22－A01－S3）处于向前状态或 ATC 状态时，常开触点 11－12 断开，常开触点 9－10 闭合，这样向前继电器（22－K11）的线圈得电，向后继电器（22－K12）的线圈失电。

当方式方向手柄（22－A01－S3）处于向后状态时，常开触点 11－12 闭合，常开触点 9－10 处于断开，这样向后继电器（22－K12）的线圈得电，向前继电器（22－K11）的线圈失电。

当方式方向手柄（22－A01－S3）处于零位时，常开触点 11－12 和 9－10 都断开，这样向前继电器（22－K11）和向后继电器（22－K12）的线圈都失电。

方式方向手柄的状态将被 Tc 车的 SIBAS KLIP 分站 1（41－A1.03）和 Mp 车、M 车的牵引控制单元 C087 板卡检测到，以便进行相应的判断和处理。

1）向前状态或 ATC 状态。SIBAS KLIP 分站 1（41－A1.03）的引脚 A7 和牵引控制单元 C087 板卡的引脚 Z10 为高电平；SIBAS KLIP 分站 1（41－A1.03）的引脚 A11 和牵引控制单元 C087 板卡的引脚 Z12 为低电平。

2）向后状态。SIBAS KLIP 分站 1（41－A1.03）的引脚 A7 和牵引控制单元 C087

板卡的引脚Z10为低电平；SIBAS KLIP分站1（41－A1.03）的引脚A11和牵引控制单元C087板卡的引脚Z12为高电平。

3）零位状态。SIBAS KLIP分站1（41－A1.03）的引脚A7和A11、牵引控制单元C087板卡的引脚Z10和Z12都为低电平。

（4）基准值转换电路（见综合电路图8）。图中列车基准值转换器（22－A03）的功能为将ATC系统（ATP模式）或主控制器手柄输出的要求基准值转换为脉宽调制信号，并将这些信号传送到制动控制单元（ECU）和牵引控制单元（TCU）中，以便控制单元可以根据转换后的脉宽调制信号进行必要的牵引和制动控制。

自动驾驶转换继电器（91－K02）决定了基准值转换器（22－A05）从哪里输入基准值。

1）91－K02的线圈得电，常闭触点3－13断开，常开触点4－12闭合，基准值转换器（22－A05）由ATC系统输入基准值。

2）91－K02的线圈失电，常闭触点3－13闭合，常开触点4－12断开，基准值转换器（22－A05）由主控制器手柄输入基准值。

（5）列车牵引、制动控制电路（见综合电路图9、10、11）。

1）禁止牵引继电器（22－K13）线圈得电的条件。

①非车间电源继电器（31－K03）的线圈得电，常开触点13－14闭合。

②所有停放制动缓解继电器（27－K08）的线圈得电，常开触点13－14闭合。

③主风缸压力可用继电器（27－K09）的线圈得电，常开触点13－14闭合。

④安全疏散门锁好继电器（86－K01）的线圈得电，常开触点13－14闭合。

当非车间电源供电方式、所有停车制动都处于缓解状态、主风缸压力可用和安全疏散门锁好这些条件都满足的情况下，电动列车才允许牵引。

2）快速制动继电器（22－K26）线圈得电的条件。

①方式方向手柄（22－A01－S3）处于ATC状态、向前状态或向后状态，常开触点15－16闭合。

②主手柄（22－A01－S4）处于快速制动位置，常开触点29－30和31－32闭合。

3）警惕按钮继电器（22－K10）得电的条件。

假设方式方向手柄处于向前状态，同时警惕按钮（22－A01－S2）被驾驶员按下。

①在车辆静止的情况下，警惕按钮继电器I（22－K09）线圈的得电条件。

a. 方式方向手柄（22－A01－S3）处于向前状态或向后状态，常开触点17－18闭合。

b. 警惕按钮（22－A01－S2）被按下，常开触点5－6闭合。

c. 主控制器（22－A01－S4）在零位，常闭触点21－22闭合。

d. 速度>0，继电器1（22－K18）的线圈失电，常闭触点81－82闭合。

e. 速度>0，继电器2（22－K19）的线圈失电，常闭触点81－82闭合。

②在车辆处于手动牵引的情况下，警惕按钮继电器Ⅱ（22－K10）线圈的得电条件。

a. 方式方向手柄（22－A01－S3）处于向前状态或向后状态，常开触点17－18闭合。

b. 主控制器（22－A01－S4）在牵引位，常开触点23－24闭合。

c. 警惕按钮继电器Ⅰ（22－K09）的线圈得电。

当警惕按钮（22－A01－S2）未被按下时，其常开触点5－6断开，警惕按钮继电器Ⅱ（22－K10）将进入延时断开状态，4 s以后，其常开触点25－28断开，于是紧急制动继电器（22－K25）的线圈失电，这时车辆立即实施紧急制动。

4）车辆进行手动牵引的条件。

①方式方向手柄（22－A01－S3）处于向前状态或向后状态，常开触点17－18闭合。

②警惕按钮（22－A01－S2）被按下，常开触点5－6闭合。

③主控制器（22－A01－S4）在牵引位，常开触点23－24闭合。

④自动驾驶转换继电器的线圈失电，常闭触点51－52闭合。

⑤禁止牵引继电器（22－K13）的线圈得电，常开触点13－14和23－24闭合。

⑥快速制动继电器（22－K26）的线圈得电，常开触点13－14、23－24和33－34闭合。

⑦紧急制动继电器（22－K25）的线圈得电，常开触点23－24、33－34和43－44闭合。

⑧当车辆运行时，速度>0，继电器22－K18、22－K19的线圈得电，常开触点23－24和13－14闭合。

⑨当车辆静止时，列车右侧门关好继电器（81－K09）和列车左侧门关好继电器（81－K10）的线圈都得电，常开触点33－34和43－44闭合。

⑩当车门出现故障时，所有车门关好旁路开关（81－S10）处于旁路位置，常开触点13－14、53－54闭合。

车辆是否处于手动牵引的状态将输入SIBAS KLIP分站1（41－A1.03）的

E113_ 10（引脚 B5）。

5）车辆执行自动牵引指令的条件。

①参见综合电路图 9（ATO 状态）。

②自动驾驶转换继电器Ⅰ（91 – K01）的线圈得电，常开触点 13 – 14 闭合。

③禁止牵引继电器（22 – K13）的线圈得电，常开触点 13 – 14 闭合。

④快速制动继电器（22 – K26）的线圈得电，常开触点 13 – 14 闭合。

⑤紧急制动继电器（22 – K25）的线圈得电，常开触点 23 – 24 闭合。

⑥当车辆运行时，速度 >0，继电器（22 – K18、22 – K19）的线圈得电，常开触点 23 – 24 闭合。

⑦当车辆静止时，列车右侧门关好继电器（81 – K09）和列车左侧门关好继电器（81 – K10）的线圈都得电，常开触点 33 – 34 闭合。

⑧当车门出现故障时，所有车门关好旁路开关（81 – S10）处于旁路位置，常开触点 13 – 14、53 – 54 闭合。

车辆是否处于自动牵引的状态将输入 SIBAS KLIP 分站 1（41 – A1. 03）的 E113_ 10（引脚 A5）。

6）车辆执行全常用制动指令（低电平）的条件。车辆执行全常用制动指令（低电平）的条件为以下任意一个。

①主控制器手柄（22 – A01 – S4）处于制动和快速制动位置，常闭触点 25 – 26 断开。

②列车右侧门关好继电器（81 – K09）的线圈失电，常开触点 43 – 44 断开。

③列车左侧门关好继电器（81 – K10）的线圈失电，常开触点 43 – 44 断开。

④禁止牵引继电器（22 – K13）的线圈失电，常开触点 23 – 24 断开。

⑤快速制动继电器（22 – K26）的线圈失电，常开触点 23 – 24 断开。

⑥紧急制动继电器（22 – K25）的线圈失电，常开触点 33 – 34 断开。

在 ATO 模式下 ATP（91 – A01）监视全常用制动指令，并将指令发送到 BECU（28 – A01）和 SIBAS KLIP 分站 1（41 – A1. 03）的 E113_ 11（引脚 B7）。

当 ATP 出现故障之后，ATP 可以被一个旋转开关切除。这样 ATP 切除继电器（91 – K05）的线圈将会得电，其常开触点 53 – 54 闭合，这样全常用制动指令绕过 ATP 直接发送给 BECU 和 SIBAS KLIP 分站 1（41 – A1. 03）的 E113_ 11（引脚 B7）。

7）车辆执行紧急制动指令（低电平）的条件。车辆执行紧急制动指令（低电平）

的条件为以下任意一个情况，使紧急制动继电器（22－K25）的线圈失电。

①紧急停车继电器（22－K08）的线圈失电，常开触点43－44断开。

②安全疏散门继电器（86－K01）的线圈失电，常开触点43－44断开。

③警惕按钮继电器Ⅱ（22－K10）的线圈失电，常开触点25－28断开。

在ATO模式下ATP（91－A01）监视紧急制动指令，并将指令发送到BECU（28－A01）和SIBAS KLIP分站1（41－A1.03）的E113_13（引脚B13）。

当ATP出现故障之后，ATP可以被一个旋转开关切除。这样ATP切除继电器(91－K05）的线圈将会得电，其常开触点53－54闭合，这样紧急制动指令绕过ATP直接发送给制动控制阀（28－A02）和SIBAS KLIP分站1（41－A1.03）的E113_13（引脚B13），另外，ATC根据控制需要直接发出紧急制动指令。

8）车辆执行快速制动指令（低电平）的条件。主控制器手柄（22－A01－S4）处于快速制动位置，常闭触点29－30与31－32断开。使快速制动继电器（22－K26）失电，其常开触点13－14的断开阻止了牵引指令传输，而其常开触点33－34的断开则将发出的快速制动指令发送到本车的BECU（28－A01）和SIBAS KLIP分站1（41－A1.03）的E113_12（引脚B11），并通过列车线传输给其他车辆。

当ATP出现故障之后，ATP可以被一个旋转开关切除。这样ATP切除继电器（91－K05）的线圈将会得电，其常开触点43－44闭合，快速制动指令绕过ATP进行传输。

9）车辆后退运行的条件。方式方向手柄处于后退位置，22－A01－53的常开触点13－14闭合，后退指令将通过列车线传输至所有动车的TCU，并被执行。

10）联挂牵引/零位/紧急牵引旋钮开关。

①联挂牵引/零位/紧急牵引旋钮开关（22－S08）（见综合电路图10）处于联挂牵引位置时，车辆将旁路被牵引车辆的控制，同时增大牵引力。

②联挂牵引/零位/紧急牵引旋钮开关处于零位时，车辆处于正常操作状态。

③联挂牵引/零位/紧急牵引旋钮开关处于紧急牵引时，车辆将进入紧急牵引状态，旁路CCU同时对车辆的操作将被限制。

（6）限制线路电流，联挂牵引，慢行（清洗/旋轮）牵引（见综合电路图10）。

当把限制线路电流旋钮开关（22－S04）转到限流位置，SIBAS KLIP分站1（41－A1.03）的引脚B3将检测到一个高电平，从而可以判断出限制线路电流按钮开关处于限流位置。

当按下慢行（清洗/旋轮）牵引按钮（22 - S13），SIBAS KLIP 分站 1（41 - A1.03）的引脚 A15 将检测到一个高电平，从而可以判断出慢行（清洗/旋轮）牵引按钮已被按下。

当把联挂牵引旋钮开关（22 - S08）转到联挂位置，SIBAS KLIP 分站 1（41 - A1.03）的引脚 A17 将检测到一个高电平，从而可以判断出联挂牵引旋钮开关处于联挂位置。

当列车联挂到位，列车联挂好指示灯（73 - S01）得电；同时列车不联挂继电器（22 - K42）的线圈得电，它的常闭触点 21 - 22 断开，于是车载 ATC 设备可以判断出列车现在已经完成联挂。

（7）零速检测和紧急停车检测（见综合电路图 13）。当车辆处于静止状态时，Mp 车和 M 车牵引控制单元 C103 模块的引脚 B16 输出低电平，这样速度大于 0 km/h 继电器（22 - K18、22 - K19）的线圈失电；而当车辆运动时，Mp 车和 M 车牵引控制单元 C103 模块输出高电平，这样速度大于 0 km/h 继电器（22 - K18、22 - K19）的线圈得电。需要说明的是，目前设置为速度小于 3 km/h 时都认定为 0。

当任意一个紧急停车蘑菇按钮（22 - S07 或 22 - S19）被按下，就将使紧急停车继电器（22 - K08）的线圈失电，同时 SIBAS KLIP 分站 1（41 - A1.03）的引脚 B17 也将检测到一个低电平，从而可以判断出紧急停车蘑菇按钮已被按下。

（8）单节车或多节车牵引故障。造成单节车或多节车牵引故障的原因很多，该故障处理时需要转换主控制器钥匙，并且分合高速开关，其目的是对牵引控制单元进行复位，这里需要特别注意的是，由于 TCU 的电源滤波器在主控制器切断后有一个放电的过程，这个过程大约有 7 s，因此在处理列车故障时，转换主控制器钥匙时间必须间隔大于 7 s。

3. 高速断路器工作原理

高速断路器（高速开关）用来接通和分断地铁车辆的高压主电路，是电动车辆的主要电气保护装置。高速断路器外观如图 1—25 所示。

两个高速断路器（HSCB）被装在 Mp 车。断路器垂直悬挂在列车下方，并装在一个封闭绝缘的箱子中。电源连接通过电缆或铜排建立（洞直径为 14 mm）。

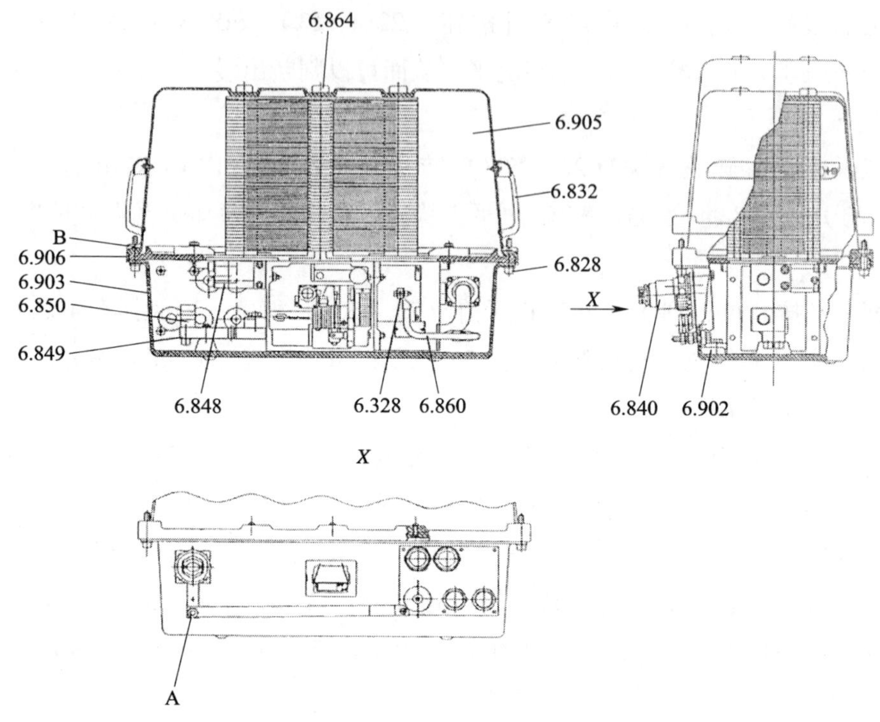

图 1—25　UR6 – 32TDS 高速断路器

在正常情况下，闭合或断开线路触网经受电弓提供电能的电路，以达到断电、供电和转换电路的目的。当电网或车辆主电路出现不正常的情况，如短路、过压、欠压等，能自动地把负载从电网上断开。因为这些不正常的情况将危及驾驶员、检修人员和乘客的安全或设备的正常运行，甚至会引起人身伤亡事故或造成电气火灾，为了防止事故的扩大，要求高速断路器动作迅速、可靠，并具有足够的断流容量。

UR6 是一种单极直流线路断路器，双向电磁控制和自然通风。过电流（如短路等）后较短的反应时间意味着它必然适合直流装置的保护。

这种线路断路器被设计用于检测到过电流后的快速反应，在拉弧时以紧密的恒定过电压立刻消除电弧。

西门子 A 型电动列车高速电路断路器控制电路（见综合电路图 2、3），高速电路断路器控制回路由蓄电池供电。

从综合电路图 2 中可以看到从蓄电池电源引出接头（A19）开始到车钩 71 – Y4 为

止，电路上依次连接有以下电气元件，即受电弓、高速电路断路器工作控制空气开关（21 - F01）、司机室控制继电器（22 - K01）、紧急停车继电器（22 - K08）、高速电路断路器断开按钮（21 - S01）和高速电路断路器接通按钮（21 - S02）。

（1）接通高速电路断路器继电器（21 - K01）的线圈得电。由综合电路图2上可以看出如果要使接通高速电路断路器继电器（21 - K01）的线圈得电，那么必须满足以下条件。

1）受电弓、高速电路断路器工作控制空气开关（21 - F01）闭合。

2）司机室控制继电器（22 - K01）的线圈得电，从而使得其常开触点53 - 54闭合。

3）紧急停车继电器（22 - K08）的线圈得电，从而使得其常开触点13 - 14闭合。

4）高速电路断路器断开按钮（21 - S01）不能被按下，从而使得它的常闭触点21 - 22闭合。

5）高速电路断路器接通按钮（21 - S02）被按下，从而使得它的常开触点13 - 14闭合。

6）接通高速电路断路器的空气开关（21 - F04）闭合。

在正常情况下，电路输入空气开关（21 - F01）一直处于闭合位置，只有当电路出现异常情况（如短路等），电路输入空气开关（21 - F01）才会自动断开，以起到保护线路和防止故障扩散的作用。

驾驶室控制继电器（22 - K01）线圈的得电情况是根据哪个单元作为控制单元（获得列车控制权）的情况来决定的，假设一单元作为控制单元（驾驶员用行车钥匙打开司机控制台），那么处于一单元Tc车上的列车控制接通继电器（22 - K01）的线圈就得电，类似地，如果二单元作为控制单元（驾驶员用行车钥匙打开司机控制台），那么处于二单元Tc车上的列车控制接通继电器（22 - K01）的线圈就得电。

紧急停车继电器（22 - K08）线圈的得电情况是由驾驶员拍下紧急停车按钮实施紧急停车来决定的，如果列车实施了紧急停车，那么紧急停车继电器（22 - K08）的线圈就会失电。

由以上介绍可以得出以下结论。当列车处于正常状态时，任意一个单元作为控制单元，获得列车控制权，只要按下高速电路断路器接通按钮（21 - S02），同时保持高速断路器断开按钮（21 - S01）的位置状态不变，那么接通高速电路断路器继电器（21 - K01）的线圈就会得电。同时该指令通过车钩传输给另一单元的接通高速电路断路器继电器（21－K01）的线圈，使其得电。

在接通高速电路断路器继电器（21－K01）的线圈得电的同时，SIBAS KLIP 分站 1（41－A1. 04）检测到 A5 引脚上的高速电路断路器接通按钮（21－S02）已经按下，当高速电路断路器全部合上后，SIBAS KLIP 分站 1（41－A1. 10）从 B11 引脚上输出一个高电平，使高速电路断路器接通按钮（21－S02）的内置指示灯泡亮，提示驾驶员高速电路断路器已全部合上。

（2）断开高速电路断路器继电器（21－K02、21－K03）的线圈得电。由综合电路图 2 上可以看出如果要使 Mp 车断开高速电路断路器继电器（21－K02）和 M 车断开高速电路断路器继电器（21－K03）的线圈得电，那么应该符合以下条件。

1）受电弓、高速电路断路器工作控制空气开关（21－F01）闭合。

2）司机室控制继电器（22－K01）的线圈得电，从而使得其常开触点 53－54 闭合。

3）紧急停车继电器（22－K08）的线圈不得电，从而使得其常闭触点 51－52 闭合。

4）紧急停车继电器（22－K08）的线圈得电时，高速电路断路器断开按钮（21－S01）被按下，从而使得它的常开触点 13－14 闭合。

5）断开高速电路断路器的空气开关（21－F05）闭合。

6）Mp 车 TCU C095 板卡 B12 引脚不输出高电平，断开 Mp 车高速电路断路器继电器（21－K02）的线圈将不得电。

7）M 车 TCU C095 板卡 B12 引脚不输出高电平，断开 M 车高速电路断路器继电器（21－K03）的线圈将不得电。

由此可以得到以下结论：

列车紧急停车时，所有断开 Mp 车高速电路断路器继电器（21－K02）和所有断开 M 车高速电路断路器继电器（21－K03）的线圈将会得电，使各动车高速断路器分断。

正常状态下，按下高速电路断路器断开按钮（21－S01），断开 Mp 车高速电路断路器继电器（21－K02）和断开 M 车高速电路断路器继电器（21－K03）的线圈将会得电，使各动车高速断路器分断。

若 Mp、M 车的主电路存在故障，其 TCU C095 板卡 B12 引脚将输出高电平，使相应的 Mp、M 车断开高速电路断路器继电器 21K02、21K03 的线圈得电，使其高速断路器分断。

在断开高速电路断路器继电器（21－K02、21－K03）的线圈得电的同时，SIBAS KLIP 分站1（41－A1.04）检测到 A7 引脚上高速电路断路器断开按钮（21－S01）已经按下，当高速电路断路器全部分断后，SIBAS KLIP 分站1（41－A1.10）从 B15 引脚上输出一个高电平，使得高速电路断路器断开按钮（21－S01）的内置指示灯亮，提示驾驶员高速电路断路器已全部分断。

（3）高速电路断路器闭合过程（见综合电路图3）。以 Mp 车为例，为了使高速电路断路器接通，必须满足以下条件。

1）列车控制接通继电器（72－K02）的线圈得电。

2）升弓继电器（21－K10）的线圈得电。

3）Mp 车断开高速电路断路器继电器（21－K02）的线圈失电。

4）接通高速电路断路器继电器（21－K01）的线圈得电。

5）控制 Mp 车高速电路断路器的空气开关（21F－03）闭合。

6）本控制电路的电源由蓄电池提供。

当满足以上条件以后，Mp 车高速电路断路器接通接触器1（21－K08）的线圈得电，同时为了使接触器自保并减小接触器的保持电流，在线圈得电后，其常闭触点31－32 断开，常开触点13－14 闭合，这样该接触器线圈的供电线路中就串接了一个限流电阻，从而减小了电流，保证该线圈可以长时间地安全工作，也保证了驾驶员不必一直按着高速电路断路器接通按钮（21－S02）。

在接通 Mp 车高速电路断路器接通接触器1（21－K08）的线圈得电的同时，Mp 车高速电路断路器延时吸合继电器（21－K07）的线圈也将得电。由于它是延时吸合（延时0.5～1 s），在延时时间内其常闭触点15－16 依然处于闭合状态，这样在这段时间内 Mp 车高速电路断路器接通接触器2（21－K09）的线圈也因此而得电。

从上面的叙述中可以知道在 Mp 车高速电路断路器延时吸合继电器21－K07 的延时吸合时间内，高速电路断路器接通接触器1（21－K08）和高速电路断路器接通接触器2（21－K09）的线圈都得电，这样21－K08 的常开触点1－2 和3－4、21－K09 的常开触点1－2 和3－4 都处于闭合状态，Mp 车高速电路断路器（11－Q01）主线圈的 S－R 得电，高速电路断路器处于接通状态。

当 Mp 车高速电路断路器延时吸合继电器（21－K07）的延时吸合时间到了以后，21－K07 的常闭触点15－16 将会断开，高速电路断路器接触器2（21－K09）的线圈因而失电，21－K09 的常开触点1－2 和3－4 随之断开。此时由于高速电路断路器断开按钮（21－S01）未被按下，Mp 车断开高速电路断路器继电器（21－K02）的线圈保持失电。

这样即使 21 – K09 的常开触点 1 – 2 和 3 – 4 处于断开状态，Mp 车高速电路断路器（11 – Q01）的主线圈 S – R 依然能够经 Mp 车高速电路断路器限流电阻（21 – R02），Mp 车断开高速电路断路器继电器（21 – K02）的常闭触点 31 – 32 保持闭合状态。之所以要设置这些定时装置，主要是为了对流经 Mp 车高速电路断路器（11 – Q01）的主线圈 S – R 的保持电流进行限流，以免大电流长时间流过线圈，导致线圈发热损坏。

当 Mp 车高速电路断路器（11 – Q01）的主线圈 S – R 得电后，Mp 车高速电路断路器（11 – Q01）的常开触点 D – C 和 H – G 随之闭合，这样 SIBAS KLIP 分站 1（41 – A2. 01）的引脚 A5 和 TCU 的 C079 板卡的引脚 Z10 将收到高速电路断路器已经合上的信息。

M 车高速电路断路器接通过程与 Mp 车一样。

（4）高速电路断路器断开过程（见综合电路图 3）。当 Mp 车断开高速电路断路器继电器（21 – K02）的线圈得电以后，其常闭触点 21 – 22 和 31 – 32 就会断开，从而导致接通 Mp 车高速电路断路器接触器 1（21 – K08）的线圈和 Mp 车高速电路断路器（11 – Q01）的主线圈 S – R 失电，这样 Mp 车高速电路断路器就被分断了。由于此时 Mp 车高速电路断路器接触器 1（21 – K08）的常开触点 13 – 14 和高速电路断路器继电器（21 – K01）的常开触点已经处于断开状态，所以即使此时司机松开高速电路断路器断开按钮（21 – S01），使其常闭触点 21 – 22 闭合，由于高速电路断路器接通按钮 21 – S02 未被按下，则接通 Mp 车高速电路断路器接触器 1（21 – K08）的线圈和 Mp 车高速电路断路器（11 – Q01）的主线圈 S – R 处于失电状态，这就保证了驾驶员不必一直按着高速电路断路器断开按钮（21 – S01）。

当 Mp 车高速电路断路器（11 – Q01）的主线圈 S – R 失电后，Mp 车高速电路断路器（11 – Q01）的常开触点 D – C 和 H – G 随之断开，这样 SIBAS KLIP 分站 1（41 – A2. 01）的引脚 A5 和 TCU 的 C079 板卡的引脚 Z10 将收到高速电路断路器已经断开的信息。

M 车高速电路断路器断开过程与 Mp 车一样。

4. 控制系统工作原理

SIBAS 系统在电动列车上的应用包括牵引控制单元、中央控制单元和故障存储显示系统。

（1）西门子 A 型电动列车牵引控制单元。TCU 的全称为牵引控制单元（traction control unit），它安装在每个牵引箱内，用于监控 PWM 逆变器。

TCU 系统是一个控制电子牵引的设备，由一个机架组成，其采用了 SIBAS 32 微处理技术，由不同的 SIBAS 32 模块系统组成，它能进行完整的闭环牵引控制和电流、电压及温度实际状态的监控。SIBAS 32 由一个协同处理器系统进行操作，该处理器系统有清晰的分级任务配置，一个带 32 位处理器的中央计算机用于更高一级的功能，所有时间处理功能由信号处理系统来完成，其作为中央计算机的从属系统工作。它的主要功能是控制牵引和制动力。

牵引/制动的控制信号为数字信号，由 TCU 读取，调幅（导通角）和频率是连续变化的，在门极单元中将这两个参数的组合作为脉冲形式。门极单元产生触发脉冲，然后由放大器将其传送给 GTO 模块，同时从模块处发生的检查返回信号表示导通指令已被确认，从而驱动电动机工作。

TCU 的保护功能有电压监控、电流监控、温度监控和牵引箱内设备风机的监控。其中电压监控是 TCU 在直流连接电路中对牵引逆变器进行过压保护；除了闭环电流控制器外，TCU 还包括一个实施三级过流保护的模块；温度传感器用于监控温度，TCU 将其测得的实际值与存储的极限值进行比较，如果超过极限值，则产生相应的反应；TCU 检查数据用来确认设备风扇是否损坏。

（2）西门子 A 型电动列车中央控制单元（CCU）

1）简介。CCU 的全称为中央控制单元（central control unit），对运行的列车和车载部件有控制、监测功能。它位于每节 Mp 车的电子柜内，其控制系统为 SIBAS 32 系统软件。六节编组列车共有 2 个 CCU。

列车故障数据通过总线送至 CCU 后被记录，包括记录 CCU 的内部故障，读取故障则需要运用 SIBAS 32 MONITOR 软件。

中央控制单元的功能是负载管理、数据记录功能、发出故障信息和控制子系统，分别如下。

①以故障发生顺序记录故障及其相应的时间和环境，且向显示器发送，并做出故障等级评估，评估等级如下。

1 级（严重故障）：乘客必须在下一站下车。

2 级（中级故障）：影响运营的故障。列车应在线路的终点退出运营，即运营一圈后回至车辆段。

3 级（小故障）：不影响运营的故障。在下次日检时，列车应在车辆段进行检查。

②通过显示器和显示器内部的蜂鸣器向司机报告故障，驾驶员可用屏幕上的按钮确认出现的故障。

③如果此 CCU 位于编组列车中操作端的三节车单元中，应自动执行主控任务。

④监测指定的车辆部件（以维护和调试为目的）。

⑤当司机控制台得电，在此控制台上的显示器处于工作状态。

⑥对列车总线、车辆总线具有主控功能。

2）CCU/显示器的故障电路（见综合电路图 17）。CCU/显示器故障继电器（41 - K05）线圈得电（无故障）的条件。

①Tc 车 A119_ 03 输出高电平。

②Mp 车 A126_ 03 输出高电平。

③M 车 A136_ 03 输出高电平。

如果 CCU 存在故障，CCU/显示器故障继电器（41 - K05）的线圈失电，常闭触点 3 - 13 闭合，CCU 故障红色指示灯亮起，表明 CCU 存在故障。

显示器正常工作的条件为线路供电正常，且列车紧急工作开关（22 - S05）没有处于紧急工作位置。

3）公共广播系统（见综合电路图 18、19、20）。广播放大器启动的条件是列车控制接通继电器 22 - K51 的线圈得电，常开触点 3 - 11 闭合。客室广播/零位/驾驶员对驾驶员通话的自动复位旋钮开关（45 - S01）的常开触点 43 - 44 闭合时，进行客室广播，而常开触点 13 - 14 闭合时，进行驾驶员对驾驶员通话。

列车自动报站器所报站的信息编码由 SIABS KLIP 分站 1 输出，输出信号为 A117_ 00 到 A117_ 07。

Tc 车广播放大器的得电条件为以下任一条件。

①联挂牵引继电器（22 - K41）的线圈得电，常开触点 13 - 14 闭合。

②列车控制接通继电器（22 - K01）的线圈得电，常开触点 13 - 14 闭合。

③控制列车紧急继电器（22 - K03）的线圈得电，常开触点 13 - 14 闭合。

如果 Tc 车广播放大器发生故障，它将输出一个信号到 SIBAS KLIP 分站 1 的 E112_ 07。Mp 车、M 车广播放大器的得电条件与故障情况与 Tc 车基本相似。

（3）西门子 A 型电动列车总线系统组成。

1）连接 KLIP 分站 1 到 CCU 的分站控制总线（KLIP 总线）。

2）CCU 接口总线。提供一个 CCU 与外部 PC 的接口，用于监测 CCU 内部数据。

3）用于将三节车单元中的智能型部件连接在一起的车辆总线（DIN 总线），包括 KLIP、CCU、TCU、BECU、DDU。其中：

CCU：中央控制单元。

BECU：制动电子控制单元。

TCU：牵引控制单元。

RVC：参考值转换器。

CMD：指令。

VEH. BUS：车辆总线（DIN 总线）。

REF. VALUE：参考值。

L-HOLD. BR. REQU：停车制动请求。

ED BRAKE：电制动。

MC：主控制器。

EBV：紧急制动值。

（4）西门子 A 型电动列车电子制动单元（BECU）。每节车厢装有一个 BECU（制动电子控制单元），该单元提供制动力指令和防滑的部分控制。

每一个 BECU 由 19″的电子机架组成，其包括下列插件板，即中央处理单元插件板、诊断器插件板、电源插件板、串行接口插件板、9 个插件板接口。

中央处理单元（CPU）插件板控制所有制动控制的信号处理及防滑系统的信号处理，根据输入信号，CPU 计算制动力指令值，并将其传给电子—气动模拟转换器。模拟转换器将制动力指令值转换成带有冲击限制及负荷控制的预控压力，由位于模拟转换器内的压力传感器提供反馈，用闭环控制来控制输出压力。

BECU 包括干扰保护和瞬态保护，形成电子电路所需的各种电压的电压模块用于电磁线圈的施加和释放及故障监控的控制模块的操作。

负载校正（负载重量）是由制动指令信号乘以负载正比系数而得到的，该系数是通过测量实际的常用空气弹簧压力和将该压力转换成相应的电信号得到的。负载压力从气垫处得到，并传给负载—压力限定阀及压力传感器，这个压力传感器产生正比于负载的电压信号，将其传给 BECU。

上述的监控由插件板的诊断部分来完成。该插件板上有一个二位数字的显示屏，输入电路、信号处理、输出电路及 CPU 自诊断的故障信号均被存储并显示在二位数字的显示器上。如果存在几个故障，当钥匙打开后，则全部故障按照 3 s/个的顺序来显示。如果中断电源，故障仍然存储着。当故障显示器可以进行快速诊断并确认任何故障，所有的故障同时也通过 CCU 传给司机室内的彩色显示屏，在彩色显示屏上，它以故障文字形式显示，且有针对驾驶员的相关建议处理方法。

（5）西门子 A 型电动列车中央故障存储单元。在每节 Mp 车的中央控制单元 CCU 中包含一个中央故障存储单元，其主要功能如下。

1）以故障发生顺序记录故障及其相应的时间和环境，且向显示器发送。

2）通过显示器内部的蜂鸣器向驾驶员报告。驾驶员可用屏幕上的按钮确认出现的故障。

3）如果此 CCU 位于六辆编组列车中操纵端的三节车单元中，应自动地执行主控功能。

4）监控指定的车辆部件（以维护和调试为目的）。

5）当司机控制台得电时，在此控制台上的显示器即处于工作状态。

6）对列车和车辆总线具有主控功能。

（6）西门子 A 型电动列车故障评估。列车的故障诊断系统由中央控制单元 CCU 控制，列车上的各种系统和 CCU 相连，出现故障时，给 CCU 发送故障信息专用信号。

1.1.3　运用电动列车综合电路图

1. 识读电动列车综合电路图

（1）电动列车综合电路图定义。用导线将电源、开关（电键）、用电器、电流表、电压表等连接起来，组成电路，再按照统一的符号将它们表示出来，这样绘制出的图叫作电路图。电子电路图又称作电路图或电路原理图，它是一种反映电子产品和电子设备中各元器件电气连接情况的图样。它是一种工程语言，可帮助学员尽快熟悉电子设备的电路结构及工作原理。

电路图一般有原理图、方框图、装配图和印板图等，现在所使用的就是原理图，由于它直接体现了电子电路的结构和工作原理，所以一般用在设计、分析电路中。分析电路时，通过识别图样上所画的各种电路元件符号以及它们之间的连接方式，就可以了解电路的实际工作时原理图就是用来体现电子电路工作原理的一种电路情况。

（2）电路图符号（见表 1—4）。

表 1—4　　电路图符号

		/3.5	/3.4		

续表

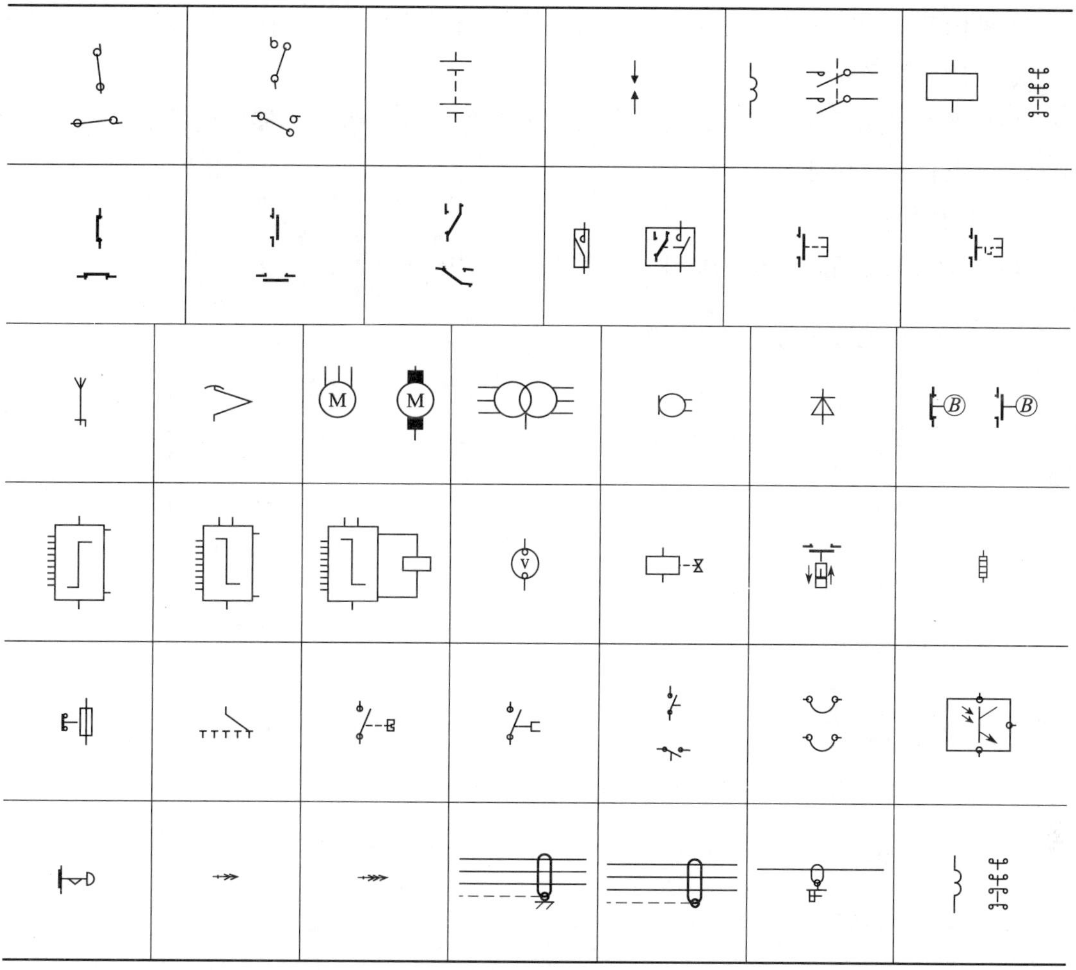

		M M				B B
			V			

（3）读懂电路图。如综合电路图 39 所示，图框中所表示设备，根据符号图，继电器编号为 22K52，其中 22 表示该继电器线圈所在的功能模块编号。对于继电器来说，所关注的还有其触点的位置和触点的类型，从上图中可以看到，该继电器有 8 副触点，分别为 6 副常开触点、2 副常闭触点，所有触点都被使用。每副触点旁的编号即表明了该触点所在的图样位置。如 13/14 触点旁标注着 27/4. 5，表明该触点位置在功能模块为 27 的第 4 张图纸的第 5 列中。

根据这种方法，能够读懂所有电路图中每个元器件的所在位置，再根据电工原理就能知道整个电路的功能。

2．识读电动列车综合电路图元器件明细表

电路图元器件明细表标注了每个元器件的名称、规格型号、生产厂家、所对应图纸号、使用数量及安装位置。

使用者通过元器件明细表，可以了解元器件的性能参数，元器件明细表是电路图中每个元器件的身份证。

读图的方法如下。

（1）通过每个元器件旁的标注找到其在电路图中的位置。

元器件位置和到何处去的说明：

（2）搞清线号的含义。

线号说明：

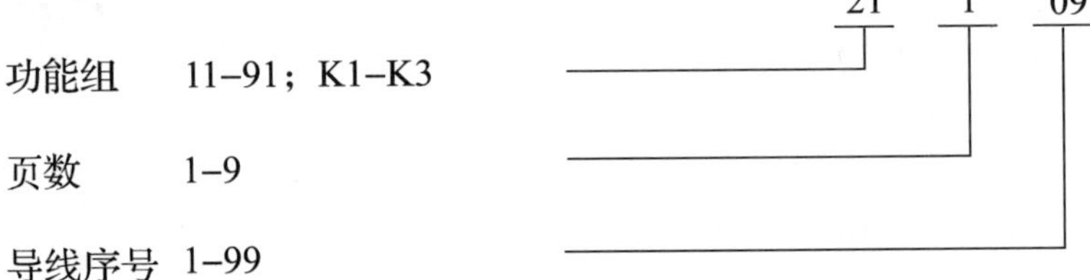

（3）搞清元器件编号的规则。

元件编号说明：

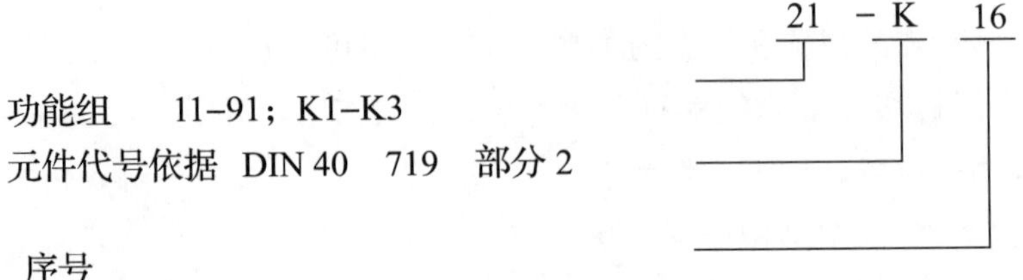

技能要求

车门故障的处置及分析

操作准备

1列电动列车、1条满足列车20 km/h运行速度并确保安全制动距离的封闭股道、触网供电、电动列车钥匙、相应车型电动列车综合电路图及电动列车综合电路图元器件明细表。

操作步骤

步骤1　判断列车车门故障

通过驾驶室内驾驶操作台上的故障显示屏、列车关门指示灯及听是否有开门声音来判断故障车门。

步骤2　处置列车车门故障

找到Tc车继电器柜中的81－K09关门继电器损坏的线头，并进行恢复。

步骤3　分析列车车门故障

通过综合电路图分析。

步骤4　处置故障后进行试车

开关车门试验。

注意事项

操作安全规范，无违规、违章操作（按规定穿戴劳防用品、无超速运行、无冒进信号、无危及人身安全行为）。

高速开关故障处置及分析

操作准备

1列电动列车、1条满足列车20 km/h运行速度并确保安全制动距离的封闭股道、触网供电、电动列车钥匙、相应车型电动列车综合电路图及电动列车综合电路图元器件明细表。

操作步骤

步骤1　判断列车单节车高速开关不能合上故障

通过司机室内司机操作台上的故障显示屏、列车高速开关合指示灯判断故障高速开关。

步骤 2　处置高速开关故障

找到动车继电器柜中的 21K10 升弓保持继电器 54 接线松动处，并进行恢复。

步骤 3　分析高速开关合不上故障

通过综合电路图分析。

步骤 4　处置故障后的试车

分合高速开关。

注意事项

操作安全规范，无违规、违章操作（按规定穿戴劳防用品、无超速运行、无冒进信号、无危及人身安全行为）。

1.2　接触网技术及故障分析

知识要求

1.2.1　接触网技术

1. 基本要求

由于接触网是一种既无备用又易损耗的供电装置，还受环境和气候条件的影响，一旦发生故障，中断牵引供电，将影响电动列车正常运行，带来严重的后果与损失，因此，接触网应满足以下工作条件和基本要求。

（1）在高速运行和恶劣的气候条件下，能保证电动列车正常取流，要求接触网在机械结构上具有稳定性和足够的弹性。

（2）接触网设备及零件要有互换性，应具有足够的耐磨性和抗腐蚀能力，并尽量延长设备的使用年限。

（3）要求接触网对地绝缘性好，安全可靠。

（4）设备结构尽量简单，零部件互换性强，便于作业，有利于运营及维修；在事故情况下，便于抢修和迅速恢复送电。

（5）尽可能地降低成本，特别要注意节约有色金属及钢材。

（6）接触网距走行轨轨面的高度应尽量相等。

（7）在各种气候条件下，应均能保持高度、弹性和稳定性变化不大。

总的来说，要求接触网无论在任何条件下，都能保证良好地供给电动列车电能，保证电动列车在线路上安全、高速运行，并在符合上述要求的情况下，尽可能地节省投资、结构合理、维修简便、便于新技术的应用。

2. 结构形式

接触网按结构形式可分为接触轨式和架空式两大类型。

（1）接触轨式接触网。接触轨是沿走行轨道一侧平行铺设的附加第三轨，故又称第三轨。电动列车侧面或底部伸出的受电器与第三轨接触，取得电能，这种受电器称为接触靴。

接触轨可分为上磨式和下磨式两种。

上磨式接触轨安装在专用绝缘子上，工字形轨底朝下。接触靴自上与之接触受电。上磨式的优点是固定方便，缺点是接触靴在其上滑行，无法加防护罩。

下磨式接触轨底朝上，由绝缘体紧固在弓形肩架上，肩架固定装在轨枕一侧。下磨式的优点是可以加装防护罩，对工作人员较为安全。

在地铁牵引供电系统中，直流制750 V系统一般可采用第三轨。它的优点是隧道净空高度低、结构简单、造价低，缺点是人身和防火方面安全性差，难以与采用架空式接触网的地面或高架铁道衔接。

（2）架空式接触网。架空式接触网在地面上与地下隧道内的架设方法是不同的，分为地面架空式和隧道架空式。架空式接触网又可分为刚性接触网与柔性接触网。上海地铁架空式接触网地面部分采用腕臂与软（硬）横跨相结合的悬挂形式，地下部分采用弹性支架或刚性悬挂形式。架空式接触网是架设在走行轨道上部的接触网，电动列车上部伸出的受电弓与之接触滑行，取得电能。目前运营的上海地铁一、二、三、四、五号线采用的是柔性接触网，地面和隧道架空式的悬挂均属柔性接触悬挂。六、八、九号线采用柔性与刚性相结合的接触网，地面段为柔性接触悬挂，隧道段为刚性接触悬挂。

3. 供电方式和电分段

牵引变电所通过接触网向电动列车供电，接触网在每个牵引变电所附近断开，分成两个供电区段。每个牵引变电所仅对其两侧的区段供电。供电距离越长，牵引电流在接触网上的电压降越大，使末端电压过低及接触网上电能损耗过大；供电距离过短，牵引变电所数目增多，投资增加。供电距离及接触线截面等与接触网供电方式有关。牵引变电所向接触网供电有单边供电和双边供电两种方式。

每个供电区段也称为一个供电臂，如电动列车只从所在供电臂上的一个牵引变电所获得电能，这种供电方式则称为单边供电。单边供电时，若有故障，其范围小，牵引变电所内的保护也较简单，但电动列车所需牵引电流全部由一边流过牵引网，牵引网电压降和电能损耗也就大。如果一个供电臂同时从相邻两个牵引变电所获得电能，则称为双边供电。双边供电时，牵引电流按比例由两边流过牵引网，牵引网电压降和电能损耗相对就小，但有故障时，范围也较大，保护较复杂。

每个接触网区段均由相邻两个牵引变电所并联供电，即采用双边供电，以减小牵引网电压降和电能损耗。正常双边供电时，牵引变电所馈线开关内设置双边联跳保护装置。一旦接触网发生短路故障，靠近短路故障点的牵引变电所保护动作，馈线开关迅速跳闸，与此同时联动跳开另一侧牵引变电所的相应馈线开关，及时切除故障。当某一牵引变电所故障时，该故障牵引变电所退出运行，此时该区段接触网就改为单边供电，或可通过闭合故障牵引变电所所处接触网的联络隔离闸刀，实施越区供电，此时称为大双边供电，两个牵引变电所的馈线开关仍有联跳功能。

在越区供电方式下运行，供电区域扩大，牵引变电所的负荷增大，线路损耗增大，因此要视情况适当减少同时处在该供电区段的电动列车数，但一旦接触网发生短路故障，其保护装置灵敏度降低。因此，越区供电只是在牵引变电所故障情况下运行的一种特殊运行方式。

接触网的电分段是保证供电可靠性和灵活性的另一种措施。被分段的接触网可以通过联络隔离闸刀联络。当某段接触网发生故障或检修时，只需打开相应区段的联络隔离闸刀，就可使故障或检修停电范围缩小，同时不影响其他各区段接触网的正常供电。接触网沿线路方向的分段称为纵向电分段，线路与线路之间的分段称为横向电分段，如折返线、交叉渡线处的电分段等。纵向电分段一般采用电动控制，线路间的横向分段一般采用手动控制。

设置电分段的联络隔离闸刀地点时，应考虑操作方便和便于实现集中控制，如牵引变电所或车站附近。

4. 接触网主要设备

（1）补偿装置。补偿装置又称补偿器，如图 1—26 所示，设在锚段两端，能自动补偿接触线或承力索内的张力，它是自动调整接触线或承力索张力的补偿器及其制动装置的总称，有重力补偿、弹簧补偿、液气补偿等多种形式。温度变化时，线索受温度影响而伸长或缩短，由于补偿器作用，使线索沿线路方向移动而自动调整线索张力，使张力恒定不变，并借以保持线的弛度满足技术要求。

（2）隔离开关。设在车站、渡线、存车线、车辆厂等需要进行电分段的地方，凡需要进行电分段的地方都应设置隔离开关，如图 1—27 所示。设置隔离开关主要是为了增加接触网供电的灵活性和可靠性。地铁接触网上采用双刀头隔离开关和四刀头隔离开关，分为轻型和重型两种。

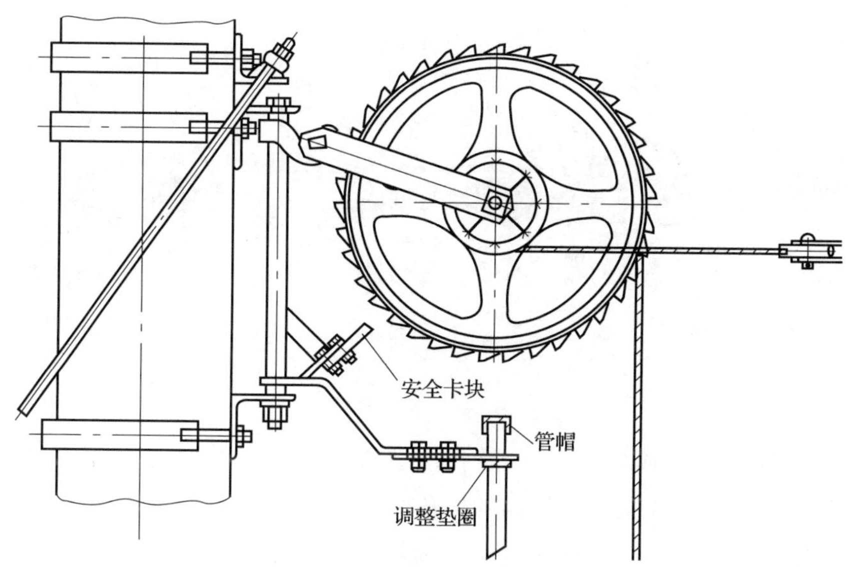

图 1—26　张力补偿装置

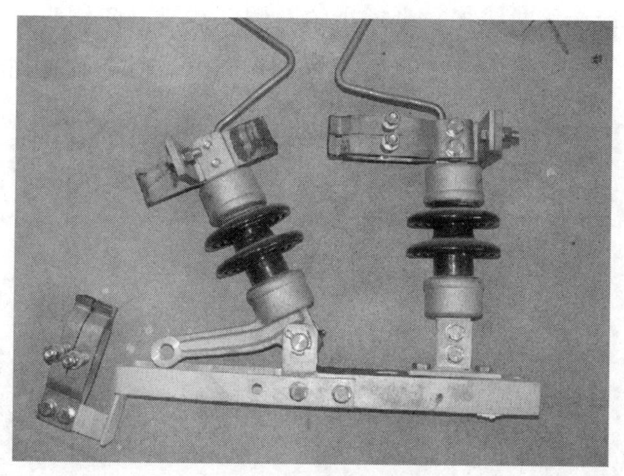

图 1—27　轻型隔离开关

（3）分段绝缘器。分段绝缘器如图 1—28 所示，设在车站、渡线、存车线、车辆厂等地，为了保证工作人员作业方便及人身安全，将接触网在电的方面分成独立的区段。

分区绝缘器设在上述独立区段的两端，其结构既能保证供电的分段，又能使受电弓平滑地通过该设备。分区绝缘器大多应配合隔离开关使用，以便使分区绝缘器两端的接触线当开关闭合时都能带电；当隔离开关打开时，独立区段中则没有电，便于在该独立区段中进行停电作业。

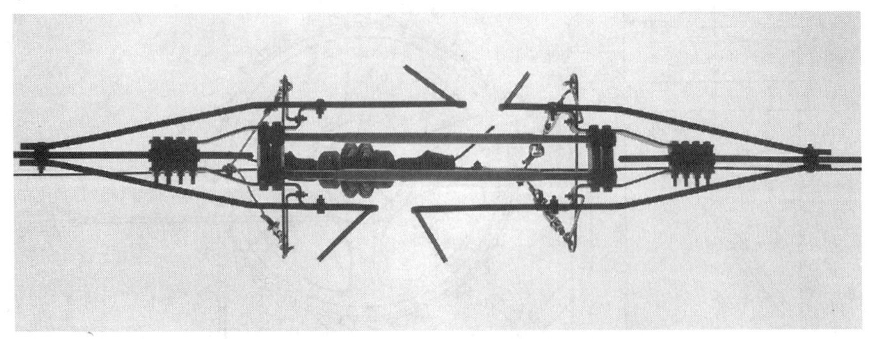

图 1—28　分段绝缘器

（4）中心锚结。在锚段的适当位置将接触悬挂固定，这种固定装置称为中心锚结，如图 1—29 所示。在两端装有补偿器的锚段里，必须加设中心锚结，其布置原则是尽量使中心锚结两端张力相等，直线段中心锚结设在锚段中部，曲线段、曲线半径相同的整个锚段中心锚结仍设在锚段中部，当锚段处于直线和曲线共有区段且曲线半径不等时，中心锚结应设在靠曲线多、半径小的一侧。在锚段两侧张力补偿条件大致相同处，并在跨中把接触线固定于承力索上，同时通过辅助绳锚固在两端支柱上。

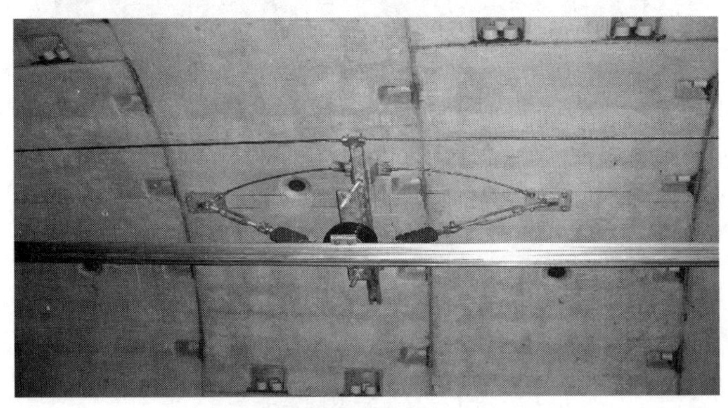

图 1—29　刚性悬挂中心锚结

设置中心锚结后，由于接触线和承力索在中心锚结处系紧（防串中心锚结除外）。因此，当温度变化时，锚段两端的补偿器只能使线索由中心锚结处分别向两端移动，不至于只向一端移动，保证线索张力均匀，并使接触线工作状态良好，同时能缩小事故范围。当锚段一端的接触线发生断线时，不至于影响锚段另一端接触线，以利于抢修和缩短事故停时。

（5）线岔。当列车运行到两条股道交叉处，由一股道过渡到另一股道上运行时，要经过道岔设施达到转换。在城市轨道交通电气化区段的站、场内两个股道交叉处，为了使电动列车受电弓由一条股道顺利过渡到另一条股道，在两条股道交叉的上空相应有两支汇交的接触线，在两支汇交接触线的相交处用限制管连接并固定的装置称为线岔。线岔使电动列车完成股道转换。

（6）接触网锚段关节。为满足供电、机械方面的分段要求，将接触网分成若干一定长度且相互独立的分段，每一分段叫作锚段。一个锚段与另一个锚段相衔接的接触网悬挂部分称为锚段关节，其作用是使受电弓从一个锚段平滑地过渡到另一个锚段。

根据锚段关节所起的作用可分为机械分段非绝缘锚段关节和电分段绝缘锚段关节。非绝缘锚段关节如图1—30所示，只起机械分段作用，绝缘锚段关节既起电分段作用，又起机械分段作用。

图1—30 刚性悬挂非绝缘锚段关节

1.2.2 接触轨技术

1. 城市轨道交通接触轨的来源和发展

接触轨又称第三轨或简称三轨。接触轨系统是地铁牵引供电系统的重要子系统，它直接影响到地铁供电系统甚至整个地铁系统的安全运营。德国西门子公司于1879年的柏林博览会上展示了一列从第三轨取电的样板列车。不久，很多铁路和电车系统均采用第三轨牵引供电技术。位于伦敦的第一条电气化地铁在1890年开通时也是使用第三轨作为供电系统。顾名思义，第三轨供电的概念就是在列车行走的两条路轨以外，再加上带电的钢轨。这条带电钢轨通常设于两轨之间或其中一条轨的外侧。电动列车的集电装置在带电路轨上接触并滑行，把电力传到列车上。这种集电装置在英语称为shoe，中文译为集电靴（或者译为取流靴）。

早期使用的第三轨为低碳钢轨，如北京、天津早期的地铁，近些年逐步使用钢铝复合轨，国内武汉轻轨首次采用，目前在北京、天津、广州等地的地铁已经全面应用，目前广州地铁已经使用国产化的钢铝复合轨。钢铝复合轨用做第三轨，改善了第三轨受流的技术性能，新建设的城市轨道交通项目采用钢铝复合轨已成为趋势。第三轨式接触网的电压多采用 IEC 标准，为直流 600 V 或 750 V，我国 1969 年开通的北京地铁采用的第三轨受电电压为直流 750 V，但也有国家采用较高的电压，如西班牙巴塞罗那地铁就采用了直流 1 500 V 和 1 200 V。广州地铁是国内首先采用 DC1 500 V 第三轨供电系统的城市轨道交通单位。

2. 接触轨系统的国内外应用概况

目前，在我国有 5 个城市、11 条地铁线路采用了接触轨系统。它们分别是北京地铁 1 号线工程，北京地铁环线工程，天津地铁 1 号线中段，北京地铁复八线工程，北京地铁 13 号线工程（即北京城市铁路工程），北京地铁八通线工程，广州地铁 4 号线、5 号线、6 号线，武汉轨道交通 1 号线一期工程，上海轨道交通 16 号线。

另外，由中国援建的 1984 年开通的朝鲜平壤地铁以及由中国承建的 2000 年 2 月 21 日开通一期工程的伊朗德黑兰地铁也采用了接触轨系统。这些线路的总长度超过 200 km，其接触轨电压等级均为直流 750 V。

（1）北京地铁 1 号线工程接触轨系统。北京地铁 1 号线工程东起北京站，西至苹果园，全长 24. 17 km，于 1958 年开始设计，1965 年 7 月 1 日开工建设，1969 年 9 月 20 日基本建成并试运营。该工程接触轨系统是我国第一个地铁接触轨系统。本工程接触轨系统的电压等级开始为直流 825 V，而后随着牵引变电所设备的改造而改为直流 750 V，安装方式为上部受流方式，导电轨材质为低碳钢。

（2）北京地铁环线工程接触轨系统。北京地铁环线工程由北京站向东北绕过古天文台，沿东城墙旧址经建国门、东直门、德胜门、西直门、阜成门、复兴门后，与 1 号线工程的礼士路至长椿街区间相接，线路全长 16. 1 km。1974 年完成接触轨施工图设计，1976 年建成并试运营，1984 年完成改造。

根据北京地铁 1 号线工程的施工运营经验，针对存在问题及接触轨要加强防护的指示，1974 年环线工程接触轨系统设计时进行了一些修改与完善。1978 年 5 月，根据市兵办工程组技术处于 1978 年 3 月 27 日召开的关于地铁三轨防护板设计问题的会议纪要精神，将环线工程接触轨防护板靠近线路侧上下两块和防护支架下边的一块予以取消，采用了玻璃钢防护罩。

（3）北京地铁复八线工程接触轨系统。北京地铁复八线工程的线路位于长安街下，西起复兴门，东至八王坟，线路全长 12.7 km。该工程接触轨系统施工图设计完成于 1993 年 10 月，工程于 1999 年 9 月通车。与北京地铁环线接触轨系统相比，主要进行了以下修改。

1）接触轨端部弯头由原来的 2 300 mm 加长到 2 775 mm，以使受流器与弯头接触时更平稳；同时减小了坡端的接触面到走行轨顶面的垂直距离。

2）采用 3 000 V 支柱绝缘子代替原绝缘子。

3）结合工程需要，本工程研制开发了玻璃钢防护罩，并在车站、道岔、隧道联络线等局部地段进行了试验安装（单线总长度约 6 km）。

（4）北京地铁 13 号线工程接触轨系统。北京地铁 13 号线为北京城市铁路工程，线路全长 40.85 km。1999 年 8 月 12 日，项目被批准立项；2000 年 9 月 26 日，城市铁路西线全面开工；2002 年 9 月 28 日，城市铁路西线开通试运行；2003 年 1 月 28 日，城市铁路全线建成试运营。本工程接触轨系统的电压等级为直流 750 V，导电轨材质为低碳钢。

（5）北京地铁八通线工程接触轨系统。北京地铁八通线西起八王坟，东至通州土桥，线路全长 18.964 km。2003 年 12 月 7 日完成热滑；2003 年 12 月 28 日，开通试运营。

北京地铁 1 号线、环线及城市铁路均使用的是瓷绝缘子。瓷件是脆性材料，在运输、安装、运营维护等过程中，容易受到硬器撞击而破损。近年来，复合绝缘子发展迅猛，性价比、可靠性不断提高。本工程在正线接触轨系统中采用了环氧树脂绝缘子，在车场线接触轨上试用了硅橡胶绝缘子。

（6）武汉轨道交通 1 号线一期工程接触轨系统。武汉轨道交通 1 号线一期工程自宗关站经硚口至黄浦路，线路全长 10.234 km，为全高架线路。2000 年 4 月开始初步设计，2003 年 12 月 11 日完成热滑，于 2004 年 7 月 28 日投入运营。

本工程在国内首次采用钢铝复合接触轨技术。接触轨采用钢铝复合材料制成，可有效地降低电阻率，并减少供电系统中牵引变电所的数量，降低运营时接触轨能量的损耗；防腐蚀性能较好；钢铝复合接触轨重量小，便于运输和安装；在铝合金轨的接触面上包覆有一层不锈钢带，可大大提高耐磨性。接触轨系统的电压等级为直流 750 V，安装方式为下部受流方式。

（7）天津地铁 1 号线（延伸）工程接触轨系统。1984 年 12 月，全长 7.4 km 的天津地铁 1 号线中段建成通车，其接触轨系统与北京地铁早期建成线路的接触轨系统一致，2001 年 7 月，因线路向两端延伸改造而停运。天津地铁 1 号线（延伸）工程的线路全长 26.2 km，2005 年 12 月 28 日建成通车，2006 年 6 月 12 日开始载客试运营。本工程采用直流 750 V 上部受流接触轨系统，接触轨为钢铝复合接触轨。

（8）广州地铁 4 号线工程接触轨系统。广州市轨道交通 4 号线大学城专线段工程，线路全长 14.11 km。该工程于 2003 年 10 月通过初步设计审查，于 2005 年 12 月 26 日建成通车。

由于广州地铁 4 号线几次穿越珠江水系，并且一部分线路位于已建城区。针对减少车站埋深及增加选线灵活度的需求，而采用了爬坡能力大、转弯半径小的直线电机交通系统。另外，考虑到该线路平均站间距大及工程建造要尽量减少对城市景观的影响，本工程拟采用直流 1 500 V 接触轨系统，接触轨为钢铝复合接触轨。

（9）德黑兰地铁 1 号线、2 号线工程接触轨系统。德黑兰地铁 1 号线、2 号线的线路全长约 53 km。1992 年年初开始投标，1996 年合同正式生效，2000 年 2 月 21 日，第一期工程建成通车。

根据招标文件要求，北京城建院联合高校与工厂，以产学研相结合的方式，研制开发出“下部受流接触轨系统”，填补了国内空白，该技术成果于 1994 年 6 月 8 日获得了国家实用新型专利。相应地，研制出玻璃钢材料的接触轨支架及防护罩，代替了传统的木板防护罩，这一创新成果带来了接触轨支架与防护罩材料的革命。本工程接触轨系统的电压等级为直流 750 V，导电轨材质为低碳钢。

（10）上海地铁 16 号线工程接触轨系统。上海轨道交通 16 号线工程起点为浦东新区的龙阳路站，终点为滴水湖边的临港新城站。线路全长 58.962 km，其中地下线路长 13.741 km，高架线路长 45.221 km。

全线设置北停车场 1 座、川杨河停车场 1 座、车站 13 座，其中高架车站 10 座，地下车站 3 座，最大站间距 10.601 km，最小站间距 2.699 km。

正线采用 DC1 500 V 接触轨下接触受电方式，停车场采用 1 500 V 柔性架空接触网。最高行车速度 120 km/h。2013 年 12 月开通验收范围，即罗山路站—临港新城站及治北停车场。

3. 接触轨系统的技术特征

接触轨系统的技术特征主要有三个。一是电压等级；二是安装方式；三是导电轨材料。

（1）电压等级。目前世界上城市轨道交通中的直流牵引网电压等级繁多，接触轨系统的电压等级有 600 V、630 V、700 V、750 V、825 V、900 V、1 000 V、1 200 V 等；国外接触轨系统的标称电压一般在 1 000 V 以下，西班牙巴塞罗那采用过直流 1 500 V 及1 200 V 接触轨，美国旧金山 BART 系统为直流 1 000 V 接触轨。目前国内接触轨系统标称电压为直流750 V。国际上接触轨电压等级的发展趋向是IEC标准中的直流600 V、750 V。

（2）安装方式。接触轨系统根据受流位置的不同，可分为上部受流接触轨、下部受流接触轨和侧面受流接触轨三种。

（3）导电轨材料。接触轨可采用低碳钢材料或钢铝复合材料。

4. 接触轨的优缺点

（1）优点。

1）第三轨安装在轨道梁上，电动车辆取流靴与第三轨接触面大且对其磨损极小。采用第三轨式接触网的优点是工程易于安装、检修方便、维护简单、寿命长。由于其单位电阻值低，因此可减少牵引变电所的数量和投资，降低能耗。据粗略调查，北京地铁运营30年，第三轨端面磨耗仅4～5 mm，基本上可以做到无维修或少维修，因而也就相应减少了维修费用。对城市轨道交通而言，运输密度大，间隔小，在夜间停运很短的时间内进行定期检修比较困难。维修工作不均衡会造成劳动力组织的困难与浪费，因此基础设施的少维修化具有非常重要的意义。显然第三轨受流在这方面具有优势。另外，对于运营维护来说，第三轨作业不需要专门的触网作业车，这项也能够节约很大的成本投入。

2）采用第三轨方式供电，即通过集电靴（钢铝复合材料）供电，用电时放下集电靴，不用时收起集电靴（犹如飞机的起落架）。

3）采用第三轨供电，尽管建设阶段造价较高，但节省了架电杆、土方、用材、施工、维修等大量工程和费用，今后的可靠性高，维修费用低，设计使用期长达30年，其经济效益不可估量。而且，第三轨供电具有免于维修、景观美丽、节能环保等优点。

4）接触轨安装直接在地面进行，简便易行，相比接触网、刚性悬挂等地铁受流方式更便于安装及维护。初期投资相对接触网、刚性悬挂略高，但就长期价值进行比对，具有后续维护量小、维护简便的优点。

5）第三轨供电与公路交通相比，具有没有尾气、噪声小、拥有独立的通道和路线、便于集中管理、占地面积小、节能减排等优势，提高了土地使用率，大大节约了土地使用面积。

（2）缺点。

1）暴露户外的带电轨道构成危险。有些企图横过路轨的人便因不幸踏在带电轨道上而触电致死。如台北捷运淡水线就有平面轨道供电路段为防止民众误踏而加设严密

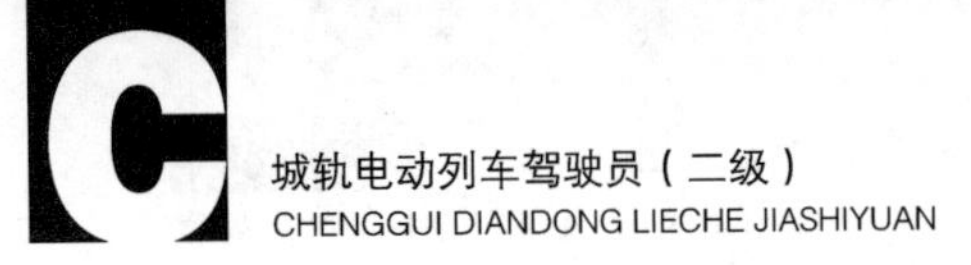

的铁丝网。

2）电压问题。带电轨道的电压不能太高，否则电流会在路轨间形成电弧。由于电压不高，故在兴建铁路时每隔一小段便要设立一个电站，以确保电力供应稳定，但这样也加重了成本，因此只适合用在短距离的地下铁或都市内的轨道运输。另外，电压问题也使高速列车和货运列车不适合轨道供电系统，故一般速度较低、载重较小的列车（也即通常用于大众运输的一类列车）较适合使用轨道供电系统（但英格兰东南部的铁路干线大规模地采用轨道供电）。

3）限速。由于集电靴在高速之下难以准确地抓紧带电轨，故采用轨道供电系统的铁路限速不能太高。一般而言，采用轨道供电系统的列车的时速上限是约 130 km/h 。

4）电流流失。由于带电轨道接近地面，故有时电流流失到地面。一些带电轨道会加上铝条以减少电流流失（因为铝的传电能力比钢佳）。然而，由于铝对热力的膨胀反应与钢有所不同，为避免损毁带电轨，带电轨的两旁都必须有铝条栓紧。

5）缝隙问题。在转辙器、平交道等处，带电轨都必须留下空隙以容许其他路轨穿越其间。一般来说，使用轨道供电的列车都是动车组，列车几乎都不只拥有一个集电靴，所以空隙不会构成什么问题。但在某些情况下，列车仍有可能因为全部的集电靴都在空隙之中，无法取得电力而不能行动。这时列车需要由其他机车推动，或接驳紧急用电缆到最近的带电路轨上，以取得动力。由于这些事故多于繁忙的交汇处发生，故通常都会导致严重的挤塞及延误。

5．接触轨受流方式

第三轨受流方式有三种，即上接触式、下接触式和侧接触式，如图 1—31 所示。

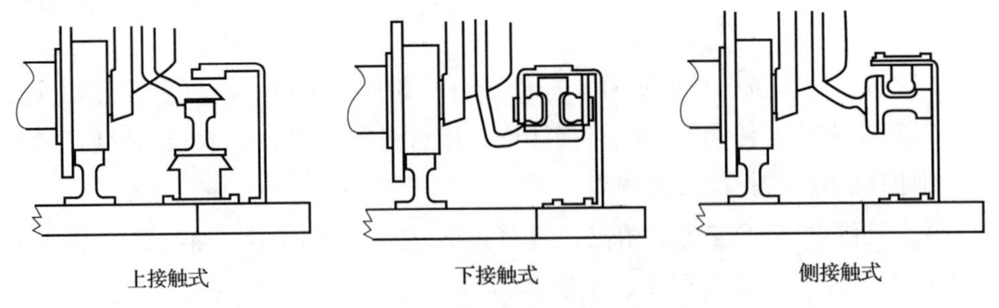

图 1—31　第三轨受流方式

美国地铁大都采用上接触式，取流靴从上压向第三轨轨头，第三轨顶面受流。取流靴的接触力是由向下作用的弹簧压力进行调节的，受流平稳。施工作业简便，可以在轨头上部通过支架安装不同类型的防护板，国内北京地铁也采用此受流方式。侧接触式就是第三轨轨头端面朝向走行轨，取流靴从侧面受流，跨坐式独轨车辆就采用侧面接触式取流，其取流靴装在转向架下部，国内的重庆轻轨采用此受流方式。下接触式第三轨的轨头朝下，通过绝缘肩架、橡胶垫、扣板收紧螺栓、支架等安装在底座上，欧洲国家比较青睐此受流方式。下接触式的优点是防护罩从上部通过橡胶垫直接固定在第三轨周围，人员安全性好，利于防止下雪和冰冻造成的取流困难。但这种方式安装结构复杂，费用较高。广州地铁 4 号线也采用此方式。

（1）上接触式。接触轨装在专用绝缘子上，低朝下。取流时，接触靴自上压向接触轨。上接触式的接触力不由受流器（集电靴）的重量和磨耗情况决定，而只受弹簧支座特性的控制，并能减少间隙和道岔等处的电流冲击。上接触式接触轨固定方便，但不易加防护罩，受流方式如图 1—32 所示。

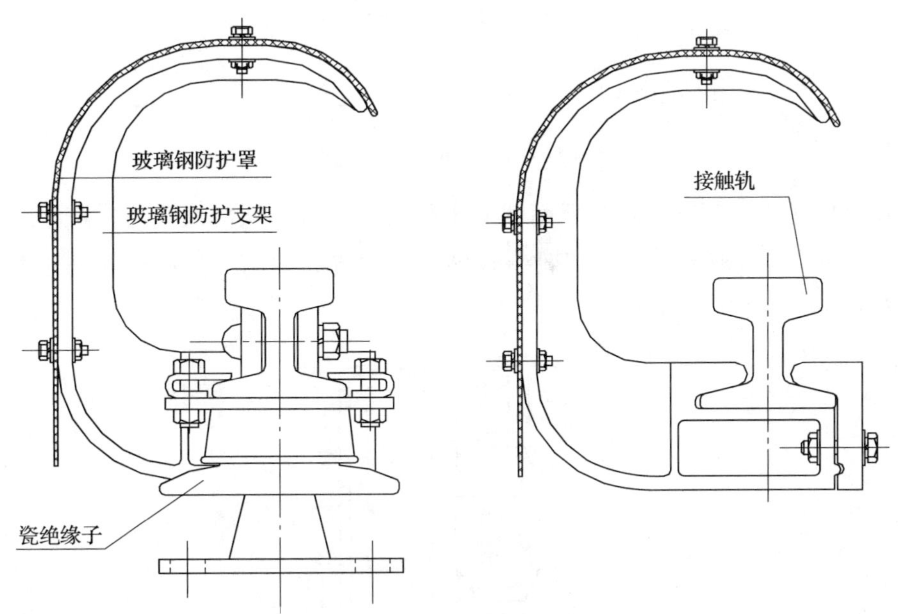

图 1—32　上接触式受流图

（2）下接触式。下接触式接触轨底朝上，紧固在绝缘子上，并且由固定在枕木上的弓形肩架予以支持。下接触式的优点是可以加防护罩，对工作人员来说较为安全。这种方式安装较为复杂，费用较高，在经常冰冻和下雪而造成集电困难的地区使用较为普遍。受流方式如图 1—33 所示。

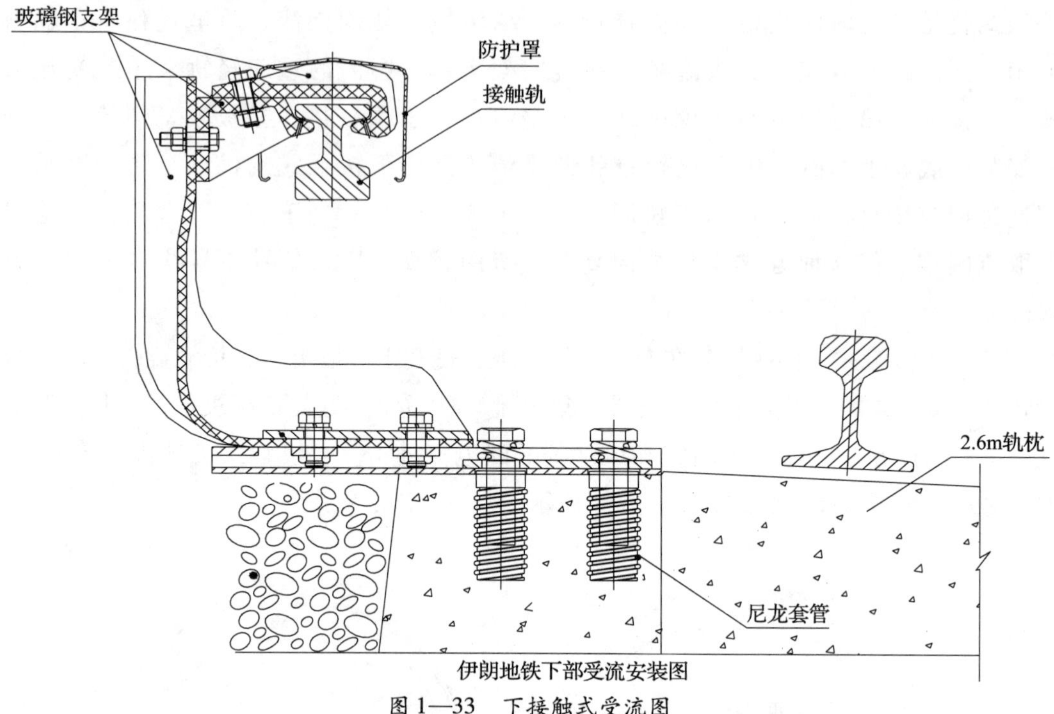

图 1—33　下接触式受流图

（3）侧接触式。第三轨轨头端面朝向走行轨，取流靴从侧面受流，跨坐式独轨车辆就采用侧面接触式取流，其取流靴装在转向架下部，国内的重庆轻轨采用此受流方式。受流方式如图 1—34 所示。

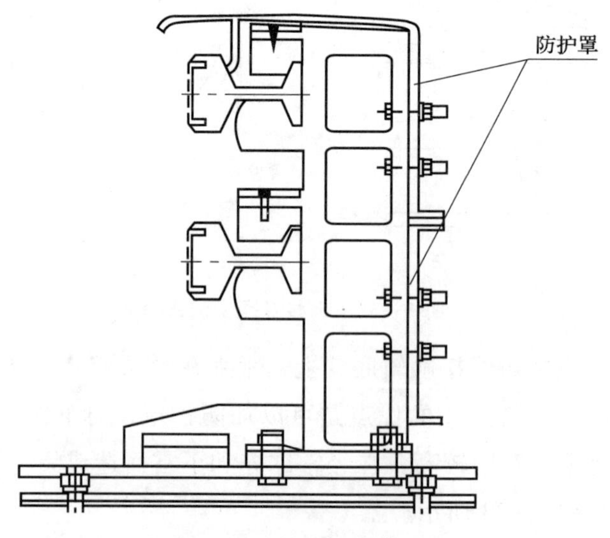

图 1—34　侧接触式受流图

6. 接触轨系统的组成和元件

三轨系统是接触网系统的另一种形式，其作用是将电能可靠地传送给电力牵引车辆，以满足列车运行的需要。三轨系统作为向地铁列车提供电能且无备用的设备，主要由以下元件组成，即钢铝复合轨、绝缘支架、端部弯头、防护罩、普通接头、温度膨胀接头、中心锚结、电连接中间接头。

钢铝复合接触轨由轻质的导电铝轨本体和非常耐磨的不锈钢接触面构成。轨身由高强度耐腐蚀铝合金（6101－T6）挤压而成。接触面是连续的、6 mm 厚的不锈钢带。不锈钢带同导电铝轨机械复合，以确保它们之间的金属结合，从而保证铝和不锈钢带间较小的接触电阻。

20℃时，复合轨的直流电阻不超过8. 5 mΩ/m。复合轨供货长度为15 m/根。

接触轨竖直方向中轴线应垂直于其所在处的轨道平面，垂直距离为200 mm，允许偏差为±5 mm；接触轨距轨道中心的水平距离为1 510 mm，允许偏差为±5 mm。

接触轨钢带的连接应平滑顺畅、无阶梯，其不平顺度要控制在0. 5 mm之内，复合轨的连接缝隙应密贴。

接触轨检修时，严禁硬拉、硬扯或敲击整体绝缘支架。

正线接触轨受流面在两相邻绝缘支架处相对高差不得大于2. 5 mm，困难条件下不得大于5 mm。

接触轨的结构断面参数见表1—5，接触轨的结构断面如图1—35所示，钢铝复合轨连接如图1—36所示。

表1—5　接触轨的结构断面参数

名　称	数　值
轨高（mm）	105
轨底宽（mm）	80
接触面宽（mm）	65
总宽（mm）	92
重量（kg/m）	14. 5
标准长度（m）	15
20℃时的单位电阻（Ω/km）	0. 008 092

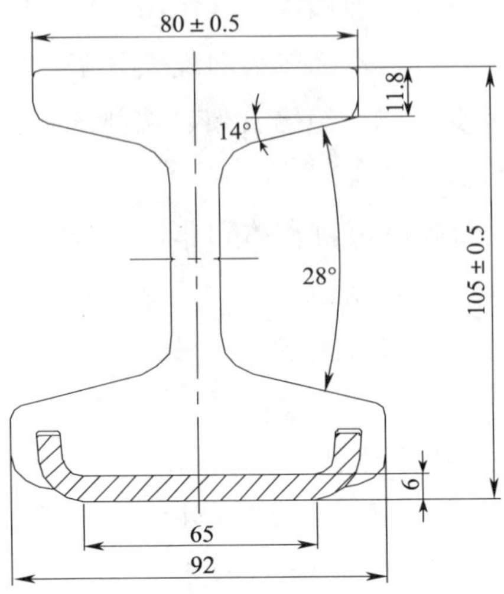

图 1—35　接触轨断面结构

图 1—36　钢铝复合轨连接

（1）绝缘支架。绝缘支架如图 1—37 所示，由玻璃纤维增强树脂（GRP 玻璃钢）采用模压工艺制造而成。

绝缘支架主要由底座、接触轨托架、接触轨卡爪组成。绝缘支架高度有 458 mm、528 mm 两种规格。

（2）端部弯头。端部弯头如图 1—38 所示，分为高速端部弯头和低速端部弯头。其作用是保证列车在额定速度运行时，受电靴能够平滑地接触和脱离复合轨。

图 1—37　绝缘支架

图 1—38　端部弯头

端部弯头分为正线和车场线两种，正线端部弯头长度为 5.2 m，端部弯头两端的高度差大于或等于 126 mm；坡度为 1∶40。车场线端部弯头长度为 3.4 m，坡度为 1∶30。每一个端部弯头的端部都经过预弯，坡度更大一些，这样能保证端部弯头具有更好的自熄弧特性。工厂加工端部弯头时用标尺严格检验坡度。

端部弯头采用两个绝缘支架进行支撑，与接触轨采用普通接头连接，可确保其接口处高度相同，无须进行打磨。由于端部弯头构造无任何方向性，它与接触轨的连接同接触轨之间的连接方式一样，可被安装在任何一个区段的末端。

端部弯头预弯以后，采用铝合金作填充剂，进行气体保护金属极电弧焊，焊后进行接口表面的清洗处理，以避免焊接后零件出现焊接裂纹和焊接应力。

（3）防护罩。第三轨直接暴露在外，长久会对接触轨造成腐蚀和损伤，降低接触轨的使用寿命，所以在这些区段采用防护罩作为保护。防护罩如图 1—39 所示，分为接触轨防护罩、支架防护罩、电缆接线板防护罩、特殊中心锚结防护罩等几类。

图 1—39　防护罩

防护罩厚度为（2.8 ± 0.2）mm，普通防护罩单位制造长度（4 600 ±5）mm；防护罩支撑卡每隔 500 mm 布置一处。

（4）普通接头。每一段接触轨、端部弯头或膨胀接头都是通过一套普通接头连接的，接头的材质与接触轨的材质相同。普通接头如图 1—40 所示，本体毛坯采用挤压成型，表面强度高，粗糙度低，外形尺寸准确。

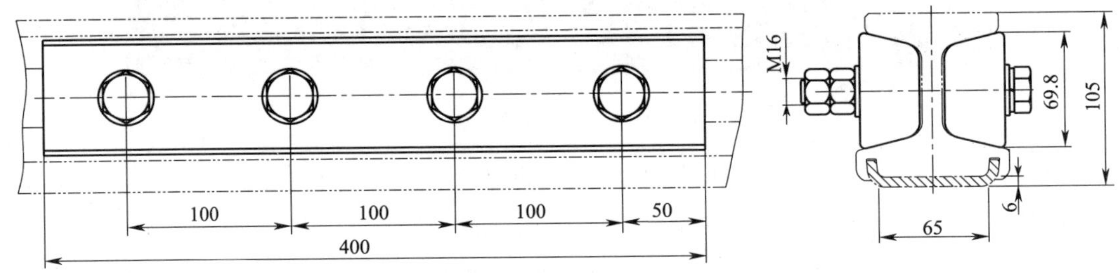

图 1—40　普通接头结构

（5）膨胀接头。环境温度的变化或运行中电流产生的热量都会造成接触轨温度的变化。使接触轨因热胀冷缩而产生长度变化。因此需要在机械和电气特性两方面安装膨胀接头，连接两根长轨中间的空隙。

膨胀接头如图 1—41 所示，由两根长轨（左右滑轨）和一根短轨组成。为了保证集电靴顺利通过膨胀接头，长轨和短轨都要对角切掉 15°（长轨、短轨的接缝为斜角），这样可以使表面连续，间隙可以调整并且可以重合，以便使集电靴可以平滑地从一端过渡到另一端。左右滑轨的作用是让集电靴在膨胀点过渡时减小运行中产生的电弧。为了帮助电能转换，在设计上考虑利用一个中间块来协助集电靴。

（6）中心锚结。中心锚结如图 1—42 所示，用于保证复合轨因受到热胀冷缩产生的力向锚段两侧均匀移动。

图 1—41　膨胀接头

图 1—42　中心锚结

一套防爬器由 2 块梯形截面铝块组成。其安装在支架附近，夹持着复合轨，每处使用两套。连接方式为通过螺杆将锚结固定在复合轨上。按结构分为普通防爬器与锚结用防爬器。

1）普通防爬器。普通防爬器如图 1—43 所示，由一对梯形截面铝块组成，用 2 套紧固件连接，每套包括螺栓、碟形弹垫各 1 个，螺母、平垫各 2 个。普通防爬器的螺栓防松是通过采用碟形弹垫和双螺母保证的。

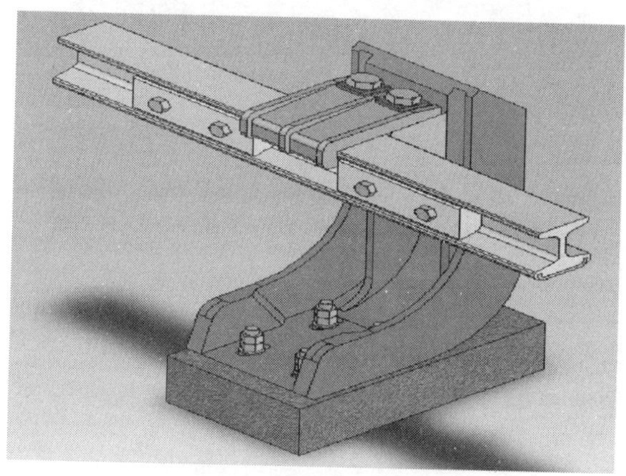

图 1—43　普通防爬器

2）锚结用防爬器。接触轨锚结用防爬器如图 1—44 所示，是用于防止接触轨长轨向两侧部均匀窜动的固定连接件，经过设计和试验，机械性能符合设计指标要求，外形构造独特新颖，结构合理，各组成零件之间具有互换性。

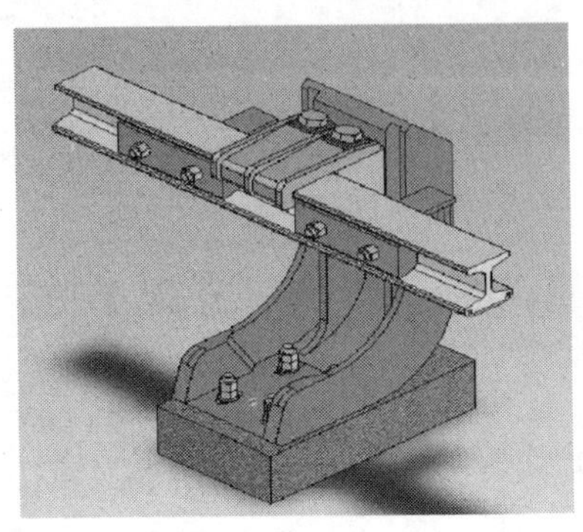

图 1—44　锚结用防爬器

电连接用中间接头如图 1—45 所示，是连接供电电缆向接触轨供电的零件，它由两片铝合金零件组成，一块是普通接头本体，另一块在普通接头本体上焊有 4 个电连接板，可以连接 8 根电缆。电连接用中间接头材质与接触轨的材质相同，均为 6101（T6）。电连接用中间接头能安装在接触轨的任何位置，如牵引变电所出口、接头、弯头、电分断或道岔处。

图 1—45　电连接用中间接头

电连接用中间接头本体及电连接板的截面积足够大，可以承载 3 000 A 电流，保证输送满负荷接触轨额定电流时不过热。接头本体的轮廓与接触轨腰面紧密接触，确保电流续接的要求。

每一套电连接用中间接头配有 4 套紧固件，每套包括螺栓、碟形弹垫各 1 个，螺母、平垫各2个。电连接用中间接头的螺栓防松是通过采用碟形弹垫和双螺母保障的。

电连接用中间接头将保证最少连接8根电缆，同时考虑了接地挂环的安装，主要用于接触轨接地保护。

7. 接触轨安全风险分析与控制对策

（1）接触轨主要风险因素。

1）地点方面的风险。所有铺设接触轨的地点都存在着触电的风险，但不同的地点其风险程度是不同的，比如在有人员频繁活动的地点就远高于鲜有人至的地点，即便是通常被认为是安全的地方也会发生意想不到的隐患，如在车库内无接触轨一侧的集电靴也同样带电，威胁着维护人员的安全。

2）人员方面的风险。在众多事物中，人是最难以掌握和控制的，人除了有各种情感以外还常常伴有情绪的变化、心理上的变化、生理上的变化，所以人员方面的风险控制是最难的，要考虑各种不同类别的人以及维修人员在不同状况条件下所涉及的风险。

3）时间节点方面的风险。作为地铁运营的线路，从某种意义上看，接触轨的安全风险是24小时全天候的，但在这24小时中接触轨发生触电的风险程度却有着明显的不同，从发生事故的时间上看，在交接班、送电前和不良天气情况下发生事故的风险比其他时间段明显要高出很多。

4）组织管理方面的风险。地铁的运营管理是个复杂的过程，工种多，交叉多，即便是具有多年运营经验的地铁管理者也会面临管理制度不健全的情况，这方面主要是由于管理者认知和认识上的不足所造成的，因此，建立健全的安全规章管理制度是一个长期的目标，是通过不断总结使管理水平螺旋上升的一个过程。

5）其他风险。

①设备风险。设备不完善或者设备带有一定缺陷等带来的风险。

②施工风险。施工或者监理缺位造成的施工安装方面的缺陷带来的风险。

③设计风险。设计上的疏漏造成的先天性风险。

（2）风险程度定性分析。由前面的风险因素分析可以看出，接触轨的安全防护在地点、人员、时间节点和组织管理等方面存在诸多风险因素，根据其影响程度和产生的后果，大致归纳为工伤、设备损坏和意外事故三个方面。各种风险因素分类见表1—6。

表1—6　　风险因素分类

序号	名称	风险因素名称
1	工伤	防护工具、操作程序、防护设备、防护措施、调度管理
2	设备损坏	操作流程、岗位培训
3	意外事故	现场管理、办公安防、指挥调度

对工伤风险影响最大的是防护设备、操作程序和调度管理，这些因素的发生是接触轨防护技术中重要的风险因素。

操作流程和岗位培训是影响设备损坏方面的两个主要风险因素。

现场管理、办公安防和指挥调度是影响意外事故较为显著的风险因素。

（3）风险程度定量分析。由于各地地铁在安全事故方面的不透明特性，在工伤、设备损坏和意外事故方面都缺乏真正的统计资料，因此定量分析采用的概率为主观概率，仅以我们的经验判断、调研或从其他渠道所了解到的情况为基础，估计不确定因素发生变化的概率。

（4）防范与降低风险对策。防范与降低风险的对策主要是回避、控制和转移。

上述风险程度分析结果表明，接触轨安全防护应在分析风险来源、特点、危害程度等方面深入研究，采取相应的对策和措施。

1）地点方面的风险对策。由于接触轨铺设在轨道旁，所以接触轨发生触电的风险是无法回避的，只有通过增加设备，增加警示标识和规范操作程序来控制所存在的风险。

2）人员方面的风险对策。通过从心理、职工健康状况、人员管理、指挥调度等方面约束来回避和控制风险。

3）时间节点方面的风险对策。在各种关键的时间节点上通过对现场管理、程序的完善和合理的时间安排来回避和转移风险。

4）组织管理方面的风险对策。建立健全的安全规章管理制度，不断强化员工培训来控制风险的发生。

5）其他风险对策

①设备风险。选用高质量、高可靠性的设备。

②施工风险。选择富有施工经验的施工队伍和监理，通过强化施工管理，降低施工风险的发生。

③设计风险。多方位进行专家论证和咨询，借鉴其他城市地铁成功与失败的经验。

（5）主要风险项目分析。接触轨安全防护风险具有复杂性和不确定性等特点，无论是设计、施工、决策都会遇到很多困难。风险评估通过对这些存在的不确定因素进行分析，将不可预见的风险因素转化为定量的指标，帮助地铁管理者完成最后的决策，并通过计算风险效益来选择风险控制措施降低各种风险，以达到安全、经济、高效的管理目标。风险评估研究的最终目的是为管理者的决策提供依据。

风险评价的方法有很多种，主要有综合评价法、敏感性分析法、风险树分析法、模糊评价法、层次分析法、蒙特卡罗法、等风险图法、风险等级矩阵法等。虽然在很多情况下接触轨一旦发生触电的安全责任事故是灾难性的，是无法原谅的，但考虑到尚有其他非安全事故的存在，因此，我们暂将接触轨安全防护技术根据风险发生概率（p）和风险损失等级（c）来评价，即 $R=f(p, c)$。

风险发生概率等级标准见表1—7，风险损失等级标准见表1—8，风险评价矩阵见表1—9。

表1—7　　风险发生概率等级标准

等级	A	B	C	D	E
事故描述	不可能	很少发生	偶尔发生	可能发生	频繁发生
区间概率	$P<0.01\%$	$0.01\%\leqslant P<0.1\%$	$0.1\%\leqslant P<1\%$	$1\%\leqslant P<10\%$	$P\geqslant10\%$

表1—8　　风险损失等级标准

等级	1	2	3	4	5
事故描述	可忽略的	需考虑的	严重的	非常严重的	灾难性的

表1—9　　风险评价矩阵

		风险损失				
		1. 可忽略的	2. 需考虑的	3. 严重的	4. 非常严重的	5. 灾难性的
发生概率	$P<0.01\%$	一级	一级	二级	三级	四级
	$0.01\%\leqslant P<0.1\%$	一级	二级	三级	三级	四级
	$0.1\%\leqslant P<1\%$	一级	二级	三级	四级	五级
	$1\%\leqslant P<10\%$	二级	三级	四级	四级	五级
	$P\geqslant10\%$	二级	三级	四级	五级	五级

续表

风险指标	风险决策准则
一级	可忽略的。日常管理和审视
二级	可允许的。需注意，加强日常管理和审视
三级	可接受的。引起重视，制定防范、监控措施
四级	不可接受的。需决策，制定控制、预警措施
五级	拒绝接受的。立即停止，整改、规避或启动预案

1.2.3 故障处置

1. 架空接触网上有异物的处置

（1）分析在列车运行中，当驾驶员发现架空接触网电缆断落时的第一步处置。

1）立即采取列车停车措施，确保行车安全。

2）分析若异物缠绕在接触线上，且缠绕物在下垂时不可能触碰车体，不影响列车安全运行时的处置。

3）允许列车限速 20 km/h 通过该区段。

（2）分析若异物缠绕在接触线上，缠绕物在下垂时有可能触碰车体，或缠绕物有可能影响列车安全运行时的处置。

1）驾驶员应立即停车，并将现场实际情况及时报告行车调度员。

2）待行车调度员通知有关人员到现场清除处理完毕后，驾驶员可根据行车调度员的调度命令恢复运行。

（3）分析若缠绕物为导电体且与车体接触造成变电所跳闸、触网断电时的处置。

1）驾驶员应立即落弓并立刻向行车调度员报告具体情况，确认清楚后，根据现场情况关闭蓄电池开关，等待有关处理人员到达。

2）待行车调度员通知有关人员到现场清除处理完毕并恢复送电后，驾驶员可根据行车调度员的调度命令恢复运行。

（4）分析当行车调度员要求驾驶员下车清理时的处置。

1）驾驶员应先向行车调度员确认前方站已扣发相反方向运行的列车。在确认后，驾驶员可根据实际情况，利用专用工具下车清除异物。

2）下车后和处理时必须密切注意邻线车辆运行情况并做好高压安全防护工作，确保自身安全。经过清理的接触线应不影响本次列车、后续列车或邻线列车的正常运行。

3）清理完毕后，驾驶员应将处理情况及时报告给行车调度员，同时做好记录，并按调度命令尽快恢复运行。

2. 列车在车站或区间牵引电力中断时的处置

（1）分析列车在车站停站时发生触网停电后驾驶员的第一步处置。驾驶员需及时向行车调度员报告，打开车门，并向乘客广播。

（2）分析当停电无法短时间恢复时驾驶员的处置办法。驾驶员可根据调度命令进行清客，并收车。

（3）分析列车在区间发生触网停电时的处置。

1）驾驶员应尽量将列车惰行至车站。

2）当无法牵引迫停区间时，驾驶员应及时向行车调度员报告，并用客室广播安抚乘客。

（4）分析当触网供电无法及时恢复、且客室内乘客较多时的处置办法。当触网供电无法及时恢复，且客室内乘客较多时，驾驶员可根据调度命令进行疏散。

（5）分析触网恢复供电后的处置。

1）驾驶员及时启动列车，并确认列车状况。

2）如果车况满足运营条件，立即恢复运营。

3. 接触轨有异物的处置

（1）处置接触轨区域异物时，接触轨不停电。

（2）作业人员从列车上进入轨行区处置时，需从非接触轨侧上、下车。上、下车过程中，作业人员及所持物件应处于安全区，远离集电靴，严禁进入管控区。

（3）作业人员从站台进入轨行区处置时，应确保走行路线处于安全区，严禁进入管控区。

（4）作业人员处置异物时应确保人员处于安全区，严禁进入管控区。

（5）若遇异物处于管控区，作业人员可以凭专用安全防护工具（绝缘手套、绝缘棒等）进行处置，若仍无法处置，则必须安排该供电区段的接触轨停电后，进行处置。

1.3 线路技术及故障分析

知识要求

1.3.1 线路的类型和特点

城市的中心区域由于受到诸多限制，城市轨道交通线路只能采取沿城市道路地下铺设的形式，称为地下线路。而中心区域以外的区域由于空间开阔、土地比较充裕，一般采取普通铁路路基作为轨道基础的铺设形式，称为地面线路。在城市外围，一般还可采取沿既有道路与高架铺设的形式，称为高架线路。

1. 地下线路

地下线路铺设于隧道内。隧道的开挖一般有明挖法和暗挖法两种方法。其中暗挖法包括盾构法和矿山法，盾构法又分为单圆盾构法、双圆（双线）盾构法。目前我国普遍采用单圆盾构法进行隧道施工。隧道又有圆形隧道和矩形隧道之分，一般区间隧道为圆形隧道，站台两端为矩形隧道。

地下线路可采用混凝土整体道床或与普通铁路相同的碎石道床。在世界城市轨道交通发展的初期，一般沿袭铁路的做法，采用碎石道床。随着城市轨道交通的发展，为了适应城市的特点，新建的城市轨道交通线路道床逐渐采用整洁美观、结构稳定的混凝土整体道床。但地下线路弹性较差，造价昂贵，发生沉降难以整治。我国各大城市轨道交通线路普遍采用混凝土整体道床。

地下线路主要由隧道、整体道床、侧沟、轨枕（混凝土长枕、混凝土短枕、支撑块等）、钢轨、扣件、钢轨联结零件等组成。

2. 地面线路

地面线路铺设于普通铁路路基之上，普遍采用碎石道床。碎石道床一般由石碴层和黄砂层组成，也有只铺设石碴层的。地面碎石道床线路造价便宜，道床弹性较好，但稳定性较差，对于城市轨道交通而言，运营时的噪声比较大。

地面线路主要由路基、碎石道床、侧沟、轨枕（木枕、混凝土枕等）、钢轨、扣件、钢轨联结零件等组成。

3. 高架线路

高架线路铺设于城市高架桥面之上，一般沿城市道路一侧或中央铺设。桥面轨道线路一般可采用混凝土整体道床或碎石道床。城市轨道交通高架桥由于其长度远远大于一般意义上的桥梁，考虑到线路和超长桥梁之间的相互影响，为了确保桥梁和线路的稳定性，城市轨道交通高架线路普遍采用混凝土整体道床。高架线路结构稳定，比地面线路占地少，但影响城市景观，容易受城市道路规划影响，噪声也比较大。

高架线路主要由高架桥、整体道床、侧沟、混凝土支撑块、钢轨、扣件、钢轨联结零件等组成。

1.3.2 线路设备及其功能

城市轨道交通线路是由各种不同材料的部件组成的，具有规定强度和稳定性，能保证列车以规定的速度平稳、安全、正点、不间断运行的整体工程结构。它一般由钢轨、轨枕、道岔、道床、联结零件和轨道加强设备等组成，是城市轨道交通列车行车的基础，是城市轨道交通运营的重要设备之一。其作用是引导机车车辆的运行，直接承受机车车辆车轮的垂直力和水平力，还承受机车车辆弹簧振动而产生的冲击力、列车运行及制动时所产生的纵向力、因机车车辆摇晃而引起的以及列车通过曲线时所产生的侧向推力。此外，还受雨、雪、风以及气温变化的影响，温度应力式无缝线路还承受一定的温度应力，并把这些力均匀地传给路基和桥隧建筑物。

1. 钢轨及其配件

（1）钢轨。钢轨是轨道最重要的组成部件，它直接承受列车的荷载，依靠钢轨头部内侧面和机车车辆轮缘的相互作用，引导列车运行，依靠它本身的刚度和弹性把机车车辆荷载分布开来，传递给轨枕。

1）按钢轨的每米质量，我国把钢轨分为75 kg轨、60 kg轨、50 kg轨、43 kg轨、38 kg轨等。不同运量的轨道线路采用不同质量的钢轨，既考虑了建设的成本，又可兼顾轨道线路的使用寿命。按单根钢轨的长度，钢轨又可分为标准轨、缩短轨、短尺轨等。

2）标准轨的长度有12.5 m和25 m两种。一般60 kg/m以上（含60 kg/m）钢轨采用25 m标准轨；其余50 kg以下（含50 kg）钢轨长度既可采用25 m标准轨，也可采用12.5 m标准轨。

缩短轨是为了使得曲线上钢轨内外股接头对接而在工厂内特制的钢轨。12.5 m标准轨的缩短轨有12.46 m、12.42 m和12.38 m三种；25 m标准轨的缩短轨有24.96 m、24.92 m、24.84 m三种。

短尺轨为短于标准轨的钢轨。短于12.5 m的短尺轨有9 m 、9.5 m、11 m、11.5 m、12 m这几种；短于25 m的短尺轨有21 m、22 m、23 m、24 m、24.5 m这几种。

3）钢轨的选用。选用钢轨原则上应以轨道承受荷载的大小确定。虽然城市轨道交通车辆的轴重较轻，但为保证客运车辆的运行质量和钢轨有较长的使用寿命以及适应铺设无缝线路的需要，在正线上宜选用50 kg/m钢轨。现在国内外城市轨道交通有选用重型钢轨的趋势，我国城市轨道交通正线选用60 kg/m钢轨。从技术性能上分析，60 kg/m的钢轨重量只增加17%，而允许通过的总重量可增加50%，重型钢轨不仅能增加轨道的稳定性，减少养护维修工程工作量，而且还能增加回流断面，减少杂散电流。据有关试验资料介绍 60 kg/m 钢轨比 50 kg/m 钢轨抗弯强度增加 34%，而弯曲压力减少 28%，使用年限增加 1.5～3.0 倍，而疲劳破坏造成的更换率减少 84%，振动影响减少 10%。因此我国城市轨道交通正线均采用 60 kg/m 的重型钢轨。由于城市轨道交通车场线上列车均为空车运行，速度又低，所以选用 50 kg/m 或 43 kg/m 的轻型钢轨。

4）钢轨伤损。钢轨承受列车运行以及周围环境变化带来的各种力，加上钢轨本身材质的原因，经过日积月累，会在钢轨表面或内部造成伤损。钢轨伤损的原因既有钢轨在冶炼过程中出现的缺陷，又有在运输、使用过程中出现的破损。钢轨伤损对行车安全的威胁很大。

钢轨伤损主要有钢轨磨耗、锈蚀、轨面擦伤、裂纹、核伤、剥落掉块、钢轨折断等，详见表 1—10。

表 1—10　钢轨伤损的类型

类型	说　明
钢轨磨耗	主要是列车与钢轨之间的摩擦造成钢轨工作边顶面和侧面的磨耗，顶面的磨耗称为钢轨垂直磨耗，侧面的磨耗称为钢轨侧面磨耗。钢轨磨耗常见于轨道线路曲线地段
锈蚀	主要由于钢轨受到地下水或地表水的侵蚀。城市轨道交通由于隧道内空气湿度长期维持在较高水平，也会导致钢轨锈蚀
轨面擦伤	主要是由于列车轮对摩擦造成的局部较大磨耗，往往成点状分布
裂纹	主要是由列车轮对的冲击、摩擦或钢轨本身含由杂质造成的钢轨各部位的开裂。常见于列车冲击较大部位，如钢轨接头、道岔辙叉心、轨道不均匀沉降地段、小半径曲线地段等
核伤	主要是由钢轨材质引起的，即内部夹灰钢轨在列车的不断碾压作用下造成杂质部分和钢轨母材剥离
剥落掉块	钢轨裂纹或核伤在列车轮对冲击下继续发展，就会形成钢轨表面的剥落掉块。锈蚀严重地段的钢轨也会造成剥落掉块
钢轨折断	主要是由于具有严重锈蚀、裂纹、核伤、剥落掉块等疲劳伤损的钢轨在列车轮对冲击力和外界温度力等多重因素的影响下造成的钢轨断裂

特别提示

重视钢轨伤损

钢轨折断由于其发生的突然性和后果的严重性，是所有钢轨伤损中最为严重的病害，但其只有在各种最不利条件集中在一起的情况下才可能发生，所以在城市轨道交通中较为少见。而其他伤损虽有一个较长的发展过程，也不至于立刻对行车造成影响，但其往往是导致钢轨折断不可或缺的因素，而它们是可预见和可控的，所以更被专业人员所重视。

（2）钢轨配件。钢轨配件又称接头连接零件，主要由接头夹板和接头螺栓将钢轨与钢轨的端部连接起来，使钢轨接头部位共同承受弯矩和横向力。同时，利用接头夹板与钢轨之间的摩擦力，将钢轨接头处前后两根钢轨的间隙——轨缝控制在一定的限度内。

钢轨接头如图1—46所示，分为普通接头、异形接头、导电接头、绝缘接头、胶结接头和冻结接头等。

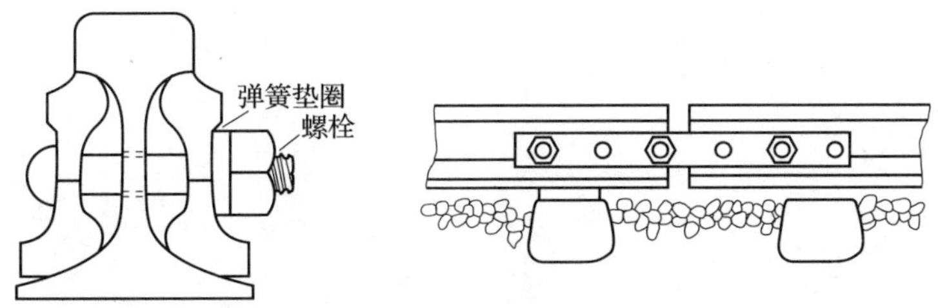

图1—46　钢轨接头

（3）钢轨接头连接零件的组成。钢轨接头连接零件主要包括接头夹板（鱼尾板）、接头螺栓、螺母、垫圈等。当然对于导电钢轨接头来说还有轨道导电接续线；对于绝缘钢轨接头、胶结钢轨接头来说还有相应的绝缘配件或材料。此外，不同钢轨接头的连接零件的规格也略有差异。下面仅对钢轨接头通用连接零件进行介绍。

2. 轨枕及扣件

（1）轨枕。轨枕是轨下基础部件之一。它的功用是支承钢轨，保持轨距和方向，并将钢轨对它的各向压力传递到道床上。

轨枕分为木枕和钢筋混凝土枕，这两种轨枕主要用于车场线和地面线的碎石道床。

城市轨道交通线路大多铺设整体道床，根据其特点，在传统的木枕和钢筋混凝土枕的基础上又出现了改良的短木枕、混凝土短枕、混凝土支撑块等。短木枕主要用于站场停车库内检查坑式整体道床。城市轨道交通正线线路大多采用混凝土短枕、混凝土支撑块以及混凝土长枕。

1）木枕。木枕分为普通木枕、木岔枕（道岔用木枕）、桥枕（桥梁用木枕）和短木枕。其中桥枕在城市轨道交通中基本不使用。

木枕的主要特点是弹性好，质量相对比较小，加工、运输及铺设方便，但使用寿命比较短，易受外界影响而失效。

2）钢筋混凝土枕。钢筋混凝土枕主要分为混凝土长枕、混凝土短枕和混凝土支撑块。其中混凝土长枕在城市轨道交通中使用的多为预应力混凝土枕，在我国又可分为Ⅰ型轨枕（丝 79 型 PC 轨枕）、Ⅱ型枕（丝 81 型 PC 轨枕）和Ⅲ型混凝土轨枕。

钢筋混凝土枕的主要特点是稳定性好，使用寿命长，能提供较高的阻力，但质量较大，不利于铺设，且弹性较差。

（2）扣件。扣件如图 1—47 所示，是钢轨与轨枕或其他轨下基础连接的重要连接零件，它的作用是固定钢轨，阻止钢轨产生纵向位移和横向位移，防止钢轨倾斜，并能提供适当的弹性，将钢轨承受的力传递给轨枕或道床承轨台。

图 1—47　扣件

1）扣件的分类。目前在国内城市轨道交通中使用的扣件大致可分为传统扣件、DT 系列扣件。

2）扣件的组成。一般扣件都由钢轨扣压件和轨下垫层两部分组成。扣压件的作用主要是固定钢轨，限制钢轨前后、左右、上下的移动，保持轨道的几何尺寸。轨下垫层的作用主要是为轨道提供足够的弹性，同时辅助扣压件固定钢轨。

3．道床

道床是铺设在路基之上、轨枕之下的结构层，它主要有承受并传递荷载、稳定轨道结构的作用。道床从结构和形式上可分为碎石道床和整体道床两种。

（1）碎石道床。碎石道床如图1—48所示，其特点是结构简单，容易施工，减振、减噪性能较好，造价低，但其轨道建筑高度较高，因此造成结构底板下降，加大隧道净空，排水设施复杂，养护工作频繁，更换轨枕困难。道床作业时，粉尘飞扬，危害工作人员健康。为此，城市轨道交通的隧道内不采用碎石道床，而采用整体道床。高架混凝土桥面上的轻轨线也不采用碎石道床，而采用新型的道床形式，以减少桥面荷载，减少维修工作量的同时，还可避免列车运行时偶然石子飞落桥面，伤害行人。一般在地面线及车场道岔采用木枕或钢筋混凝土枕的碎石道床。

图1—48　碎石道床

（2）整体道床。整体道床也称无碴道床，其特点是整体性好，坚固，稳定，耐久；轨道建筑高度小，减少隧道净空，轨道维修量小，适应地铁和轻轨交通运营时间长、维修时间短的特点，但其弹性差，列车运行引起的振动、噪声较大，造价较高，施工时间长。

整体道床主要有无枕式整体道床、轨枕式整体道床、弹性整体道床等类型。

1）无枕式整体道床。该类道床没有专门的轨枕，而是将扣件或扣件预埋件直接埋设于钢筋混凝土道床、混凝土支撑块或混凝土立柱等混凝土结构内。此种道床多见于城市轨道交通高架线路和停车场整体道床线路。

2）轨枕式整体道床。轨枕式整体道床可分为短枕式和长枕式两种。

3）弹性整体道床。目前国内主要铺设的弹性整体道床是浮置板式整体道床。这种道床在浮置板下面及两侧均设有橡胶垫，减振效果明显。

浮置板较重，需要较大吊装机具，施工进度难以保证，更换底部橡胶垫困难，大修时要中断地铁正常运营，造价也高。根据新加坡地铁使用经验，发现浮置板式道床对隧道外减振效果明显，但地铁车厢内振动和噪声较大，超过了环境保护的标准。德国、新加坡等国家的地铁，我国上海、广州、香港部分地铁区段铺设了这种道床。

（3）弹性过渡段。由于整体道床和碎石道床弹性不同，在两者的交界处需设置弹性过渡段。弹性过渡段可以是整体道床，也可以是碎石道床。北京地铁一、二期工程采用梯形短木枕拼装式整体道床作为过渡段，上海地铁采用厚度渐变的碎石道床作为过渡段。以上两种过渡段形式能很好地抵消弹性突变，效果良好。由于地铁扣件弹性好，采用道碴厚度渐变的办法比较适宜，铺设也简便。

4．轨缝

普通线路（由标准钢轨铺设的轨道）为适应钢轨热胀冷缩的需要，钢轨接头处必须留有一定的缝隙——轨缝。

（1）预留轨缝的原则。

1）当轨温升高到当地最高轨温时，轨缝大于或等于零，轨端不受挤压。

2）当轨温降低到当地最低轨温时，轨缝小于或等于构造轨缝，接头螺栓不受剪力。

（2）轨缝计算。普通线路应根据钢轨长度和钢轨温度预留轨缝。轨缝的标准尺寸按下列公式计算。

$$\alpha_0 = \alpha L\ (t_z - t_0)\ + \frac{1}{2}\alpha_g$$

式中 α_0——更换钢轨或调整轨缝时的预留轨缝，mm；

L——钢轨长度，m；

t_z——更换钢轨或调整轨缝地区的中间轨温，℃；

t_0——更换钢轨或调整轨缝时的轨温，℃；

α_g——构造轨缝，mm，38 kg/m、43 kg/m、50 kg/m、60 kg/m、75 kg/m 钢轨 α_g 采用 18 mm。

$$t_z = 1/2\ (T_{max} + T_{min})$$

其中，T_{max}、T_{min} 为当地历史最高轨温、最低轨温，℃。

最高轨温、最低轨温不大于 85℃ 地区，在按上式计算以后，可根据具体情况将轨缝值减少 1 ~ 2 mm。对于 25 m 钢轨，只允许铺设在当地历史最高、最低轨温差为

100℃以下地区，否则应个别设计。

（3）轨缝设置要求。轨缝应设置均匀，每千米轨缝的总误差如下，25 m长的钢轨地段不得大于±80 mm；12.5 m长的钢轨地段不得大于±160 mm。

（4）轨缝调整。按轨缝平均值计算，如果单个轨缝大于±2 mm，即视为“不均匀”。如果在连续20个轨缝中，大于2 mm者占一半及以上，或一部分偏大，另一部分偏小，即视为“严重不均匀”。为避免有连续3个以上的瞎缝或轨缝大于构造轨缝，对严重不均匀的轨缝，要及时进行轨缝调整。

5. 曲线

（1）曲线概念。曲线是轨道的薄弱环节之一。地铁线路由一个方向转向另一个方向、由一个坡度转向另一个坡度时，必须圆顺过渡，其间以平面曲线、竖曲线连接。平面曲线由缓和曲线和圆曲线组成，即在直线与圆曲线间用缓和曲线连接。本书主要介绍平面曲线，简称曲线。

（2）曲线分类。

1）按曲线半径的数目分为单曲线和复曲线。单曲线是只有一个半径的圆曲线。复曲线是转向角方向相同、直接或用缓和曲线连接的几个不同半径的圆曲线。

2）按相邻两曲线的转向角方向分为同向曲线和反向曲线。同向曲线的两条相邻圆曲线转向角方向相同。反向曲线的两条相邻圆曲线的转向角方向相反，反向曲线一般称为“S”曲线。

一般条件下，两条相邻曲线间夹直线最小长度应不小于50 m。城市轨道交通因受到城市空间限制，两条曲线间的夹直线可放宽至不小于30 m。

（3）曲线要素。城市轨道交通线路最常见的是由圆曲线和两端等长的缓和曲线组成的曲线。一条曲线包括以下要素：T——切线长，L_0——缓和曲线长，L——曲线总长，α——转向角，R——曲线半径，h——圆曲线超高值，f——曲线正矢。

（4）缓和曲线和圆曲线。缓和曲线是直线与圆曲线之间的过渡曲线，其半径由无限大逐渐过渡到圆曲线半径。缓和曲线一般应满足曲线超高顺坡、轨距加宽递减以及曲线正矢均匀变化的要求。缓和曲线长度应根据曲线半径、行车速度和地形条件选用，一般来讲曲线半径大，缓和曲线可以选择短些，反之选择长些，有条件时尽量采用较长的缓和曲线。

6. 道岔

（1）道岔的定义。道岔是引导机车车辆由一条线路转向另一条线路的过渡设备。道岔是铁路轨道的一个重要组成部分。道岔构造复杂，是线路的薄弱环节之一。

（2）道岔的种类。道岔按其用途和结构分为单式道岔、复式道岔、交分道岔、渡线等。

（3）道岔的组成。一组普通单开道岔（简称单开道岔）由转辙器、连接部分、辙叉及护轨组成，如图 1—49 所示。

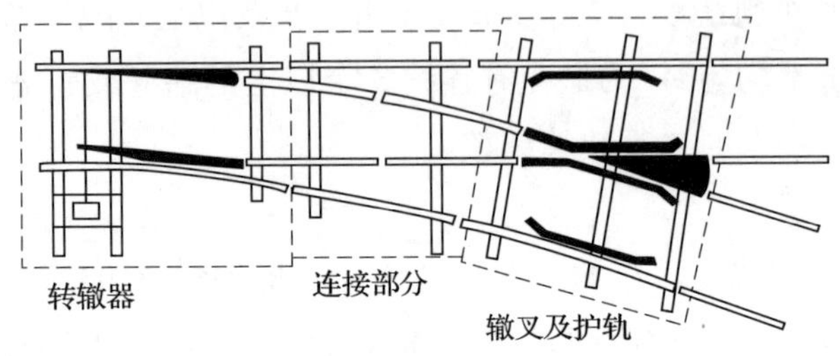

图 1—49　普通单开道岔

1）转辙器。转辙器是引导车轮进入道岔不同方向的设备，其作用是将尖轨置于不同的位置时，使列车沿着直向或侧向运行。

转辙器主要包括两根基本轨、两根尖轨、连接零件及跟部结构等。

基本轨是道岔中接触尖轨和靠近护轮轨的钢轨。尖轨是转辙器中的重要部件之一，是用与基本轨同类型的标准钢轨或特种断面钢轨刨切成。尖轨的作用是依靠其被刨尖的一端与基本轨紧密贴靠，以正确引导车轮的运行方向，靠它将列车引进直股或侧股线路上。

2）连接部分。转辙器和辙叉及护轨的连接轨道为连接部分。它包括四股钢轨，即两股直线钢轨和两股曲线（道岔曲股接部分为导曲线）钢轨，重叠组成。

3）辙叉及护轨。辙叉及护轨包括辙叉、护轨、主轨（安装护轨的基本轨）及其他连接零件。辙叉与护轨组成一个整体，共同配合发挥作用。护轨与辙叉的配合有以下两方面的作用。一方面是控制车轮的运行方向，使之正常通过“有害空间”而不错入轮缘槽；另一方面是保护辙叉尖端不被轮缘冲击撞伤。

7. 挡车器

在城市地铁主要车站的折返线、正线尽头线、车场线或试车线等重要线路终端，为了最大限度地增加安全性，防止在遇到特殊情况时地铁列车冲出线路，都安装了车挡器。车挡器的形式很多，旧式铁路用的车挡器虽坚固耐用，但样式不够美观，城市地铁用车挡器要求性能优良、外形美观、安全可靠，目前用于各大城市的主要有液压缓冲挡车器、滑移式缓冲挡车器、固定车挡等。图 1—50 所示为 CDKN 型停车场库内车挡。

图 1—50　CDKN 型停车场库内车挡

8．无缝线路

（1）无缝线路的定义。线路轨道结构以往普遍采用以标准长度钢轨铺设的普通线路。这种线路是将标准轨用钢轨连接零件进行连接，钢轨之间需预留一定的轨缝，称之为钢轨接头。此种线路的钢轨接头是其薄弱环节，由于接头的存在，列车运行通过时会发生冲击和振动，影响行车的平稳和乘客的舒适，加速钢轨和机车车辆的磨耗和伤损，降低了使用寿命，并增加了其养护维修的费用。

无缝线路是把许多根标准轨焊接起来的连续长钢轨线路。一般无缝线路长为 1 500 ~ 2 000 m，它减少了钢轨接头，减少了接头病害，从而降低了机车车辆及轨道维修费用，是新型的轨道结构形式。在城市轨道交通中的正线无缝线路常采用远远大于一般无缝线路的超长无缝线路，其长度有几十公里至上百公里不等。

（2）无缝线路的种类。无缝线路按钢轨受力情况分为温度应力式和放散温度应力式。温度应力式为无缝线路的基本结构型式。

温度应力式无缝线路铺设锁定后，长钢轨不能因轨温变化而自由伸缩，因而在钢轨内部产生温度力，其值随轨温变化而异。这种形式的无缝线路结构简单，铺设维修方便，因而得到广泛应用。目前城市轨道交通线路地面和地下正线常采用这种类型。

放散温度应力式无缝线路分为自动放散式和定期放散式两种。

定期放散式无缝线路在每年春、秋季节适当温度下，可以调节钢轨温度应力。其结构型式与温度应力式相同。

在温差较大的地区和特大桥梁上，为了消除或减少钢轨温度力对钢梁伸缩的影响，采用自动放散温度应力式无缝线路。自动放散温度应力式无缝线路是在焊接长钢轨间，设置桥用钢轨伸缩调节器，用以释放温度力。

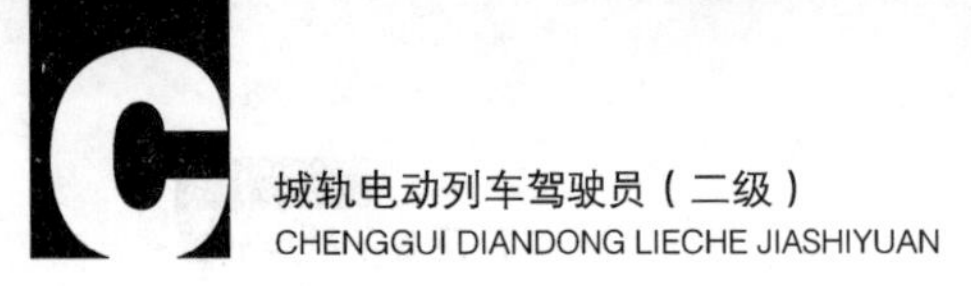

1.3.3 线路限界

限界是指列车沿固定的轨道安全运行时所需要的空间尺寸。城市轨道交通车辆在隧道内（或高架上）运行，一方面，隧道（或高架）要有足够的空间，以供车辆通行和布置线路结构、通信、信号、供电、给排水等设备；另一方面，为了确保列车安全运行，凡接近城市轨道交通线路的各种建筑物及设备，必须与线路保持一定的距离。因此，限界主要分为车辆限界、设备限界、建筑限界、受电弓限界等，而起控制作用的主要是设备限界和建筑限界。限界越大，安全度越高，但工程量和工程投资也随之增加。因此，合理限界的确定既要考虑保证列车运行的安全，又要考虑系统建设成本。

1．车辆限界

车辆限界是根据车辆的轮廓尺寸，考虑其弹簧挠度、各项间隙、磨耗、误差等技术参数的影响，对车辆在运行中可能出现的最大横向和竖向的偏移进行分析计算确定的。

2．设备限界

设备限界是在车辆限界的基础上考虑轨道的轨距、水平、方向、高低等在某些地段出现最大容许误差时引起车辆的附加偏移量，以及在设计、施工、列车运行中不可预计因素在内的安全预留量。设备限界是一条轮廓线，所有固定设备以及土木工程的任何部分都不得侵入此轮廓线内，它是保证轨道交通系统中的列车等移动设备在运营过程中的安全所需要的限界。

3．建筑限界

建筑限界是指在行车隧道和高架桥等结构物的最小横断面所形成的有效内轮廓线基础上，再考虑其施工误差、测量误差、结构变形等因素，为满足固定设备和管线安装的需要而必须设置的限界。换言之，建筑限界以内、设备限界以外的空间主要是为各类误差、设备变形和其他管线安装所预留的空间。

4．受电弓限界

受电弓限界是根据车辆、轨道、接触网的触线、动态电间隙、各项公差等进行计算确定的。

上述限界一般是按车辆在平直线轨道上运行时制定的，对于曲线和道岔区的限界，一般应在直线地段限界的基础上根据车辆的有关尺寸以及不同的曲线半径、超高、道岔类型等，再分别考虑适当的加宽量和加高量。

5．区间隧道的限界与车站限界

矩形隧道限界。明挖法施工形成的矩形隧道，其单洞单线隧道建筑限界宽度为

4 000 mm，高度为 4 300 mm（见图 1—51）。圆形隧道限界如图 1—52 所示，车站限界如图 1—53、图 1—54 所示。

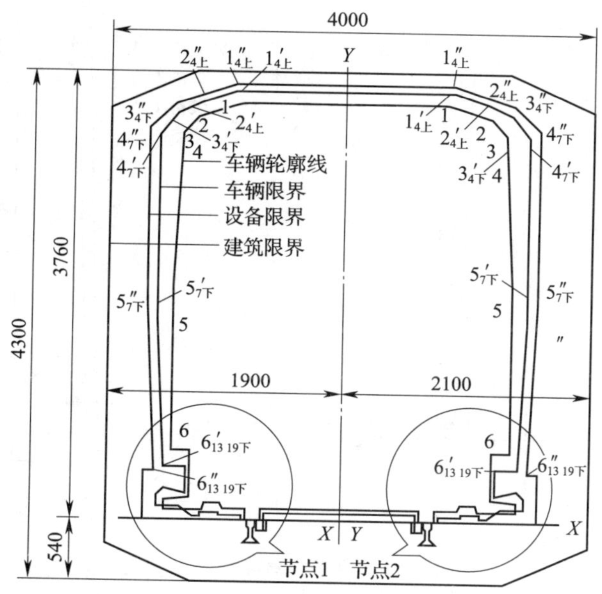

图 1—51　区间直线段矩形隧道限界

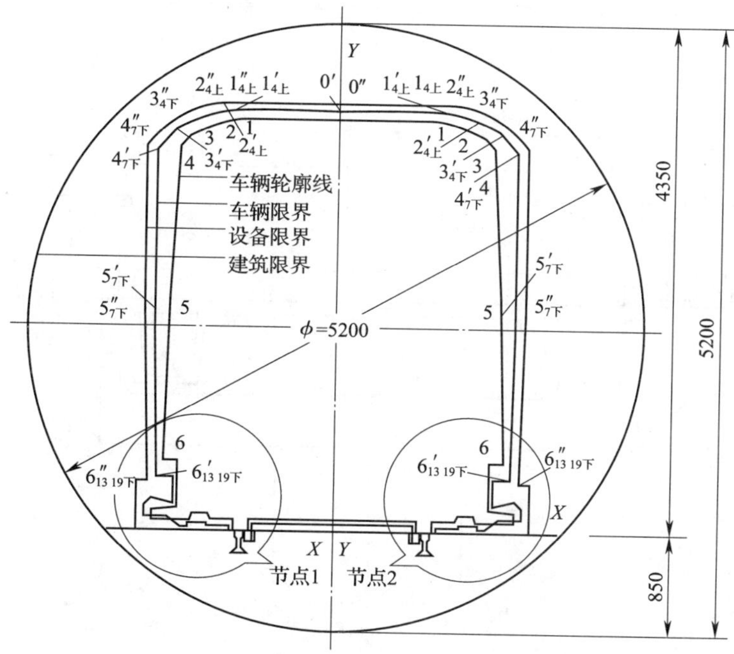

图 1—52　区间直线段圆形隧道限界

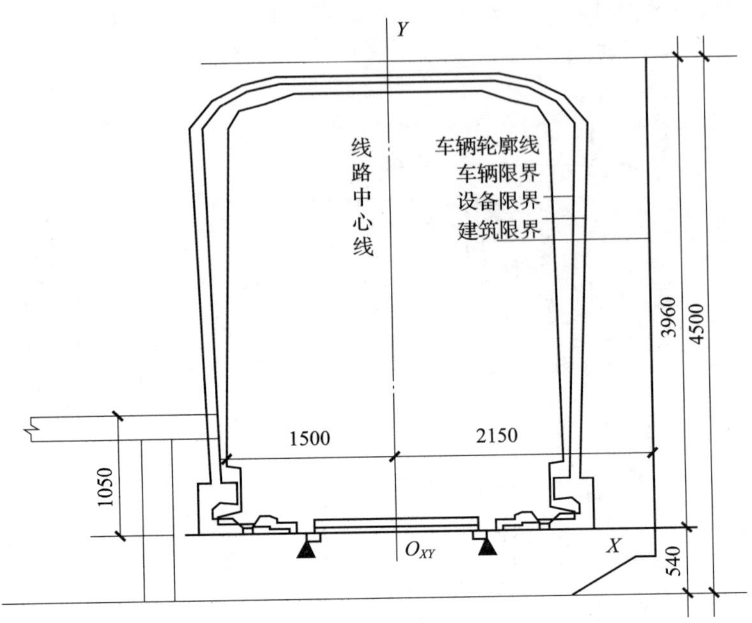

图 1—53　地下直线车站建筑限界

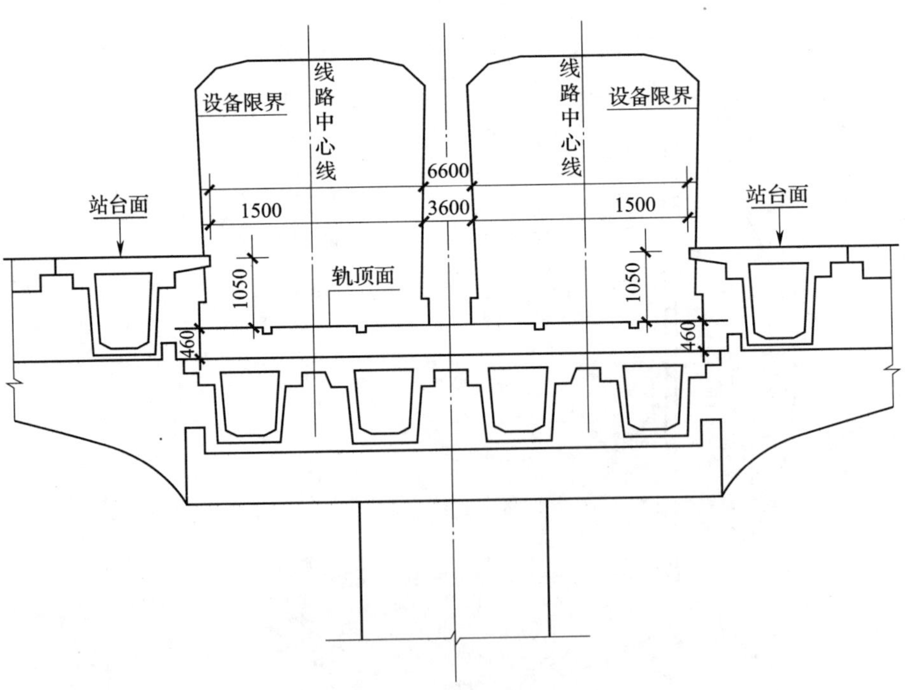

图 1—54　高架侧式站台车站直线建筑限界

1.3.4 车站

1. 车站的定义

车站是城市轨道交通路网中的一种重要建筑物。它是供旅客乘降、换乘和候车的场所，保证旅客方便、安全、迅速地进出站，并有良好的通风、照明、卫生、防灾设备等，为旅客提供舒适、清洁的环境。车站容纳主要的技术设备和运营管理系统，从而保证城市轨道交通的安全运行。

2. 车站的形式

（1）按车站与地面的相对位置分类。可将车站分为地下车站、地面车站和高架车站。

（2）按车站运营性质分类。

1）中间站（即一般站）。中间站仅供乘客上、下车之用，功能单一，是城市轨道交通路网中数量最多的站。

2）区域站（即折返站）。区域站是设在两种不同行车密度交界处的车站，设有折返线和设备。区域站兼有中间站的功能。

3）换乘站。换乘站是位于两条及两条以上线路交叉点上的车站。它除了具有中间站的功能外，主要的是还可以从一条线上的车站通过换乘设施转换到另一条线路上的车站。

4）终点站。终点站是设在线路两端的车站，就列车上、下行而言，终点站也是起点站，终点站设有可供列车全部折返的折返线和设备，也可供列车临时停留检修。当线路远期延长后，则此终点站变为中间站。

（3）按车站站台型式分类。可将车站分为岛式车站、侧式车站和岛、侧混合式车站。

1）岛式车站。站台位于上、下行行车线路之间，这种站台布置形式称为岛式站台。具有岛式站台的车站称为岛式车站。

2）侧式车站。站台位于上、下行行车线路的两侧，这种站台布置形式称为侧式站台。具有侧式站台的车站称为侧式车站。

3）岛、侧混合式车站。将岛式站台及侧式站台同设在一个车站内，具有这种站台形式的车站称为岛、侧混合式车站（见图 1—55）。

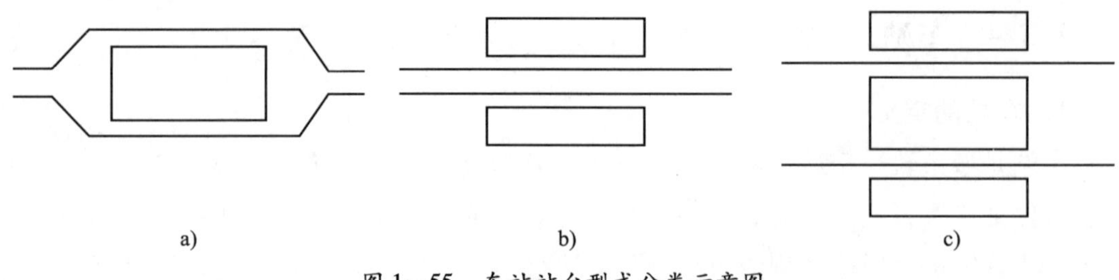

图 1—55 车站站台型式分类示意图

a）岛式车站 b）侧式车站 c）岛、侧混合式车站

1.3.5 故障分析

1. 列车走行部发出异声的处置

（1）驾驶员发现列车走行部发出异声的初步处置。

1）驾驶员应采取制动措施，以保证列车就地停车并汇报行车调度员，征得同意后下车找出故障原因，如果无法查明原因，应根据调令行车，但途中应时刻注意列车状态，发现异常后立即停车。

2）如果列车不能使用自身动力继续运行，应立即请求救援，采用车内通信设备（遇列车无线通信故障可用区间隧道轨旁电话）将故障情况报告给行车调度员。然后用客室广播向乘客播报“特殊状态下广播词”。

（2）如果需要救援，驾驶员请求救援的内容。

1）列车车次、车号。

2）请求救援事由。

3）停车时间、地点。

4）是否妨碍邻线。

5）是否需要分部救援。

6）其他必须说明的事项。

（3）需救援列车的准备工作及连挂注意事项。

1）值乘驾驶员应根据行车调度员指明救援列车开来的方向进行列车救援准备与防护措施。列车停车后须做好列车防护工作，保证列车头灯点亮，并根据需要迅速请求救援，已请求救援的列车未经允许不得移动。对于在2‰及其以上的坡道上停放的车辆应施加停车制动或采取防溜措施。

2）连挂车辆时，连挂后要先将列车的常用制动缓解再进行试拉，确认车钩联挂牢固且进路妥当后方准启动。

（4）连挂注意事项。

1）牵引车辆运行时，前方进路的确认由操纵驾驶员负责。

2）推进车辆运行时，前方进路的确认由被救援列车驾驶员负责。没有被救援列车驾驶员的允许与启动信号，不准动车。

2. 隧道或高架线路积水的处置

（1）分析当 $h \geq 150$ mm 时驾驶员的处置。允许列车以正常速度通过积水地段。

（2）分析当 100 mm $\leq h \leq$ 150 mm 时驾驶员的处置。允许列车按 40 km/h 的速度通过积水地段。

（3）分析当 50 mm $\leq h \leq$ 100 mm 时驾驶员的处置。列车应限速 20 km/h 通过积水地段。此时，列车驾驶员驾驶时应谨慎、仔细，尽量以惰行方式通过积水地段。

（4）分析当 $h < 50$ mm 时驾驶员的处置。原则上不允许列车通过积水地段，应由有关方面处理后才能准许列车通行。

（5）分析 h 值的定义。h 值是指隧道内积水地段最深处的积水水面距钢轨轨面的垂直距离。

（6）分析驾驶员盲目驾驶越过积水路段的后果。

1）积水水面距钢轨轨面的 h 值越小，对行车和列车车辆的影响越大。

2）主要原因是列车驾驶员无法判断线路状况是否符合行车安全的要求与条件，并且当 h 值很小时，列车通过该段线路飞溅的流水会进入列车下部设备，特别是电动机、电气设备等，造成对车辆的损伤。

思　考　题

1. 分析工作岗位驾驶的电动列车存在哪些需要改进的车辆设备。

2. 分析接触网供电与接触轨供电的优缺点。

3. 分析地下运营线路、地面运营线路及高架运营线路在驾驶作业时的安全注意要点。

第2章 信号系统及故障处置

完成本章的学习后，您能够：

- ✔ 掌握地面色灯信号机、转辙机、轨道电路知识
- ✔ 能够进行分析轨道交通各类行车闭塞法
- ✔ 掌握移动闭塞知识
- ✔ 能够进行 ATC 系统初始化测试设置及 ATP 状态下的日检测试
- ✔ 能够进行各类车载信号故障处置及分析

2.1 信号系统的轨旁基础设备

知识要求

2.1.1 地面色灯信号机

1. 设置原则

城市轨道交通的地面信号是列车运行的辅助信号，所以地面信号机的设置原则如下。

（1）一般情况下，正线区间都不设通过信号机。

（2）正线有岔站为了防护道岔和实现联锁关系而设置地面矮柱信号机，一般中间站（无岔站）都不设信号机。

（3）折返站的折返线出入口都设置防护信号机，如图2—1所示。

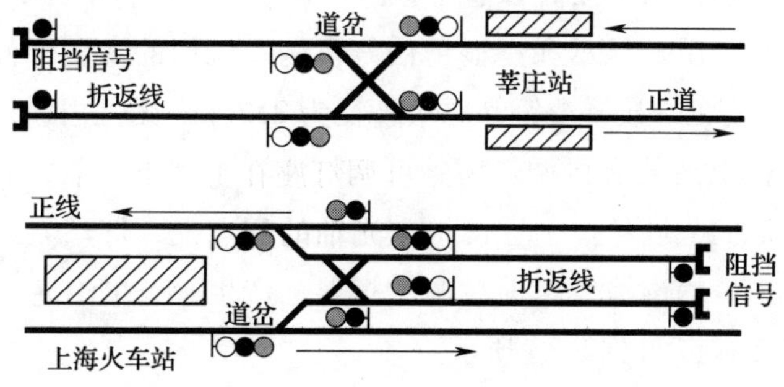

图2—1 折返站地面信号机布置示意图

（4）停车场的出入库线设置出、入库地面信号机，指挥列车的出、入库。

（5）停车场内，根据调车作业的需要，设置各种用途的调车信号机。

（6）在 ATC 系统没有同步开通的特定情况下，有些城市轨道交通根据列车运行间隔，设置出站信号机，甚至还有设置区间通过信号机。这些信号机当 ATC 系统开通以后就失去作用，只作为后备系统使用。

2. 透镜式色灯信号机结构原理

透镜式色灯信号机有高柱和矮柱两种类型，高柱信号机的机构安装在钢筋混凝土信号机柱上，矮柱信号机的机构安装在信号机水泥基础上，如图 2—2 所示。

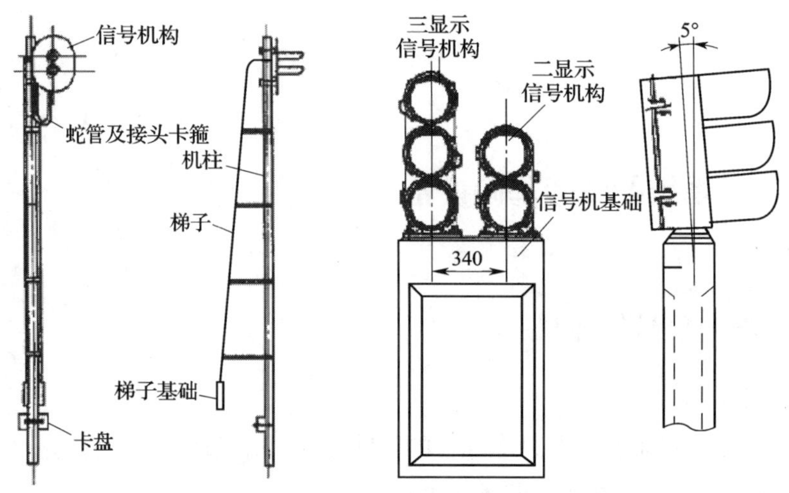

图 2—2　高柱和矮柱透镜式色灯信号机示意图

高柱和矮柱透镜式色灯信号机如图 2—2 所示。它由机柱、机构、托架、梯子等组成。机构的每个灯位都配有透镜组和灯泡。托架用来将机构固定在机柱上。矮柱透镜式色灯信号机直接用螺栓固定在信号基础上。

根据需要可分别采用二显示和三显示信号机构。机构的主要部件是透镜组，它由一块外径为 139 mm 有色外棱梯透镜和一块外径为 212 mm 无色内棱梯透镜，通过透镜框组装而成，透镜框上还装有可调灯座。可调灯座在上、下、前、后、左、右六个方向都可调整，使灯泡的主灯丝位于透镜组主光轴的焦点上，灯丝光源发出的光经有色外棱梯透镜和无色内棱梯透镜发生前后两次折射，产生平行的有色光束射向前方，满足信号显示距离的要求，如图 2—3 所示。

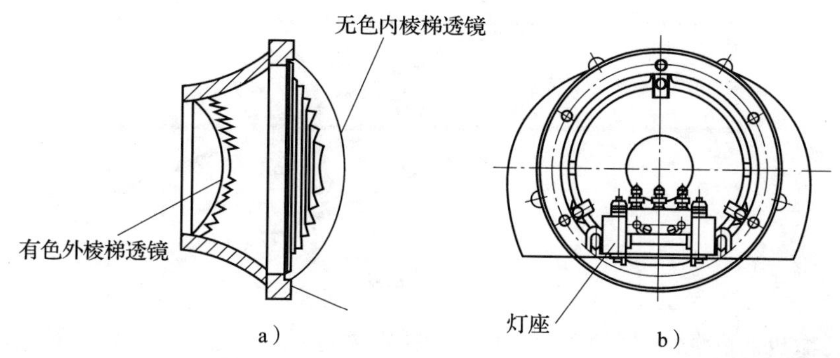

图 2—3 透镜组

随着超高亮度 LED 管的问世，新型的 LED 色灯信号机如图 2—4 所示，已得到广泛应用。LED 色灯信号机是运用近代光、电器材和电子稳压技术，研制的免维护信号器材。该信号机具有发光强度高、显示距离长、节能、寿命长、消除了灯丝突然断丝和点灯冲击电流等优点，具有小型化、轻量化、色泽一致、光束集中、应变速度快的特点，是一种很有发展前途的信号机。

图 2—4 LED 色灯信号机

2.1.2 转辙机

1. 道岔的组成

道岔是列车从一个股道转向另一个股道的转辙设备，它是轨道线路中最关键的特殊设备，也是信号系统的主要控制对象之一。信号工作人员必须熟悉它的基本结构、作用和表示符号。

(1) 道岔结构。道岔结构如图 2—5 所示，它有两根可以移动的尖轨，尖轨的外侧是两根固定的基本轨，与尖轨和基本轨相连接的是四根合拢轨，其中两根合拢轨是直向的，另外两根合拢轨是弯向的（其曲线叫道岔导曲线），将两根内侧合拢轨相连的是辙叉，它由两根翼轨、一个岔心和两根护轮轨组成。护轮轨和翼轨用于固定车轮运行方向，因为机车车辆通过道岔时都要经过辙叉的“有害空间 S”，如果不固定车轮轮缘的前进方向，就有可能造成脱轨事故。目前城市轨道交通线路一般都采用 9 号道岔。

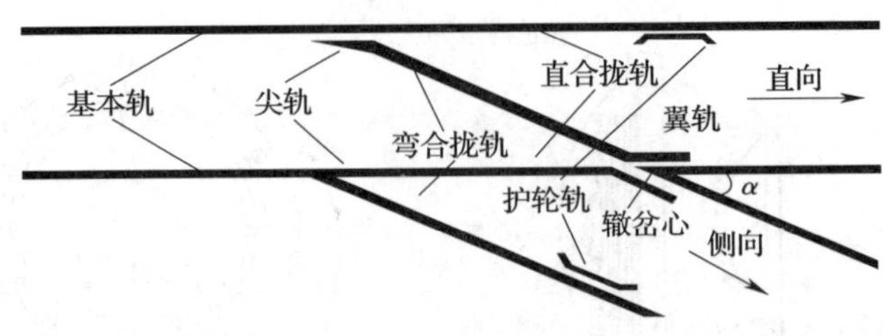

图 2—5　道岔结构示意图

（2）转辙机。转辙机是道岔控制系统中的执行机构，它的基本任务是转换道岔、锁闭道岔和反映道岔的位置和状态。转辙机的传动机构是将电动机的高速旋转变换成动作杆的低速直线运动，再由动作杆带动尖轨转换。传动机构的另一个作用是驱动尖轨的锁闭机构。转辙机的传动机构有齿轮传动和液压传动两类。

1）齿轮传动机构。采用齿轮传动时必须采用摩擦连接器，其原因一是当尖轨已转换完毕时，而电动机还不能立即停转，利用摩擦连接器克服电动机的转动冲击。另外，当尖轨在转换过程中受阻而不能继续动作时，摩擦连接器进入摩擦状态，使电机能继续转动而不致烧毁。

2）液压传动机构。电动机驱动一个油压泵，将加压的液体注入储能油罐中，使罐内空气压缩，以储存一定能量。在转换道岔时，使电动机工作，同时将控制油路的阀门打开，使受压油液注入油缸中，借助活塞与油缸的相对运动推动油缸，再由油缸带动动作杆使尖轨转换。

当道岔的尖轨转换到规定的位置，且与基本轨保持一定的密贴力时，转辙机应能把尖轨机械锁闭在密贴状态，以保证在列车通过道岔时，尖轨不致因受振动而离开基本轨，造成“挤岔”或“四开”。

（3）另外还有设置于轨间的连接杆、尖端杆、密贴调整杆和表示杆等。

2．道岔的位置和状态

（1）道岔的定位和反位。道岔有两根可以移动的尖轨，一根尖轨与基本轨密贴，另一根尖轨与基本轨分离，必须同时改变两根尖轨的位置，使原来密贴的分离，而原来分离的密贴，可见道岔有两个可以改变的位置。我们通常把道岔经常所处的位置叫作定位，临时根据需要改变的另一位置叫作反位。为改变道岔的两个位置，在道岔尖轨处安装道岔转辙设备。

尖轨与基本轨密贴的程度对行车安全影响很大，如列车迎着尖轨运行时，如果尖轨密贴程度差，即间隙超过一定限度（大于 4 mm），则车辆的轮缘有可能冲撞或从间隙中挤进尖轨尖端，而造成颠覆或脱轨的严重行车事故。因此，对尖轨和基本轨的密贴程度有严格的标准（一般要求不大于 2 mm），凡装有转辙机的道岔，当在尖轨与基本轨之间插入厚4 mm、宽 20 mm 的铁板时，应不能锁闭道岔和开放信号。

（2）对向道岔和顺向道岔。道岔本身并无顺向和对向之分，根据列车运行方向，当列车迎着道岔尖轨运行时，该道岔就叫对向道岔。反之，当列车顺着道岔尖轨运行时，就叫顺向道岔，如图 2—6 所示。对向道岔和顺向道岔的不安全因素不一样，导致事故的后果也不同。

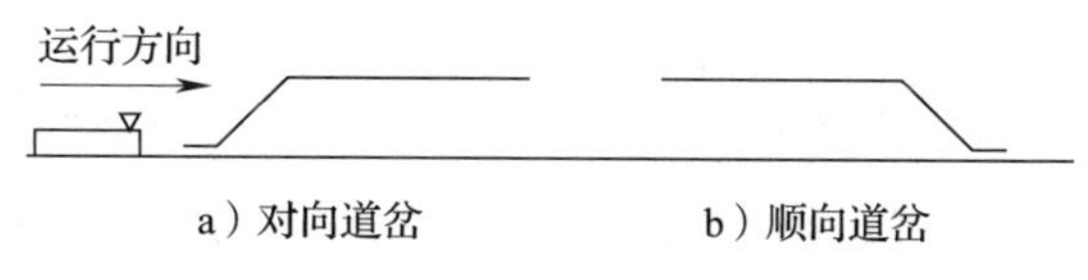

图 2—6　对向道岔和顺向道岔

当列车迎着道岔尖轨运行时，如果道岔位置扳错了，则列车就被接向另一条线路上去了。如果这条线路已停有车辆，就会造成列车冲撞。另外，如果道岔位置虽然对，但其尖轨与基本轨不密贴（即状态不良），则车轮轮缘有可能将密贴的一根尖轨挤开，造成“四开”，从而引起列车颠覆事故，当列车顺着道岔尖轨运行（即从辙叉方面开来）时，与上述情况就不同了。这时如果道岔位置不对，车轮轮缘可以从尖轨与基本轨挤进去，并推动另一根尖轨靠近基本轨，这种情况叫挤岔。挤岔时有可能使道岔和道岔转换器遭到损伤。但应当指出，同一组道岔，根据经由它的列车运行方向不同，有的是对向的，有的却又是顺向的。

为了保证行车安全，凡是列车经过的道岔，不论对向的还是顺向的，都要和信号机实现联锁。一旦道岔不密贴或被挤时，就不能使信号机开放允许信号显示。

（3）单动道岔和双动道岔。当按下一个道岔按钮（电动道岔的操纵元件），仅能使一组道岔转换，则称该道岔为单动道岔，如果能使两组道岔同时或顺序转换，则称为双动道岔。

3. 转辙机的作用和任务

转辙机是转辙装置的核心和主体，除转辙机本身外，还包括外锁闭装置、各类杆件及安装装置，它们共同完成道岔的转换和锁闭。

（1）转辙机的作用

1）转换道岔的位置，以带动尖轨做直线往返运动；当尖轨受阻不能运动到底时，应随时通过操纵使尖轨恢复原位。

2）道岔转至所需位置而且密贴后，实现道岔锁闭，一旦锁闭，应保证不致因车辆通过道岔时的振动而错误解锁。

3）应能正确地反映道岔的实际位置，道岔的尖轨密贴于基本轨后，给出相应表示。

4）道岔被挤或因故处于“四开”（两侧尖轨均不密贴）位置时，及时报警并给出表示。道岔被挤后，在未修复前不应再使道岔转换。

（2）转辙机的分类

1）按动作能源和传动方式不同，转辙机分为电动转辙机、电动—液压（电液）转辙机、电空转辙机。

2）按供电电源种类，转辙机可分为直流转辙机和交流转辙机。直流转辙机采用直流电动机，工作电源是直流电。ZD6 系列电动转辙机就是直流转辙机，由直流 220 V 供电。电液转辙机也是直流转辙机，也由直流 220 V 供电。交流转辙机采用三相交流电源或单相交流电源，由三相异步电动机作为动力。

城市轨道交通大部分还是采用电动转辙机，但是近年来采用电液转辙机和交流转辙机的线路也不少，另外，由于钢轨重量的增加，正线一组道岔采用双机牵引的情况也在普及。

（3）典型的电动转辙机。以 ZD6 - A 型电动转辙机的结构为例，其主要由电动机、减速器、摩擦连接器、主轴、动作杆、表示杆、移位接触器、外壳等组成，如图 2—7 所示。

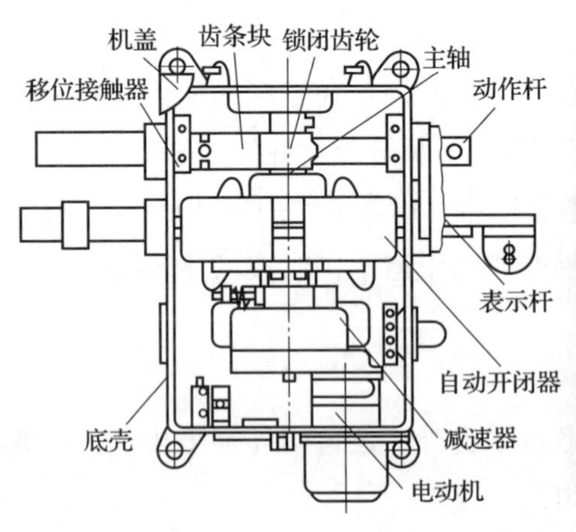

图 2—7　ZD6 - A 型电动转辙机结构

1）电动机。电动机为电动转辙机提供动力，采用直流串激电动机。减速器用来降低转速以获得足够的转矩，并完成传动。

2）锁闭齿轮和齿条。锁闭齿轮和齿条相互动作，将转动变为平动，通过动作杆带动道岔尖轨运动，并完成锁闭作用。

3）表示杆。表示杆由前、后表示杆及两个检查块组成。表示杆随尖轨移动，只有当尖轨密贴且锁闭后，自动开闭器的检查柱才能落入表示杆缺口，接通道岔表示电路。挤岔时，表示杆被推动，顶起检查柱，从而断开道岔表示电路。

4）自动开闭器。由静接点、动接点等组成，用来表示道岔尖轨所在位置。

5）遮断接点（安全接点）。遮断接点用来保证维修安全。正常使用时，遮断接点接通，才能接通道岔动作电路。检修时，断开遮断接点，以防止检修过程中转辙机转动，影响维修人员作业。

6）壳体。壳体用来固定转辙机各部件，防护内部部件免受机械损伤和雨水、尘土的侵入，提供整机安装条件。

2.1.3 轨道电路

轨道电路是利用钢轨线路和电气绝缘节构成的电路。它是信号系统的重要基础设备，它的性能直接影响行车安全和运输效率。轨道电路广泛应用于列车的检测，城市轨道交通中不设轨道电路的情况下，在轨道区段的两端采用计轴器来检测列车。

1. 轨道电路的基本原理

轨道电路是以线路的两根钢轨作为导体，两端加电气绝缘，接上送电设备和受电设备构成的电路，最简单的轨道电路如图 2—8 所示。

城市轨道交通的轨道电路发送设备和接收设备都设置于信号设备室，通过电缆引至钢轨；当轨道电路内钢轨完整，且没有列车占用时，轨道继电器吸起，表示轨道电路空闲。当轨道区段被列车占用时，轨道电路被列车轮对分路，轮对电阻远小于轨道继电器线圈电阻，流经轨道继电器的电流大大减小，轨道继电器落下，表示轨道电路被占用。

2. 轨道电路的作用

（1）监督列车的占用。由轨道电路反映该段线路是否空闲，为开放信号、建立进路或构成闭塞提供依据，还利用轨道电路的被占用关闭信号，从而把信号显示与轨道电路是否被占用结合起来。

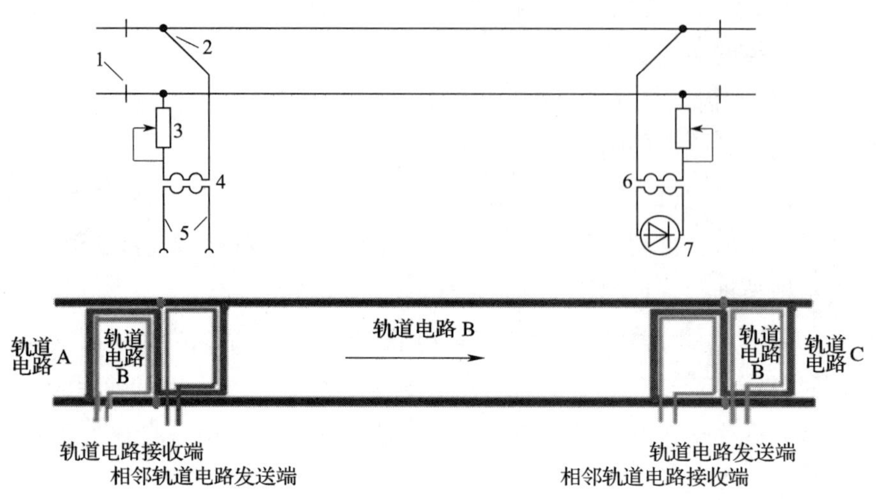

图 2—8　轨道电路示意图

1—钢轨绝缘节　2—钢丝绳　3—限流电阻　4—变压器　5—发送端　6—中继变压器　7—轨道继电器

（2）传递行车信息。如移频自动闭塞利用轨道电路中传递不同的频率来反映先行列车的位置，决定各信号机的显示，为列车前进提供行车命令，还为列车运行自动控制系统直接提供控制列车运行所需要的先行列车的位置、运行前方信号机状态和线路条件等有关信息，以决定列车运行的目标速度及列车在当前运行速度下是否停车或减速。所以轨道电路也是传递行车信息的通道。

（3）在城市轨道交通中，利用轨道电路向列车传送目标速度、目标距离、运行进路地图等信息，列车接收到这些信息以后，自动控制列车的运行。

2.2　区间闭塞和车站联锁概念

知识要求

2.2.1　实行闭塞的方法

把线路分成若干轨道区段（区间或闭塞分区）。每个轨道区段只准许一列列车运行。

1. 人工闭塞

由列车调度员下达开具“路票”指令，车站值班员开具列车占用区间的“路票”，列车驾驶员得到“路票”以后，才能由发车站发车，列车到达接车站以后，驾驶员必须交出该“路票”。因为这种方法在交接凭证时和检查区间空闲状态都是依靠人来完成，所以叫作人工闭塞，而且都是通过电话联系，也称为电话闭塞。

当ATC系统发生故障时，不能通过ATP子系统实现列车运行自动间隔控制，可以采用“人工闭塞”，确保列车的运行。

2. 半自动闭塞

人工办理闭塞手续，列车根据出站信号机的“允许信号”显示作为发车凭证，列车发车后出站信号机自动关闭的闭塞方法。发车站的车站值班员办理好闭塞手续，人工开放出站信号机；列车出发后，出站信号机自动关闭，同时区间闭塞；接车站值班员确认列车完整到达后，向发车站发送复原信息，解除闭塞。这种方法既要值班员办理操控，又需依靠列车的作用自动动作，所以称为半自动闭塞，如图2—9所示。

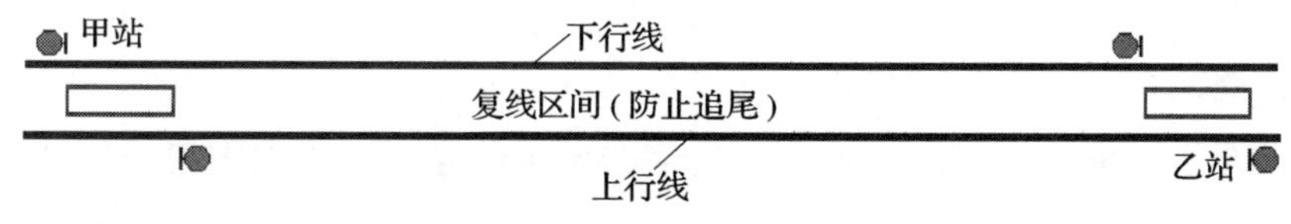

图2—9 半自动闭塞

3. 自动闭塞

将站间区间分割成若干个闭塞分区，在每个闭塞分区的入口处，设置通过信号机予以防护，通过信号机根据列车的运行，自动地改变其显示，这样一种闭塞方式就是自动闭塞。自动闭塞区段的站内和区间都应设轨道电路。其原理如图2—10所示，图中信号机按照铁路信号系统的要求，都设置于线路的左侧，城市轨道交通的地面信号机都设置于右侧。自动闭塞方式在铁路信号系统中得到广泛应用，城市轨道交通ATC系统的区间ATP子系统类似于自动闭塞闭塞分区的轨道电路布置，但是不设地面通过信号机，而且轨道电路的发送设备、接收设备都设置于信号设备室。

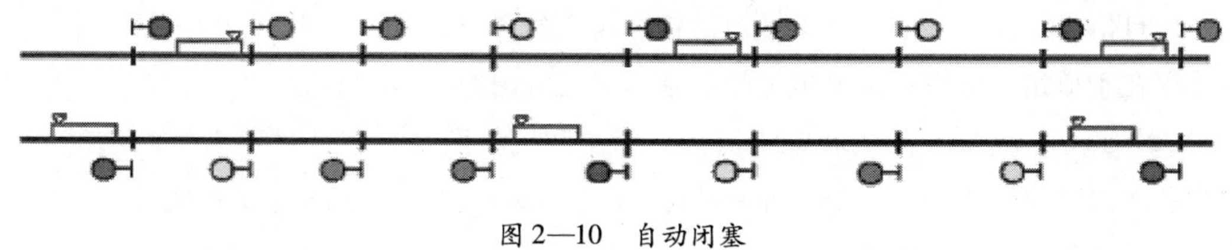

图2—10 自动闭塞

4. 移动闭塞

列车运行间隔自动调整，又称移动自动闭塞系统。这种系统不需要将区间划分成若干固定的闭塞分区，而是在两列车间自动地调整运行间隔，使之保持一定的安全距离，所以称为列车运行自动调整，它可以提高区段的通过能力。

2.2.2 车站联锁概念

在车站内有许多线路，这些线路的两端都以道岔连接着。根据道岔的不同位置而组成不同的进路，列车或车列是否能进入进路是用信号机来指挥的。为了保证安全，就必须使信号机、进路和道岔三者之间有着一定的相互制约关系，这种关系称为联锁关系。

1. 进路的划分原则

（1）进路的始端一般是信号机。

（2）进路范围包括道岔和道岔区段。

（3）一架信号机同时可防护几条进路，即它可作为几条进路的始端。

（4）进路的终端可以是信号机、站界标以及警冲标。

（5）调车进路的始端是防护该调车进路的调车信号机，终端则视具体情况而定。

2. 联锁的基本内容

进路是由道岔的位置所决定的，在进路的入口处设有信号机进行防护。所谓建立进路，就是把进路上的道岔扳到进路所要求的位置上，然后再将该进路的防护信号机开放。若道岔位置不对，则不准信号机开放。但一旦信号机开放后，就不准许进路上的道岔再变换位置，直至信号机关闭、列车或车列越过道岔为止。

一条进路可以走下行列车，也可以走上行列车，它们分别由上、下行两架信号机防护。在开放上行信号机以前，下行信号机必须在关闭状态。

所谓联锁，必然存在于两个对象之间，如上面所说的道岔和信号机之间有联锁、上行信号机与下行信号机之间有联锁等。联锁既然存在于两个对象之间，且又是相互制约的，所以在一般情况下是互锁的。如道岔不扳在规定位置，把信号机锁在关闭状态，一旦信号机开放，信号机又把道岔锁在规定位置上。

存在于道岔、进路和信号机之间的基本联锁的内容。

（1）道岔、进路之间的联锁。道岔有定位和反位两个位置，进路有锁闭和解锁两个状态。道岔位置正确，进路才能锁闭，进路解锁后，道岔才能改变其位置。这就是存在于道岔和进路之间的基本联锁关系，这种关系如果用图表方式表达出来，如图 2—11 所示。

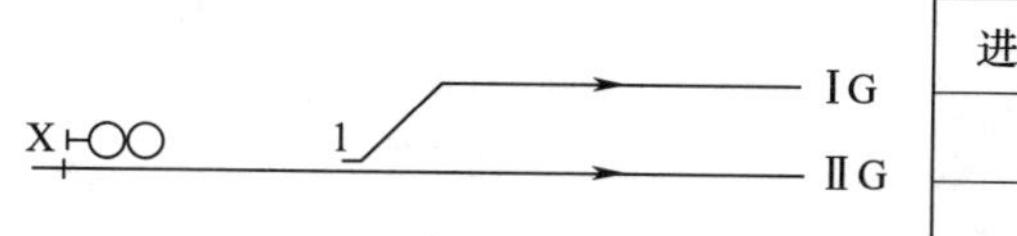

进路号	进路名称	道岔
1	Ⅰ道下行接车进路	（1）
2	Ⅱ道下行接车进路	1

图 2—11　道岔与进路之间的联锁

图中进路 1 是Ⅰ道下行接车进路，进路 2 为Ⅱ道下行接车进路。进路 1 要求道岔 1 在反位，进路 2 要求道岔 1 在定位。从上表中看出，带括号的代表道岔在反位，不带括号的则表示道岔在定位。表中的意义是，道岔 1 不在反位，进路 1 就不能锁闭，反过来进路 1 锁闭后，把道岔 1 锁在反位位置上，不准许道岔 1 再变位。进路 2 与道岔 1 存在着定位锁闭关系，即道岔 1 不在定位，进路 2 就不能锁闭，反之当进路 2 锁闭以后，把道岔 1 锁在定位位置上，不准许道岔 1 再变位。

（2）道岔与信号机之间的联锁。因为进路是由信号机防护的，故道岔与进路之间的联锁也可以用道岔与信号机之间的联锁来描述。

如图 2—12 所示，信号机防护着两条进路，一条是Ⅰ道下行接车进路，要求 1 号道岔在反位；另一条是Ⅱ道下行接车进路，要求 1 号道岔在定位。因此信号机 X 与道岔 1 之间的联锁关系既有定位锁闭关系，又有反位锁闭关系。

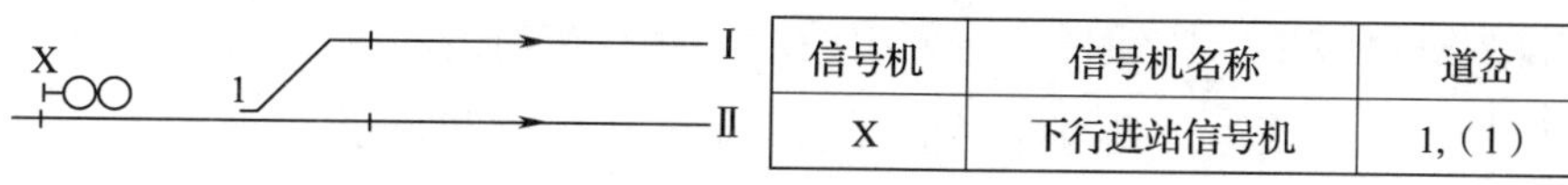

信号机	信号机名称	道岔
X	下行进站信号机	1,（1）

图 2—12　道岔与信号机的联锁关系

（3）进路与进路之间的联锁。进路与进路之间存在着两种不同性质的联锁关系，一是抵触进路，二是敌对进路。

1）抵触进路。抵触进路如图 2—13 所示。下行接车进路有三条，即进路 1、进路 2 和进路 3。因为这三条进路要求的道岔位置各不相同，且在同一时间只能建立起一条进路，任何一条进路锁闭以后，在其未解锁以前，因为把有关的道岔锁住了，不可能再建立其他两条进路了。这样互相抵触的进路叫抵触进路。

2）敌对进路。用道岔位置不能间接控制的两条进路，这两条进路又存在着抵触或敌对关系，我们称为敌对进路，如图 2—13 所示，进路 5 和进路 2 是敌对进路，进路 5 和进路 3 也是敌对进路。进路 5 是Ⅱ道上行接车进路，进路 2 是Ⅱ道下行接车进路。它们是同一股道不同方向的接车进路，不能用道岔位置间接控制，允许同时接车有危险，所以这两条进路为敌对进路是很明显的。

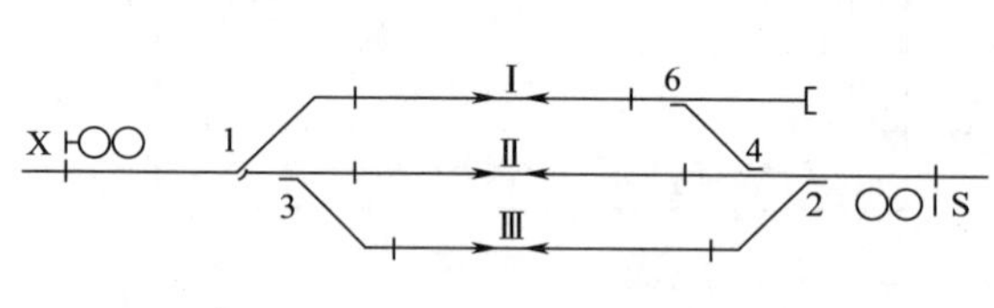

进路号	进路名称	敌对进路	抵触进路
1	Ⅰ道下行接车进路	6	2，3
2	Ⅱ道下行接车进路	4，5，6	1，3
3	Ⅲ道下行接车进路	4，5，6	1，2
4	Ⅲ道上行接车进路	2，3	5，6
5	Ⅱ道上行接车进路	2，3	4，6
6	Ⅰ道上行接车进路	1，2，3	4，5

图 2—13　进路与进路之间的联锁关系

3. 联锁表的编制

联锁表中表示出了进路、道岔、信号机之间的基本联锁内容。联锁表是按照车站站场线路配置、咽喉区道岔分布以及信号机布置情况，遵照《铁路信号联锁图表编制原则》编制出来的。联锁表的编制内容如下。

（1）进路方向。应说明进路的方向和性质，如列车进路（接、发车）、调车进路（接、发车方向）。

（2）进路栏。应逐条列出全部列车进路和调车进路。

（3）进路方式栏。有两个进路方案的列车进路，在本栏中应填写 1、2，其中 1 代表基本进路，2 代表变更进路。

（4）排列进路按下的按钮栏。应列出始端、终端按钮的名称。

（5）信号机栏。填写排列进路时应开放的信号机名称和显示。

（6）道岔栏。按顺序填写进路中全部道岔的编号和位置。

（7）敌对信号栏。用道岔位置不能间接控制的两条不允许同时建立的进路。

4. 信号机开放的技术条件

（1）进路中道岔位置正确，且将其锁在进路所要求的位置。

（2）进路中的所有轨道区段（包括道岔区段、股道和无岔区段）空闲。

（3）把敌对信号机锁在关闭位置。

（4）还需检查进站方向信号机的引导信号未开放。

（5）未办理取消进路和人工解锁进路。

（6）进站、出站以及调车信号机都应有防止自动重复开放的功能。

（7）进站、正线出站信号机开放时应检查红灯灯丝完整，信号开放后断丝，应自动改点红灯。

（8）出站信号机开放时，应检查离去区段的空闲。

5. 进路的锁闭与解锁

为了保证行车安全，信号机开放时，首先必须把进路上的有关道岔锁闭在规定位置，且把敌对信号机锁闭在未建立状态，这种锁闭叫进路锁闭。

（1）预先锁闭和解锁。进路锁闭且信号机开放后，如果列车尚未驶入规定的接近区段，这时进路锁闭称为预先锁闭。如果采取措施关闭信号机，锁闭着的进路就可立即解锁。

（2）接近锁闭和解锁。进路锁闭且信号开放后，如果列车已驶入接近区段，这时叫作接近锁闭，或称为完全锁闭；即使关闭信号，锁闭着的进路仍限时解锁。

（3）正常解锁。列车通过进路后，进路上的道岔应按逐段解锁方式，正常解锁。如图2—14所示，当列车根据信号显示，由WG区段顺序进入1DG区段、3－5DG区段、7DG区段、IDG区段，然后顺序出清WG区段、1DG区段、3－5DG区段、7DG区段，使1DG区段、3－5DG区段、7DG区段依次解锁。

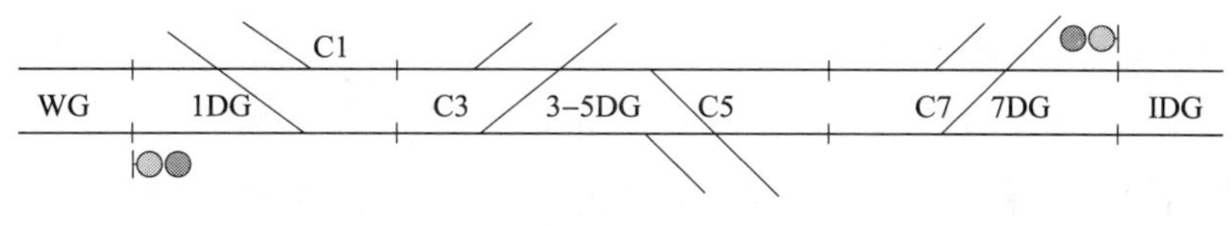

图2—14　进路的锁闭和解锁

（4）限时解锁。限时解锁是指当列车驶入接近区段后，为了改变进路，使进路解锁的一种方式。由于进路不能实施正常解锁，故必须采取特殊解锁措施。一般是车站值班员关闭信号后，按下“人工解锁”按钮，经延时后，进路才自动解锁。城市轨道交通一般需延时30 s后，进路才能自动解锁。延时解锁的目的是确保列车安全停车或停在预设进路上。

技能要求

分析城市轨道交通各类行车闭塞法

操作要点1　分析自动闭塞法的使用

（1）自动闭塞法是由运行中的列车通过整个运行系统的技术设备的运转来实现的闭塞方法。自动闭塞法用ATC列车自动控制系统来满足地铁运输快速、安全、舒适、高密度的要求。

（2）ATC系统是一个全方位的控制系统，在实现闭塞的同时能够保持列车运行的最佳间隔、合理的安全距离以及多种组织功能的自动操作与协调，包括强制限速、自

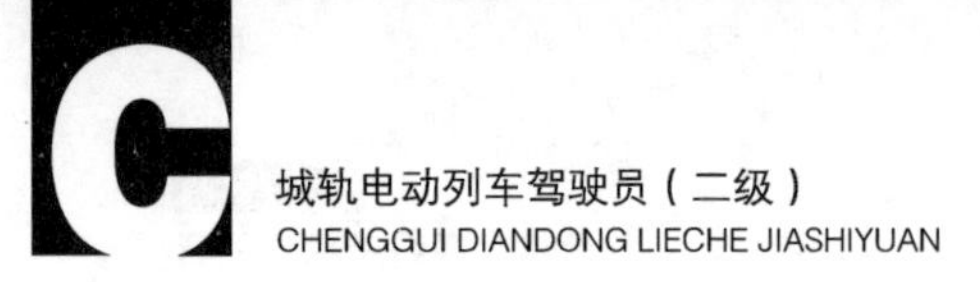

动驾驶、自动联锁、自动监控等。

（3）自动控制系统中列车进入区间的凭证是列车控制系统收到的速度码信号，列车发车的凭证是车站站台端的发车表示器显示的稳定白色灯光。

（4）自动闭塞法是城市轨道交通运输的基本行车闭塞方法。

操作要点 2　分析双区间闭塞法的使用

（1）双区间闭塞是通过运用空间间隔的一种方法，使列车在区间内运行时保持一定的距离，从而保证行车安全和运行秩序。

（2）在城市轨道交通运输中，双区间闭塞法一般作为临时或运营前期行车的闭塞法。

（3）双区间闭塞法运行时列车占用区间的凭证为车站出站信号机显示的进行信号，通常为绿色灯光；列车发车信号可以使用手信号或规定的固定信号机显示的灯光。

操作要点 3　分析电话闭塞法的使用

（1）当自动闭塞设备发生故障停止使用或停运期间开行施工列车、调试列车、车载信号设备不良以及非规定制式列车时而采用的一种代用闭塞法。

（2）电话闭塞法是没有机械设备、电气设备控制的条件下，仅凭电话联系来保证列车空间间隔的行车闭塞法，其安全保障程度较低，行车效率不高，人力投入要求较大，所以只是一种临时代用的闭塞法。

（3）电话闭塞法行车。为了确保列车运行的安全，规定了列车的运行间隔为双区间，也就是接车站承认闭塞的前提条件是前次列车已由前方站整列出发。

（4）改用电话闭塞法行车。电话记录号码是承认闭塞的依据，必须有行车调度员的命令。列车占用区间的凭证为路票，发车凭证是行车值班员或规定的行车人员的手信号。

操作要点 4　绘制上海地铁二号线从龙阳路车场至龙阳路车站的路票

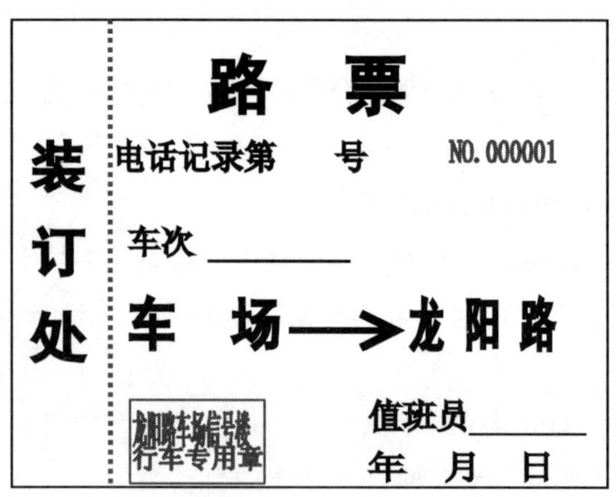
装订处

路　票

电话记录第　　号　　NO.000001

车次 ________

车　场——>龙阳路

龙阳路车场信号楼
行车专用章

值班员________

年　月　日

2.3 基于通信的列车控制系统

知识要求

2.3.1 基于通信的列车控制（CBTC）系统

1. 移动闭塞概述

基于轨道电路为传输信道、以传输目标速度为主要内容的 ATC 系统是当前我国列车自动控制系统的主要模式，从闭塞的概念分析，它们都可以归属于准移动闭塞的范畴，后续列车与先行列车之间的行车间隔都与闭塞分区的划分有关，也就是说，后续列车与先行列车不可能运行在同一个闭塞分区，后续列车必须保证在先行列车所占用的闭塞分区的分界点前停车。如图 2—15 所示。

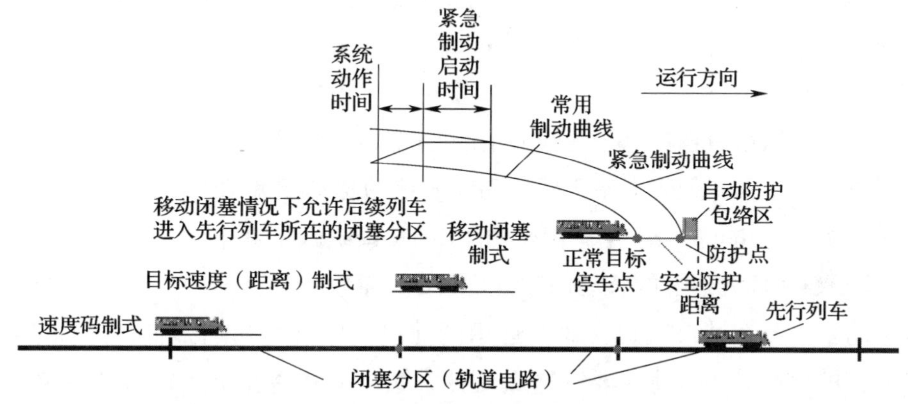

图 2—15　不同闭塞制式的列车运行间隔示意图

如图 2—15 所示速度码制式的 ATC 系统可以对应于前面介绍的基于音频无绝缘轨道电路的 ATC 系统；准移动闭塞的图例可以对应于数字编码轨道电路，即目标速度制式的 ATC 系统，该制式下为了缩短行车间隔，必须缩小闭塞分区（轨道区段）的长度，当然要增加轨道电路的硬件设备；对于不同列车编组的运行线路，更是难以实现。

移动闭塞（Moving block）是缩小行车间隔、提高行车效率的有效途径，其列车运行的安全保证不再依赖于轨道电路的划分，不需要设置轨道电路，而基于列车与地面的双向通信，使后续列车与先行列车之间始终保持制动距离，加上动态安全保护距离。

移动闭塞系统相比现有的 ATC 系统主要有以下特点。

（1）可以缩小列车之间的行车间隔。

（2）车—地之间的信息交换不再依赖于轨道电路。

（3）控制中心掌握在线运行各次列车的精确位置和速度，列车位置由列车自动测定。

（4）列车与控制中心之间保持不间断的双向通信。

（5）不同编组（不同长度）的列车可以以最高的密度运行于同一线路。

（6）ATC 系统从一个以硬件为基础的系统，向以软件为基础的系统演变。

基于通信的列车运行控制系统（Communication - Based Train Control）简称 CBTC 系统，便是支持移动闭塞的列车运行控制系统，它不仅适用于新建的各种城市轨道交通，也适用于旧线改造、不同编组运行以及不同线路的跨线运行。近年来，随着通信技术的发展，尤其是无线通信、计算机网络技术和数字信号处理技术的迅速发展，信号系统的冗余、容错技术完善，在信号这个传统领域，为 CBTC 的发展奠定了基础，CBTC 系统已逐渐被信号界所认可，基于感应环线通信的移动闭塞 CBTC 系统在我国也已运用于城市轨道交通；而基于无线（Radio）通信虚拟闭塞的 CBTC 系统已经在国外多个城市轨道交通中被采纳，我国不少大城市的城市轨道交通也已经决定选用这种制式，而且在这些城市将选用基于无线通信的 CBTC 系统，定为今后城市轨道交通信号系统的发展方向。下面我们先对基于感应环线通信的移动闭塞 CBTC 系统进行一些分析，然后对基于无线（Radio）通信虚拟闭塞的 CBTC 系统做简单介绍。

2. 基于感应环线通信的移动闭塞（CBTC）系统

移动闭塞系统在城市轨道交通中运用的前提是实现列车与地面的双向实时通信，而双向通信的地面设备目前主要有这么几种方式。一种是在全线轨旁敷设用于通信的波导管，这种制式的移动闭塞已于 2003 年年初在国外的城市轨道交通中得到运用，我国有的大城市也已决定选用这种方式；另一种是利用敷设于全线两根钢轨之间的感应环线进行双向通信，这种制式的移动闭塞在国外早已得到运用，目前我国至少有两个城市的轨道交通选用这种制式，其中一条线已经投入运营；当前我国城市轨道交通信号系统都倾向于选用基于无线通信的 CBTC 系统，到 2006 年 7 月止，全国至少有 7 条线路已经决定选用这种方式的信号系统。

由于篇幅所限，尽可能结合国内的实际情况，这里首先介绍基于感应环线通信的移动闭塞 CBTC 系统。

移动闭塞原理示意图如图 2—16 所示。

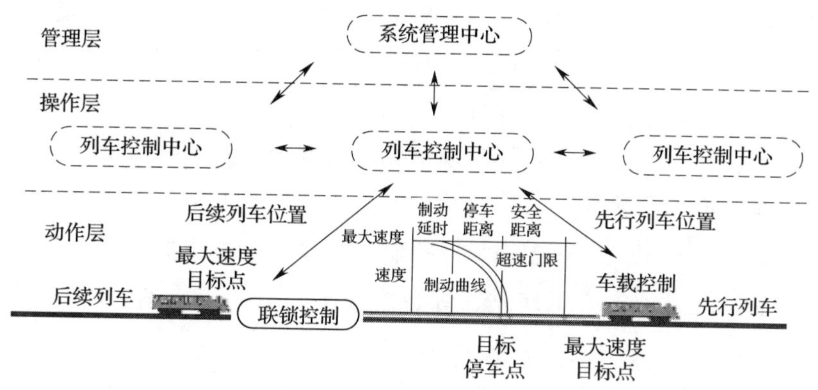

图 2—16 移动闭塞原理示意图

（1）移动闭塞系统的基本构成。移动闭塞系统由系统管理中心（SMC）、列车控制中心（VCC）、车载设备（VOBC）、车站控制器（STC）、感应环线通信系统设备、车站联锁装置、车站发车指示器、站台紧急停车按钮、接口等设备组成。如图 2—16 所示，系统管理中心与列车控制中心进行双向通信，完成对所有列车的自动监控；列车控制中心与全线的列车进行不间断的双向通信，所有的列车将其所在的精确位置和运行速度报告给列车控制中心；列车控制中心在完全掌握所有列车的精确位置、速度等信息的前提下，告知各列列车运行的目标停车点；列车接收列车控制中心发来的目标停车点信息，车载计算机根据允许运行的距离、所在区段的线路条件及列车的性能等，不断地计算运行速度，自动完成速度控制。列车控制中心还与车站联锁装置通信，完成列车进路的排列。

1）系统管理中心（SMC）的构成。系统管理中心对系统进行全面的协调管理，完成所有的列车自动监控功能。其设备设于运营控制中心（OCC），系统的软件/硬件都按模块化的原则设计。其主要硬件部分如下。

①系统管理中心工作站。除系统服务器外，还配置调度员工作站、调度长工作站、模拟显示工作站、系统维护工作站、运行图编辑工作站及停车场监视工作站。

②运行图调整服务器（SRS）。冗余的运行图调整服务器，通过系统管理中心 I/O 与列车控制中心相连，以实现运行图调整服务器与列车控制中心的通信，运行图调整服务器还与 SCADA、时钟、无线等系统接口。

③数据日志服务器。冗余配置，它可以保留两个月以上的运行数据。

④网络通信设施。包括系统管理中心的双局域网、冗余交换机、与光纤传输通道的冗余接入设施、与综合维修基地连接的通信设施等。

⑤车站控制器紧急通路（SCEG）。当列车控制中心出现故障，不能对系统进行控制时，管理中心通过车站控制紧急通路，直接与车站控制器（STC）进行通信连接，实现对在线列车和轨旁设备的监控。车站控制器紧急通路有紧急通路切换开关设备、协议转换单元（PCU）组成，每台协议转换单元可与两台车站控制器进行通信连接。

⑥系统管理中心 I/O 机架。

⑦投影模拟显示系统。包括模拟显示控制工作站及背投模拟显示屏。

还有停车场系统管理中心工作站，综合维修基地监测工作站、仿真及培训远程终端设备等。

2）列车控制中心（VCC）的构成。列车控制中心位于运营控制中心，它由以下主要部分构成。

①列车控制中心的中央计算机。中央计算机采取三取二的配置，它包括三台工业级计算机以及相关的输入/输出接口；三个中央处理单元通过显示/键盘选择开关来共享一个显示和键盘；还有通用接口盒、电缆分线盒等。

②列车控制中心的 I/O 机架。主要设备有多路复用输入设备、中央同步设备、电源、定时器、保险丝等。

③列车控制中心的数据传输架。

④列车控制中心的调度员终端。

⑤中央紧急停车按钮（CESB）。它与列车控制中心接口，当调度员按下该按钮，将封锁所有的轨道，而且所有的列车立即停车；当紧急停车按钮中插入钥匙后，才可以解除。

列车控制中心还设有数据记录计算机、打印机等其他设备。

3）轨旁设备。轨旁设备主要有车站控制器（STC）、感应环线通信系统、系统管理中心的车站工作站等设备。

①车站控制器。设于设备集中站，每个车站控制器都有一个道岔安全控制器，其中带冗余的双 CPU 固态联锁控制器是车站控制器的核心单元。车站控制器通过双共线调制解调链路与列车控制中心通信，它由调制、解调器机架、接口盘、电源机架、预处理器及其机架等组成。

②感应环线通信系统。位于设备室和车轨旁，它由以下设备组成，即馈电设备（FID）、入口馈电设备（EFID）、远端环线盒、感应环线电缆、支架等。感应环线电缆由扭绞铜制线芯和绝缘防护层组成，环线敷设于轨道之间，每 25 m 交叉一次。

③系统管理中心的车站工作站。由工业级计算机和接入设备组成，其接入光纤通

信环网，实现与系统管理中心的远程通信。它与车站控制器接口，实现车站的本地控制；还与旅客信息向导系统等设备接口。

轨旁设备还包括站台紧急停车按钮、站台发车指示器、车站现地控制盘及信号机、转撤机等现场设备。

4）车载设备。ATC 车载设备主要包括车载控制器（VOBC）及其外围设备。

①车载控制器。由电子单元（EU）、接口继电器单元（IRU）、供电单元等组成。电子单元包括天线滤波器、高频接收器、数据接收器、数据发送器、高频发送器、定位计算机、双 CPU 处理单元、输出/输入端口、发送/接收卡、车辆识别卡、输出继电器、距离测量控制、转速表放大器等。接口继电器单元包括继电器面板、滤波/防护模块、电子单元与接口继电器单元的互联电缆等。

②车载控制器的外围设备包括天线（每个车载控制器设 2 个接收天线和 2 个发送天线）、速度传感器（每个车载控制器设 2 个速度传感器）、司机显示盘（TOD）（每列车设置 2 套）。

③接口。信号系统内部接口包括与信号监测子系统的接口，与电源子系统的接口，与模拟显示屏的接口，与发车指示器的接口，与中央紧急停车按钮的接口，与信号机、转辙机等继电器控制电路的接口，与车站现地控制盘及站台紧急停车按钮的接口，与车场的接口，入机接口，主系统内部间的接口等。

信号系统外部接口包括与无线通信系统的接口，与时钟系统的接口，与通信传输系统的接口，与旅客信息系统（包括车上）的接口，与车辆的接口，与车辆管理系统的接口，与电力 SCADA 系统、FAS 系统、BAS 系统等的接口等。

（2）系统功能。基于感应环线通信的移动闭塞系统能实现 90 s 的最小运行间隔。后续列车与前一列车的安全间隔距离是根据列车当前的运行速度、制动曲线以及列车在线路上的位置而动态计算出来的。由于列车位置的定位精度高，因此，后续列车可以在该线路区段，以最大允许速度安全地接近前一列车最后一次确认的尾部位置，并与之保持安全制动距离，如图 2—17 所示。

该安全距离是指后续列车的指令停车点（目标点）与前一列车尾部位置之间的一个固定距离，它是以最不利情况发生时，仍能保证安全间隔为前提计算而得的。假如列车采用常用制动，列车可以停在目标点，当常用制动失效，实施紧急制动时，除了紧急制动所需时间外，必须增加系统作用时间和牵引停止到紧急制动启动的延时时间，这种情况下列车真正的停车点并不是目标点，而是远于目标点，但必须停在安全距离的范围内。

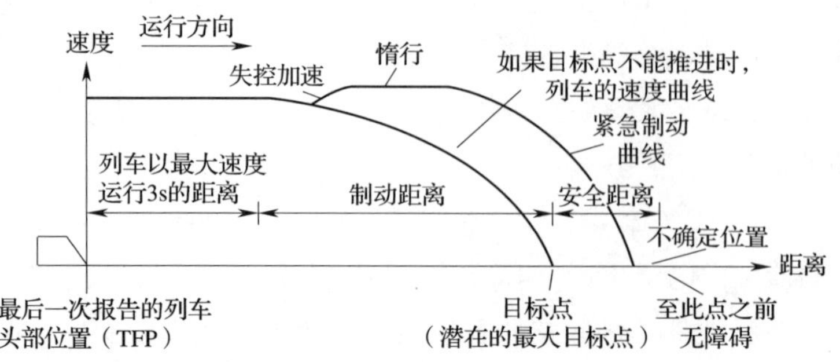

图 2—17　移动闭塞目标点示意图

为了确保列车的安全运行，列车必须连续不断地接收目标点的更新信息，系统设定列车在 3 s 内收不到信息，就判断为通信发生故障，迫使列车紧急停车，保证列车运行安全。目标停车点的周期性前移主要取决于前一列车向前移动和其他限制被解除。在列车控制中心，接收来自列车和现场设备的输入报文，当确认输入报文有效后，才产生相应的指令报文。系统管理中心对整个系统内的列车进路及运行图/时刻表进行管理，并向负责联锁及道岔控制的列车控制中心发出排列进路的请求，完成道岔联锁功能。一旦列车控制中心确认道岔已锁在规定位置，才允许列车通过该道岔。在车辆控制层，车载控制器将确保列车特定功能（如实施速度限制和车门控制等）的安全控制均在列车控制中心限制范围内，车载控制器对来自列车控制中心的报文，校核其冗余性、一致性、合理性，然后解译，并执行该报文。当然它只对以该列车（地址）为报头的报文做出反应，如果报文不是特定选址某一列车，那么车载控制器只从该报文提取环线识别号，以识别从一个环线段至下一个环线段的转换。移动闭塞系统功能框图如图 2—18 所示。

①管理层——系统管理中心（SMC）。系统管理中心负责列车自动控制系统的全面管理。它起着系统与中心调度员及系统其他用户间接口的作用，它除了具备监控和显示列车位置、调整列车运行、排列列车进路、实现停站时间控制等功能外，还具备以下功能，即调度列车投入运营（增加或减少投入运营的列车），运行图/时刻表管理（包括时刻表的生成、指定和取消），自动调整列车运行（调整列车速度和停站时间），监测列车性能的状况并收集 ATO 数据，自动跟踪列车，监督列车位置、速度、运行方向，指挥列车操作和排列进路（联锁控制），优化折返作业，列车及线路的报警等。

②运营操作层——列车控制中心（VCC）。列车控制中心提供列车自动防护（ATP）功能。具体而言如下。

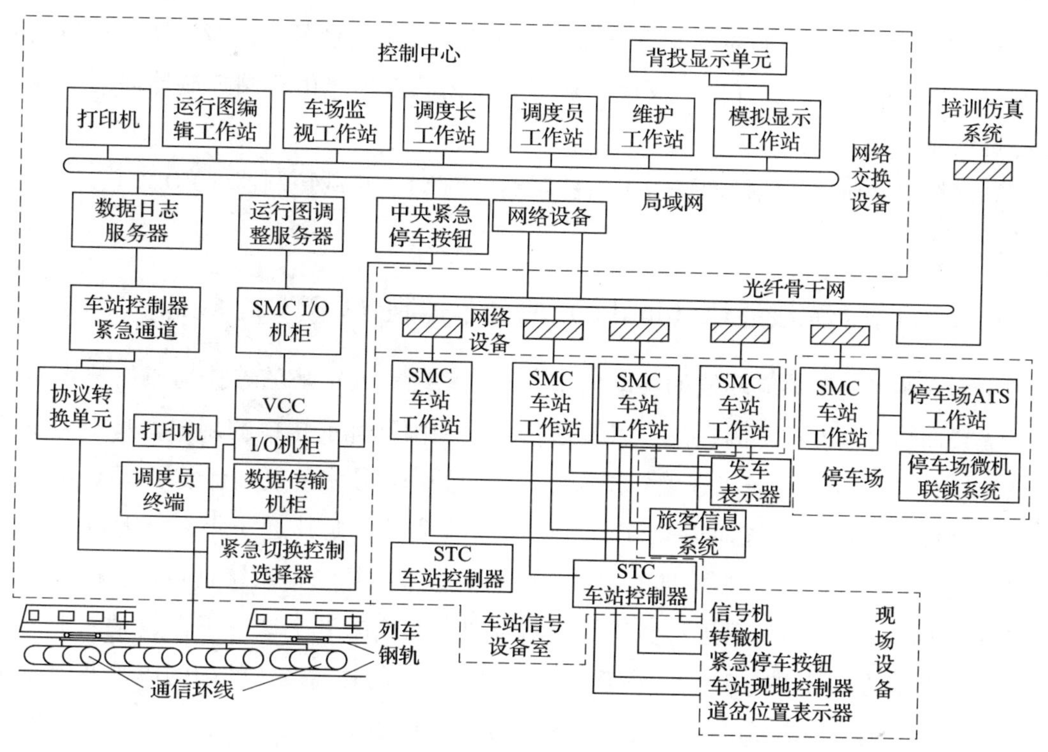

图 2—18　移动闭塞系统功能框图

a. 列车控制中心子系统完成集中联锁功能和排列进路功能，也即列车控制中心接收调度员的指令并按照联锁条件排列进路。

b. 保证列车的自动运行安全间隔和控制列车自动运行。列车控制中心保证整个系统中列车的安全间隔。列车控制中心以前一列车尾部最后一次确认的位置为基础，考虑到道岔故障、区段封锁等影响安全制动的因素，向后续列车传送与先行列车之间最小的安全间隔距离信息，也即后续列车运行的目标点。所以列车自动运行而无须司机或调度员干预是通过列车跟踪和移动授权这两个功能实现的。列车控制中心通过连续地轮询各个车载控制器，实时地得到列车位置信息来跟踪所有列车；移动授权是通过列车控制中心连续地向车载控制器发送下一个安全停车位置（目标点）信息来实现的。

对列车的控制由列车控制中心与车载控制器的通信完成，列车控制中心可以发出实施牵引或制动，设置速度限制和制动率、停车站以及开、关车门等命令。列车控制中心根据最后一次报告的列车车速和位置、行驶方向、前一列车最后一次被证实的位置、限速、停站和地面设备状态等实时信息，生成一个包含有目标点、最大允许速度和其他指令的报文。

c. 列车控制中心还负责对中央紧急停车按钮、车站站台紧急停车按钮、车站现地控制盘的状态进行监督，并做出反应，这些设备的状态信息由车站控制器向列车控制中心提供。

③动作层。动作层包括加强型车站控制器（STC）、车载控制器（VOBC）、感应环线等的功能。

2.3.2 基于无线通信（Radio）的列车控制（CBTC）系统

上面介绍了基于感应环线的移动闭塞 CBTC 系统，近年来随着移动通信技术的发展，无线通信可靠性技术的提高，以及通信协议和国际标准接口的制定，基于无线通信（Radio）的 CBTC 系统已在国外投入运行。微处理器技术的发展促使了 ATC 系统从一个以硬件为基础的系统向以软件为基础的系统演变；尤其近 5 年来，无线局域网（WLAN）技术的成熟、接口标准的制定、开放的标准数据通信系统（DCS）极大地推进了无线 CBTC 系统的发展进程。纽约、西雅图等北美的五个城市正在建设之中，其后，法国巴黎的 13 号线、瑞士的洛桑地铁、我国香港的竹篙线、韩国的国铁及台湾地区等都已经决定采用最新的无线通信（Radio）CBTC 系统，据不完全统计，全世界正在建设和已经签署合同的此类系统的线路已超过 13 条，2005 年，我国上海轨道交通 8 号线也已经决定选用基于无线通信的 CBTC 技术，这对于推动我国城市轨道交通乃至铁路系统无线 CBTC 发展，无疑有着积极的意义。由于无线 CBTC 系统的相关标准正在制定之中，我国基于无线通信的 CBTC 系统还正在建设的过程中，目前还不可能提供详细的技术资料，下面我们简单地介绍一下基于无线通信（Radio）的列车控制系统的系统结构。

基于无线通信的 CBTC 系统是指通过无线通信方式（而不是轨道电路），来确定列车位置，实现车—地双向实时通信，自动控制列车运行的信号系统。列车上的车载控制器通过探测轨道上的应答器查找它们在数据库中的方位，确定列车绝对位置，而且列车本身自动测量、计算自前一个探测到的应答器起已行驶的距离，确定列车的相对位置。列车车载控制器通过列车与轨旁设备的双向无线通信，向轨旁 CBTC 设备报告本列车的精确位置。轨旁 CBTC 设备根据各列车的当前位置、运行方向、速度等要素，同时考虑列车运行进路、道岔状态、线路限速以及其他障碍物的条件，向所管辖的列车发送移动授权极限，即向列车传送运行的距离、最高的运行速度，从而保证列车间的安全间隔距离。

1. 无线 CBTC 系统设备

无线 CBTC 系统主要的子系统有列车自动监控（ATS）系统、数据通信系统（DCS）、区域控制器（ZC）、车载控制器（VOBC）及司机显示等。子系统之间的通信基于开放的、标准的数据通信系统。地面与移动的列车之间都是基于无线（Radio）通信方式，进行信息交换。

图 2—19 所示为基于无线通信的 CBTC 系统设备的典型配置，它包括控制中心、停车场、轨旁以及车载的设备。

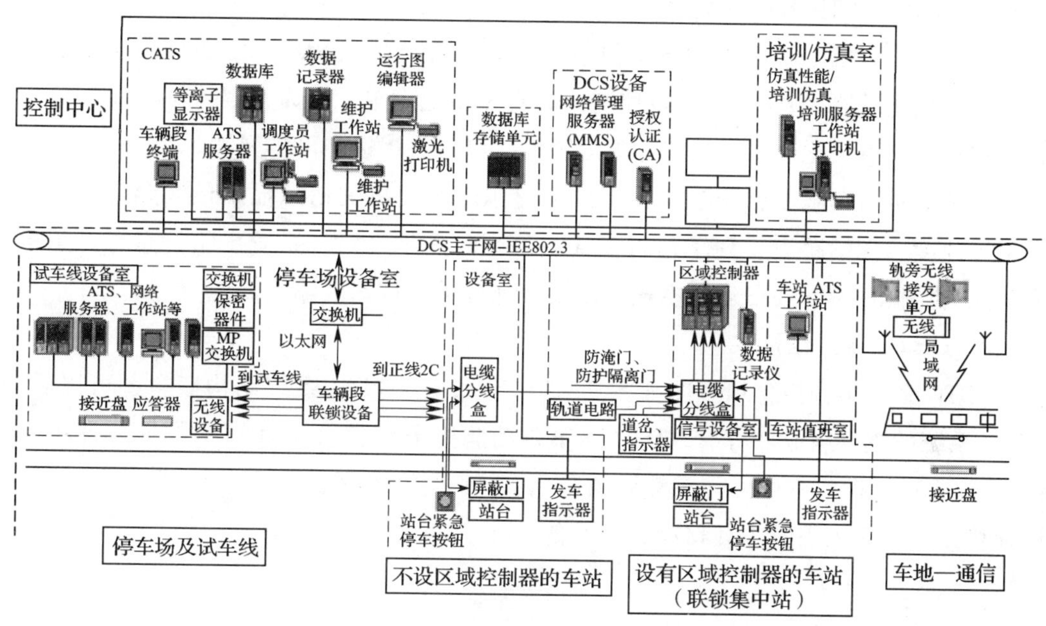

图 2—19 基于无线通信的 CBTC 系统设备示意图

（1）控制中心内的 ATS 设备。控制中心内的 ATS 设备包括 2 套冗余 ATS 服务器、1 台网络时钟服务器、3 台调度员工作站（每个工作站配有 2 台 LCD 显示器，其中 1 台调度员工作站用于车辆段监控、2 台调度员打印机、2 台冗余配置的数据日志记录器、2 台冗余配置的数据记录器、1 台维护工作站和打印机、1 台运行图编辑器和彩色激光打印机、1 台打印服务器、1 台绘图机、2 台高速网络激光打印机。

控制中心设备还包括数据存储单元 DSU，这是一个安全设备，它具有 3 台处理器，为冗余的 3 取 2 配置。

（2）数据通信系统（DCS）设备。ATC 系统的所有设备都和数据通信系统（DCS）相连。DCS 设备包括轨旁光纤骨干网、轨旁无线设备接入点（AP）、车载无线设备、联锁站及控制中心室的网络和交换机。

（3）分布式的轨旁设备。在具有联锁功能的车站，配有区域控制器（ZC）和其他相关设备。区域控制器具有3台处理单元，为冗余的3取2配置。而且区域控制器是模块化结构，具有可再配置性、可再编程性和可扩展性。所有区域控制器设备和数据通信系统骨干网的连接都是冗余（双）连接。

每个联锁车站设有一个ATS工作站，该工作站与数据通信系统系统冗余连接。在中央ATS故障时，可以进行本地控制。每个联锁车站都有一台数据记录器，记录区域控制器之间传送和接收的网络信息。

（4）车载设备。列车上的设备包括1个车载控制器（VOBC）、2个移动无线设备和2个司机显示器（TOD）。车载控制器具有3台处理单元，为冗余的3取2配置。车载控制器也是模块化结构，具有可再配置性、可再编程性和可扩展性。

司机显示与车载控制器接口给出以下显示。对司机的信息显示最大允许速度、当前运行速度、到站距离、列车运行模式、停站时间倒计时、系统出错信息等。司机输入信息为司机身份、列车运行模式，以及其他开关、按钮的输入。

2. CBTC系统结构

CBTC系统结构概念示意图如图2—20所示，从CBTC系统结构概念图可以看出，CBTC系统的主要组成部分有ATS（列车自动监控子系统）、DSU（数据库存储单元）、ZC（区域控制器）、VOBC（车载控制器）、DCS（数据通信系统）（包括骨干网、网络交换机、无线接入点及车载移动无线设备）。

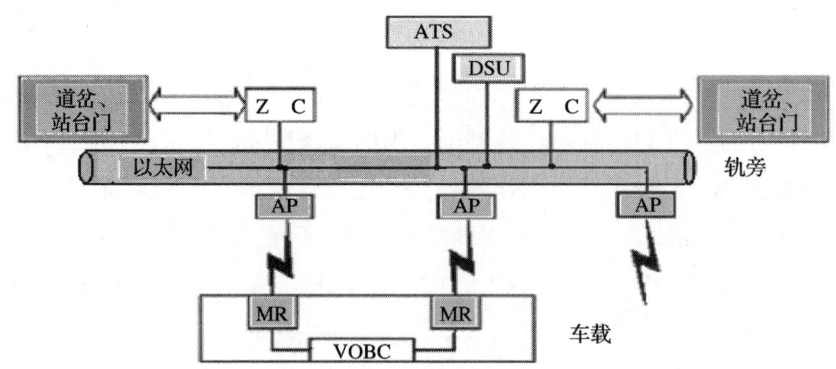

图2—20　CBTC系统结构概念示意图

系统的安全型组成部分是列车上的车载控制器（VOBC）、轨旁区域控制器（ZC）和位于中央的数据库存储单元（DSU）。

列车控制子系统之间的逻辑接口有列车自动监控（ATS）子系统与区域控制器、ATS与车载控制器、ATS与司机显示、ATS与数据通信系统（DCS）、区域控制器与车载控制器（本区域内的列车）、区域控制器与区域控制器、车载控制器与司机显示、车载控制器与车载控制器（同一列车）。

（1）车载控制器（VOBC）。车载控制器通过检测轨道上的应答器，从数据库中检索所收到的数据信息，以建立列车的绝对位置；车载控制器测量应答器之间的距离，并测量自探测到一个应答器后列车所行驶的距离。数据库包含了所有相关的轨道信息，包括道岔位置、线路坡度、限速、停站地点等。

车载控制器具备列车自动防护（ATP）子系统和列车自动运行（ATO）子系统的所有功能。车载控制器主动开始与区域控制器（ZC）的通信，这意味着当列车进入区域控制器的控制区域时，无论是刚刚进入系统，还是从一个区域控制器区域转移至另一个区域，列车会向区域控制器发送信息，表示列车已经进入该区域控制器的管辖区域。车载控制器通过数据通信系统与控制中心ATS直接通信。ATS周期性地接收到从各趟列车发来的列车所在位置和列车状态报告。

（2）区域控制器（ZC）。区域控制器接收其控制范围内列车发出的所有位置信息；根据控制中心列车自动监控子系统ATS的进路请求，控制道岔、信号机，完成联锁功能；并根据所管辖区域内轨道上障碍物位置，向所管辖区域的所有列车提供各自的移动授权；所谓障碍物包括列车、关闭区域、失去位置表示的道岔以及任何外部产生的因素，如紧急停车按钮、站台屏蔽门、防淹门和隔离保护门的动作等；区域控制器还负责对相邻ZC的移动授权请求做出响应，完成列车从一个区域到另一个区域的交接。

（3）列车自动监控（ATS）子系统。列车自动监控（ATS）子系统是一个非安全子系统，它为控制中心调度员提供人机界面。ATS的线路显示屏上显示线路状态、信号设备状态、各列车位置、列车工作状态，同时也提供调度员的各种调度命令，如临时限速、车站跳停、关闭区域等。

ATS还具有远程控制系统所具有的设备诊断功能，包括列车的车载ATC设备的状态检测。ATS发出排列列车进路指令，它向区域控制器发送对应于每趟列车的排列进路指令，排列进路的指令必须和列车所接收的进路相一致。如果排列的进路不正确（如列车A分配到列车B的进路），相应的车载控制器将会检测到道岔设置与本列车的运行进路不符，从而阻止列车通过该道岔。

中央ATS（CATS）设备位于控制中心。车站ATS（LATS）设备位于区域控制器所在的联锁集中站的信号设备室。

（4）数据库存储单元（DSU）。数据库存储单元是一个安全型设备，它包含了其他列车控制子系统使用的所有数据库和配置文件。区域控制器和车载控制器之间使用一个安全的通信协议，从数据库存储单元下载线路数据库。线路数据库都有一个版本号，在每个区域控制器和数据库存储单元之间，每隔一定时间就会对版本号进行交叉检测。当列车第一次进入系统时以及之后每隔一定时间，在车载控制器和区域控制器之间也会进行相同的检测。

（5）线路示意图的数据库表示。基于无线通信的 CBTC 系统中，轨旁定向天线与车载天线之间通过无线基站蜂窝网进行信息交换。无线基站蜂窝网采用重叠方式布置，保证信息的不间断交换。

轨旁区域控制器向列车发送的数据信息主要是至目标停车点的进路地图信息，即线路的拓扑结构。线路示意图由一系列的节点和边线来表示，包括轨道的分叉、运行方向的变更以及线路尽头等位置，这些都归纳为节点。不同节点的位置是数据库的主要内容。而连接两个节点的线路称为边线（Edge）。每个边线均有一个从起始节点到终止节点的默认运行方向，边线上的任何一点均由其与起始节点的距离来表示，这称为偏移（Offset）。所以线路上的位置均由边线、偏移矢量来定义，包括车站站台、道岔、应答器、速度区域边界、不同坡度的线路段等。

这些距离信息对于列车定位至关重要，因此这种方式的 CBTC 在轨旁还设有用于定位校正的信标。

（6）数据通信系统（DCS）。数据通信系统开放性的系统设计原则是对所有列车控制子系统提供 IEEE 802.3（以太网）接口；对列车控制子系统是透明的；符合实时和吞吐量要求。列车控制子系统之间发送和接收 IP 报文，其中大多数列车控制子系统是移动的。数据通信系统对于这些传输的信息是完全透明的。

数据通信系统传送的是安全控制信息，但它本身不是一个安全系统。IEEE 802.3 以太网标准用于整个局域网（LAN）；IEEE 802.11 跳频、扩频技术的无线标准用于网络内的所有无线移动通信。

与数据通信系统相连的任何两个节点之间可以相互通信。数据通信系统可以在下列设备之间传送信息，即区域控制器和相邻的区域控制器、区域控制器和车载控制器、ATS 和区域控制器、ATS 和车载控制器、ATS 和数据库存储单元、数据库存储单元和车载控制器、数据库存储单元和区域控制器。

1）数据通信系统（DCS）结构。数据通信系统对所有的列车子系统都是透明的，子系统之间的通信采用UDP/IP协议，数据通信系统完成报文通路，由于列车控制数据只占用不到10%的数据通信系统带宽，所以允许系统实现其他附加功能，如旅客广播系统（站台和车内）、旅客向导系统（站台和车内）、远程SCADA设备以及车载视频监视系统等。

数据通信系统结构如图2—21所示。

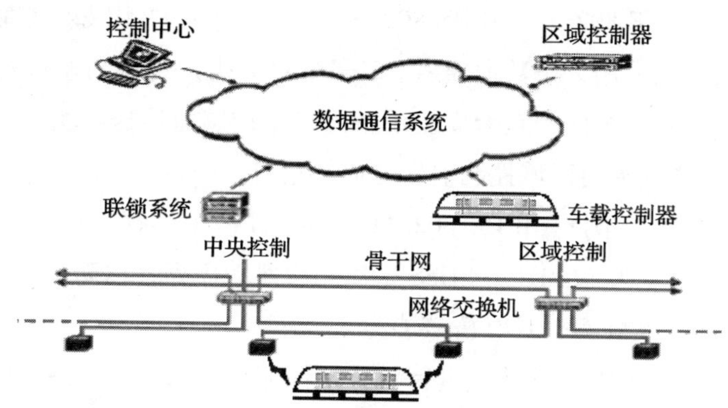

图2—21　无线CBTC数据通信系统结构框图

2）如何保证数据通信安全。采用无线通信使数据通信公开化，如何保证数据通信的安全是个难题，为此采用以下解决方案。

DCS安全系统使用标准的通信协议和动态的密钥管理，确保报文认证和编码的保密性，认证授权支持IKE协议，以使管理所有的密钥（证书）信息，也即所有对数据通信系统的接入，都要经过一个保安器件，所有收到的无效报文都由保安器件识别并抛弃，中央认证机构向保安器件发布认证授权证书，如图2—22所示。

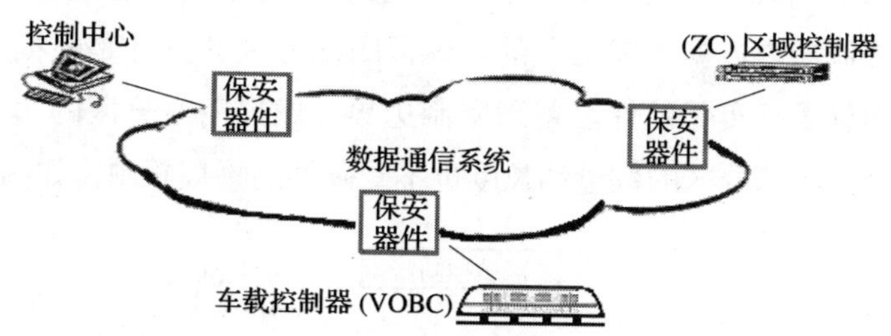

图2—22　无线CBTC数据通信系统安全结构示意图

通信协议由三个核心部分组成。真实性报头（AH）：证实一个信息包的发送身份，并证实该信息包的真实性；封装的保安有效报文（ESP）：在传输前，将一个包加密并证实；因特网密钥交换（IKE）：管理发送器和接收者保安密钥的传送（动态密钥，不断更新）。

所以，一个基于开放标准的数据通信系统提供了单一、无缝隙的 IP 网络，有良好的 IEEE 802.3 接口功能，一个符合 IEEE 802.11 接口标准的无线局域网，并向下兼容，有充裕的带宽，可用于先进的列车控制和辅助车载性能。

3）采用开放标准接口。作为列车控制子系统间的接口标准为 IEEE 802.3；作为无线通信接口标准为 IEEE 802.11。IEEE 802.3 和 IEEE 802.11 均支持互联网协议 IP。

4）列车与轨旁间采用 2 条数据通道。2 套车载无线设备均与车载控制器连接（冗余），所以区域控制器通过两个轨旁无线设备向车载控制器传送报文。车载控制器也分别通过两个车载无线设备向区域控制器发送应答信息。

5）无线通信技术（例）。IEEE 802.11 指定 FHSS（跳频、扩频）的运营频率为 2.4～2.485 GHz，带宽为 79 MHz。FHSS 采用正交跳频序列，以防干扰。支持分段序列传输。支持多个 WLAN 蜂窝，具有桥接能力。

轨旁无线蜂窝以 100% 的重叠率进行设计，保证在一个无线基站故障时，列车信号不丢失。至于车载无线设备与哪一个轨旁无线基站进行通信，取决于对信号强度的计算，如果本蜂窝区域的无线信号强度低于某一门限值，车载无线设备会自动转换到下一个达到可接收信号强度的轨旁无线电蜂窝。

3. 无线 CBTC 系统虚拟闭塞的主要功能

（1）虚拟闭塞概念。基于无线通信的 CBTC 系统的虚拟闭塞与上述基于感应环线通信的 CBTC 移动闭塞方式的主要区别在于通信方式的不同，后者两个列车的间隔虽然也是动态的，但这与感应环线的长度及交叉有关，在一定程度上受到硬件设备的物理限制。而无线 CBTC 系统可以理解为虚拟闭塞系统，它不是由物理上的闭塞分区定义的，而是由区域控制器内数据库来定义的。虚拟闭塞分区的设计是根据对行车间隔的需要而进行划分，而且没有实际硬件设备来限制边界，虚拟闭塞分区的边界很容易进行动态调整。当然其虚拟闭塞分区的数量和长度也不受硬件的物理限制，如图 2—23 所示。

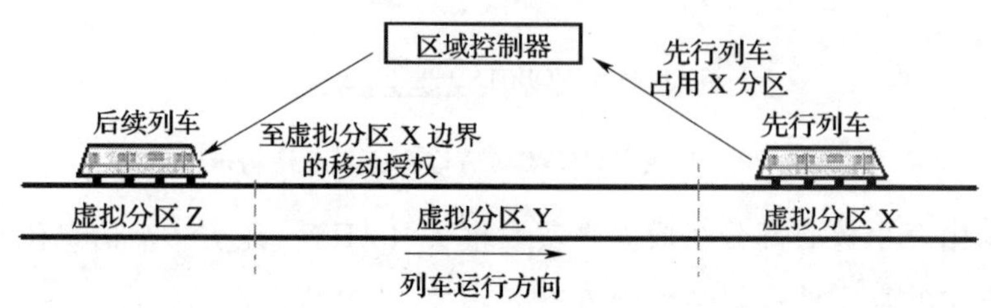

图 2—23　无线 CBTC 系统的虚拟闭塞示意图

区域控制器根据占用虚拟分区的前行列车位置，对后续列车发出移动授权，允许运行至虚拟闭塞分区的边界点，这一点便是后续列车运行的目标点。我们把这个目标点称为正常运行停车点。该目标点与前行列车尾部还留有安全距离（Safety Distance）。它包括最不利情况下，列车启动紧急制动所需的安全距离和附加的防护距离。防护距离是后续列车在最不利情况下的运行距离，在车上通过计算而得，其中还包括列车的不确定因素，如打滑、空转、轮径补偿等。因而这个防护距离既是固定的也是动态的。移动授权极限点由区域控制器传给车载控制器，当列车接近移动授权极限点时，降低速度，缩短安全距离。

（2）列车运行控制子系统的功能。如图 2—24 所示为 CBTC 列车运行控制系统的基本原理示意图，由图可以看出控制中心 ATS、区域控制器、数据库存储单元、车载控制器之间基本的信息流。下面我们先对列车自动控制系统三个子系统的功能进行分析，然后对 CBTC 物理分层的功能进行分析。

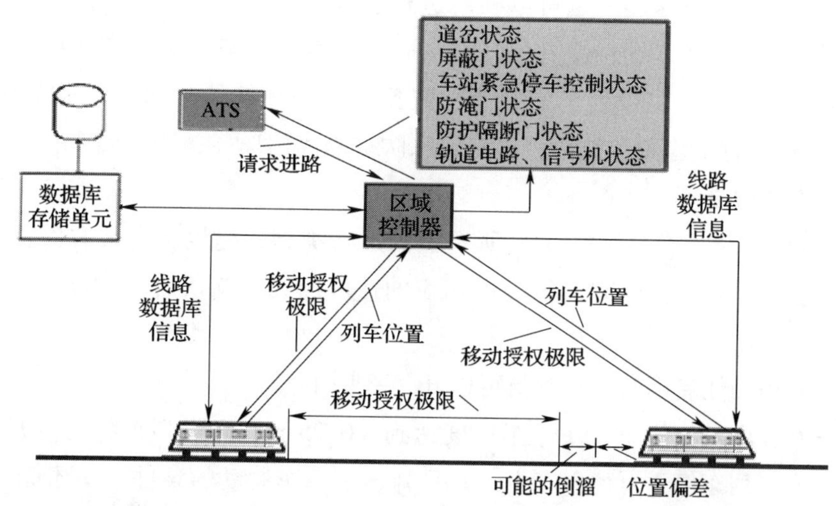

图 2—24　CBTC 列车运行控制系统的基本原理示意图

1）ATS 子系统功能。ATS 子系统为中心调度员提供用户操作界面，ATS 的功能主要包括显示全线线路及系统设备状态、列车运行轨迹、时刻表的生成和执行、列车进路的自动分配、调整列车间隔、时刻表调整、不同运行类型的速度曲线选择、交叉点优先权、站台或者线路区域封锁、为发车指示器设置停站时间、执行临时限速、设置乘客信息系统文本、事件记录以及报告生成、重放等。可以归纳如下。

①监视和显示功能。列车位置及功能的监视；列车控制子系统功能状况的监视；

道岔、站台、屏蔽门及侵入轨道障碍物的监视和显示。

②列车运行调整控制功能。基于运行线分配的列车进路排列；根据系统延迟或调度员要求，调整列车运行参数，按时刻表要求对列车运行进行调整，以保证运行间隔和运行图的实施。

③管理、维护。为管理报表、维护及运营分析收集数据，提供完善的人机界面。

④接口。提供站台乘客广播系统接口，提供站台旅客向导系统界面、SCADA 命令和状态显示，并与远程 SCADA 单元接口。

⑤车站程序停车。实现车站的程序对位停车，包括车门操作、站台屏蔽门控制命令、与轨旁通信，实现停站时分控制，车载广播的触发、报警监督，并向 ATS 报告等。

2）ATP 子系统功能。基于车—地间无线通信，连续地检测整个系统内的列车位置；根据必需的最小安全停车距离，控制列车间的安全间隔；在证实道岔位置正确并已锁闭的前提下，才允许列车进入该道岔区域；根据安全运行要求，按驾驶模式规定的速度，限制列车运行速度，也可以临时进行速度限制；对位停车点的核准和零速检测；实现制动和牵引的联锁；提供车门安全联锁；实现屏蔽门和列车门的联锁；监督所有列车的运行方向；监督列车的倒溜，监督车辆非预期的运动；列车完整性监督；轮径校准，空转/打滑检测和补偿；防淹门和防护隔离门监督；紧急停车按钮监督；关键报警和事件的记录。

3）ATO 子系统功能。根据 ATS 所提供的运行类型，提供符合乘客舒适度标准的列车运行速度；为列车在区间运行提供相应的速度曲线；确认启动坡度；实现车站跳停。

当车站扣车功能启用时，驾驶员可以开/关列车门。

实现车站程序对位停车，使停车精度达到 ±0.25 m；提供列车将会打开哪侧车门的信息；只有在列车停于对位停车点，并且施加了停车制动的条件下，才能打开车门；关列车门。

给司机显示单元（TOD）发送信息；并由报警信息的监控系统向 ATS 报告。

（3）CBTC 系统物理分层的功能分析。从物理位置而言，基于无线通信的 CBTC 系统包括三个功能层次，即中央、轨旁以及车载，如图 2—25 所示。

1）区域控制器的功能。区域控制器是故障导向安全的轨旁子系统。每个联锁区设置一个区域控制器，而且以三取二的冗余配置。由区域控制器实现与所控制区域内所有列车的安全信息通信，完成联锁功能，并向所管辖区域内每趟列车发送移动授权。区域控制器功能如图 2—26 所示。

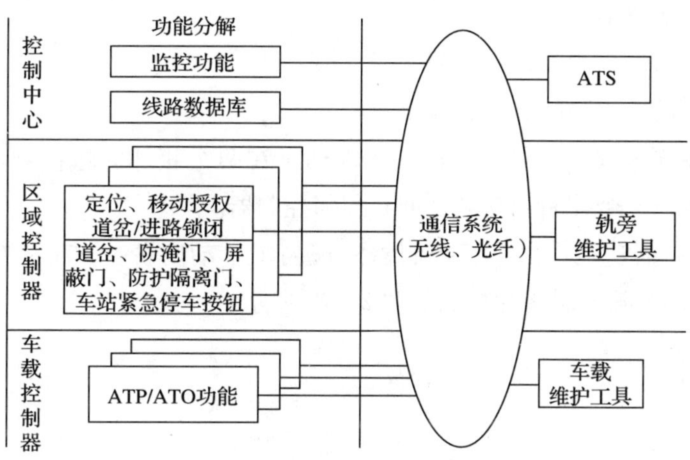

图 2—25　CBTC 系统功能结构示意图

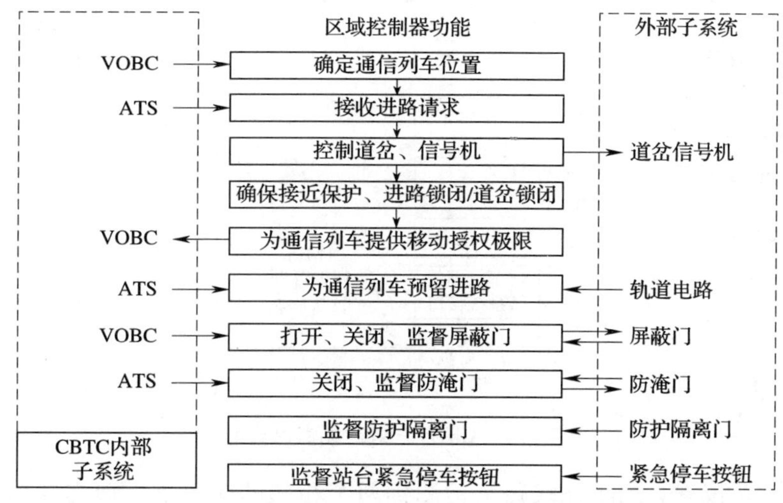

图 2—26　CBTC 区域控制器功能框图

①跟踪列车和发出移动授权。区域控制器基于来自列车的位置报告而跟踪列车，从而为所控制区域内的每趟列车确定移动授权。列车在 3 s 内接收不到移动授权信息，也即连续 6 次失去安全通信，则列车会紧急制动。

②排列进路。由 ATS 完成选路，区域控制器对道岔实施控制和状态监视，当列车通过和接近道岔时，防止道岔的转换，而且在确保道岔转到正确的位置、锁闭之后，才允许列车进入道岔区域。

③与 ATS 通信。处理来自 ATS 的列车进路命令，向 ATS 报告道岔状态和轨道占用

情况以及告警、出错信息。

④站台屏蔽门的控制和状态监视。

⑤侵入轨道的障碍物的监视和检出。

⑥实现与相邻区域控制器的通信，实现列车在两个相邻区域控制器间的交接，并将列车移动授权由一个控制管辖区延伸到相邻控制器。

2）车载控制器功能。由车载控制器实现列车自动防护（ATP）和列车自动运行（ATO）的功能。车载控制器的功能如图2—27所示。

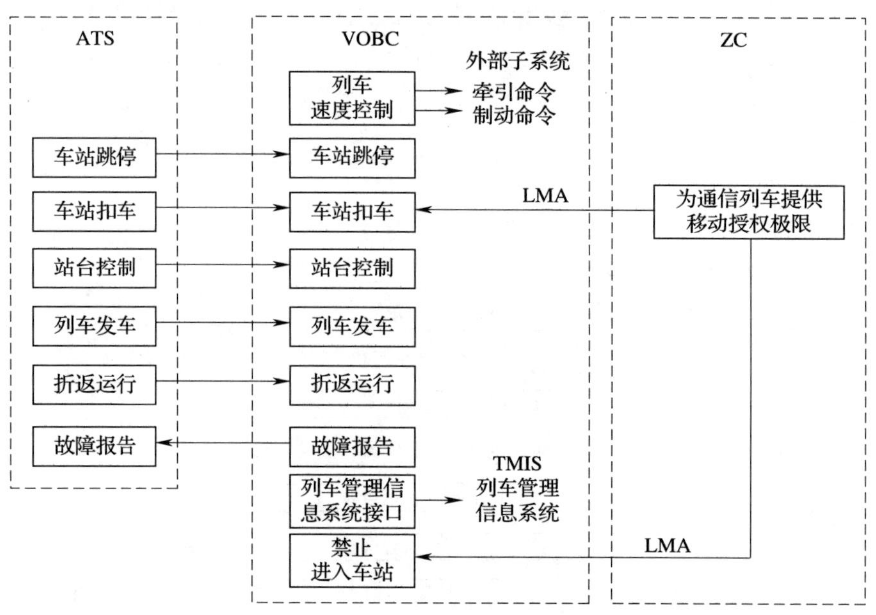

图2—27　CBTC车载控制器功能框图

①确定列车位置。列车在线路上检测到两个相邻的应答器，便实现列车位置定位的初始化。然后列车根据测速传感器和加速度计，对运行过程的距离进一步细化定位，由于线路数据库唯一地定义了线路上的所有位置，所以运行过程中检测到轨道应答器（信标）所提供的同步点信息，实现列车的定位校正。而列车实际定位位置应根据列车向区域控制器报告的列车车头和车尾位置，加上车头、车尾的不确定误差和在报告传输过程中的运行距离（估计），还应该考虑先行列车尾部潜在的倒溜距离，所以真正的列车定位原理示意图如图2—28所示。

②强制执行移动授权控制。根据区域控制器对列车的移动授权命令，由车载控制器执行移动授权控制，动态计算安全距离，以确定列车目标运行速度，监督由测速传

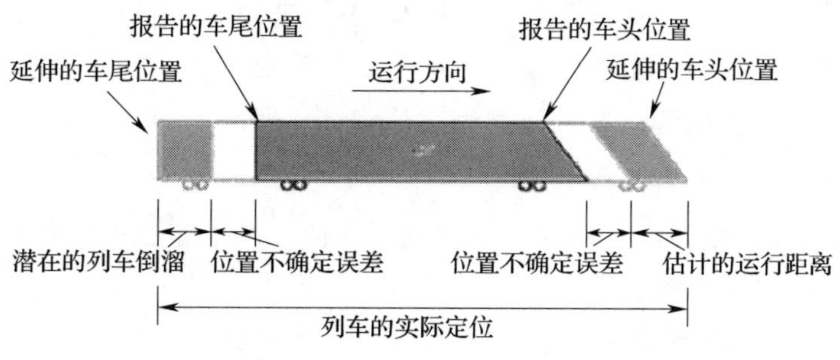

图 2—28　CBTC 列车定位原理示意图

感器测得的实际速度，不超过到达目标点的目标速度。并进行防倒溜监督和障碍移动监督（在自动模式下）。在安全运行速度限制范围，调整列车速度。

③车门控制和安全联锁。只有当列车到达对位停车点，才允许相应侧的车门开启。

④列车完整性的检测和根据乘客舒适标准控制列车移动。

2.4　日检测试及车载设备故障处置

知识要求

2.4.1　日检测试

日检测试是在车辆投入运营之前验证 ATC 系统的功能。日检测试是一个按规程作业的手动操作，包括以验证码率解码、超速检测、最小信号等级门限检测、TWC 发送和接收。

1．初始化测试设置

初始化发车测试用列车驾驶台和列车设备柜中的信号测试盘进行，过程如下。

（1）把主控制器放在全常用制动位置。

（2）把模式方向手柄放在手动向前位置。

（3）打开车辆电路断路器 ATP1 和 ATP2。

（4）把车辆钥匙转到 ON 位置。

（5）把测试面板上的 ATP 选择开关放在 ATP1 位置。如果 ATP 选择开关在并行位置，日检测试将被禁止。

（6）将设置测试面板上的码率选择器开关移到 10 km/h。

（7）把机架上的ATC1和ATC2电源开关SW1和SW2放在ON位置。在上电后系统大约需要10 s初始化系统。

（8）把测试面板上的测试钥匙放在测试位置。

（9）核实车门关闭且列车没有移动。

（10）一旦在测试模式，移动主控制器到制动位，但不要到全常用制动位置，这样在测试期间将允许声音告警。

2. 日检测试（步骤见表2—1）

表2—1　　日检测试步骤

步骤	程　　序
1	核实ADU上的Close－In指示器点亮，速度计指示20 km/h速限，速度计上的速度指示20 km/h
2	按下测试面板上的超速按钮
3	ADU上的Close－In指示器闪烁，超速告警响起，超速指示器点亮
4	释放OS按钮并把测试钥匙转到OFF位置1 min然后再转回ON位置
5	移动码率选择器开关移到10 km/h
6	速度计指示速限为10 km/h
7	按下测试面板上的信号电平按钮并保持。速度计上的ATP速限指示0
8	释放测试面板上的信号电平按钮。速度计上的ATP速限指示10 km/h
9	按下超速按钮，SBR将失磁，超速指示器点亮
10	释放超速按钮，SBR将励磁，除非超速条件持续超过3.4 s。如果这样，则需要降低模拟速度到0 km/h以便SBR吸起。一旦SBR吸起，继续测试。超速指示器将熄灭
11	设置测试面板上的选择器开关到20、30、45、55、65和80执行步骤5到步骤10。这将核实系统解码速度与选择器开关位置一致及每个码率的超速点和信号电平门限
12	把测试面板上的码率选择器开关移到80 km/h且主控制器移到惰行位置。速度计将指示77 km/h的速限。速度指示是77 km/h
13	按下超速按钮并保持4 s，超速告警响起，超速指示器点亮，SBR继电器失磁
14	把测试面板上的码率选择器开关移到0并按下信号电平按钮。告警将消失，超速指示器熄灭，SBR励磁
15	把测试面板上的码率选择器开关移到TWC。ADU上的数字显示将闪烁
16	把测试面板上的码率选择器开关移到0且把测试钥匙转到OFF位置。SBR继电器将励磁
17	把ATP选择器开关放在ATP2。重复步骤3到步骤17
18	一旦日检测试完成，把ATP选择器开关放在并行位置

2.4.2 车载设备故障处置

1. 停车场故障处置

(1) 故障现象：西门子A型电动列车无法注册。

故障处理步骤如下。

第1步：观察所选无线信道是否正确，列车正线运营是否在使用1信道，列车在停车场内是否在使用0信道。如果信道选择不正确，执行步骤2；如果信道选择无误，执行步骤3。

第2步：重新设置信道，并注册。

第3步：列车停站后，闭合司机座椅后方设备柜内列车无线电保险开关，重新启动无线系统电源，设置信道并注册。

恢复行车操作如下。

第1步：列车可以注册，按运行要求操作，继续运行。

第2步：列车无法注册，用上下行接车电话报修，继续运行。

(2) 故障现象：西门子A型电动列车无法呼叫值班员或行车调度员。

故障处理步骤如下。

第1步：观察无线信道使用是否正确及注册是否正常，如果信道选择正确并注册正常，执行步骤2；如果信道选用不正确或注册不正常，执行步骤3。

第2步：列车停站后，闭合司机座椅后方设备柜内列车无线电保险开关，重新启动无线系统电源，设置信道并注册。

第3步：重新设置信道，注册，并请求通话。

恢复行车操作如下。

第1步：列车可以通话，按运行要求操作，继续运行。

第2步：列车无法通话，用上下行接车电话报修，继续运行。

(3) 故障现象：西门子A型电动列车ADU及速度表无显示或闪烁。

故障处理：待列车处于停稳状态后，切换ATP选择开关，先切至ATP2，若不行，再切至ATP1。

恢复行车操作：若ADU及速度表显示恢复正常，恢复原驾驶模式运行。否则，按调度指令，人工驾驶。

2. 正线故障处置

(1) 故障现象：西门子A型电动列车停站后，允许开门灯不亮。

故障处理步骤如下。

第 1 步：确认列车是否停准（以停车牌对准司机室门中心线、前后误差为 25 cm 为准），若未停准，按下列车停站按钮，进行开关门操作。

第 2 步：若已停准，开门灯仍不亮，将 ATP 门控开关旁路后，再进行开关门操作，恢复 ATP 门控旁路开关。

恢复行车操作：恢复原驾驶模式运行。

（2）故障现象：西门子 A 型电动列车停站过程中，列车进站时，程序停车灯未点亮。

故障处理：列车到达进站站界标，如果程序停车灯未点亮时，立即按下 ATO 停车按钮，在列车停车后，以人工 ATP 模式驾驶列车对位停站。

恢复行车操作：恢复 ATO 模式驾驶。

（3）故障现象：西门子 A 型电动列车停站过程中，列车进站时，程序停车灯亮，但列车无明显执行制动、停站趋势。

故障处理：立即执行紧急制动；待停车后转换主控制器钥匙，使系统重启。以人工 ATP 模式驾驶列车对位停站。

恢复行车操作：恢复 ATO 模式驾驶。

（4）故障现象：西门子 A 型电动列车在正线运营过程中无限速码。

故障处理：与总调度员确认轨旁行车条件；如果行车条件许可，但仍无速度码，切换 ATP 选择开关，启动备用设备。

恢复行车操作：待速度码正常后，恢复原驾驶模式运行。

（5）故障现象：在列车正常行驶过程中，限速码接收正常情况下，西门子 A 型电动列车突然发生制动现象。

故障处理：待列车完全停下后，检查车门状态信息是否为全关闭；如果车门为全关闭状态，切换 ATP 选择开关，启动备用设备。

恢复行车操作：待速度码正常后，恢复原驾驶模式运行。

（6）故障现象：西门子 A 型电动列车发生制动不缓故障。

故障处理：待列车完全停下后，重新启动司机室背面的 ATP1 和 ATP2 的电源空气开关或开关主控制器钥匙。

恢复行车操作：待制动缓解后，恢复原驾驶模式运行。

（7）故障现象：西门子 A 型电动列车 ADU 的显示 ATP A 故障，列车自动停车。

故障处理：等待系统自动转换 ATP B 工作，即 ADU 上的 ATO 模式灯或人工 ATP 灯亮。

恢复行车操作：恢复原有驾驶模式行车。

技能要求

轨道交通列车对位停车及自动开门控制过程的程序分析

操作要点1　绘图分析轨道交通列车程序对位停车的轨旁设备

（1）列车程序对位停车轨旁设备示意图如图2—29所示。

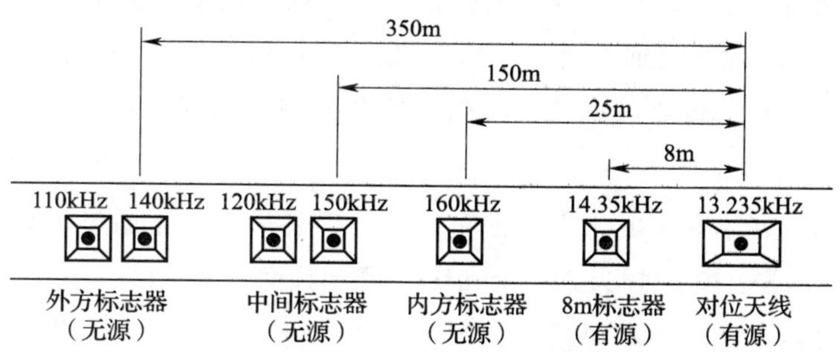

图2—29　列车程序对位停车轨旁设备示意图

（2）对位标志器分析。

1）区间惰行标志器。

2）350米标志器（2个），频率为110 kHz、140 kHz。

3）150米标志器（2个），频率为120 kHz、150 kHz。

4）25米标志器（1个），频率为160 kHz。

5）8米标志器（有源），频率为14. 35 kHz。

6）对位天线，频率为13. 235 kHz。

操作要点2　分析轨道交通列车车载对位停车控制过程

（1）在区间350 m标志器的外方，还设有惰行无源标志器对，它们的传输频率分别为100 kHz和130 kHz，以提示列车快要进站，列车控制系统停止牵引，进入惰行。

（2）离对位停车点350 m处（位于区间）设有两个外方标志器对，它们是无源标志器，其传输频率分别为110 kHz和140 kHz。

（3）离对位停车点150 m处（已位于站台区域）设有两个中间标志器对，也是无源标志器，它们分别传输120 kHz和150 kHz的频率。

（4）内方标志器设于离对位停车点25 m处，它也是无源标志器，其作用频率为160 kHz。

（5）离对位停车点 8 m 的标志器是有源标志器，它由对位模块供电，送出 14.35 kHz的频率。

（6）在对位停车点设于有源的对位线圈（实际上也是标志器），它由对位模块供电，送出 13.235 kHz 的频率，列车收到此信息，证实列车已经到达对位停车点。

操作要点 3　分析轨道交通列车与轨旁设备信息交换的程序

（1）列车收到 14.35 kHz 信息，进一步修正停车曲线。

（2）列车到达停车点，车上对位天线置于站台对位线圈上方时，车辆与地面的天线间感应耦合，这时列车收到地面发送的 13.235 kHz 对位振荡频率，证实列车已到达对位停车点，经列车 ATO 系统确认，向列车控制系统发出列车停站信号，保证列车的制动。

（3）当检测到列车的速度为零，证实列车已停稳后，列车通过车载对位天线向地面送出列车停站信号，其载频为 21.945 kHz，调制频率为 77 Hz。

（4）该信号被车站对位模块接收、解译，使站台对位继电器工作，证实列车已在对位停车点停稳。

（5）这时站台轨道电路区段的发送端发送打开左门（右门）的开门信号（4.5 Hz 或 5.54 Hz）。

（6）列车收到此信息，使相应的门控继电器动作，同时司机按下与门控继电器相对应的门控按钮后，才可打开站台侧的列车车门。

操作要点 4　分析轨道交通站台屏蔽门的开启程序

（1）在设有站台屏蔽门的情况下，列车收到打开车门信号后，通过车载对位天线送出打开屏蔽门信号，该信号的载频频率为 21.945 kHz，而调制频率取决于列车长度（编组），6 节编组的调制频率为 115 Hz，8 节编组的调制频率为 171 Hz。

（2）地面对位模块的译码器，译出相应信息，驱动屏蔽门控制单元（DCU），使与列车长度相对应的屏蔽门打开。

（3）当停站结束后，站台区段轨道电路停发开门信号，使车载门控继电器失磁，司机可关闭列车门。

（4）同时列车停发打开屏蔽门的信号，屏蔽门控制单元启动关闭屏蔽门。当列车收到速度命令信号以后，司机按下操纵台上的出发按钮，列车自动启动并加速。

思 考 题

1. 结合驾驶员工作经验，如何防止列车冒进信号、挤岔事故的发生？

2. 分析在人工闭塞、自动闭塞、移动闭塞时驾驶作业时的安全要点。

3. 目前，移动闭塞已成为全国轨道交通的大趋势、作业新技术，请分析移动闭塞对驾驶技术有哪些新的要求。

思考题

第3章 行车管理及应急处置

完成本章的学习后，您能够：

- ✔ 掌握全日行车计划、列车运行方案、车辆配备计划、列车运行图知识
- ✔ 能够分析列车运行图的要素、列车折返作业、列车运行技术参数
- ✔ 能够运用轨道交通运行图
- ✔ 掌握行车调度、车站行车组织、停车场行车组织，能够进行分析调车作业要求、手信号在行车工作中的运用、运行列车的控制、运行调整的原则和方法、列车行车的控制、调度命令和运行调整的关系
- ✔ 了解城市轨道交通的制式分类
- ✔ 了解国外轨道交通线网运营管理模式的总结分析
- ✔ 了解上海城市轨道交通网络化运营特征分析

3.1 列车运行计划

知识要求

3.1.1 全日行车计划

全日行车计划是营业时间内各小时开行的列车数计划，它是编制列车运行图和确定车辆运用的基础资料。

1. 编制要素

全日行车计划根据营业时间内分时最大断面客流量、列车定员人数、车辆满载率以及希望达到的服务水平进行编制。全日行车计划编制的基础是客流情况。

（1）营业时间。营业时间的安排主要考虑两个因素。一是考虑市民出行活动的特点，方便乘客；二是满足轨道交通各项设备检修施工的需要。世界上大多数城市的轨道交通营业时间为 18 ~20 h，个别城市是 24 h 运营，如美国的纽约和芝加哥。适当延长运营时间是轨道交通服务水平的体现。

（2）分时最大断面客流量。站间 OD 客流数据是计算最大断面客流量的原始资料。根据站间 OD 客流数据，首先计算出各站上下车人数，然后计算出断面客流量，最后得出最大断面客流量。

在新线投入运营时，站间 OD 客流数据来源于客流预测资料；在既有线运营时，站间 OD 客流数据来源于客流统计或客流调查资料。由于在客流预测资料中，通常只有高峰小时与全日站间 OD 客流预测数据，分时最大断面客流量的确定可采用下列两种方法。在已知高峰小时最大断面客流量的基础上，根据分时客流占高峰小时客流的比例进行确定；或者在已知全日最大断面客流量的基础上，根据分时客流占全日客流的比例进行确定。

（3）列车定员数。列车定员数是列车编组辆数和车辆定员数的乘积。列车编组辆数的确定以高峰小时最大断面客流量作为基本依据。在客流量与列车运能一定的情况下，列车编组辆数取决于列车间隔和车辆选型。但在列车密度已经较大时，为满足增长的客流需求，增加列车编组辆数往往成为选用措施。此时，轨道交通保有的运用车数是增加列车编组辆数的限制因素之一，其他限制因素包括站台长度等。

车辆定员数取决于车辆的尺寸、车厢内座位布置方式和车门设置数。一般而言，在车辆限界范围内，车辆长宽尺寸越大载客越多，车厢内座位纵向布置较横向布置载客要多。

（4）线路断面满载率。线路断面满载率即单位时间内、特定断面上的车辆载客能力利用率。在实际工作中，线路断面满载率通常是指早高峰小时、单向最大客流断面的车辆载客能力利用率，它与单向最大断面客流量、单位时间内开行的列车数、列车编组数及车辆定员数有关。

线路断面满载率既反映了列车在最大客流断面的满载程度，也反映了乘车的舒适程度。为提高车辆利用率、降低运输成本，在编制全日行车计划时，高峰小时可适当超载。

2．编制过程

根据分时最大断面客流量、列车定员数及线路满载率计算出营业时间内分时开行列车数和行车间隔时间后，还需考虑乘客便利性、服务质量等因素，检查是否存在某段时间内行车间隔时间过长的情况，调整开行间隔，最终确定全日行车计划。

行车间隔时间过长，会增加乘客的候车时间，降低乘客的出行速度，不利于吸引客流。为方便乘客、提高服务水平，轨道交通系统在非高峰运营时间内应视轨道交通线路沿线的客流状况合理确定行车间隔，最终确定的行车间隔时间不宜大于 10 min。另外，高峰小时的行车间隔的确定应检验与列车折返能力是否相适应。某条线路的全日行车计划见表 3—1。

表3—1　　全日行车计划

运营时间	开行列车数	行车间隔	运营时间	开行列车数	行车间隔
5：00～6：00	6	10 min	14：00～15：00	10	6 min
6：00～7：00	8	7 min 30 s	15：00～16：00	12	5 min
7：00～8：00	15	4 min	16：00～17：00	14	4 min 20 s
8：00～9：00	16	3 min 45 s	17：00～18：00	15	4 min
9：00～10：00	10	6 min	18：00～19：00	15	4 min
10：00～11：00	10	6 min	19：00～20：00	10	6 min
11：00～12：00	12	5 min	20：00～21：00	10	6 min
12：00～13：00	11	5 min 25 s	21：00～22：00	6	10 min
13：00～14：00	10	6 min	22：00～23：00	6	10 min

3.1.2　列车运行方案

列车运行方案包括列车交路方案、列车编组方案、列车停站方案三部分。在列车运行方案中，列车交路方案规定了列车的运行区间与折返车站；列车编组方案规定了列车是固定编组还是非固定编组，以及列车的编组辆数；列车停站方案规定了列车是站站停车还是非站站停车，以及非站站停车的方式。此外，列车运行方案还规定了按不同编组、交路和停站方案开行的列车数。

列车运行方案是日常运营组织的基础。列车运行方案的选择应遵循客流分布特征与运营经济合理兼顾的原则，以实现既能维持较高的乘客服务水平，又能提高车辆运用效率的目标。

1．列车交路方案

（1）列车交路方案。列车交路方案规定了列车运行区段、折返车站以及按不同交路运行的列车数量。

列车交路分为长交路、短交路和长短交路三种。

1）长交路。长交路是指列车在线路的两个终点站间运行，到达线路终点站后折返，如图3—1所示。

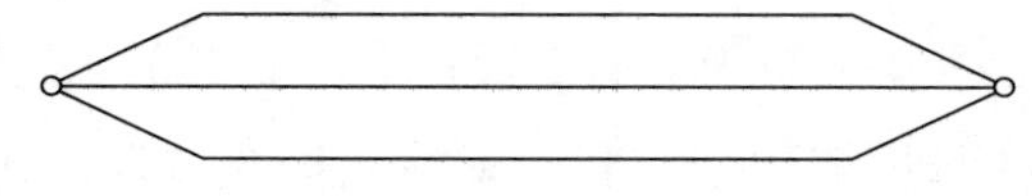

图3—1　长交路

长交路列车运行组织简单，对中间站折返设备要求不高，适合于全区段客流量比较均衡的线路，但在各区段客流量不均衡程度较大的情况下，会产生部分区段运能的浪费。

2）短交路。短交路是指列车在线路的某一区段内运行，在指定的中间站折返，如图 3—2 所示。短交路能提高断面客流较小区段的列车满载率，但需要设置中间折返站，并且该折返站为双向折返，增加了折返作业的复杂性，跨区段出行的乘客需要换乘，服务水平有所降低。

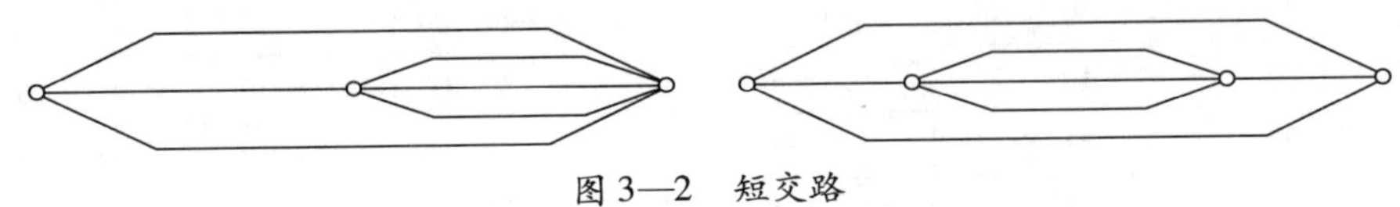

图 3—2　短交路

3）长短交路。长短交路是指列车在线路上运行，既能够在两个终点站间折返，也能够在某一中间站折返，如图 3—3 所示。长短交路方案可提高长交路列车满载率，加快短交路列车周转，但部分乘坐长交路列车的乘客候车时间增加，需要设置中间折返站。

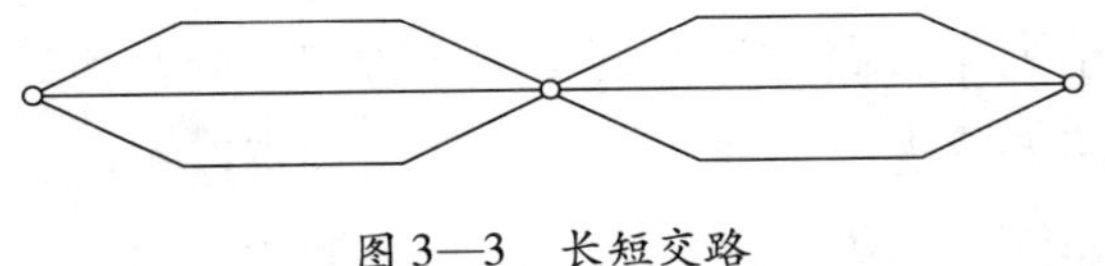

图 3—3　长短交路

（2）列车折返方式。列车折返是指列车通过进路改变、道岔转换，经过车站的调车进路由一条线路至另一线路运营的方式。具有列车折返条件的车站称为折返站。根据车站折返线的布置，列车折返主要有站前折返、站后折返和混合折返三种。

1）站前折返。列车在中间站或终点站利用站前渡线进行折返作业称为站前折返。站前布置的折返线如图 3—4 所示。其中，图 3—4a 是终点站站前交叉渡线折返，图 3—4b 是中间站站前单渡线折返。

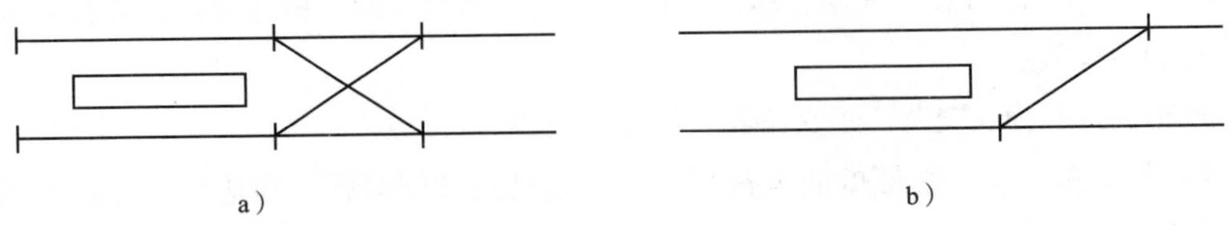

图 3—4　站前折返

采用站前折返方式，列车无空驶折返走行；乘客上下车一起进行能缩短停站时间；车站正线兼折返线、站线长度缩短，有利于车站造价的节省。站前折返方式的缺点是出发列车与到达列车存在敌对进路；因列车进站或出站侧向通过道岔，列车速度受到限制，乘坐的舒适感受到影响；在大客流量的情况下，站台秩序会受到影响。

2）站后折返。列车在中间站、终点站利用站后渡线进行折返作业称为站后折返。站后布置的折返线如图3—5所示。其中，图3—5a是终点站站后尽端线折返，图3—5b是中间站站后单渡线折返，图3—5c是终点站站后环形线折返。

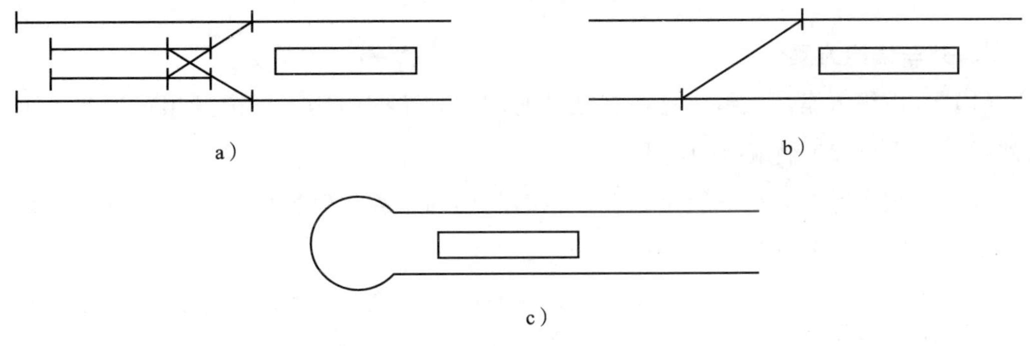

图3—5　站后折返

采用站后折返方式，出发列车与到达列车不存在敌对进路；列车进出站速度较高，有利于提高旅行速度；列车进出站不经过道岔区段、乘客无不舒适感。此外，采用尽端线折返设备，折返线既可供列车折返，也可供列车临时停留检修。因此，站后折返方式被广泛采用。站后折返方式的缺点是列车的折返走行距离较长。

环形线折返设备能保证最大的通过能力，节约设备费用与运营成本。但它也存在一些缺点，如列车在小半径曲线上运行造成单侧钢轨磨耗，折返线不能停放检修列车，以及若用明挖法施工修建增大了开挖范围等。图3—6是某终点站站后环形折返线，该站修建了车站配线，解决了环形折返线不能停放列车的问题，提高了列车折返作业组织的机动性。

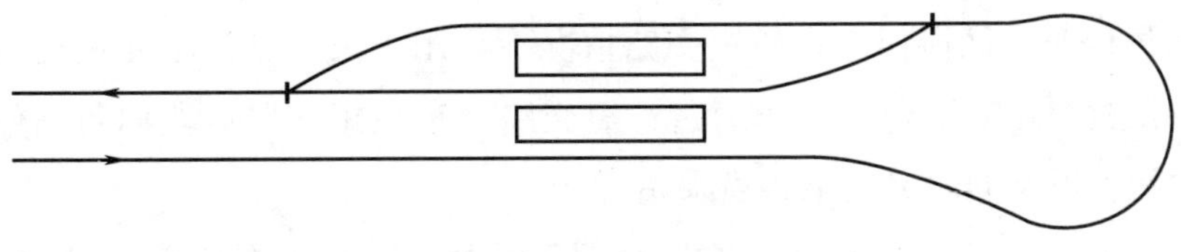

图3—6　终点站环形折返

3）混合折返。站后、站前混合布置的折返线如图3—7所示。采用混合折返方式的目的是提高列车折返能力与线路通过能力。混合折返兼有站后折返与站前折返的特点。

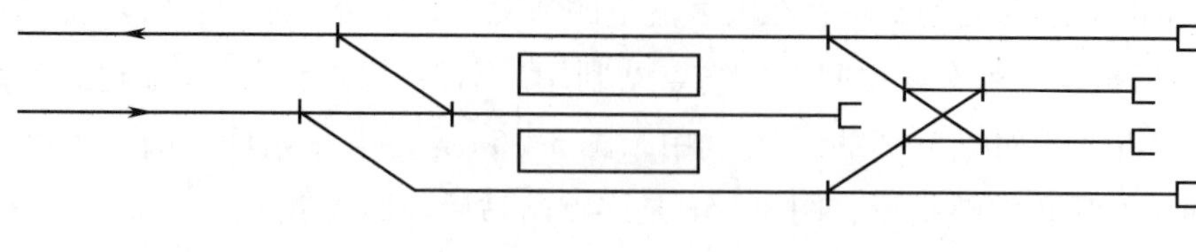

图 3—7　混合折返

2. 列车编组方案

（1）大编组方案。大编组是指在运营时间内列车编组辆数固定且相对较多，如地铁列车采用 6 辆或 8 辆编组的情形。

（2）小编组方案。小编组是指在运营时间内列车编组辆数固定且相对较少，如地铁列车采用 3 辆或 4 辆编组的情形。

（3）大小编组方案。大小编组是指在运营时间内列车编组辆数不固定。大小编组有两种情形，一种是在客流非高峰时段编组辆数相对较少，在客流高峰时段编组辆数相对较多，如在客流非高峰和高峰时段，地铁列车分别采用 3/6 辆编组、4/6 辆编组或 4/8 辆编组的情形；另一种是在全日运营时间内采用大小编组，如地铁列车采用 3/6 辆或 4/6 辆编组的情形。

决定列车编组方案的因素主要是高峰小时最大断面客流与分时客流不均衡程度。另外列车编组方案与车辆的选型（采用 A 型车还是采用 B 型车）、列车的间隔、乘客的服务水平、车辆运用的经济性和运营组织复杂性等也有关。

3. 列车停站方案

（1）站站停车。列车在全线所有车站均停车。与其他非站站停车相比，线路上开行列车种类简单、不存在列车越行、乘客无须换乘也无须关注站台上的列车信息显示。目前，城市轨道交通大多数都采用这种方式。

（2）区段停车。区段停车在长短交路情况下采用，长交路列车在短交路区段外每站停车，但在短交路区段内不停车通过；短交路列车在短交路区段内每站停车，短交路列车的中间折返站同时又是乘客换乘站。

（3）跨站停车。跨站停车在长交路情况下采用，将全线的车站分为 A、B、C 三类，其中 C 类车站每列车都停车，A、B 两类车站分别停车。

采用非站站停车方案通常有利于减少车辆运用与减低运营成本，但采用非站站停车方案也会出现一部分乘客节约了乘车时间，另一部分乘客又增加了候车时间或者换乘时间的情形，是否采用这种停站方式主要取决于站间 OD 客流的空间分布。

3.1.3 车辆配备计划

车辆配备计划是指在一定类型设备和行车组织方法条件下，为完成一定的运输任务而必须保有的车辆。车辆按运用上的不同，分为运用车、检修车和备用车三类。

1．运用车

运用车是指为了完成日常客运任务而配备的技术状态良好的车辆。运用车数与高峰小时开行列车数、列车周转时间、列车编组辆数有关。列车周转时间是指列车在线路上往返一次所消耗的全部时间。它包括了列车在区间的运行时间、在各中间站的停车时间以及在两端折返站的折返停留时间。

2．检修车

检修车是指处于定期检修状态的车辆。车辆经过一段时间的运用后，各部件会产生磨耗变形或损坏，为保证车辆技术状态良好、确保列车运行安全和延长车辆使用寿命，需要定期对车辆进行各种修程的检修。

车辆的定期检修分成月检、定修、架修和大修（又称为厂修），也有安排双周检与双月检等。车辆检修修程和检修周期是根据车辆各部件使用寿命以及车辆运用环境等因素综合考虑确定的。在实行预防性计划检修制度时，车辆定期检修通常是按车辆运用时间和走行里程两者之中的先达到者执行。不同的检修修程有不同的检修周期表。表3—2为某城市轨道交通线路的车辆检修修程、周期及停时。

表3—2 车辆检修修程、周期及停时

检修修程	检修周期		检修停时（日）
	运用时间	走行里程（万公里）	
双周检	2周	0.5	0.5
双月检	2月	2	2
定修	1年	10	10
架修	5年	50	25
大修	10年	100	40

车辆检修除定期检修外，还有日常检修，包括列检和临修。

另外，也有根据部件的使用情况进行均衡检修的车辆检修修程。

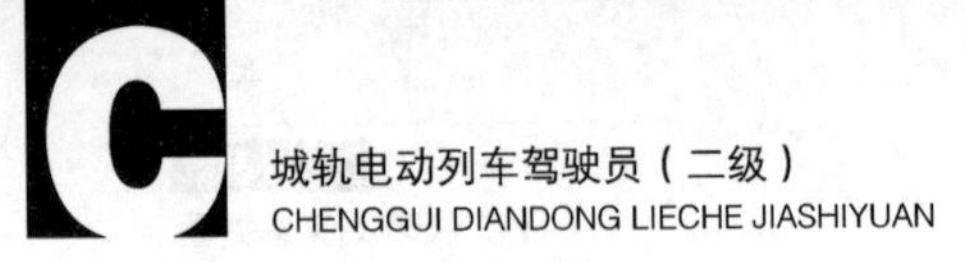

3. 备用车

为了适应客流变化、确保完成临时紧急的运输任务以及预防运用车发生故障，必须保有若干技术状态良好的备用车辆。备用车的数量一般控制在运用车数的10%左右。备用车原则上停放在停车场内或线路两端终点站。

3.1.4 列车运行图

1. 列车运行图的作用

列车运行图是用坐标原理方法，表示列车运行状况的一种图解形式，即列车在各区间运行和在各车站到达、出发（或通过）时刻的图解形式，如图3—8所示。

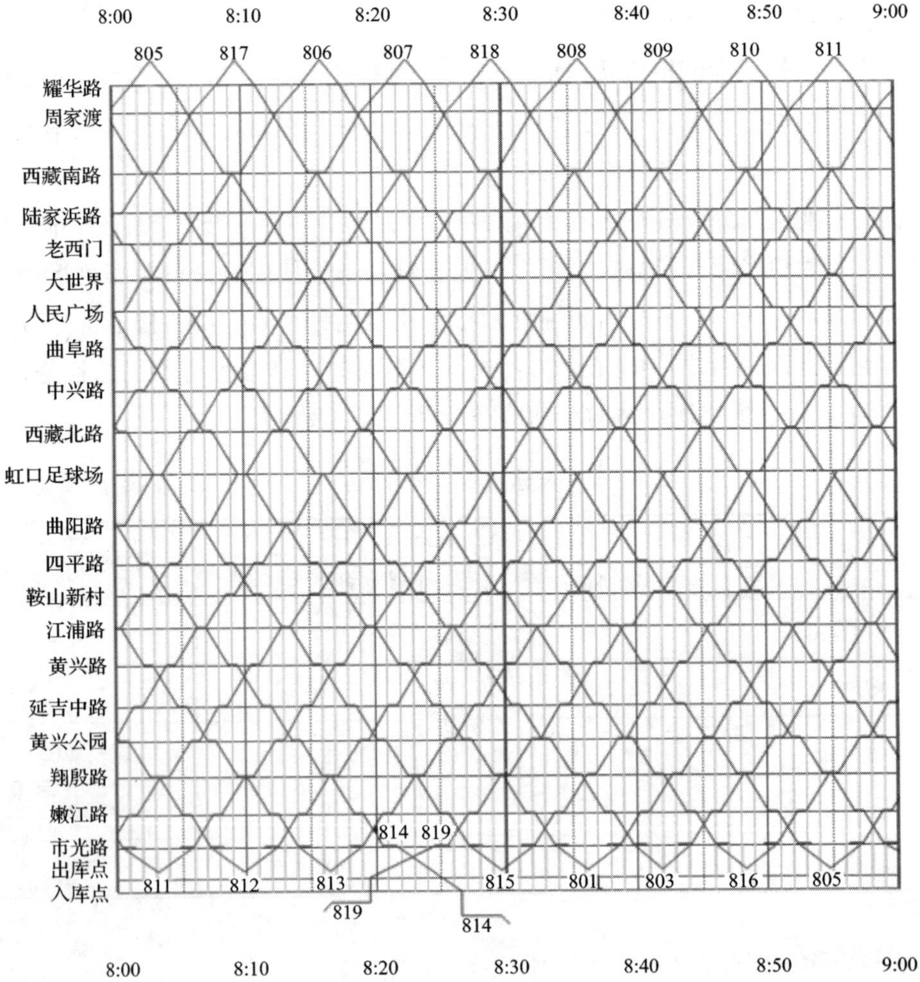

图3—8 列车运行图

（1）组织列车运行的基础。列车运行图规定了各次列车占用区间的顺序、列车在区间的运行时分、列车在车站到达和出发（或通过）的时刻、列车在车站的停站时间和折返站的折返作业时间以及列车交路和出入停车场时刻等。它能直观地显示出各次列车在时间上和空间上的相互位置和对应关系，还能直观地显示出列车在各区间运行及在各车站停车或通过的状态。

（2）运行组织的一个综合性计划。城市轨道交通运营生产是一个统一的整体，涉及运营的各业务部门都需要根据列车运行图所规定的要求来安排工作。如控制中心根据列车运行图指挥列车运行；车站根据列车运行图安排行车组织和客运组织工作；车辆维修部门每天运营前要根据列车运行图整备好运营需求的列车；车辆运转部门要根据列车运行图的要求确定列车的派出时刻和乘务员的作息计划；工务、通信、信号、供电、机电等部门也要根据列车运行图的规定来安排施工计划和维修计划。

2．列车运行图的图解原理

在列车运行图上，对列车运行时空关系的图解可以有两种方式。一种是以横坐标表示时间，纵坐标表示距离，此时，列车运行图上的水平线表示车站的中心线，垂直线表示时间；另一种是以横坐标表示距离，纵坐标表示时间，此时，列车运行图上的水平线表示时间，垂直线表示车站的中心线。

在我国，列车运行的图解方式采用第一种方式。

（1）横坐标。表示时间变量，按要求用一定的比例进行时间划分，一般城市轨道交通列车运行图采用1分格或2分格，即每一等分表示1 min或2 min时间。

（2）纵坐标。表示距离分割，根据区间实际里程，采用规定的比例，以车站中心线所在位置进行距离定点。

（3）垂直线。是一簇平行的等分线，表示时间等分段。

（4）水平线。是一簇平行的不等分线，表示各个车站中心线所在的位置。

（5）斜线。列车运行轨迹（径路）线，一般以上斜线表示上行列车，下斜线表示下行列车。

（6）交点。斜线（列车运行轨迹线）与水平线（车站中心线）的交点表示该列车到达、出发（或通过）的时刻。由于城市轨道交通列车停站时间较短，一般不标明到、发不同时间。

在列车运行图上，各次运行列车均有不同的车号与车次。一般按不同的列车类别规定代号与列车号，如专运列车、图定列车、加开列车、调试列车、空驶列车、救援列车、施工列车等；按发车顺序编制列车车次。但每个城市每条线路也有所不同，如上海轨道交通 1 号线目前使用的车次号由 5 位数组成，前 3 位为列车识别符，后 2 位为目的地号，目的地号代表列车的运行终点站，如 11 296 次表示 1 号线开往莘庄站的 112 次列车。而北京轨道交通则由 4 位数组成，第 1 位为上下行方向，第 2 位为列车种类，后两位为列车运行次序。

3．列车运行图的分类

根据区间正线数目、列车运行速度、上下行方向列车数和同方向列车运行方式等条件，列车运行图的分类如下：

（1）按区间正线数目的不同分类

1）单线运行图：列车运行图上，上下行列车都在同一正线上运行。

2）双线运行图：列车运行图上，上下行列车在各自的正线上运行。

（2）按列车运行速度的不同分类

1）平行运行图：列车运行图上，同方向列车的运行速度相同。

2）非平行运行图：列车运行图上，同方向列车的运行速度不相同。

（3）按上下行方向列车数目的不同分类

1）成对运行图：列车运行图上，上下行方向的列车数目相等。

2）不成对运行图：列车运行图上，上下行方向的列车数目不相等。

（4）按同方向列车运行方式的不同分类

1）连发运行图：列车运行图上，同方向列车的运行以站间区间为间隔，采用连发运行图时，在连发的一组列车之间不铺画对向列车。

2）追踪运行图：列车运行图上，同方向列车的运行以闭塞分区或制动距离加上安全防护距离为间隔，即在一个区间内允许有一列以上同方向列车运行。

（5）按使用范围不同分类。列车运行图按使用范围不同分类，可以分为日常运行图、节假日运行图、其他特殊运行图。

城市轨道交通系统的列车运行图一般均为双线成对追踪平行运行图。

4．列车运行图的要素及应用

列车运行图的要素分为时间要素、数量要素及相关要素，主要有：列车区间运行时间，列车停站时间，列车在折返站停留时间，列车折返出发间隔时间，列车出入车辆段作业时间，追踪列车间隔时间和连发间隔时间。

列车运行图由运营管理专业部门负责编制，其他部门根据各自作业特殊性要求，在专业部门编制的列车运行图基础上，改编成适用于本专业的形式。如客运部门编制相应的列车运行时刻表、运转部门编制列车驾驶员专用的运行图等。图 3—9 所示为供列车驾驶员使用的列车周转图。

（1）列车运行图的时间要素

1）区间运行时间。区间运行时间指相邻车站之间的运行时间，需经列车牵引计算和实际查标后确定。

2）停站时间。停站时间指列车停站作业（包括减速、加速、开车门、关车门等），乘客上、下车所需时间总和。

3）折返作业时间。折返作业时间指列车到达终点站或在区间站进行折返作业的时间总和。折返作业时间包括确认信号时间、出入折返线时间、司机换岗时间等。折返作业时间受折返线折返方式、列车长度、列车制动能力、信号设备水平、司机操作水平等多因素的影响。

4）出入车辆停车场作业时间。出入车辆停车场作业时间指列车从车辆停车场到达与其相接的正线车站或返回的作业时间，也需通过查标确定。

5）营运时间。营运时间指城市轨道交通运营线路运送乘客的时间。一般说来，各国城市轨道交通系统均有一定的夜间时间（2～6 h 不等）用作设备、设施的维修和保养。

6）停送电时间。停送电时间指每天营运开始前送电和运营结束后停电所需的操作和确认时间。

（2）列车运行图的数量要素

1）全日分时段客流分布。按客流的时间分布进行预测、调查分析、确定高峰和低谷时段客流量，从而对列车编组数或列车运行列数等相关因素进行合理安排，并作为开行不同形式列车的主要依据，如区间列车、连发列车等。

2）列车满载率。列车满载率指列车实际载客量与列车定员数之比。编制列车运行图时，既要保证一定的列车满载率，又要留有一定余地，以应付某些不可测因素带来的客流量波动，同时也要考虑乘客的舒适水平。

3）出入库能力。由于车辆基地与线路车站之间的出入库线有限，加之出入库列车插入正线受正线通过能力的影响，故每单位时段通过出入库进入运营线的最大列车数，即出入库能力，是编制列车运行图的一个重要因素。

4）列车最大载客量。列车最大载客量即一个编制列车按车厢定员计算允许装载的最大乘客数，分为定员载客量和超载客量。

（3）列车运行图的相关要素

1）与其他交通方式的衔接。其他交通方式包括大交通系统如铁路、港口、机场、公路交通枢纽等；城市交通方式如公交线路、车站布置、自行车停放、其他车辆停放等。

2）与大型体育场所、娱乐中心、商业中心的衔接。这些场所会有突发性的客流冲击城市轨道交通，造成车站一时运力和人力安排的困难。

3）列车检修作业。为保证列车状态完好，需均衡安排列车运行与检修时间，既使每个列车均有日常维护保养时间，又使各列车日走行公里数较为接近。

4）列车试车作业。检修完的列车除了在车辆基地试验线试车外，某些项目有可能在正线上试车，此时需在运行图编制时考虑周全。

5）驾驶员作息时间。根据驾驶员作息制度、交接班地点与方式、途中用餐等因素，均衡安排各个列车的运行线。

6）车站的存车能力。线路上的车站大多数无存车线，在终点站、区间个别车站设置停车线，可存放一定数量列车，在日常运行时可作为停车维护用，在夜间可存放列车减少空驶里程，均衡早上运营发车秩序。

7）电动列车的能耗。在计算、查定电动列车的各区间运行时间时，要协调区间的运行等级、限速与给电时间的关系，尽可能使之达到最佳。同时也要使同一区段同时启动的列车最少。

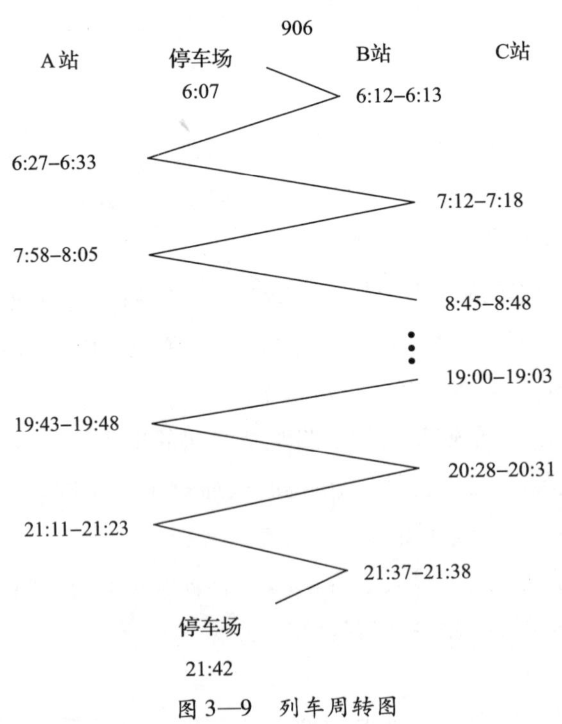

图 3—9　列车周转图

技能要求

分析列车运行技术参数的运用

操作要点1　分析限速和运缓

限速是指在区间慢行地段、长大下坡道和道岔区段，为保证行车安全，列车运行不得超过限定速度的运行方式。

运缓是指列车在正线区间内运行，因通过困难或者其他原因，列车不能达到规定的行车速度，造成与图定列车时间的差异。

操作要点2　分析如何调整运行

列车在运行过程中由于运缓、作业延误以及其他情况的产生，不能确保列车按运行计划正点始发和正点到达，不能保证列车区间内运行的技术速度。

为了尽量使列车恢复和接近运行图规定的要求，改善整体运行状态而采取的调整措施一般有加速运行、压缩停站时间、加快列车折返速度、越站运行、组织反方向运行等。

操作要点3　利用所给的运行参数计算需投入的列车数量（线路长度：35 km；运行速度：33 km/h；行车密度：5 min；折返时间：5 min）

线路长度 ÷ 运行速度 = 单程运行时间：35 ÷ 33 = 1.06 小时 = 64 min

单程运行时间 × 2 + 折返时间 × 2 = 列车运行周期：64 × 2 + 5 × 2 = 138 min

列车运行周期 ÷ 行车密度 = 所需列车数：138 ÷ 5 = 27 列或 28 列

分析轨道交通运行图

操作要点1　分析运行图的定义

所谓列车运行图是用坐标原理表示列车运行状态的图解形式，它规定和包括了运用列车占用区间的时间、车站到发时间、终点站折返时间以及其他列车运用的相关内容。列车运行图是一个综合性的运行计划和运营工作的操作工具，它比较完整地规定了运营中列车进行的时间要素、数量要素、相关要素相互协作、统一的状态。

操作要点 2　分析构成运行图的要素

列车进行技术作业时间标准、列车在车站的停站时间、追踪列车间隔时间、列车在区间的运转时间。

操作要点 3　分析列车运行图实施的意义

（1）列车运行图规定了全部运行列车在各个车站、区间的运行时间和停站、折返时间。

（2）列车运行图规定了列车在正线运行的行车间隔、周转间隔、技术速度、旅行速度以及开行列车数等内容。

（3）列车运行图规定了列车在正线的运行方式和其他相关作业的要求。

（4）列车运行图是维持运行秩序，保证行车安全，协调个部门运行工作的综合计划和基本依据。

（5）列车运行图的实施为提高运输效率和运输能力，确保完成客运任务起着保障作用。

操作要点 4　分析运行图的分类

（1）按区间正线数分：单线运行图和双线运行图。

（2）按列车之间运行速度差异分：平行运行图和非平行运行图。

（3）按上下行方向的列车数分：成对运行图和不成对运行图。

（4）按同方向列车运行方式分：连发运行图和追踪运行图。

（5）按使用范围分：日常运行图、节假日运行图、其他特殊运行图。

（6）城市轨道交通系统的列车运行图因其系统特征所致，一般均为双线成对追踪平行运行图。

3.2　行车组织

知识要求

3.2.1　行车调度

城市轨道交通系统是一个复杂的、技术密集型的城市公共交通系统，它具有各项作业环节紧密联系和各部门、各工种协同工作的特点。为对运输生产活动进行集中领导、统一指挥和有效监控，城市轨道交通系统必须设立行车组织的指挥中心。行车指挥中心分两个层次：运营网络指挥中心（COCC）和线路控制中心（OCC）。

1. 运营网络指挥中心

COCC作为中央运营协调与应急指挥中心，负责协调各线路控制中心及各相关单位，特别在发生影响两条及以上线路的紧急情况时，实现运营资源的统筹、协调和联动，提升应急突发事件的处置能力。

COCC实时监督轨道交通网络客流变化、列车运行和设施设备运行状态；在发生紧急情况时，迅速作出反应，指挥和协调各单位进行应急处置；承担运营生产信息采集、核实、报告、发布的任务。

COCC的设备主要包括综合显示屏、调度工作站、监控工作站、调度电话、无线列调、调度专用对讲机和广播装置等。综合显示屏集中显示多条轨道交通运营线路的CCTV、ATS、SCADA和AFC等信息。另外COCC可以根据各城市的情况配备一些应急处置的辅助系统，如预案管理系统、应急信息发布系统、GIS/GPS系统等，以提高应急处置能力。

COCC可以独立设置，也可以与线路控制中心设置在一个大厅。

2. 线路控制中心

线路控制中心（简称控制中心）是城市轨道交通日常运输工作的指挥中枢，基本任务是组织指挥线路与列车运行有关的各部门、各工种协同作业，确保列车运行图实现，组织完成客运生产任务，保证行车和乘客安全，努力提高运输效率和发挥经济效益。

（1）控制中心机构组成。控制中心负责所辖轨道交通线路行车、电力、环控及客运等相关系统的运行调度和突发事件处理。

调度机构通常设置行车调度、电力调度、环控调度和客运调度等调度工种，调度生产组织机构如图3—10所示。各个城市轨道交通调度生产组织机构不尽相同，有些城市将行车调度和客运调度并岗称为运营调度，电力调度和环控调度并岗称为设备调度。

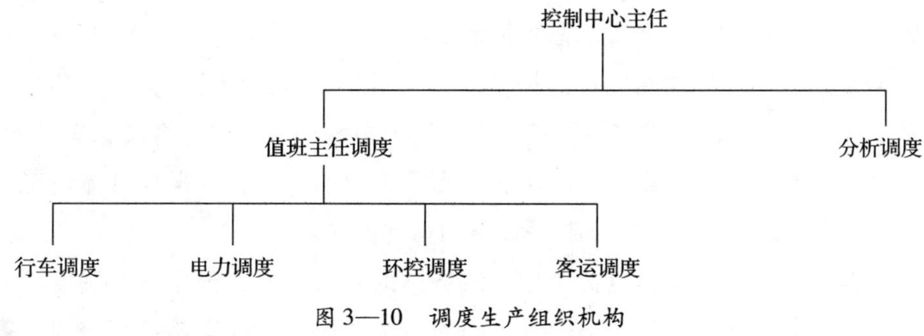

图3—10 调度生产组织机构

（2）行车调度。行车调度是列车运行的组织、领导和指挥者，负责组织指挥各部门、各工种严格按照列车运行图工作；检查监督各行车部门执行运行图情况，发布调度命令；监控列车到达、出发及途中运行情况，确保列车运行正常秩序；随时掌握客流情况，及时调整列车运行方案；当列车运行秩序不正常时，及时采取措施，尽快恢复正常运行秩序；当发生行车异常情况时，及时、准确地处理，防止行车事故的发生；当发生行车事故时，按规定程序及时向上级主管部门汇报，并采取措施防止事故扩大，积极参与组织救援工作；安排各类检修施工作业，组织施工列车开行。

所有与列车运行有关的作业人员，如车站值班员、停车场运转值班员、列车司机都必须服从行车调度指挥，执行行车调度员命令。如果行车设备在运营时间内发生故障，由行车调度员指挥电力、环控调度配合行车调整及处置。行车组织指挥层次如图3—11所示。

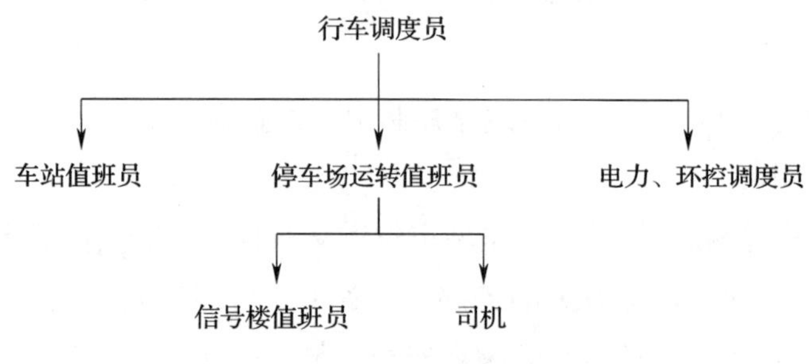

图3—11　行车组织指挥层次

城市轨道交通行车调度设备主要包括显示屏、行车调度工作站、监控工作站、调度电话和广播装置等。

（3）电力调度。电力调度负责对变电所、接触网设备的运行状态进行实时监控和数据采集，如完成监控范围内的断路器、电动隔离开关的控制操作和完成对有关信息的采集、处理、记录及报表统计等。电力调度通过实时监控供电设备的运行，掌握和处理供电设备的各种故障，确保实现对系统安全、可靠地供电。

（4）环控调度。环控调度负责监控全线各站典型区域的温度、湿度、CO_2浓度等环境参数，并对各区间的危险水位监控，及时发出报警信号；监控全线各车站的通风、空调和给排水设备，以及屏蔽门、自动扶梯和防淹门的运行，并根据具体情况下制定的环控要求，向车站下达区间隧道通风设备的运行模式。

（5）客运调度。客运调度负责监控全线各站的客流状况，根据行车调度的列车调整指令，向有关车站下达客流组织指令。如当行车调度下达列车越站指令时，客运调度就要通知相关车站进行车站广播，以免乘客误乘。尤其在发生非正常运营状况时，客运调度必须配合行车调度的调整计划，拟订相关的信息告知用语，通知相关车站，通过车站广播、车站乘客信息屏的发布、临时公告等方式告知乘客，以实现对车站客流的有序组织，保证对行车命令中需要乘客配合的部分能有效执行。

3. 正常情况下的行车调度指挥

随着科学技术的发展，城市轨道交通运行控制设备正逐步向自动化、远程化的方向发展，行车调度工作，也已从人工电话调度指挥方式，向计算机调度集中控制（ATC 系统控制）的方式发展。ATC 系统已被越来越多的城市轨道交通系统采用。正常情况下，列车运行控制由 ATC 系统自动完成。列车按 ATS 系统的指令，在 ATP 系统的防护下，由 ATO 系统实现自动驾驶，列车进路按 ATS 系统的指令，由车站联锁设备自动排列，行车调度主要监视列车的运行。

（1）行车调度指挥模式。行车调度指挥分为集中控制模式和站控模式。

1）集中控制模式。

①全自动模式。ATC 系统根据列车运行时刻表，由系统自动办理进路，调度全线列车的运行。

②自动调度模式。根据运行时刻表自动办理列车进路，但列车在车站的停站时间、运行等级等，由调度员进行调整。

③集中人工模式。列车的始发进路和运行目的地由调度员人工办理和设定。一般车站都设为自动或连续通过进路，列车运行进路由列车的目的地号“自动触发”，所以列车运行进路可处于“自动”状态，但是列车在各站的停站时间、出发时间、运行等级等都由调度员设定。

2）站控模式。在调度员的授权下，可将控制权下放给联锁集中站，由联锁集中站的车站值班员对所管辖区段的列车运行进路进行控制，也可以设置“连续通过信号”和“自动信号”，自动触发列车运行进路。

（2）列车运行调整。由于设备故障、途中运缓或作业延误等原因，造成列车运行晚点。此时行车调度应根据列车运行的实际情况，按恢复正点和行车安全兼顾的原则，对列车的运行等级进行调整，尽快使晚点列车恢复到正点运行状态，实现按图行车。

在 ATS 时，列车运行调整有自动调整和人工调整两种。自动列车运行调整指系统根据使用时刻表对早、晚点时间在一定范围内的图定列车自动进行列车运行调整，可以通过改变列车运行等级和停站时间进行。当列车早、晚点时间超出一定范围时，必须由行车调度员进行人工列车运行调整，可以按照组织列车跳停、扣车等方式进行。

4．非正常情况下的行车调度指挥

（1）ATC 设备故障时行车。

1）控制中心 ATS 设备故障。控制中心 ATS 自动功能故障时，由行车调度员人工排列进路和进行列车运行调整，以及通知折返列车输入新的车次号。控制中心 ATS 显示功能故障时，控制权下放给集中站，由车站值班员在联锁工作站上排列进路。

2）车站联锁设备故障。集中站联锁设备故障时，行车调度员下达按电话闭塞法行车的调度命令，将控制权下放给集中站。控制中心和车站共同确认电话闭塞法行车的第一趟列车运行前方区间和车站空闲，车站值班员手信号接发列车，列车在故障区间以限速人工驾驶方式运行。

3）ATP 设备故障。

①车载设备故障。车载 ATP 设备故障时，行车调度员下令切除车载 ATP，以限速人工驾驶方式运行至前方站，清客后以双区间间隔、人工驾驶方式运行至就近有折返线或入段线的车站，退出运营。

②轨旁设备故障。小范围轨旁设备故障时，由行车调度员确认故障区间空闲后，向司机发布调度命令，列车不切除车载 ATP，但在故障区间以限速人工驾驶方式运行，并且在故障区间只准一个列车占用。大范围轨旁设备故障时，由行车调度员发布调度命令，停止使用基本闭塞法，按电话闭塞法行车。列车切除车载 ATP，以人工驾驶方式运行。

4）ATO 设备故障。ATO 设备故障时，列车改为 ATP 防护下的人工驾驶。列车在区间运行速度按 ATP 速度码执行。

（2）电话闭塞法行车。在停用基本闭塞设备、车站联锁设备故障、列车反方向运行（反方向运行区段有 ATP 速度码除外）、开行施工列车和轨道车时，均应停止使用基本闭塞法，改用电话闭塞法行车。

电话闭塞法是在没有机械、电气设备控制的条件下，仅凭站间行车电话联系来保证列车空间间隔的一种临时代用的行车闭塞法。改用电话闭塞法或恢复基本闭塞法行车，均应有行车调度员发布的调度命令。电话闭塞法行车时，列车占用区间的行车凭证为路票，列车发车凭证为车站值班员的手信号。

在改用电话闭塞法行车时，列车调度员应及时调整使用时刻表，车站值班员根据调整后的使用时刻表严格按照规定的作业程序和要求进行办理闭塞、准备进路、显示信号、发出列车、接入列车、闭塞解除等作业。在人工调度的情况下，由人工绘制列车运行图。

（3）特殊情况下列车运行。

1）列车反方向运行。正常情况下，列车按正方向运行，但在特殊情况下，可组织列车反方向运行。所谓列车反方向运行是指下行列车在上行线运行或上行列车在下行线运行的情形。列车反方向运行，应按规定程序进行审批，以行车调度员的调度命令下达执行。行车调度员应对反方向运行列车重点监控，确保行车安全。

2）列车退行。列车因故需要退行时，行车调度员在确认列车退行进路空闲和车站广播通告乘客注意安全的情况下，下达准许列车退行的调度命令。

（4）救援列车开行。在接到司机的救援请求后，如果确定由在线列车担当救援任务，行车调度员应尽可能根据正向救援的原则指派救援列车，并及时向担当救援任务的列车司机下达调度命令，以及向有关车站值班员下达封锁区间的调度命令。

在线列车担当救援任务时，原则上应先清客，后担当救援任务。有关车站应根据救援命令，适时进行扣车、准备列车进路，并做好客运组织工作。

（5）检修施工时列车运行。轨道交通的检修施工作业原则上安排在非运营时间，必须中断列车运行的设备抢修除外。在确认进行夜间检修施工时，行车调度员既要根据检修施工计划的安排，保证检修施工作业能顺利完成，又要确保次日运营能正常进行。

检修施工结束后，行车调度员根据车站值班员的报告，在确认行车设备完好、检修施工人员和机具撤离后，下达调度命令同意注销检修施工。

5．行车调度质量分析

调度质量分析、统计可分为日分析、定期分析和专题分析。

（1）日分析。日分析主要指对列车正点率，列车运行图兑现率，列车加开、取消情况，换车情况，放站、清客情况，列车救援、严重晚点、反方向运行情况，设备故障、列车故障情况，施工完成情况，各种报表记录等指标的分析。

（2）定期分析。定期分析主要指定期对阶段的各项运营指标、安全生产和施工检修等情况进行分析、统计，为改进日常运营组织方案提供依据。

（3）专题分析。专题分析主要指对特定情况组织专题分析，以便指导行车调度员更好地完成任务或进行总结。

3.2.2 车站行车组织

车站可以从不同的角度进行分类，就车站行车作业而言，主要是按是否具有站控功能分为集中站和非集中站。集中站也称联锁集中站，它是指具有“站控”功能的车站，集中站车站值班员根据调度命令，可监控集中站管辖线路上的列车运行、执行扣车、催发车等列车运行调整措施，以及办理电话闭塞行车。集中站通常为有道岔的车站。反之，非集中站是指不具有车站控制功能的车站，通常为无岔站。

车站行车组织是在调度控制中心统一指挥下，合理运用车站的各项技术设备，完成车站行车控制、施工管理等一系列作业的总称。

1．车站行车作业

（1）车站行车设备。为满足车站的行车作业要求，需配置各种类型的行车设备。主要有：

线路：正线、折返线、存车线等。

道岔：单开道岔、双开道岔、渡线道岔等。

信号和通信设备：车站信号设备通常有发车表示器、防护信号和阻挡信号机等；车站的联锁设备，一般设置在有道岔的车站；用于车站行车作业的通信设备主要有站间行车电话、集中电话和无线调度电话等。

（2）车站列车运行控制。车站列车运行控制是根据整个系统的列车运行控制方式的变化而变化的。在自动控制方式（ATC）下，车站行车组织的主要工作是监护列车运行状态，车站值班员可同时兼做其他工作。在特殊情况下，调度控制中心下放权力，命令车站进行行车控制，在有集中控制设备的车站，则应负责对列车的进路排列、折返等实施人工作业，并根据行调指令，对列车运行进行调整；在车站，则根据调度控制中心的指令，按规定的作业办法要求，负责列车在车站接、发、调车等作业。车站的列车运行控制在车站控制室完成。图 3—12 为车站控制室的部分设备示意图。在联锁集中站还设有车站 LATS 设备，其中 LATS 工作站的显示屏如图 3—13 所示，图的左侧是集中站所管辖的车站和线路示意图，可以反映列车运行方向、运行轨迹以及信号机的显示状态等；图的右侧为车站控制功能的主菜单和子菜单。

图 3—12　车站控制室

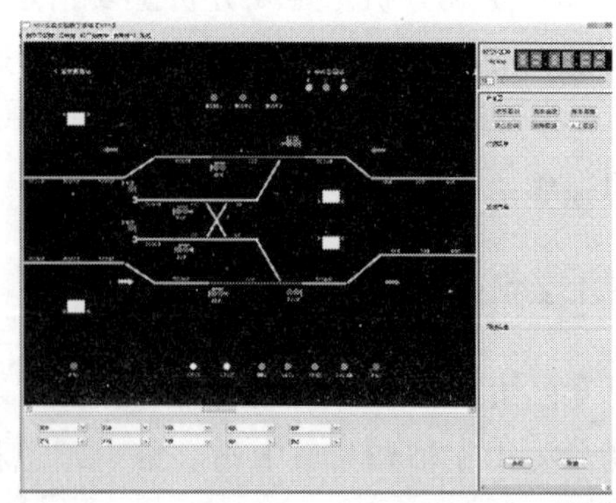

图 3—13　车站 LATS 设备操作界面

2. 车站施工管理

城市轨道交通运营管理部门，应制定施工检修作业管理的规章制度，并严格按规定办理施工检修作业，设立专门的机构负责对申请的各施工检修作业统一编制定期施工计划，并可根据实际情况对施工计划进行调整，并下发车站。

在车站管辖范围内的任何施工，均应按相关施工检修作业管理规章制度办理。以上海为例，车站施工检修作业在车控室登记，在得到行车值班员的签字确认后，方可进行；对影响运营的施工检修作业，例如信号设备检修、道岔检修、接触网检修等作业，必须得到控制中心的同意后，方可进行。

另外，车站为确保行车安全应建立健全各类行车作业、管理的规章制度，这些制度包括了车控室的管理制度、交接班制度、车站值班员岗位责任制度、道岔保养制度等。必须对车站的行车组织工作进行规范管理，才能确保行车安全。

3.2.3 停车场行车组织

停车场的作业由运转值班员总体负责，包括车辆运用作业，以及为完成车辆调移而进行的调车作业。运转值班员是行车组织的领导人，信号楼值班员负责列车进路和调车进路的办理。

1. 车辆运用作业

（1）列车出车作业。运转值班员根据在用的列车运行图、运营检修用车安排、车场线路存车情况等，编制发车计划，内容包括列车车次、待发股道、运用车编号等。发车计划编制完成后，将计划下达给信号楼值班员，另外还应将计划上报给行车调度员。另外，运转值班员还应协助列车驾驶员办理出乘作业。如果发现车辆故障，应及时调整列车的出车次序，并给信号楼及行车调度传达变更出车计划。

（2）列车收车作业。正常情况下，列车经由入库线入库。在设备故障或需检修施工时，在获得行车调度员批准，并获得信号楼值班员的准许后，列车也可由出库线入库。列车进入车库停稳后，协助列车驾驶员办理退勤手续。

在发生列车晚点、脱线、清客、行车事故与救援时，运转值班员应组织当事人及有关人员填写情况报告，并及时上报有关部门。此外，运转值班员还应对当日列车故障与安全情况进行统计。

（3）列车整备作业。运转值班员根据清洗计划组织列车清洗，包括车辆内部的清扫、清洁和车身清洗等。列车收车后，如无列车清洗等其他作业，运转值班员应及时向车辆检修部门办理车辆交接手续，便于进行列车检修作业。运转值班室接到车辆检修部门移交的车辆，则指派专人对车辆状态进行检查，确认车辆技术状态符合正线运行要求后，方能接收和投入使用。

2．调车作业

除在正线上的运行外，凡因列车折返、转线、解体、编组和车辆摘挂、取送等作业需要，列车或车辆在线路上进行有目的的调动，都属于调车作业的范围。调车作业按调车作业目的可分为折返调车、转线调车、解体调车、编组调车、摘挂调车和取送调车。停车场内一般含有除列车折返调车外的各类调车作业。折返调车主要是正线终点折返站的调车作业。停车场的调车作业主要在牵出线、调车线、检修线和洗车线等线路上进行，调车作业的动力可以是电动列车，也可以是内燃机车。

调车作业是一项多工种联合进行的复杂作业，为了安全、协调、迅速地进行工作，按时完成调车任务，必须实行统一领导、单一指挥。运转值班员负责编制调车作业计划，信号楼值班员负责办理调车进路，调车长（可由副司机担任）负责调车作业的实施，调车司机、调车员负责执行调车作业。

调车工作应达到以下要求：及时完成调车任务，保证列车按图运行和其他有关作业的按时完成；充分运用各种技术设备，采用先进的作业方法，提高调车作业效率；确保调车作业安全。

为了实现上述要求，调车工作必须遵守《行车组织规则》和《行车组织细则》中有关调车作业的规定，建立和健全有关工作制度。

停车场管范围内的任何施工，应按相关施工检修作业管理规章制度办理，由运转值班员负责登记及确认。

技能要求

分析运行列车的控制

操作要点1　分析运行控制的原则

（1）坚持服从指挥原则。各级、各类行车部门必须坚决服从行车调度员的行车调度命令与指示，维护轨道交通的正常秩序。

（2）坚持单一指挥原则。在一个区域的行车工作的指挥，只能由负责该区域值班行车调度员一人统一指挥，防止令出多头，造成行车工作的混乱以致造成行车事故。

（3）坚持调度工作责任制原则。原则上由调度集中控制的区域内，各个行车部门和人员必须严格按调度命令展开工作，如需由调度集中控制转为车站控制时，应实行授权并实施监督，掌握列车运行整体状态。

操作要点2　分析运行控制的方式及功能

（1）调度集中控制。调度集中控制的行车组织方式，在行车调度员的统一指挥下，利用行车设备对列车的到、发、折返等作业进行人工控制及调整。调度集中控制下的行车组织的指挥人为行车调度员，车站不参与行车组织的工作。

（2）调度集中控制应实现的功能

1）应具有电气集中联锁设备，实现远程控制功能，并从设备方面提供列车运行安全保障。

2）通过控制屏或显示器可监控全线列车运行状态、信号显示、道岔位置及区间、线路占用的情况。

3）利用电气集中联锁设备转换道岔、排列进路、开放信号，指挥和调整列车运行。

4）自动或人工绘制列车实际运行图。

（3）行车指挥自动化。自动运行控制是当今城市轨道交通列车运行组织的发展趋势及主流行车控制方式。自动运行控制利用计算机技术对列车运行实行自动指挥和自动运行监护，并有列车运行保护系统提高行车安全系数。

（4）行车指挥自动化可实现的功能

1）计算机系统可输入及储存多套列车运行图，可按设定的列车运行图自动实行行车指挥功能。

2）对正线运行列车实行自动跟踪，显示进路、道岔位置、区间及线路占用情况。

3）可自动或人工对列车运行进行调整，可使用人工对进路排列、信号开放、道岔转换进行控制。

4）提供中央及车站两级运行控制模式，可根据需要进行控制权转换。

5）列车运行自动保护系统对列车运行设定防护区段，控制前后列车运行的安全间距。

6）列车可使用自动驾驶功能，也可采用人工驾驶，列车占用区间的凭证是列车收到的速度码。

7）通过计算机系统自动绘制列车实际运行图，并进行有关运营数据的统计。

（5）车站控制。这种列车运行组织方式是在行车调度员统一指挥和监督下，由车站行车值班员操作车站电气集中或临时信号设备控制列车运行。在一些早期建成的城市轨道交通至今仍采用这种列车运行组织方式，在一些新线上，由于信号系统尚未安装调试完毕，在过渡期运营时也会采取这种方式进行行车组织。

（6）车站控制可实现的功能

1）车站信号控制系统具有联锁功能，对进路排列、道岔转换、信号开放实行人工操作。

2）控制中心可实时反映进路占用、信号及道岔等工作状态，对线路上的列车运行进行监护。

3）控制中心可储存信号开放时刻、道岔动作、列车运行等各类运行资料，并根据需要调用。

4）车站根据指令对列车运行进行调整。

5）计算机自动绘制或人工绘制列车实际运行图。

（7）调度指示：通常情况下，城市轨道交通的行车指挥中，调度指示发布分为调度书面命令、调度口头命令、调度口头通知三种类型。

（8）指挥列车运行的调度命令，只能由当班行车调度员发布。调度命令发布时必须直接填记在调度命令登记簿内，并指定受令进行内容复诵。命令内容应该保持规范、明了，不能随意简化。

分析调度命令和运行调整的关系

操作要点1　分析遇到何种情况需要发布调度命令

（1）封锁、开通区间。

（2）向封锁区间开行救援列车、施工列车。

（3）临时变更或恢复原闭塞法。

（4）临时加开或停运列车。

（5）实施反方向行车。

（6）使规定在车站停车的列车变为通过时。

（7）在向有停留列车车辆的线路上接车时。

（8）发生行车设备故障或灾害，需使列车减速运行、一度停车后再开或特别注意运行时。

（9）行车调度员认为有必要发布的上述情况以外的命令。

操作要点2　分析编制一条区间限速的调度命令的标准格式

限速命令：　　　　　（受令者：＊＊站至＊＊站，＊站交运转）

“自 __________ 时起，至 __________ 时止，__________ 站至 __________ 站 __________ 行线，列车限速 __________ 公里/小时运行”

操作要点3　分析列车实施跳停的原则

（1）客流较大车站原则上不安排通过。

（2）首末班车不安排跳停。

（3）不允许办理连续两列车通过同一车站。

（4）列车以运行等级4速度通过车站。

（5）通过车站作业原则上在始发站安排，中途进行放站作业时应提前两站广播通知乘客。

操作要点4　分析在何种情况下需施行反方向运行

（1）在双线运行时，当一个方向列车密度较大，而另一方向列车密度较小，为恢复列车正点运行，可利用有岔站的渡线，将列车转到密度较小的线路上反方向运行。

（2）当一方向由于列车故障救援等原因可能造成大间隔时，可利用有岔车站的渡线，将列车转到另一条线路上反方向运行，以缩小列车间隔，均衡运行。

3.3　网络化运营

知识要求

3.3.1　城市轨道交通的制式分类

世界上轨道交通的制式种类繁多，为了介绍方便，将轨道交通制式分为地铁系统、轻轨系统、单轨系统、磁浮系统、自动导向轨道系统等类别。

1. 地铁系统

（1）含义。地铁系统（Metro）是一种大容量的城市轨道运输系统，也是世界各个国家城市轨道交通的主要模式。按照我国的建设标准，地铁系统采用钢轮钢轨导向，标准轨距为1 435 mm，主要在大城市地下空间修筑的隧道中运行，当条件允许时，也可穿出地面，在地上或高架桥上运行。

（2）适用范围。

1）客流较大、线路条件较好的中心城地下线路。

2）客流较大、线路条件较好、环境条件要求相对宽松的城市外围区域与中心城之间的联络线路。

3）联络城市外围区域内部大量客流集散点、线路条件较好的线路。

2. 轻轨系统

（1）含义。根据我国《城市快速轨道交通工程项目建设标准（试行本）》，轻轨是泛指中运量的城市轨道交通系统，而欧洲所说的“轻轨”LRT（Light Rail Transit）是特指现代有轨电车。因此，在我国“轻轨”一词所涵盖的范围比欧洲的定义更宽泛，一般包括使用小型地铁车辆 C 型车的准地铁、使用 C 型车的直线电机系统以及现代有轨电车。

（2）适用范围。通过对主要技术特点的分析，采用现代有轨电车的轻轨系统一般比较适用于以下范围：

1）客流较小、构筑物比较密集、线路条件一般、环境要求较高的中心城地下或高架线路。

2）联络中心城与城市外围区域、客流较小、线路条件一般的线路，敷设方式以地面和高架为主。

3）联络城市外围区域内部客流集散点、客流相对集中、线路条件一般的线路，敷设方式以地面和高架为主。

4）联络新城内部客流集散点的接驳线路，敷设方式以地面和高架为主。

5）旅游区域景点之间的联络线路或旅游观光线路。

3. 单轨系统

（1）含义。单轨交通（Monorail Transit），又称为独轨交通，是指车辆在高架线路上运行，轨道为一条带形的梁体。车辆跨坐于其上或悬挂于其下行驶，按此单轨系统分为跨坐式单轨（Straddle Monorail）和悬挂式单轨（Suspended Monorail）两种类型。跨坐式单轨系统，车辆骑行于轨道梁的上方，车辆除底部的走行轮外，车体的两侧下垂部分尚有水平安装的导向轮和稳定轮，夹行于轨道梁的两侧，保证车辆沿轨道安全平稳的行驶。悬挂式单轨交通，车辆悬挂于轨道梁下方行驶。轨道梁为下部开口的箱型钢梁，车辆走行轮与导向轮均置于箱型梁内，沿梁内设置的轨道行驶。

（2）适用范围。

1）中运量城市客运交通。

2）低运量短途客运交通。

①市区通向机场、码头等对外交通枢纽的专用线，或者范围较大的机场内部交通线。

②大型游乐场所、博览会等内部客运专用线。

4. 自动导向轨道系统

自动导向交通（Automated Guideway Transit，简称 AGT）是一种车辆采用橡胶轮胎在专用轨道上运行的中运量旅客运输系统，其列车沿着特制的导向装置行驶，车辆运行和车站管理采用计算机控制，可实现全自动控制和无人驾驶，通常在繁华市区线路采用地下隧道，在市区边缘或郊外宜采用高架结构。

5. 磁浮系统

磁浮列车是根据电磁学原理，利用电磁铁产生的电磁力浮起列车，也以电磁力推动列车前进的现代交通工具。由于它在运行时悬浮于轨道之上，因而轮轨之间没有摩擦，这就能突破轮轨粘着极限速度的限制，可填补火车和飞机之间的速度空白，可望创造出地面交通的最高速度。

3.3.2 国外轨道交通线网运营管理模式的总结分析

东京、巴黎、伦敦、纽约等城市的轨道交通各有特点，但是都属于网络化运营。因此，总结这四个城市轨道交通网络化运营的共性，对北京、上海、广州等地的轨道交通的运营管理有一定的参考借鉴作用。

1. 网络结构的复杂性

（1）环线。很多连通型的城市轨道交通网络具有环线，环线是轨道交通网络实现互联互通的重要手段。环线与其他直径线或放射线相交，在环上形成很多换乘车站。如东京的铁路山手线，线路上的29个车站有23个车站和铁路或地铁相连，使线路间换乘非常方便。

（2）超长线路。城市轨道交通的超长线路连接城市中心与副中心、市区与郊区，主要服务于通勤交通。如巴黎的5条RER线将巴黎与周围的远郊连成一体。超长线路的运营模式与市中心地铁的运营模式不同。

（3）既有铁路线。很多轨道交通线路都是在既有铁路线的基础上发展而来的。如巴黎RER线路的建设充分利用了既有铁路线路，大部分线路采用既有铁路线，在中心区新建地下线将两端的地面线连接起来。同时，RER路网中的大多数线路通过新建一些地铁隧道将现有的地铁线路连接而成，在路网形成的过程中重新使用了很多法国最古老的铁路线路，如巴黎到 Saint - Germain - en - Laye 线路，Ligne de Sceaux 线路和

Bastille to Vincennes 线路。这也是巴黎 RER 线目前由 RATP 公司和 SNCF 联合经营管理的原因之一。

此外，对城市轨道交通和铁路进行功能定位，整合二者的既有资源，协调二者之间的关系，能更好地为城市交通服务。如东京的地铁系统和铁路系统。

2. 经营管理的相对集中性

日本的地铁线路由两家公司联合运营，且以负责 8 条地铁线路运营的东京地下铁株式会社（Tokyo Metro Co.，Ltd.）为主；巴黎的巴黎运输自治公社（RATP）负责运营整个巴黎地区的地铁网络，而法国国有铁路公司（SNCF）只负责部分 RER 线路的运营；伦敦地下铁道公司（London Underground）负责所有地铁线路的运营；纽约的地铁系统都在纽约市运输局（MTA）的管理下运营。

这表明，地铁的经营管理具有相对集中性。主要采用由一家独立经营，或以一家为经营主体、其余辅助的管理模式。这有利于整个城市轨道交通的资源整合、系统协调，更好地发挥地铁网络的优越性。

3. 运输要求的多样性

由地铁、轻轨及其他轨道交通系统组成的网络，由多条具有不同技术条件、客流特点、功能的城市轨道交通线路组成。这必然产生网络线路形式、功能和制式的多样化，车辆制式和信号制式多样化，列车运行方式的多样化，维修保养方式多样化，与其他交通方式衔接需求的多重性等方面的运营要求。另外，网络化所带来如乘客换乘、系统互通管理等要求，都要求运营的管理体制与之相配套。

各个城市在解决运输要求多样化问题时所采用的方法各不相同，但都是在既有的线路资源、设施设备、换乘条件以及运营的功能定位、服务水平等方面条件下，针对自身的特点，建立相应的运营管理体制，适应运输多样化的要求。

4. 运营组织的协调性

由于网络化运营使各线路间在技术经济等方面有着高度的关联性，协调是运营组织的关键。运营组织协调管理能够实现城市轨道交通资源共享、运行协调、管理统一，发挥整体效益，是实施城市轨道交通网络化运营的根本途径，也是唯一途径。

轨道交通成网络后，一方面要求各线路区域优化本线路区域的经营管理、运营组织和调度指挥工作；另一方面，需要从整个城市轨道交通网络的角度出发，研究提高运营的整体效率、安全性和可靠性、各线路运营的相互协调性等多方面的方法和技术手段。

如相互联轨的几条轨道交通线共用同一控制中心，并由同一运营机构管理。网络化的轨道交通系统将出现2个以上的控制中心，这就要求在全网的层面上，建立轨道交通综合运营协调中心，重点发挥协调功能，以保证网络运营整体效益的最大化，提高运输效率和科学化管理、提高突发事件的应急处理能力。

5．换乘的便捷性

上述四个城市的轨道交通都非常注重换乘，特别是网络中的重要大型客流集散点的换乘站布置。换乘便捷化是“以人为本”的重要体现。

大型换乘枢纽的设计和运营管理显得尤为重要。关于大型换乘枢纽的相关问题如换乘枢纽的选址、换乘枢纽的站型设计、换乘枢纽的设施设备、换乘枢纽对其他交通方式（如公交、出租、私人轿车、非机动车辆的停放）的“零换乘”的驳接等，都需要进行综合考虑。

6．资源的共享性

资源共享是轨道交通网络化运营管理的重要组成部分。

运营权集中统一有利于未来多条线路共用控制中心、车辆段与综合维修基地、票务中心、仓储中心、主变电站、换乘站、办公设施等有限资源，例如车辆段的基础投资庞大，对一次投资和运营成本影响深远。统一对共用设施设备的合理统筹布置，减少重复设施设备投资，维修养护规模效益得以体现。

除此之外，资源共享还应体现在管理成本、管理人员、工作人员的配备上。如果统一管理，新线投入使用时，仅需补足新增设施或维修、操作人员缺口即可，其余共用设备的检修人员完全可以与其他线路分享，而运营管理人员几乎不需要增加，这样直接降低了人员工资成本，同时减少了日常运营管理成本，运营管理规模效益得以充分体现。

7．设计建设运营一体化

轨道交通的线路设计与建设，其最终目的是投入运营，产生效益，服务社会。因此，线路的设计和建设要紧紧地围绕线路运营实施的可行性、优越性而进行。线路的设计、建设、运营不能脱节，要相互介入，做到一体化。

如在设计轨道交通网络上，必须充分考虑网络中各线辅助线的配置，包括渡线、存车线、折返线以及联络线等，这不仅为提高线路通过能力、实施更复杂的行车方式、列车跨线共线运营奠定了基础，也为列车故障尽快离开正线，避免运营延误程度进一步扩大提供了保障。

3.3.3 上海城市轨道交通网络化运营特征分析

2007 年年底“三线两段”开通，标志着上海正式进入网络化运营时代。网络的快速扩充，既给运营管理带来了巨大的发展机遇，也在行车组织、客运组织、安全防控、人力储备等多方面带来了前所未有的压力。结合上海城市轨道交通网络化运营管理以来的实践，运营单位进行了积极的思考、探索和尝试，对网络化运营初期的运营特征及主要存在问题进行分析总结，积极应对网络化所带来的困难和新问题。

1. 上海城市轨道交通网络运营管理总体特征

（1）运营网络快速扩充。2002 年以来，运营线网长度和接管车站数目快速增长，其增长幅度在世界轨道交通发展史上是极其罕见的，整个轨道交通运营网络骨架基本形成。截至 2010 年上海城市轨道交通运营规模如图 3—14 所示。

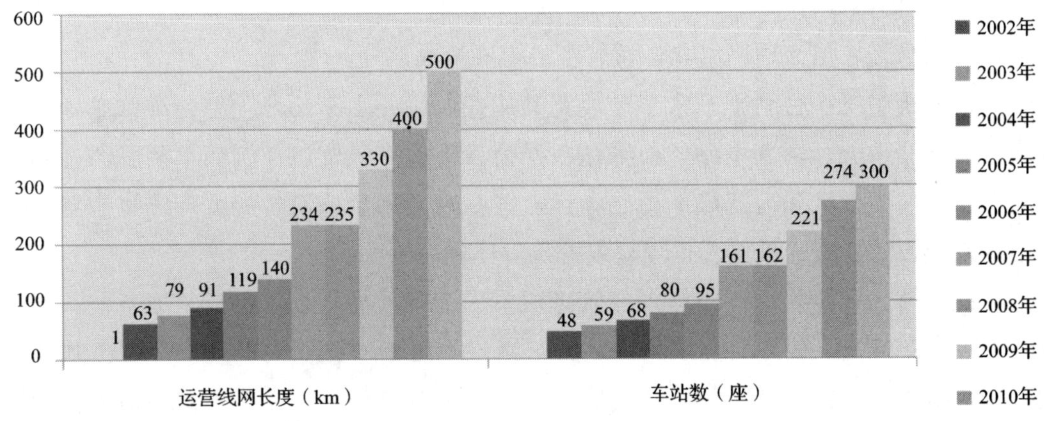

图 3—14 上海城市轨道交通运营规模

（2）网络化运营效应逐步凸显

1）网络的快速扩充带来客流的持续攀升。2003 年以来网络日均客流进入增长飞跃期，仅 2007 年一年，全线的日均客流从 200 万人次/日迅速提升至 300 万人次/日。2008 年 3 月，全网络的日均客流占全市公交客流总量的比例首次超过 20%，在城市交通中起着越来越重要的作用。

2）2008 年，网络最大日客流量连续 8 次创历史新高，达到 390 万人次。最高日客流发生在 9 月 11 日中秋节前夕，通勤客流、休闲客流、旅游客流等多股客流汇集，从而达到了客流的最高峰。

3）日换乘客流随客流持续上升。2002～2005 年全网络只有人民广场 1 个换乘站，换乘客流比例维持在10%左右。2005年年底，网络“一票换乘”的实施，使换乘客流比例达到20%。2008年，各线换乘客流比例持续增加，全网络最大日换乘客流甚至超过120万人次，网络换乘比例也首次超过30%。

4）单线平均运距随着换乘比例的增加而有所降低，而网络平均运距增加。

2. 网络化行车组织特征

（1）运行交路形式日趋复杂。在线路条件、客流特征、车辆配属、运能配置等因素的影响下，上海市轨道交通网络呈现出运行交路复杂多样的特征，大小交路、共线运行等复杂的运行交路形式均是国内首次成功尝试。例如，3号线、4号线实现“大小交路+环线交路共线运行”，如图3—15所示，其中，3号线大小交路比例为1∶2，4号线上下行的行车间隔不均衡，上行最小行车间隔11分，下行最小行车间隔5.5分，这样复杂的运行交路在目前国内外轨道交通中也属罕见。按照规划，在建的线路中还有“Y”字形、“大小交路+分段交路”等交路方式，交路形式将更为复杂、多样。

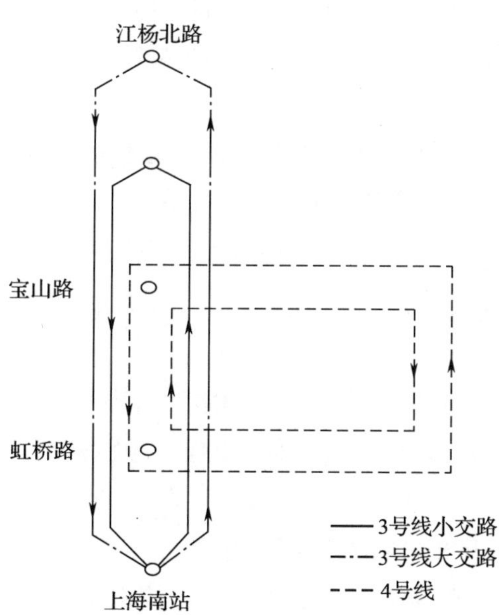

图3—15　3号线、4号线“大小交路+环线交路共线”运行方式示意图

（2）运行计划编制要求日益提高

1）复杂的运行交路需要严密的运行计划与之相匹配。如“大小交路+分段交路”运行方式，需要将3号线、4号线列车运行图共同编制，并满足共线段内列车间隔在信号条件允许范围内，该图的编制一般需要7~10个工作日。

2）编制一般工作日（周一至周四）、特殊工作日（周五）、双休日、节假日等专用运营计划，以适应客流在空间、时间上的分布特点，最大限度地与客流特征匹配。

3）扩大正线备车功能填补目前多条线路高峰时段的运力不足。在高峰时段客流高峰区段，利用备车在正常间隔开行列次间加开 1 个列次，从而有效地缓解站台客流压力。

4）根据线路功能定位、客流出行特点、各线的运营服务时间满足客流出行需求。目前市区线路服务时间基本达到 18 小时，市郊线路服务时间基本达到 16 小时。

5）路网内线路间服务时间衔接性要求越来越高：市区线路服务时间覆盖郊区线服务时间，换乘车站的首末班车时间应衔接紧密，换乘车站各线路列车在站到、发时刻衔接应考虑换乘走行时间。

（3）行车指挥、调整的难度不断加大。

1）列车延误因素多样化。例如，高峰小时运力需求与运力供应矛盾突出；部分线路设施设备开始老化；部分列车长期超负荷运作；试运行的大量新设备未经充分调试就投入使用等，这些因素给正常的运营带来了较大的影响。

2）受线路条件的制约，运营调整的弹性较差。例如，3 号线、4 号线宝山路、虹桥路占采用简易接轨方式，目前共线段的通过能力已接近极限；共线段的线路条件较差，一旦发生列车故障，难以实施有效的调整手段。

3）延误具有线路传递性。某条线路上若发生列车延误，且不能快速“恢复”，不仅会导致该线路后续列车连带产生延误，而且往往会通过换乘客流波及整个轨道交通网络。

4）网络监控应急指挥难度逐步增大。网络运营协调与应急中心需要不断调整与各分线 OCC、区域抢修中心、票务中心等部门的业务处置流程，修改完善重大事件的应急预案。

5）网络化维修保养呈现“线路特征个性化、技术水平差异化、设备制式多样化”特征。各条线路的信号、车辆、供电设备制式、技术水平均有所不同，设施设备难以兼容或共享。

3. 网络化客运组织特征

（1）换乘枢纽站地位日益突出。随着网络的进一步扩充，换乘枢纽站在整个轨道交通网络中的地位日益突出，其运营管理的难度也在不断增大。

1）枢纽站日吞吐客流量直线上升。以人民广场枢纽站为例，2008 年上半年日均吞吐量已达到 38.81 万人次/日，客运组织和管理的压力越来越大。

2）换乘客流量持续增加，换乘站往往成为早高峰时段客流断面下降的“拐点”。8号线上行方向（市光路站至耀华路）早高峰时段在人民广场站出现客流大幅下降，约60%的客流通过换乘枢纽换乘到其他线路。

3）城市轨道交通网络化对枢纽站在行政管理、设施设备、行车组织、客运组织上提出了更高的要求。例如，人民广场枢纽由第一运营有限公司负责管辖。

4）在非常规运营管理情况下，枢纽站是线路管理的重点。一旦发生突发事件，枢纽站就是传播故障的节点，某条线路上的延误将通过枢纽站波及其他相关线路。

（2）信息服务日益成为客运服务的核心。

1）信息服务渐成体系。轨道交通信息体系包含出站闸机口、站台候车区、列车车厢、站厅与通道连接口、售票区域、服务中心6大部分。

2）信息服务向数字化方向发展。原有的静态服务具有信息量小、更新不便、不够生动，PIS动态信息效果易受干扰等缺点，难以满足信息更新频繁的网络化运营要求。目前枢纽站内设置了IPIS综合信息导向接触屏，可轻松查询轨道交通换乘方案、周边地理信息、公交换乘线路等信息，为乘客提供更为全面、准确、便捷的信息服务。

3）运营故障状况更为透明。一旦清客、列车晚点、区间停留、区间紧急疏散等故障发生，车站和列车广播将会及时向乘客播报，使乘客可以对运营状况更为了解。

（3）售检票自动化程度越来越高。开通运营的车站数不断增加，网络票价表日趋复杂，以人工为主的售检票模式越来越不能适应网络化运营的要求，需要提高售检票系统的自动化程度。

1）公共交通卡使用比例逐年升高。由于网络连通性逐步增强，以及公交卡乘坐优惠、“联乘优惠”等措施的推行，使用公共交通卡的乘客比例从2005年的54%上升至2008年的70%，而单程票的使用比例则呈下降趋势，大大提高了售检票的工作效率。

2）单程票中自动售票的比例持续走高。单程票从2005年以人工售出为主（BOM占82%）发展到目前以自动售出为主（TVM占70%），自动化程度大大提高。特别是新开通线路的TVM的比例超过了96%，基本上实现全自动化售票。

3）自动化技术支撑越来越强大。除了TVM外，车站内还配置自动充值机（CTM）、自助查询机、乘客信息查询系统等设备，乘客自助操作的功能越来越大。

4．网络化安全管理特征

（1）全网络的安全风险不断增加。网络化运营以来，安全生产管理幅度及控制范围扩大，整个轨道交通网络的危险源绝对数保持上升状态，2007年年底全网络的危险源数量已经达到555个。

（2）多条线路运力与运量矛盾突出。多条线路高峰时段客流增量远大于运力的增量，虽然运营单位采取了缩小行车间隔、增加 8 节编组列车、扩大备车功能等多项积极措施，运力与运量的矛盾仍未得到根本性缓解。

1）车辆超负荷运行。多条线路的最大拥挤度均超过 110%，个别线路甚至达到 135%，车辆超负荷运行情况严重。由于大量乘客聚集在车门附近，车门受到的挤压力很大，车门故障率非常高。

2）乘客滞留站台。受各种因素限制，部分线路的折返能力、线路通过能力、车辆利用率已经接近极限，导致高峰时段部分车站站台层客流拥挤，乘客滞留站台情况严重。

3）因人多因素引起的晚点和客伤比例较大。以 1 号线为例，人多已经成为 2 min 晚点的最主要因素，且因人多引起的客伤主要是车门夹伤，对日常运营质量有很大的影响。

（3）设施设备存在运营缺陷。

1）部分车站基础设施能力不足。1 号线漕宝路等车站站台面积较小，高峰时段客流积压严重；8 号线人民广场等多个车站的楼扶梯能力不足；中山公园等枢纽站点换乘通道的通过能力不足等，对客流组织产生了一定的干扰。

2）部分设施设备存在设计缺陷。8 号线开通初期站台和车厢存在高差大、缝隙大的问题，中山公园等换乘枢纽的无障碍设施难以提供便捷的换乘服务，部分线路连续几个车站站台的楼扶梯位置几近相同，导致靠近楼扶梯站台特别拥挤等缺陷均给管理工作带来困难。

（4）外界环境对运营安全的影响较大。地铁沿线重大施工数量激增，偏僻区域偷盗关键运营设施的现象频繁发生，外来人员侵入限界的现象屡禁不止，各类不稳定因素将长期存在，上海轨道交通区域的安全控制工作难度大，任务重。

5. 网络化应急处置等级

（1）等级一：绿色。列车没有发生 5 min 以上延误，设备运行状态正常，车站客流没有大的波动。

1）网络运营监控中心（COCC）。监视线路行车及设备状态，进行运营数据分析统计。

2）线路控制中心（OCC）。监视线路运行状态，按运行图组织行车。

3）枢纽/车站。监视车站客流变化情况。

（2）等级二：黄色。因设备故障、人车冲突、客流波动等突发事件造成列车发生

5 min 以上、15 min 以下延误。

1）运营监控中心（COCC）。通知区域维修中心现场处置，视情下达运营调整方案、限流措施。

2）线路控制中心（OCC）。处置突发事件，调整运营，向枢纽站发布延误信息。

3）枢纽/车站。执行 COCC 命令，监视车站客流情况，加强客流疏导。

（3）等级三：橙色。因设备故障、人车冲突、车站站台客流达到 8 成以上等突发事件造成列车发生 15 min 以上、30 min 以下延误。

1）运营监控中心（COCC）。通知区域维修中心现场处置，下达运营调整、限流措施，命令 OCC 发布延误或限流信息。

2）线路控制中心（OCC）。处置突发事件，调整列车延误，发布延误、限流等信息。

3）枢纽/车站。按照命令执行预案，实施限流、分流措施，加强客流疏导。

（4）等级四：红色。因灾害性气候、设备严重故障等造成列车发生 30 min 以上延误或中断运营，或 2 条以上线路发生 15 min 以上、30 min 以下延误及中断运营，线路列车运行秩序严重紊乱，线路运营组织方案发生重大变化，或换乘车站客流达到“大客流爆满”等级。

1）运营监控中心（COCC）。通知区域维修中心现场处置，申请公交配套措施，下达运营调整、限流措施，发布延误（或限流、分流）信息命令。

2）线路控制中心（OCC）。处置突发事件，执行运营调整方案，分流乘客，发布延误、限流、封站等信息。

3）枢纽/车站。按照命令执行预案，实施限流、分流措施，加强客流疏导。

（5）等级五：黑色。因火灾、毒气、爆炸、恐怖袭击等社会公共安全事件造成线路运营中断、网络运营大面积瘫痪、群体性伤害事件。

1）应急抢险中心（ETC）。成立现场应急指挥小组，制订抢险方案，调整相关线路运营组织方案；向市应急联动中心汇报现场情况，或请求抢险配合。

2）运营监控中心（COCC）。按 ETC 命令，协调公司内部资源组织先期处置；申请公交配套措施，下达运营调整命令，下达限流命令，发布延误、封站、限流等信息。

3）线路控制中心（OCC）。执行 COCC 下达处置、运营调整方案，执行车站、区段封站命令，命令车站疏散客流，发布延误、限流、封站等信息。

4）枢纽/车站。按照预案执行 COCC 限流、分流、封站命令；组织疏散车站客流，配合开展先期处置。

6．网络化人力资源储备特征

（1）人力资源储备相对不足。由于轨道交通的超常规快速发展，新线路不断投入运营，员工数量大幅度增长，未来几年需要数千人加入地铁运营行列，人力资源的储备相对不足。

（2）特殊工种人才紧缺。电工、钳工、信号工、触网工等轨道交通急需工种也是上海劳动力市场的紧缺工种，有些几乎是空白，导致在短时期内大批招聘成熟专业人员非常困难。

（3）人力资源培训任务艰巨。轨道交通运营人员培训具有周期紧、工作量大、要求高等特征，公司培训机构的师资力量、培训手段、教育质量也将面临严峻的考验。此外，新员工在技能等级、工作经验等方面较欠缺，在适应新技术、新装备、新运营方式等方面也需要一定的时间。

思 考 题

1．列车交路分为长交路、短交路和长短交路，分析这三种交路的优缺点，并分析城轨电动列车驾驶员在这三种交路驾驶作业时的安全要点。

2．如何将列车运行图转换成城轨电动列车驾驶员用的时刻表？

3．假如您从一名城轨电动列车驾驶员晋升为线路运营（或行车）调度员，您认为一名称职的运营（或行车）调度员应具备哪些素质？

操作技能考核模拟试卷

注 意 事 项

1. 考生根据操作技能考核通知单中所列的试题做好考核准备。

2. 请考生仔细阅读试题单中具体考核内容和要求，并按要求完成操作，进行笔答或口答，若有笔答请考生在答题卷上完成。

3. 操作技能考核时要遵守考场纪律，服从考场管理人员指挥，以保证考核安全顺利进行。

注：操作技能鉴定试题评分表及答案是考评员对考生考核过程及考核结果的评分记录表，也是评分依据。

国家职业资格鉴定
城轨电动列车驾驶员（二级）操作技能考核通知单

姓名：

准考证号：

考核日期：

试题 1

试题代码：1. 1. 2。

试题名称：受电弓故障的处置及分析。

考核时间：30 min。

配分：50 分。

试题 2

试题代码：1. 2. 4。

试题名称：分析架空接触网上有异物的处置。

考核时间：30 min。

配分：50 分。

试题 3

试题代码：2. 1. 1。

试题名称：ATC 系统初始化测试设置。

考核时间：30 min。

配分：50 分。

试题 4

试题代码：2. 2. 2。

试题名称：西门子 A 型车在 Micro Cabmatic Ⅲ ATC 系统中车载信号故障处置分析。

考核时间：45 min。

配分：50 分。

试题 5

试题代码：3. 1. 2。

试题名称：分析列车折返作业。

考核时间：45 min。

配分：100 分。

城轨电动列车驾驶员（二级）操作技能鉴定试题单

试题代码：1.1.2。

试题名称：受电弓故障的处置及分析。

考核时间：30 min。

1．操作条件

（1）在可以停放电动列车的场所进行。

（2）直流 1 500 V 触网。

2．操作内容

（1）判断受电弓故障。

（2）处置受电弓故障。

（3）通过综合电路图分析故障。

（4）进行处置故障后的试车。

3．操作要求

（1）正确判断受电弓故障。

（2）正确处置受电弓故障。

（3）准确通过综合电路图分析故障。

（4）进行处置故障后的试车。

（5）操作安全规范，无违规操作，无违章操作。

城轨电动列车驾驶员（二级）操作技能鉴定试题评分表

考生姓名： 准考证号：

<table>
<tr><td colspan="2">试题代码及名称</td><td colspan="3">1.1.2 受电弓故障的处置及分析</td><td colspan="5">考核时间</td><td>30 min</td></tr>
<tr><td colspan="2" rowspan="2">评价要素</td><td rowspan="2">配分</td><td rowspan="2">等级</td><td rowspan="2">评分细则</td><td colspan="5">评定等级</td><td rowspan="2">得分</td></tr>
<tr><td>A</td><td>B</td><td>C</td><td>D</td><td>E</td></tr>
<tr><td rowspan="5">1</td><td rowspan="5">判断受电弓故障（按下升弓按钮，发现升弓灯不亮，故障面板显示有一受电弓未升起）</td><td rowspan="5">10</td><td>A</td><td>发现故障点</td><td rowspan="5"></td><td rowspan="5"></td><td rowspan="5"></td><td rowspan="5"></td><td rowspan="5"></td><td rowspan="5"></td></tr>
<tr><td>B</td><td>—</td></tr>
<tr><td>C</td><td>—</td></tr>
<tr><td>D</td><td>—</td></tr>
<tr><td>E</td><td>未发现故障点</td></tr>
<tr><td rowspan="5">2</td><td rowspan="5">处置受电弓故障（根据电路图发现故障 m_p 车设备柜中 21K10 继电器线头松脱，重新连接固定线头）</td><td rowspan="5">10</td><td>A</td><td>能处置故障</td><td rowspan="5"></td><td rowspan="5"></td><td rowspan="5"></td><td rowspan="5"></td><td rowspan="5"></td><td rowspan="5"></td></tr>
<tr><td>B</td><td>—</td></tr>
<tr><td>C</td><td>—</td></tr>
<tr><td>D</td><td>—</td></tr>
<tr><td>E</td><td>不能处置故障</td></tr>
<tr><td rowspan="5">3</td><td rowspan="5">分析列车受电弓故障（通过综合电路图分析）</td><td rowspan="5">10</td><td>A</td><td>能通过综合电路图分析</td><td rowspan="5"></td><td rowspan="5"></td><td rowspan="5"></td><td rowspan="5"></td><td rowspan="5"></td><td rowspan="5"></td></tr>
<tr><td>B</td><td>—</td></tr>
<tr><td>C</td><td>—</td></tr>
<tr><td>D</td><td>—</td></tr>
<tr><td>E</td><td>不能通过综合电路图分析</td></tr>
<tr><td rowspan="5">4</td><td rowspan="5">进行处置故障后的试车（进行升落弓试验）</td><td rowspan="5">10</td><td>A</td><td>进行升落弓试验</td><td rowspan="5"></td><td rowspan="5"></td><td rowspan="5"></td><td rowspan="5"></td><td rowspan="5"></td><td rowspan="5"></td></tr>
<tr><td>B</td><td>—</td></tr>
<tr><td>C</td><td>—</td></tr>
<tr><td>D</td><td>—</td></tr>
<tr><td>E</td><td>未进行升落弓试验</td></tr>
</table>

续表

<table>
<tr><td colspan="2">试题代码及名称</td><td colspan="3">1.1.2 受电弓故障的处置及分析</td><td colspan="5">考核时间</td><td>30 min</td></tr>
<tr><td colspan="2" rowspan="2">评价要素</td><td rowspan="2">配分</td><td rowspan="2">等级</td><td rowspan="2">评分细则</td><td colspan="5">评定等级</td><td rowspan="2">得分</td></tr>
<tr><td>A</td><td>B</td><td>C</td><td>D</td><td>E</td></tr>
<tr><td rowspan="5">5</td><td rowspan="5">操作安全规范
（1）按规定穿戴劳防用品
（2）无超速运行
（3）无冒进信号
（4）无危及人身安全的行为</td><td rowspan="5">10</td><td>A</td><td>4 项全部做到</td><td rowspan="5"></td><td rowspan="5"></td><td rowspan="5"></td><td rowspan="5"></td><td rowspan="5"></td><td rowspan="5"></td></tr>
<tr><td>B</td><td>—</td></tr>
<tr><td>C</td><td>—</td></tr>
<tr><td>D</td><td>—</td></tr>
<tr><td>E</td><td>违反其中 1 项，
该试题按 0 分处理</td></tr>
<tr><td colspan="2">合计配分</td><td>50</td><td colspan="7">合计得分</td><td></td></tr>
</table>

考评员（签名）：

等级	A（优）	B（良）	C（尚可）	D（较差）	E（未答题）
比值	1.0	0.8	0.6	0.2	0

“评价要素”得分 = 配分 × 等级比值。

城轨电动列车驾驶员（二级）操作技能鉴定试题单

试题代码：1.2.4。

试题名称：分析架空接触网上有异物的处置。

考核时间：30 min。

试题要求

1. 分析在运行中，当司机发现架空接触网电缆断落时的第一步处置。

2. 分析若异物缠绕在接触线上，且缠绕物在下垂时不可能触碰车体，不影响列车安全运行时的处置办法。

3. 分析若异物缠绕在接触线上，缠绕物在下垂时有可能触碰车体，或缠绕物有可能影响列车安全运行时的处置办法。

4. 分析若缠绕物为导电体且与车体接触造成变电所跳闸、触网断电时的处置办法。

5. 分析行车调度员要求司机下车清理时的处置办法。

城轨电动列车驾驶员（二级）操作技能鉴定答题卷

试题代码：1.2.4。

试题名称：分析架空接触网上有异物的处置。

考核时间：30 min。

考生姓名：　　　　　　　　　　准考证号：

1．分析在运行中，当司机发现架空接触网电缆断落时的第一步处置。

2．分析若异物缠绕在接触线上，且缠绕物在下垂时不可能触碰车体，不影响列车安全运行时的处置办法。

3．分析若异物缠绕在接触线上，缠绕物在下垂时有可能触碰车体，或缠绕物有可能影响列车安全运行时的处置办法。

4．分析若缠绕物为导电体且与车体接触造成变电所跳闸、触网断电时的处置办法。

5．分析行车调度员要求司机下车清理时的处置办法。

城轨电动列车驾驶员（二级）操作技能鉴定试题评分表及答案

试题代码：1.2.4。

试题名称：分析架空接触网上有异物的处置。

考核时间：30 min。

考生姓名：　　　　　　　　　　准考证号：

1. 试题评分表

评价要素	配分	得分
1	4	
2	4	
3	12	
4	12	
5	18	
合计	50	

考评员（签名）：

2. 参考答案

（1）评价要素 1：分析在运行中，当司机发现架空接触网电缆断落时的第一步处置。（4 分）

立即采取列车停车措施，确保行车安全。（得 4 分）

（2）评价要素 2：分析若异物缠绕在接触线上，且缠绕物在下垂时不可能触碰车体，不影响列车安全运行时的处置办法。（4 分）

允许列车限速 20 km/h 通过该区段。（得 4 分）

（3）评价要素 3：分析若异物缠绕在接触线上，缠绕物在下垂时有可能触碰车体，或缠绕物有可能影响列车安全运行时的处置办法。（12 分）

1）司机应立即停车，并将现场实际情况及时报告给行车调度员。（得 6 分）

2）待行车调度员通知有关人员到现场清除处理完毕后，司机可根据行车调度员的调度命令恢复运行。（得 6 分）

（4）评价要素4：分析若缠绕物为导电体且与车体接触造成变电所跳闸、触网断电时的处置办法。(12分)

1）司机应立即落弓并立刻向行车调度员报告具体情况，确认清楚后，根据现场情况关闭蓄电池开关，等待有关处理人员到达。(得6分)

2）待行车调度员通知有关人员到现场清除处理完毕并恢复送电后，司机可根据行车调度员的调度命令恢复运行。(得6分)

（5）评价要素5：分析行车调度员要求司机下车清理时的处置办法。(18分)

1）司机应先向行车调度员确认前方站已扣发相反方向运行的列车。在确认后，司机可根据实际情况，利用专用工具下车清除异物。(得6分)

2）下车后和处理时必须密切注意邻线车辆运行情况并做好高压安全防护工作，确保自身安全。经过清理的接触线应不影响本次列车、后续列车或邻线列车的正常运行。(得6分)

3）清理完毕后，司机应将处理情况及时报告给行车调度员，同时做好记录，并按调度命令尽快恢复运行。(得6分)

城轨电动列车驾驶员（二级）操作技能鉴定试题单

试题代码：2.1.1。

试题名称：ATC 系统初始化测试设置。

考核时间：30 min。

1. 操作条件

（1）在可以停放电动列车的场所进行。

（2）直流 1 500 V 触网。

2. 操作内容

（1）初始化发车测试准备工作。

（2）初始化发车测试。

3. 操作要求

（1）初始化发车测试准备工作正确，无遗漏。

（2）初始化发车测试正确，无遗漏。

（3）操作安全规范，无违规操作，无违章操作。

城轨电动列车驾驶员（二级）操作技能鉴定试题评分表及答案

考生姓名：　　　　　　　　　　　　准考证号：

1. 试题评分表

<table>
<tr><td colspan="2">试题代码及名称</td><td colspan="3">2.1.1 ATC 系统初始化测试设置</td><td colspan="5">考核时间</td><td>30 min</td></tr>
<tr><td colspan="2" rowspan="2">评价要素</td><td rowspan="2">配分</td><td rowspan="2">等级</td><td rowspan="2">评分细则</td><td colspan="5">评定等级</td><td rowspan="2">得分</td></tr>
<tr><td>A</td><td>B</td><td>C</td><td>D</td><td>E</td></tr>
<tr><td rowspan="5">1</td><td rowspan="5">初始化发车测试准备工作</td><td rowspan="5">15</td><td>A</td><td>按秩序做到全部 3 项</td><td rowspan="5"></td><td rowspan="5"></td><td rowspan="5"></td><td rowspan="5"></td><td rowspan="5"></td><td rowspan="5"></td></tr>
<tr><td>B</td><td>按秩序做到前 2 项</td></tr>
<tr><td>C</td><td>—</td></tr>
<tr><td>D</td><td>—</td></tr>
<tr><td>E</td><td>其他情况</td></tr>
<tr><td rowspan="5">2</td><td rowspan="5">初始化发车测试</td><td rowspan="5">30</td><td>A</td><td>按秩序做到全部 7 项</td><td rowspan="5"></td><td rowspan="5"></td><td rowspan="5"></td><td rowspan="5"></td><td rowspan="5"></td><td rowspan="5"></td></tr>
<tr><td>B</td><td>按秩序做到前 6 项</td></tr>
<tr><td>C</td><td>按秩序做到前 5 项</td></tr>
<tr><td>D</td><td>按秩序做到前 4 项</td></tr>
<tr><td>E</td><td>其他情况</td></tr>
<tr><td rowspan="5">3</td><td rowspan="5">操作安全规范
（1）按规定穿戴劳防用品
（2）无超速运行
（3）无冒进信号
（4）无危及人身安全的行为</td><td rowspan="5">5</td><td>A</td><td>4 项全部做到</td><td rowspan="5"></td><td rowspan="5"></td><td rowspan="5"></td><td rowspan="5"></td><td rowspan="5"></td><td rowspan="5"></td></tr>
<tr><td>B</td><td>—</td></tr>
<tr><td>C</td><td>—</td></tr>
<tr><td>D</td><td>—</td></tr>
<tr><td>E</td><td>违反其中 1 项，
该试题按 0 分处理</td></tr>
<tr><td colspan="2">合计配分</td><td>50</td><td colspan="7">合计得分</td><td></td></tr>
</table>

考评员（签名）：

等级	A（优）	B（良）	C（尚可）	D（较差）	E（差或未答题）
比值	1.0	0.8	0.6	0.2	0

“评价要素”得分 = 配分 × 等级比值。

2. 参考答案

（1）评价要素 1。

第 1 步：把主控制器放在全常用制动位置。

第 2 步：把模式方向手柄放在手动向前位置。

第 3 步：打开车辆电路断路器 ATP1 和 ATP2。

（2）评价要素 2。

第 1 步：把车辆钥匙转到 ON 位置。

第 2 步：把测试面板上的 ATP 选择开关放在 ATP1 位置。如果 ATP 选择开关在并行位置，日检测试将被禁止。

第 3 步：把测试面板上的码率选择器开关放在 0 km/h 位置。

第 4 步：把机架上的 ATC1 和 ATC2 电源开关 SW1 和 SW2 放在 ON 位置。在上电后系统大约需要 10 s 初始化系统。

第 5 步：把测试面板上的测试钥匙放在测试位置。

第 6 步：核实车门关闭且列车没有移动。

第 7 步：一旦在测试模式，移动主控制器到制动位，但不要到全常用制动位置，这样在测试期间将允许声音告警。

城轨电动列车驾驶员（二级）操作技能鉴定
试题单

试题代码：2.2.2。

试题名称：西门子 A 型车在 Micro Cabmatic Ⅲ ATC 系统中车载信号故障处置分析。

考核时间：45 min。

试题要求

1．西门子 A 型车停站过程中程序停车灯未点亮的故障处置分析。

2．西门子 A 型车停站后允许开门灯不亮的故障处置分析。

3．西门子 A 型车停站过程中程序停车灯亮，但列车无明显执行制动、停站趋势的故障处置分析。

4．西门子 A 型车在正线运营过程中无限速码的故障处置分析。

5．西门子 A 型车在正常行驶过程中限速码接收正常情况下，突然发生制动的故障处置分析。

6．西门子 A 型车发生制动不缓解的故障处置分析。

城轨电动列车驾驶员（二级）操作技能鉴定
答题卷

试题代码：2. 2. 2。

试题名称：西门子 A 型车在 Micro Cabmatic Ⅲ ATC 系统中车载信号故障处置分析。

考核时间：45 min。

考生姓名：　　　　　　　　　　　　准考证号：

1．西门子 A 型车停站过程中程序停车灯未点亮的故障处置分析。

2．西门子 A 型车停站后允许开门灯不亮的故障处置分析。

3．西门子 A 型车停站过程中程序停车灯亮，但列车无明显执行制动、停站趋势的故障处置分析。

4．西门子 A 型车在正线运营过程中无限速码的故障处置分析。

5．西门子 A 型车在正常行驶过程中限速码接收正常情况下，突然发生制动的故障处置分析。

6．西门子 A 型车发生制动不缓解的故障处置分析。

城轨电动列车驾驶员（二级）操作技能鉴定
试题评分表及答案

试题代码：2.2.2。

试题名称：西门子 A 型车在 Micro Cabmatic Ⅲ ATC 系统中车载信号故障处置分析。

考核时间：45 min。

考生姓名：　　　　　　　　　　　　　准考证号：

1．试题评分表

评价要素	配分	得分
1	8	
2	10	
3	8	
4	8	
5	8	
6	8	
合计	50	

考评员（签名）：

2．参考答案

（1）评价要素 1：西门子 A 型车停站过程中程序停车灯未点亮的故障处置分析。（8 分）

1）列车到达进站站界标时，如果程序停车灯未点亮，立即按下 ATO 停车按钮，在列车停车后，以人工 ATP 模式驾驶列车对位停站。（得 5 分）

2）恢复 ATO 模式驾驶。（得 3 分）

（2）评价要素 2：西门子 A 型车停站后允许开门灯不亮的故障处置分析。（10 分）

1）确认列车是否停准（以停车牌对准司机室门中心线为中心，前后误差为 25 cm），若未停准，按下列车停站按钮，进行开、关门操作。（得 4 分）

2）若已停准，开门灯仍不亮。将 ATP 门控开关旁路后，再进行开关门操作。恢复 ATP 门控旁路开关。（得 4 分）

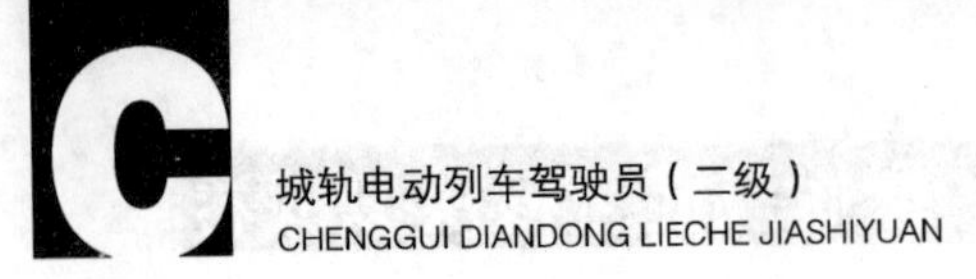

3）恢复原驾驶模式运行。（得 2 分）

（3）评价要素 3：西门子 A 型车停站过程中程序停车灯亮，但列车无明显执行制动、停站趋势的故障处置分析。（8 分）

1）立即执行紧急制动；待停车后转换主控制器钥匙，使系统重启。以人工 ATP 模式驾驶列车对位停站。（得 5 分）

2）恢复 ATO 模式驾驶。（得 3 分）

（4）评价要素 4：西门子 A 型车在正线运营过程中无限速码的故障处置分析。（8 分）

1）与总调确认轨旁行车条件；如果行车条件许可，但仍无速度码，切换 ATP 选择开关，启动备用设备。（得 5 分）

2）待速度码正常后，恢复原驾驶模式运行。（得 3 分）

（5）评价要素 5：西门子 A 型车在正常行驶过程中限速码接收正常情况下，突然发生制动的故障处置分析。（8 分）

1）待列车完全停下后，检查车门状态信息是否为全关闭；如果车门为全关闭状态，切换 ATP 选择开关，启动备用设备。（得 5 分）

2）待速度码正常后，恢复原驾驶模式运行。（得 3 分）

（6）评价要素 6：西门子 A 型车发生制动不缓解的故障处置分析。（8 分）

1）待列车完全停下后，重新启动司机室背面 ATP1 和 ATP2 的电源空气开关或开关主控制器钥匙。（得 5 分）

2）待制动缓解后，恢复原驾驶模式运行。（得 3 分）

城轨电动列车驾驶员（二级）操作技能鉴定试题单

试题代码：3. 1. 2。

试题名称：分析列车折返作业。

考核时间：45 min。

试题要求

1. 分析折返与折返作业的定义。
2. 分析站前折返的特点，并画出简图说明。
3. 说明列车折返作业的安全规定。

城轨电动列车驾驶员（二级）操作技能鉴定答题卷

试题代码：3. 1. 2。

试题名称：分析列车折返作业。

考核时间：45 min。

考生姓名：　　　　　　　　　　　　　准考证号：

1. 分析折返与折返作业的定义。

2. 分析站前折返的特点，并画出简图说明。

3. 说明列车折返作业的安全规定。

城轨电动列车驾驶员（二级）操作技能鉴定试题评分表及答案

试题代码：3. 1. 2。

试题名称：分析列车折返作业。

考核时间：45 min。

考生姓名：　　　　　　　　　　　　准考证号：

1. 试题评分表

评价要素	配分	得分
1	30	
2	30	
3	40	
合计	100	

考评员（签名）：

2. 参考答案

（1）评价要素 1：分析折返与折返作业的定义。(30 分)

1）折返。城市轨道交通运行列车的折返是指该次列车运行至图定的终点站或指定地点后进入规定线路，改变运行方向回到图定位置准备重新始发的过程。(得 10 分)

2）折返作业。折返作业是指司机驾驶列车到达终点站或指定地点按有关规定完成折返操作的程序与步骤。(得 10 分)

3）折返是调车的特殊形式。列车从始发站出发，到达终点站后，进行了清客等作业，退出运营，在规定的折返线进行转线，由于没有获得新的经注册车次号，因此可以把折返过程看成是调车作业的特殊形式。(得 10 分)

（2）评价要素 2：分析站前折返的特点，并画出简图说明。(30 分)

1）列车在中间站或终点站利用站前渡线进行折返作业。站前折返方式由于渡线设置在站前，可以在一定程度上减少项目建设的投资，缩短列车走行距离。(得 5 分)

2）但列车折返会占用区间线路，从而影响后续列车闭塞，并且对行车安全保障要求较高。(得 5 分)

3）城市轨道交通行车组织中较少采用这种折返模式，特别是在行车密度高、列车运行间隔短的条件下，一般不会采用站前折返方式。（得 10 分）

4）（得 10 分）

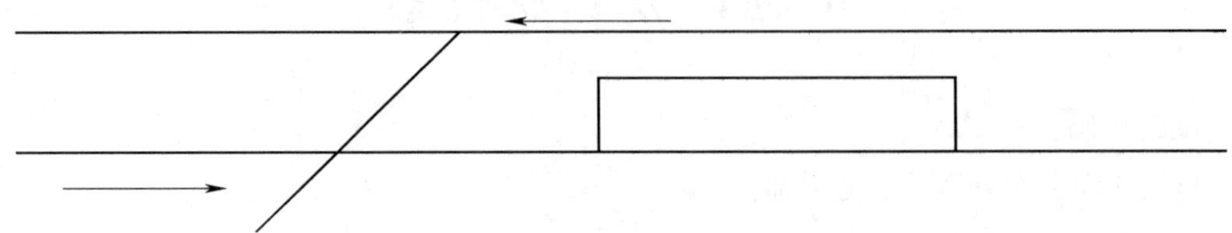

（3）评价要素 3：说明列车折返作业的安全规定。（40 分）

1）在办理列车折返、转线、调车作业中，如果需要临时变更进路，操作人员必须在折返作业开始前通知有关列车司机，司机应复诵表示确认，得到回示后方可进行变更进路的操作。（得 10 分）

2）变更进路完成后，操作人员应通知列车司机，准许列车恢复或开始进行折返作业。（得 6 分）

3）如果列车已启动，不得擅自变更该列车的运行进路。（得 6 分）

4）列车司机在折返动车前必须确认列车已清客，禁止将乘客以及与行车无关人员、无关物品带入折返线内，防止发生意外事件。（得 6 分）

5）列车进入或驶出折返线前，司机必须确认道岔防护信号显示正常，折返中必须按规定位置停车。（得 6 分）

6）列车折返时，司机应按操作规程与安全规定驾驶列车，按运行图要求及时折返列车。（得 6 分）

附录　列车综合电路图

西门子 A 型列车综合电路图目录

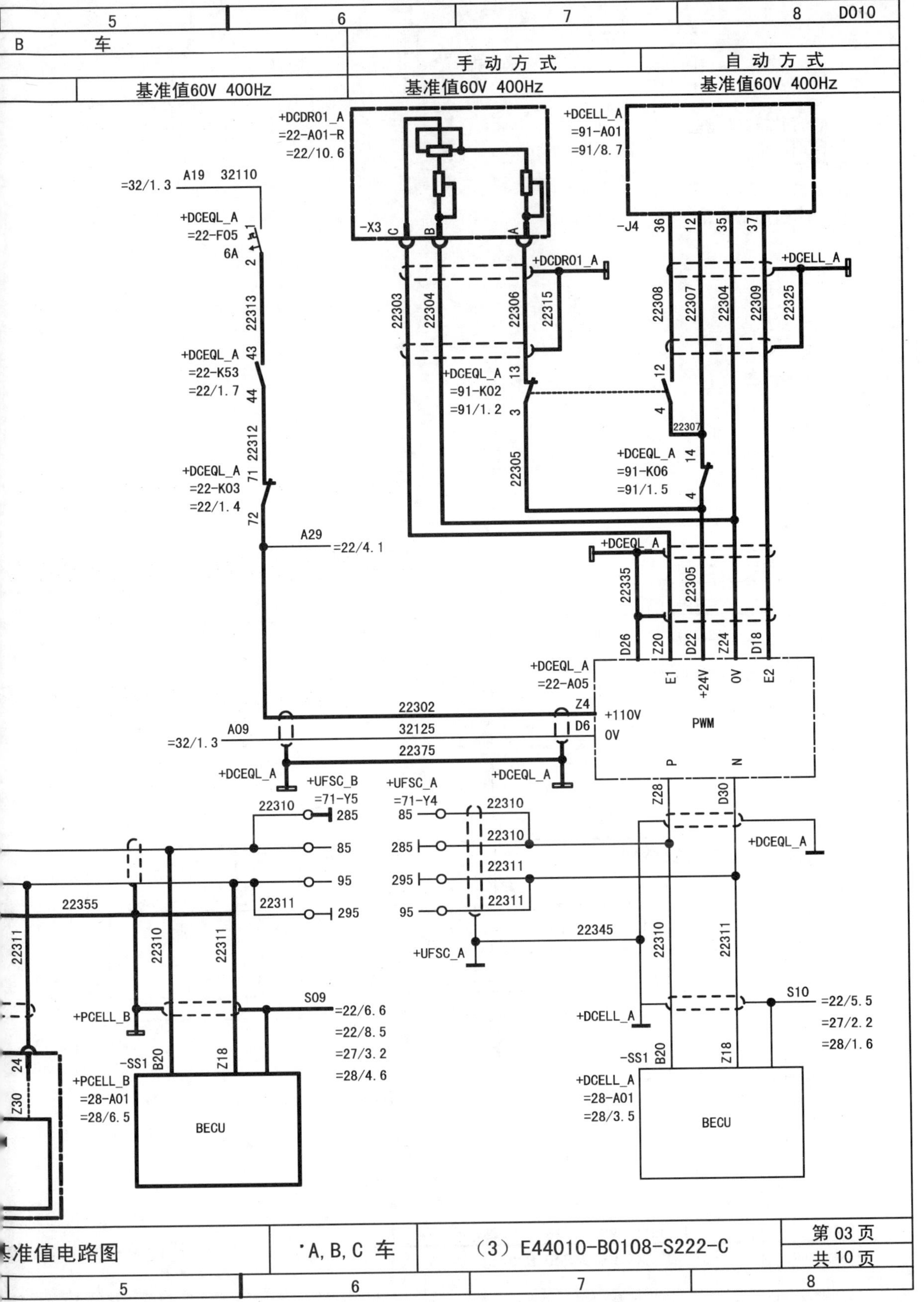
5
6
7
8
D010
B 车
手动方式
自动方式
基准值60V 400Hz
基准值60V 400Hz
基准值60V 400Hz
+DCDR01_A
=22-A01-R
=22/10.6
-X3
+DCELL_A
=91-A01
=91/8.7
-J4
=32/1.3
A19
32110
+DCEQL_A
=22-F05
6A
22313
+DCEQL_A
=22-K53
=22/1.7
22312
+DCEQL_A
=22-K03
=22/1.4
A29
=22/4.1
22303
22304
22306
22315
+DCDR01_A
22308
22307
22304
22309
22325
+DCELL_A
+DCEQL_A
=91-K02
=91/1.2
22305
+DCEQL_A
=91-K06
=91/1.5
22307
+DCEQL_A
22335
22305
D26
Z20
D22
Z24
D18
+DCEQL_A
=22-A05
E1
+24V
0V
E2
PWM
+110V
0V
P
N
22302
32125
22375
A09
=32/1.3
+DCEQL_A
+UFSC_B
=71-Y5
+UFSC_A
=71-Y4
22310
285
85
95
295
22311
22355
22345
+UFSC_A
Z28
D30
+PCELL_B
S09
=22/6.6
=22/8.5
=27/3.2
=28/4.6
-SS1
B20
Z18
+PCELL_B
=28-A01
=28/6.5
BECU
S10
=22/5.5
=27/2.2
=28/1.6
+DCELL_A
=28-A01
=28/3.5
Z30
24
基准值电路图
·A,B,C 车
(3) E44010-B0108-S222-C
第03页
共10页

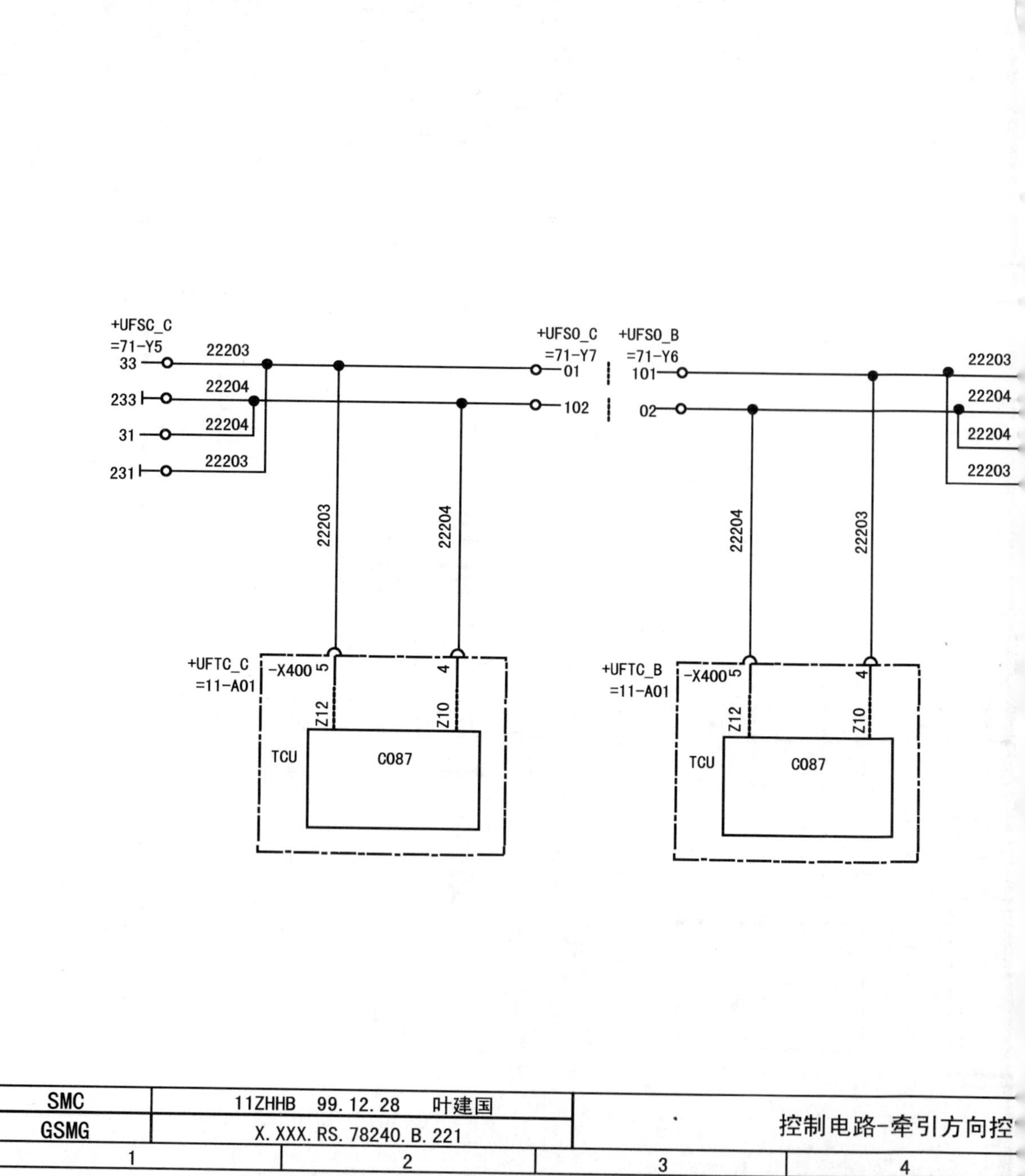

SMC	11ZHHB 99.12.28 叶建国	控制电路-牵引方向控
GSMG	X.XXX.RS.78240.B.221	

1	2	3	4

图

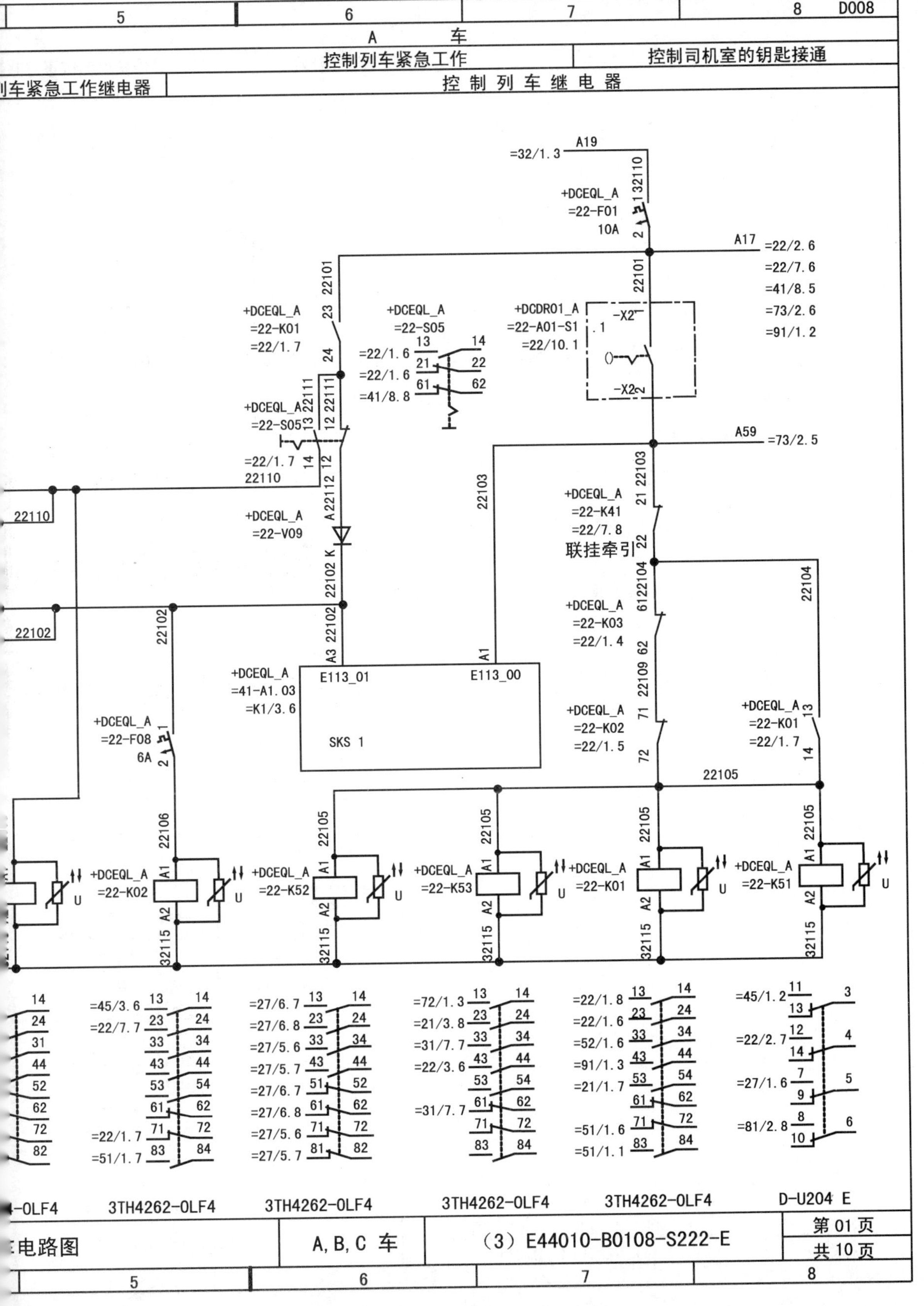
D008
A 车
控制列车紧急工作
控制司机室的钥匙接通
列车紧急工作继电器
控 制 列 车 继 电 器
A19
=32/1.3
+DCEQL_A
=22-F01
10A
A17
=22/2.6
=22/7.6
=41/8.5
=73/2.6
=91/1.2
+DCEQL_A
=22-K01
=22/1.7
+DCEQL_A
=22-S05
+DCDR01_A
=22-A01-S1
=22/10.1
A59
=73/2.5
+DCEQL_A
=22-K41
=22/7.8
联挂牵引
+DCEQL_A
=22-V09
+DCEQL_A
=22-K03
=22/1.4
+DCEQL_A
=41-A1.03
=K1/3.6
E113_01
E113_00
SKS 1
+DCEQL_A
=22-F08
6A
+DCEQL_A
=22-K02
=22/1.5
+DCEQL_A
=22-K01
=22/1.7
+DCEQL_A
=22-K02
+DCEQL_A
=22-K52
+DCEQL_A
=22-K53
+DCEQL_A
=22-K01
+DCEQL_A
=22-K51
3TH4262-OLF4
3TH4262-OLF4
3TH4262-OLF4
3TH4262-OLF4
D-U204 E
电路图
A, B, C 车
（3）E44010-B0108-S222-E
第 01 页
共 10 页

1
2
3
4
C 车
B 车
本车弓升好
本车弓落到位的位置传感
本车弓落到位继电器
=21/2.8
B37
21215
21215
+CBRF03_B
=11-X11
-S1
BN
BU
+UFSC_C
=71-Y5
79
21405
279
21405
+UFSD_C
=71-Y7
139
+UFSD_B
=71-Y6
39
21405
+PCEQL_B
=21-K13
13
21405
+PCEQL_C
=72-K04
=72/2.3
83
84
车末端
+PCEQL_B
=21-K13
=21/4.4
21
22
21404
78
21404
278
21404
41
141
21410
21407
A7
+PCEQL_B
=41-A2.02
=K2/3.4
E122_03
SKS 2
+PCEQL_B
=21-K13
A1
A2
U
32115
B09
=32/2.7
=21/4.4
=21/4.3
13
14
21
22
31
32
43
44
3TH4022-0LF4
SMC
11ZHHB 99.11.25 叶建国
GSMG
X.XXX.RS.78240.B.211
控制电路-受电弓的工作控

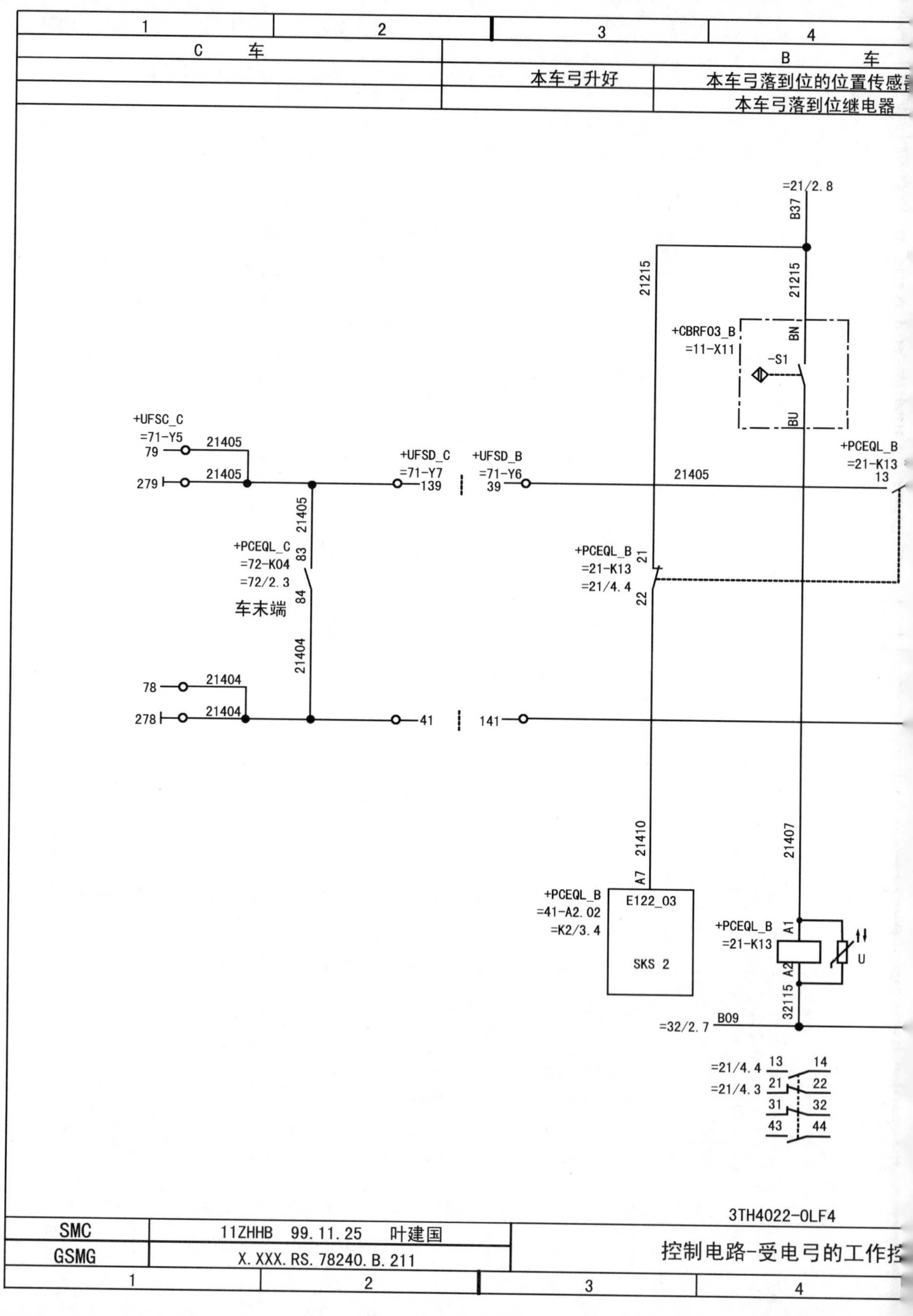

图

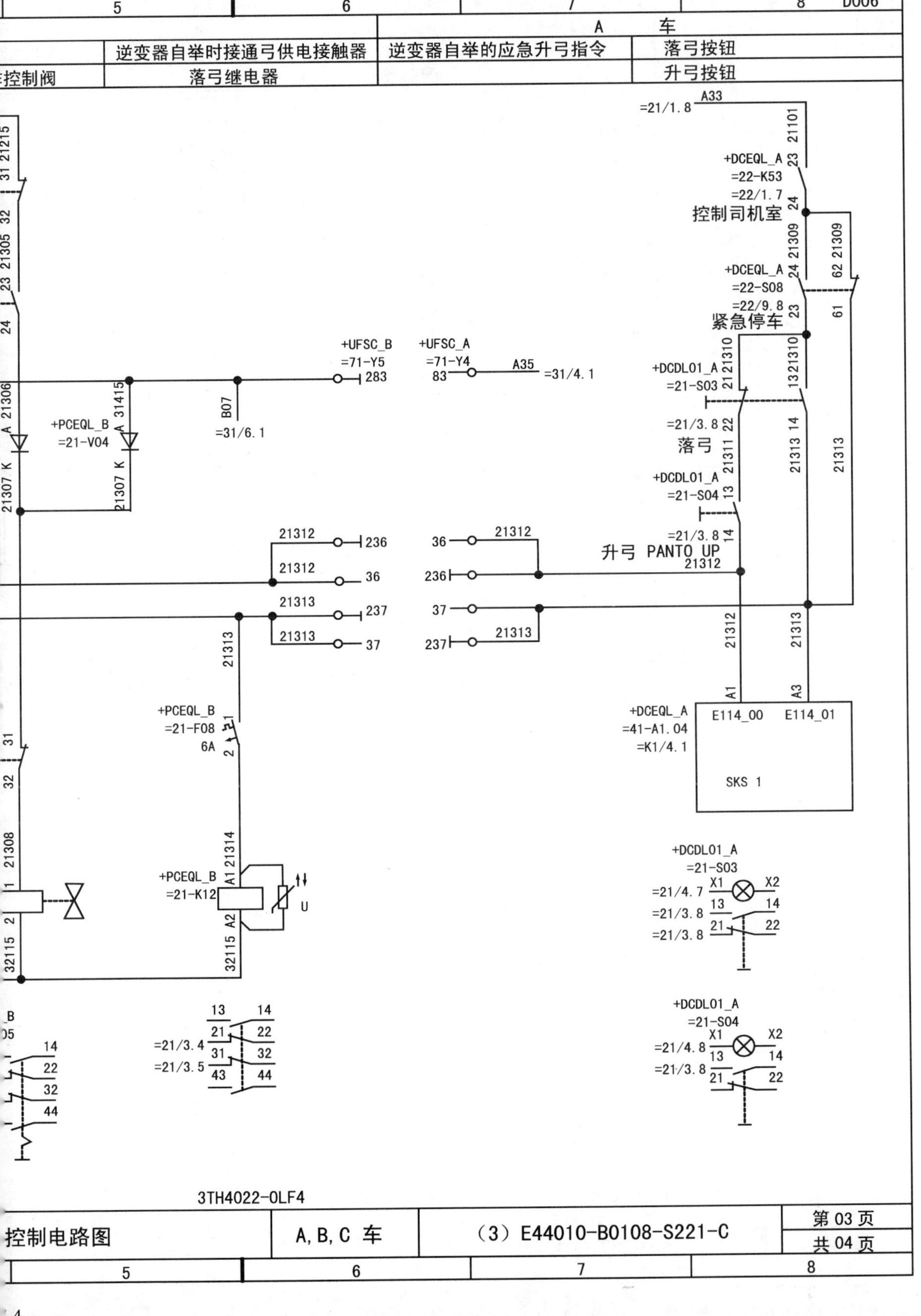

控制电路图	A, B, C 车	（3）E44010-B0108-S221-C	第 03 页
			共 04 页

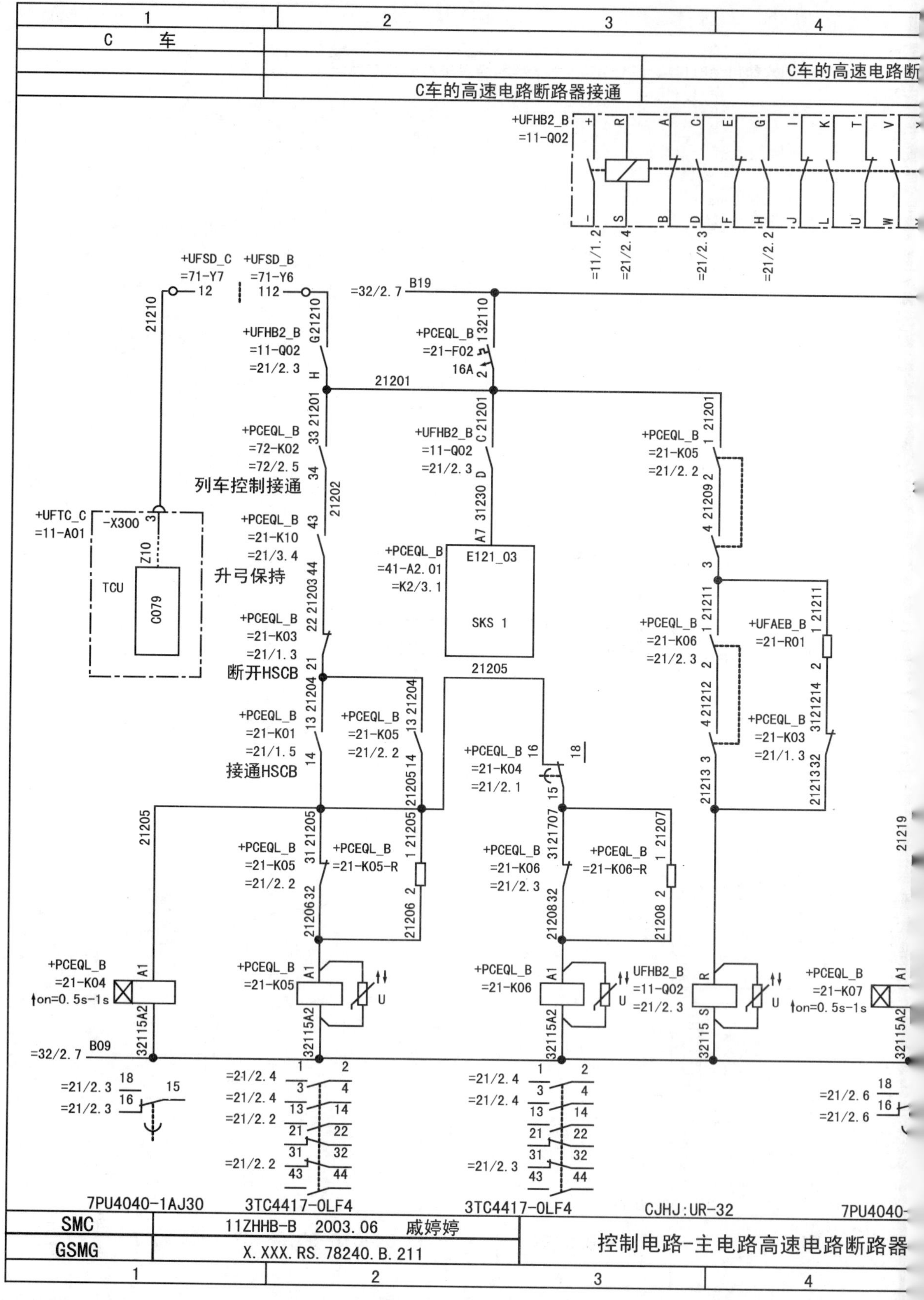
C 车
C车的高速电路断路器接通
C车的高速电路断
+UFHB2_B
=11-Q02
+UFSD_C
=71-Y7
+UFSD_B
=71-Y6
21210
=32/2.7
B19
+UFHB2_B
=11-Q02
=21/2.3
+PCEQL_B
=21-F02
16A
21201
+PCEQL_B
=72-K02
=72/2.5
列车控制接通
+UFHB2_B
=11-Q02
=21/2.3
+PCEQL_B
=21-K05
=21/2.2
+UFTC_C
=11-A01
-X300
TCU
C079
+PCEQL_B
=21-K10
=21/3.4
升弓保持
+PCEQL_B
=41-A2.01
=K2/3.1
E121_03
SKS 1
+PCEQL_B
=21-K03
=21/1.3
断开HSCB
+PCEQL_B
=21-K06
=21/2.3
+UFAEB_B
=21-R01
+PCEQL_B
=21-K01
=21/1.5
接通HSCB
+PCEQL_B
=21-K05
=21/2.2
+PCEQL_B
=21-K04
=21/2.1
+PCEQL_B
=21-K03
=21/1.3
21205
+PCEQL_B
=21-K05-R
+PCEQL_B
=21-K06-R
21219
+PCEQL_B
=21-K04
on=0.5s-1s
+PCEQL_B
=21-K05
+PCEQL_B
=21-K06
UFHB2_B
=11-Q02
=21/2.3
+PCEQL_B
=21-K07
on=0.5s-1s
B09
=32/2.7
7PU4040-1AJ30
3TC4417-0LF4
3TC4417-0LF4
CJHJ:UR-32
7PU4040-
SMC
11ZHHB-B 2003.06 戚婷婷
GSMG
X.XXX.RS.78240.B.211
控制电路-主电路高速电路断路器

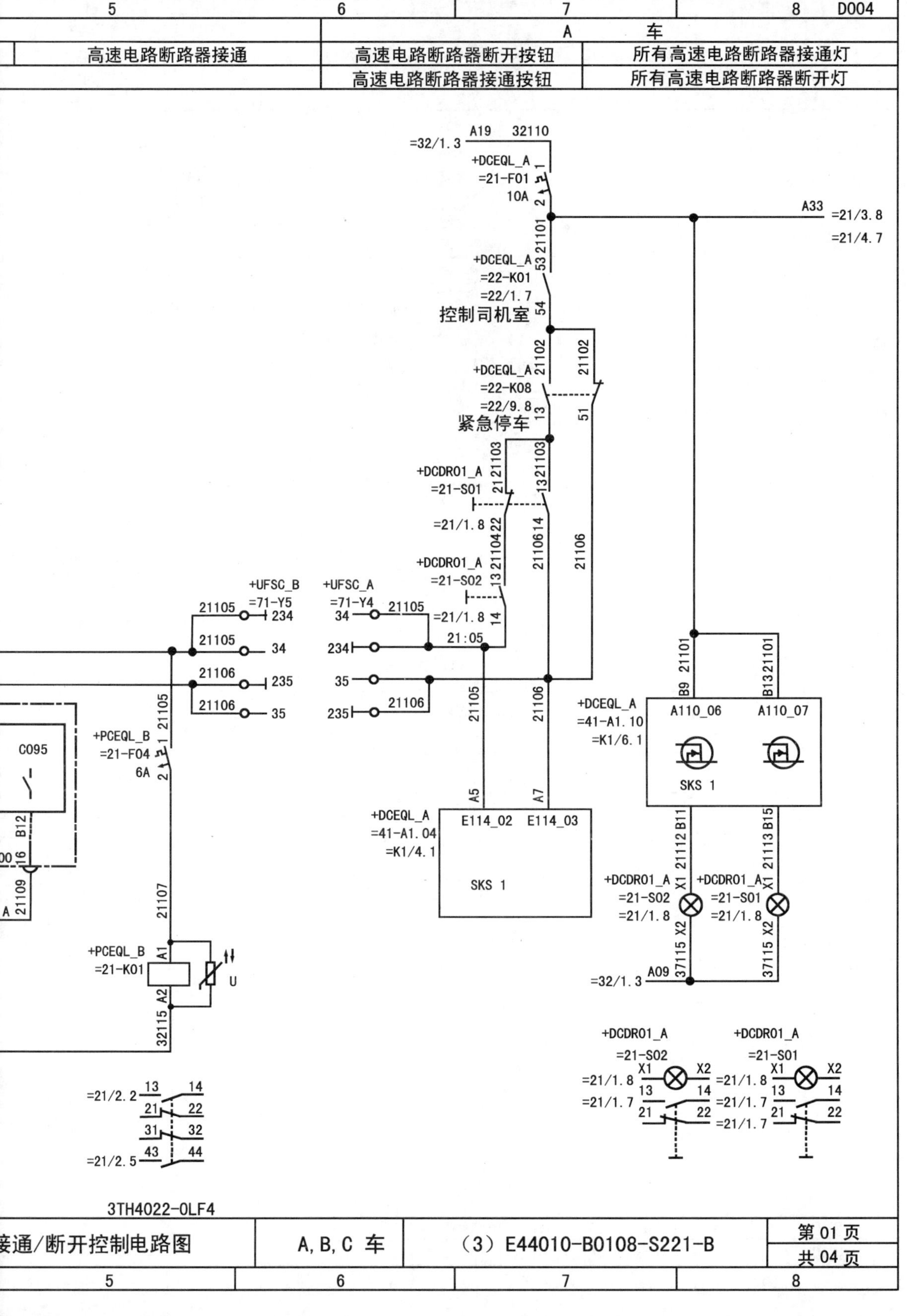
5
6
7
8
D004
A 车
高速电路断路器接通
高速电路断路器断开按钮
所有高速电路断路器接通灯
高速电路断路器接通按钮
所有高速电路断路器断开灯
控制司机室
紧急停车
+DCEQL_A
=21-F01
10A
=22-K01
=22/1.7
=22-K08
=22/9.8
+DCDR01_A
=21-S01
=21-S02
=21/1.8
=21/1.7
+UFSC_B
=71-Y5
+UFSC_A
=71-Y4
+PCEQL_B
=21-F04
6A
=21-K01
C095
SKS 1
=41-A1.10
=K1/6.1
=41-A1.04
=K1/4.1
A110_06
A110_07
E114_02
E114_03
A33
=21/3.8
=21/4.7
=32/1.3
A09
A19
=21/2.2
=21/2.5
3TH4022-0LF4
接通/断开控制电路图
A,B,C 车
（3）E44010-B0108-S221-B
第 01 页
共 04 页

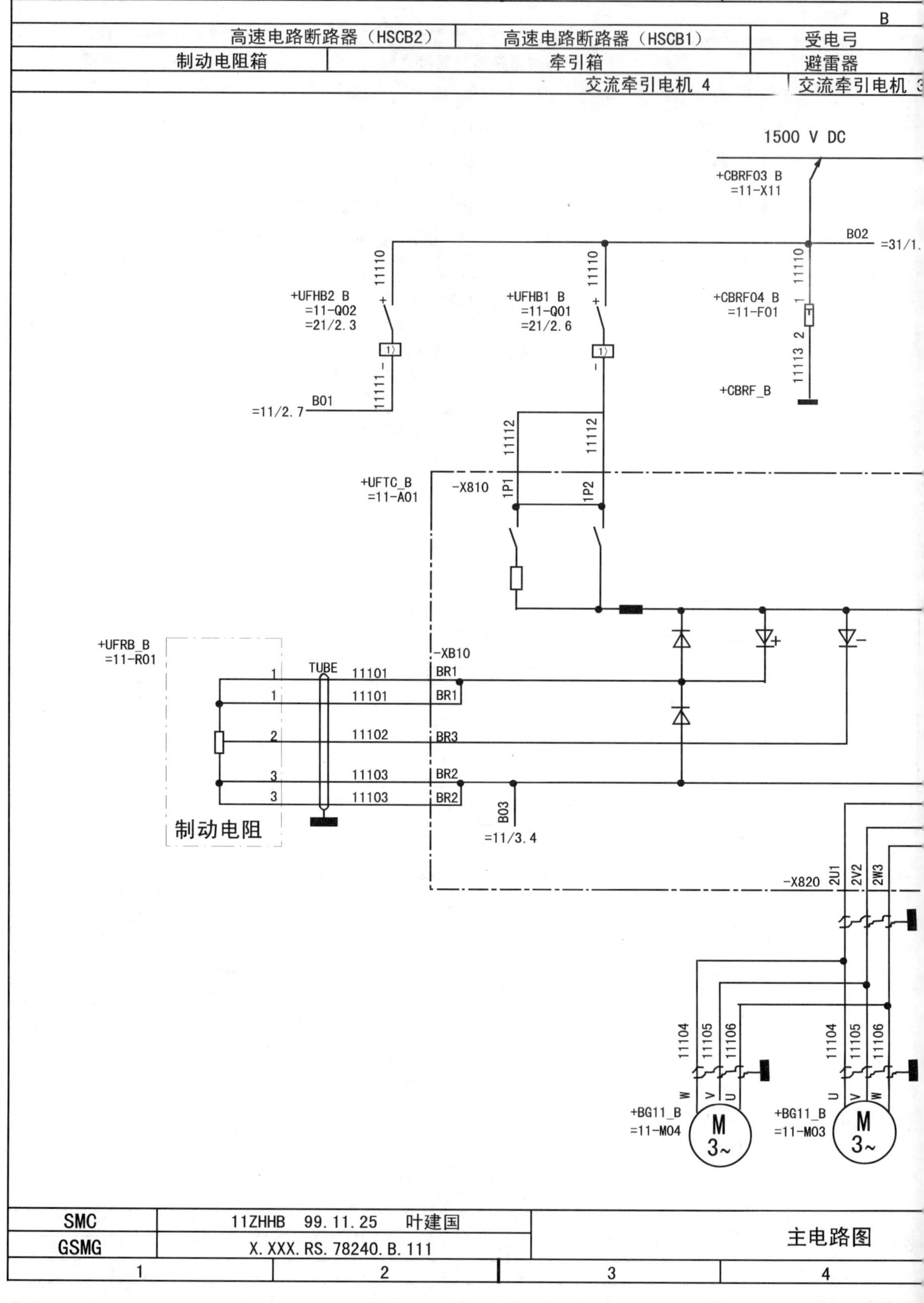

1
2
3
4
B
高速电路断路器（HSCB2）
高速电路断路器（HSCB1）
受电弓
制动电阻箱
牵引箱
避雷器
交流牵引电机 4
交流牵引电机 3
1500 V DC
+CBRF03 B
=11-X11
B02
=31/1.
11110
+UFHB2 B
=11-Q02
=21/2.3
+UFHB1 B
=11-Q01
=21/2.6
+CBRF04 B
=11-F01
11111
B01
=11/2.7
11113
+CBRF_B
11112
+UFTC_B
=11-A01
-X810
1P1
1P2
+UFRB_B
=11-R01
-XB10
TUBE
11101
BR1
11102
BR3
11103
BR2
B03
=11/3.4
制动电阻
-X820
2U1
2V2
2W3
11104
11105
11106
+BG11_B
=11-M04
=11-M03
M
3~
SMC
11ZHHB 99.11.25 叶建国
GSMG
X.XXX.RS.78240.B.111
主电路图

5	6	7	8 D001

车

交流牵引电机 2 | 交流牵引电机 1

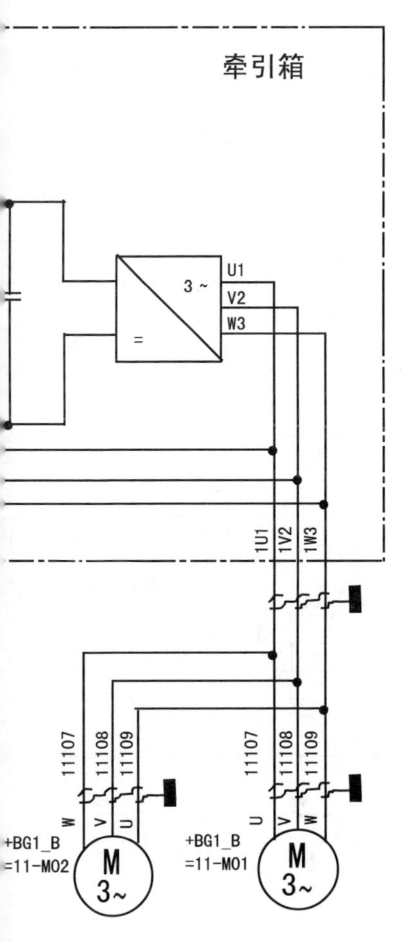

	B 车	（3）E44010-B0108-S211-A	第 01 页 共 03 页
5	6	7	8

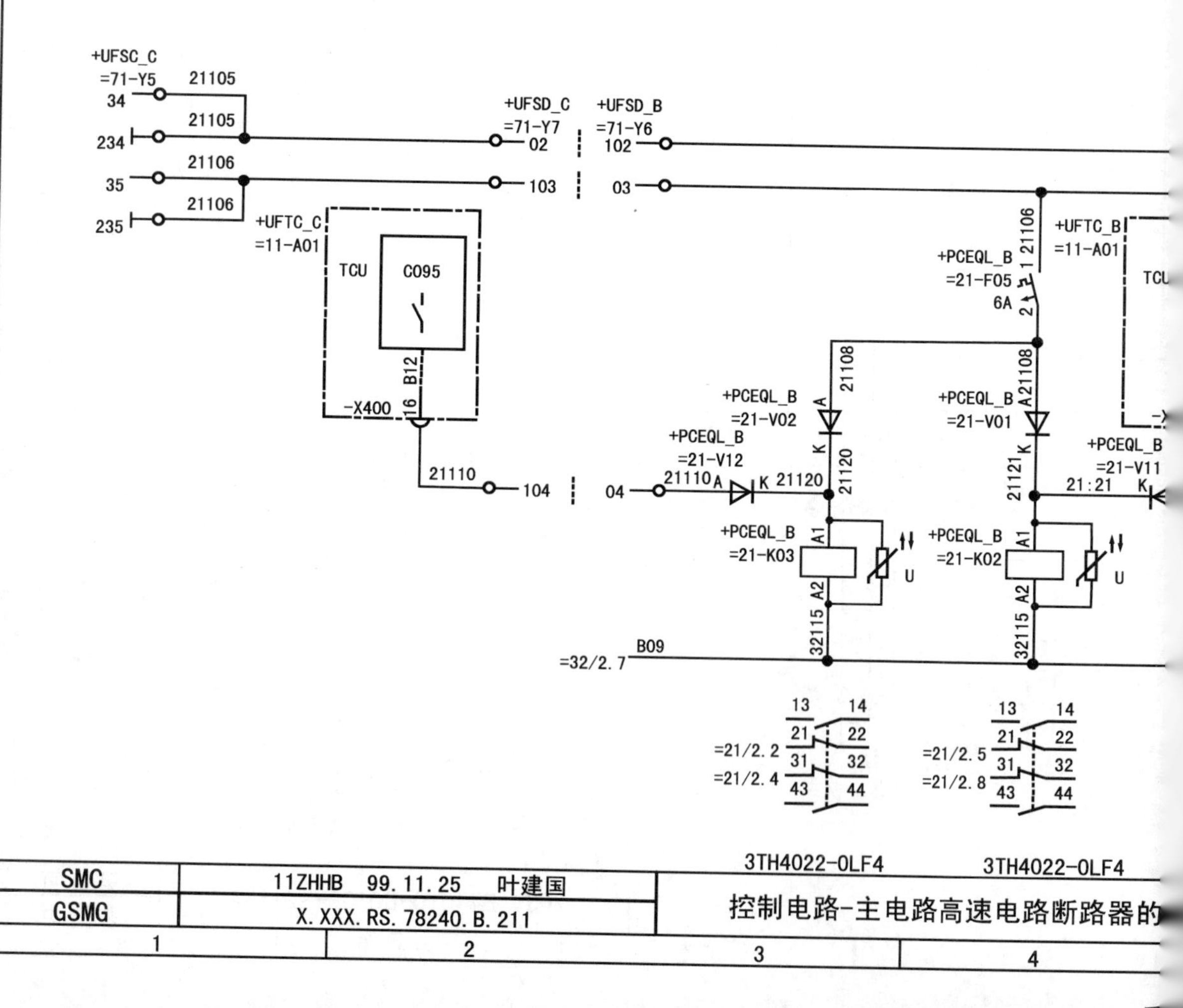

SMC	11ZHHB 99.11.25 叶建国	3TH4022-0LF4	3TH4022-0LF4
GSMG	X.XXX.RS.78240.B.211	控制电路-主电路高速电路断路器的	
1	2	3	4

图

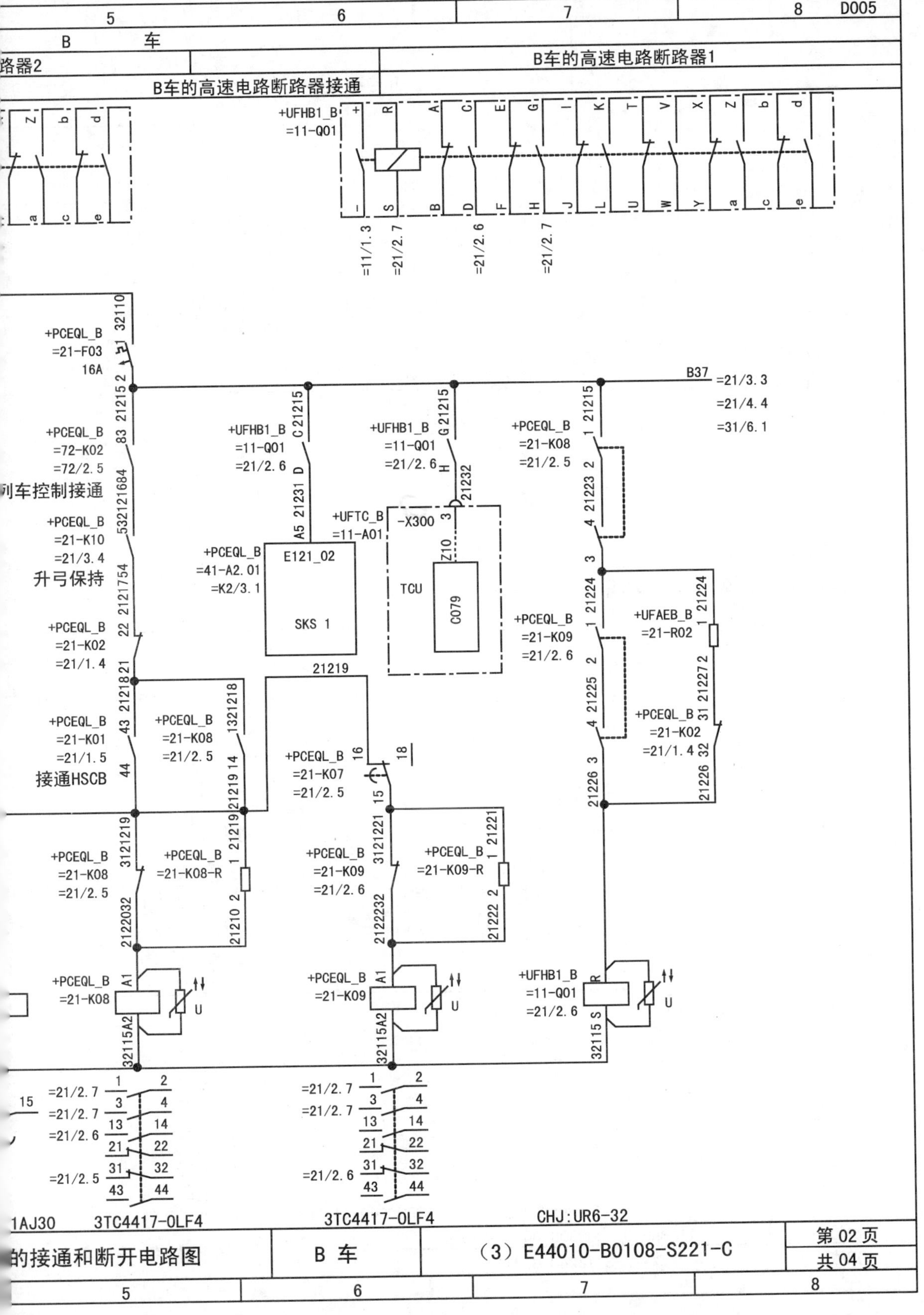

5
6
7
8
D005
B 车
路器2
B车的高速电路断路器1
B车的高速电路断路器接通
+UFHB1_B
=11-Q01
=11/1.3
=21/2.7
=21/2.6
=21/2.7
+PCEQL_B
=21-F03
16A
32110
B37
=21/3.3
=21/4.4
=31/6.1
21215
+UFHB1_B
=11-Q01
=21/2.6
C 21215
D
21231
A5
+PCEQL_B
=41-A2.01
=K2/3.1
E121_02
SKS 1
G 21215
H
21232
+UFTC_B
=11-A01
-X300
3
Z10
TCU
C079
21219
+PCEQL_B
=72-K02
=72/2.5
列车控制接通
532121684
+PCEQL_B
=21-K10
=21/3.4
升弓保持
2121754
+PCEQL_B
=21-K02
=21/1.4
212182
+PCEQL_B
=21-K01
=21/1.5
接通HSCB
+PCEQL_B
=21-K08
=21/2.5
1321218
2121914
3121219
+PCEQL_B
=21-K08-R
21210
2122032
+PCEQL_B
=21-K08
32115A2
+PCEQL_B
=21-K07
=21/2.5
+PCEQL_B
=21-K09
=21/2.6
3121221
+PCEQL_B
=21-K09-R
21221
21222
2122232
+PCEQL_B
=21-K09
+PCEQL_B
=21-K08
=21/2.5
21223
21224
+UFAEB_B
=21-R02
212272
+PCEQL_B
=21-K02
=21/1.4
21225
21226
+PCEQL_B
=21-K09
=21/2.6
+UFHB1_B
=11-Q01
=21/2.6
32115 S
R
U
1AJ30
3TC4417-0LF4
3TC4417-0LF4
CHJ:UR6-32
的接通和断开电路图
B 车
（3）E44010-B0108-S221-C
第 02 页
共 04 页

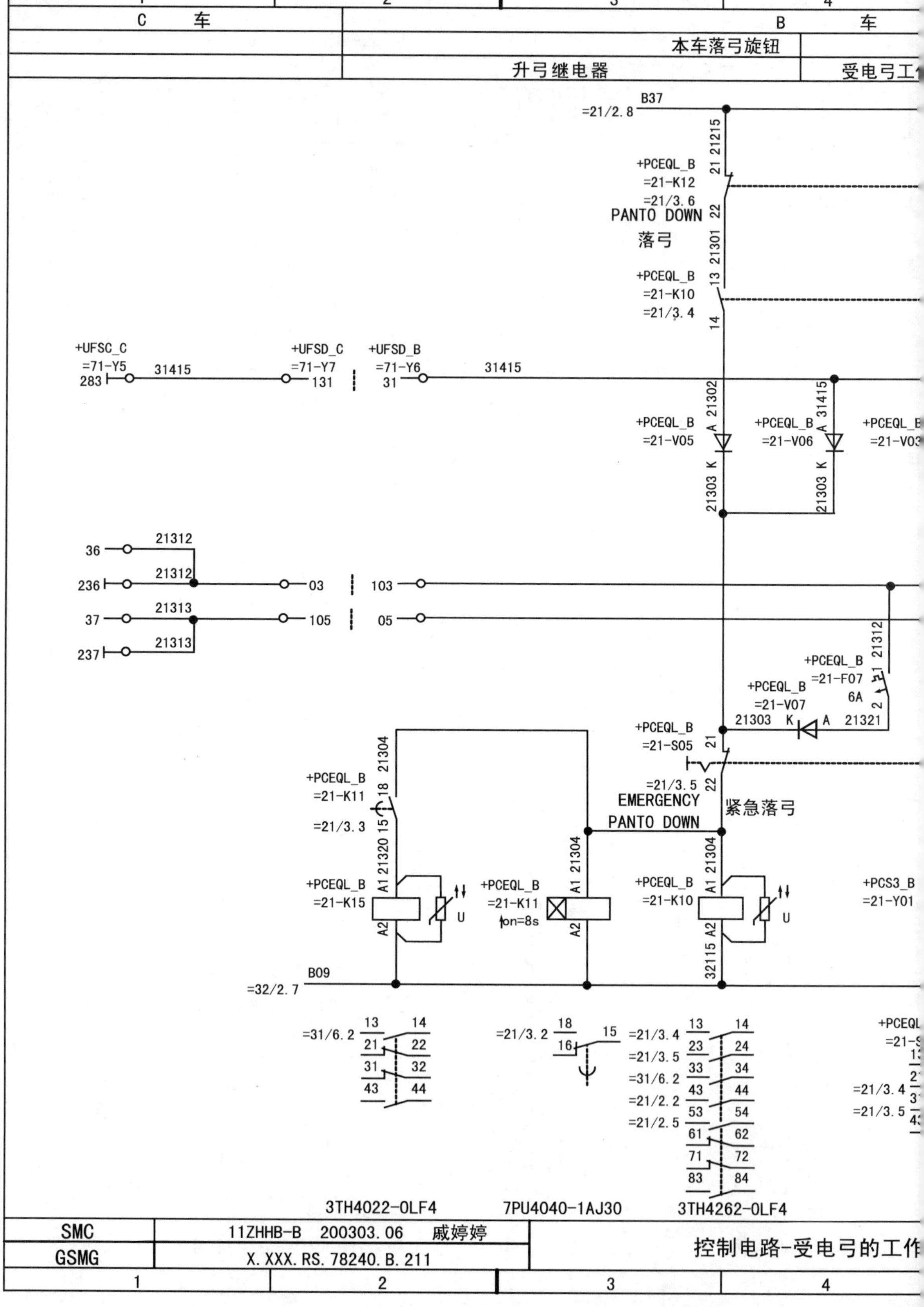
C 车
B 车
本车落弓旋钮
升弓继电器
受电弓工
B37
=21/2.8
+PCEQL_B
=21-K12
=21/3.6
PANTO DOWN
落弓
=21-K10
=21/3.4
+UFSC_C
=71-Y5
283
31415
+UFSD_C
=71-Y7
131
+UFSD_B
=71-Y6
31
=21-V05
=21-V06
=21-V03
36
236
37
237
21312
21313
03
105
103
05
=21-F07
6A
=21-V07
=21-S05
=21/3.5
EMERGENCY
PANTO DOWN
紧急落弓
=21-K11
=21/3.3
=21-K15
ton=8s
+PCS3_B
=21-Y01
B09
=32/2.7
=31/6.2
=21/3.2
=21/2.2
=21/2.5
3TH4022-0LF4
7PU4040-1AJ30
3TH4262-0LF4
SMC
11ZHHB-B 200303.06 戚婷婷
GSMG
X.XXX.RS.78240.B.211
控制电路-受电弓的工作

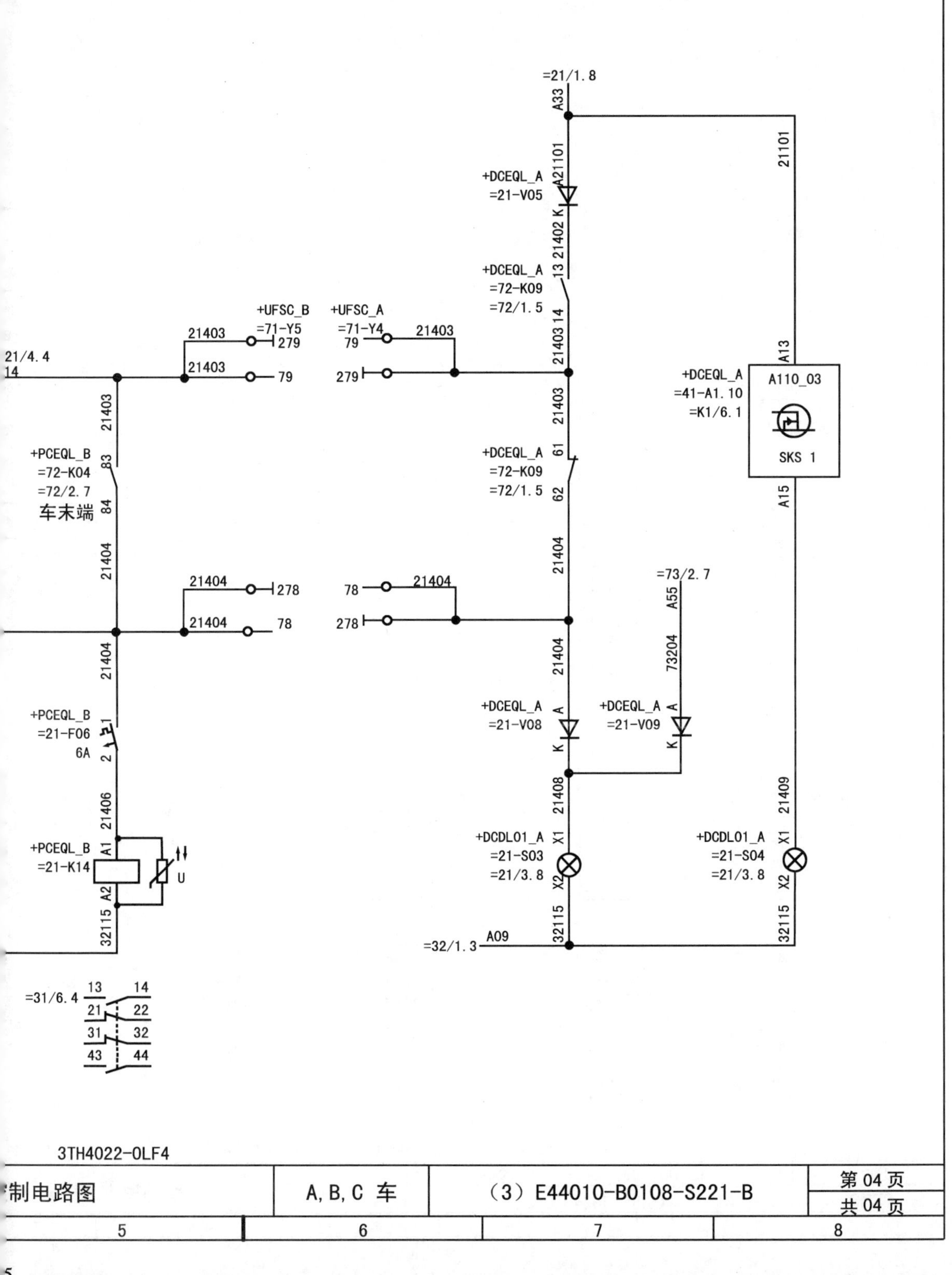
5
6
7
8
D007
A 车
所有弓落下指示灯
所有弓升好指示灯
所有弓落下继电器
=21/1.8
A33
21101
+DCEQL_A
=21-V05
A21101
K
21402
13
+DCEQL_A
=72-K09
=72/1.5
14
+UFSC_B
=71-Y5
279
+UFSC_A
=71-Y4
79
21403
21/4.4
14
21403
79
279
+DCEQL_A
=41-A1.10
=K1/6.1
A110_03
SKS 1
A13
A15
+PCEQL_B
=72-K04
=72/2.7
车末端
83
84
61
62
21404
278
78
=73/2.7
A55
73204
+DCEQL_A
=21-V08
+DCEQL_A
=21-V09
A
K
+PCEQL_B
=21-F06
6A
21406
21408
21409
+DCDL01_A
=21-S03
=21/3.8
+DCDL01_A
=21-S04
=21/3.8
X1
X2
+PCEQL_B
=21-K14
A1
A2
U
32115
=32/1.3
A09
=31/6.4
13
14
21
22
31
32
43
44
3TH4022-0LF4
制电路图
A, B, C 车
（3）E44010-B0108-S221-B
第 04 页
共 04 页

1	2	3	4
C 车		B 车	
控制列车紧急工作			
控制列车继电器	控制列车紧急工作继电器	控制列车继电器	控制列车紧急工作继电器

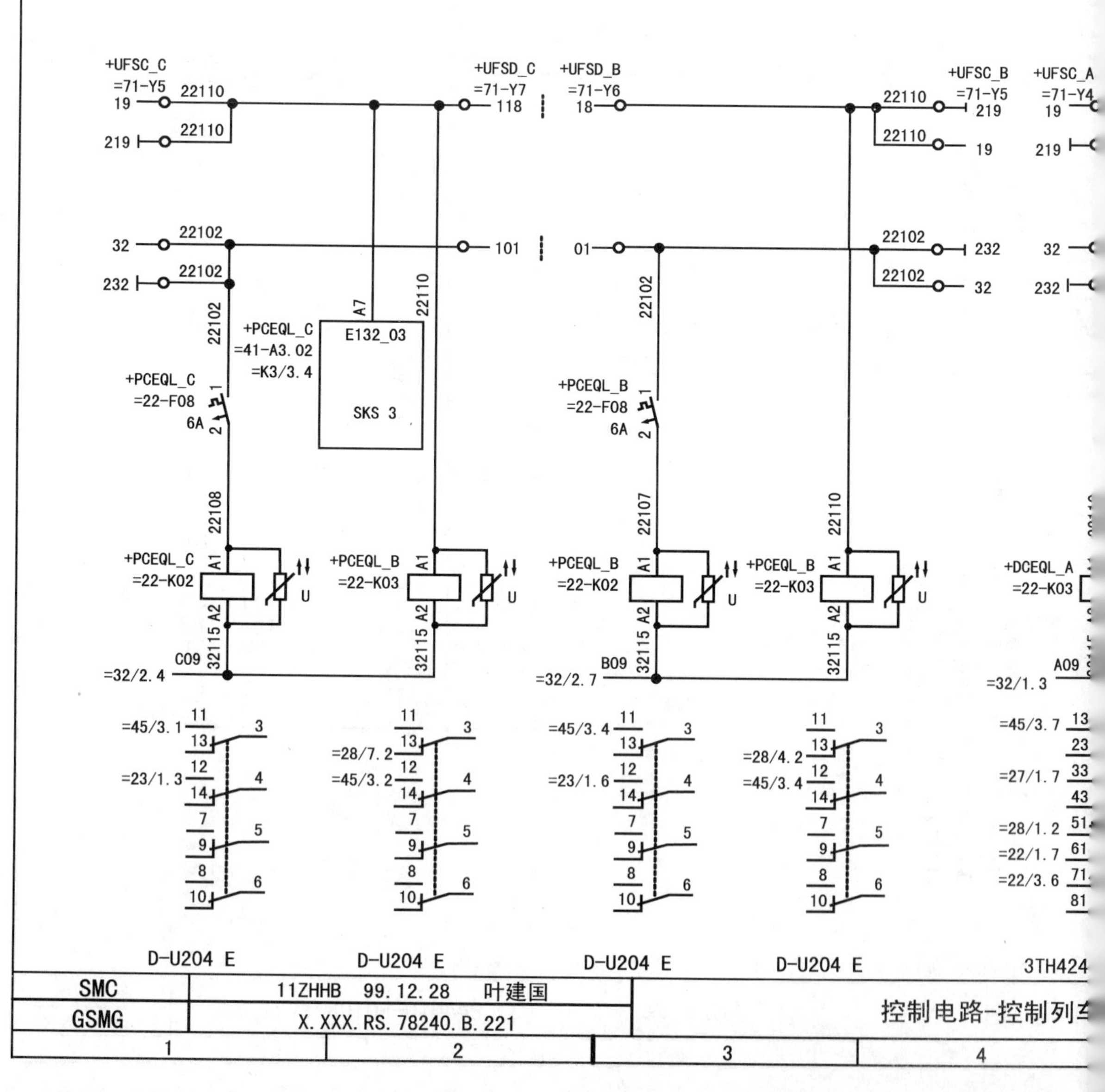

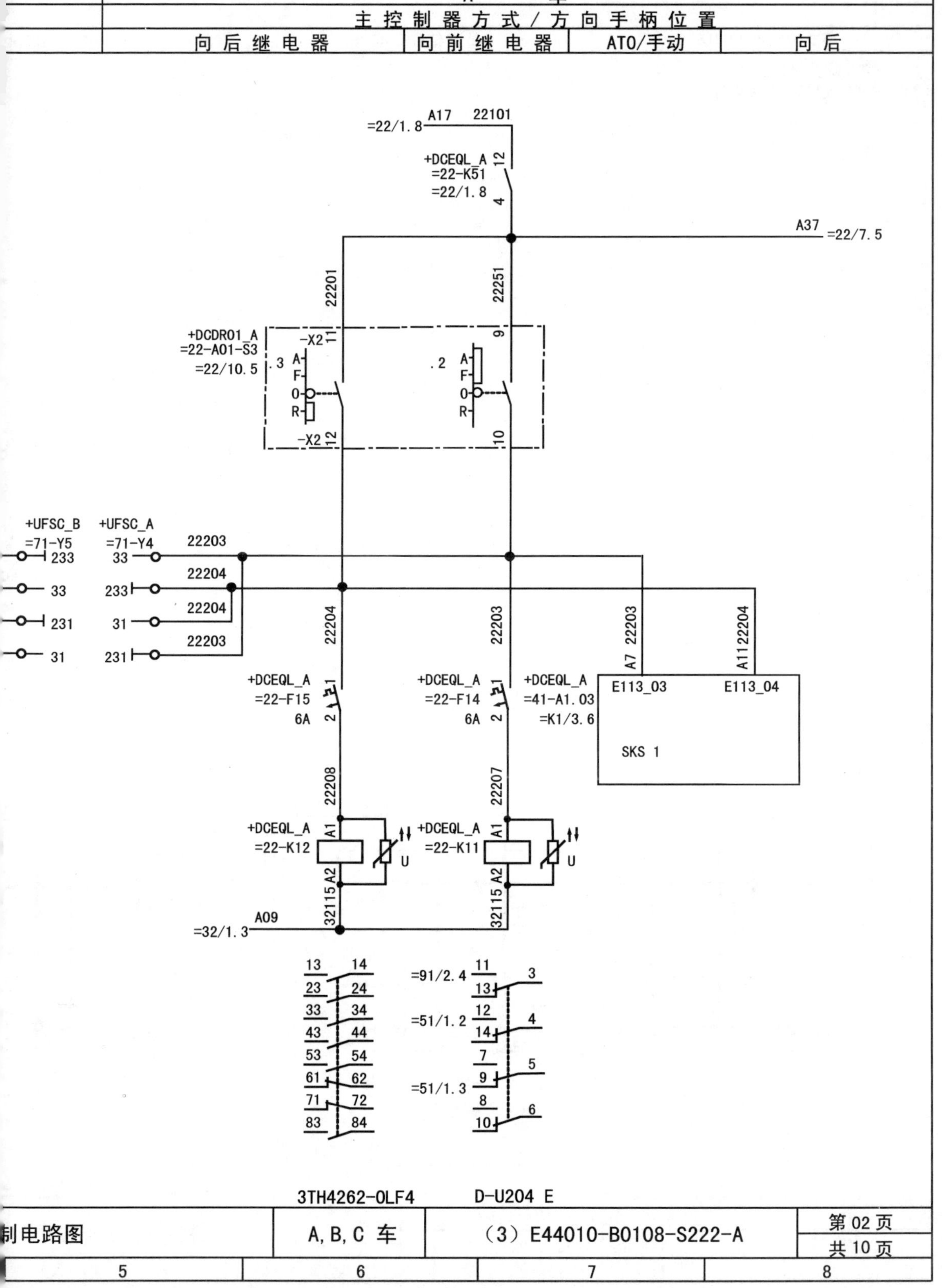
5
6
7
8
D009
A 车
主控制器方式/方向手柄位置
向后继电器
向前继电器
ATO/手动
向后
=22/1.8
A17
22101
+DCEQL_A
=22-K51
=22/1.8
12
4
A37
=22/7.5
22201
22251
+DCDR01_A
=22-A01-S3
=22/10.5
-X2
11
9
.3
.2
A
F
0
R
-X2
12
10
+UFSC_B
=71-Y5
+UFSC_A
=71-Y4
233
33
231
31
22203
22204
22204
22203
A7 22203
A11 22204
+DCEQL_A
=22-F15
6A
+DCEQL_A
=22-F14
6A
+DCEQL_A
=41-A1.03
=K1/3.6
E113_03
E113_04
SKS 1
22208
22207
+DCEQL_A
=22-K12
+DCEQL_A
=22-K11
A1
A2
U
32115
A09
=32/1.3
13 14
23 24
33 34
43 44
53 54
61 62
71 72
83 84
=91/2.4
=51/1.2
=51/1.3
11
13
12
14
7
9
8
10
3
4
5
6
3TH4262-0LF4
D-U204 E
制电路图
A,B,C 车
（3）E44010-B0108-S222-A
第 02 页
共 10 页

1	2	3	4
C 车			
基准值60V 400Hz	基准值60V 400Hz		基准值60V 400Hz

PWM-脉宽调制器
BECU-制动电子控制单元

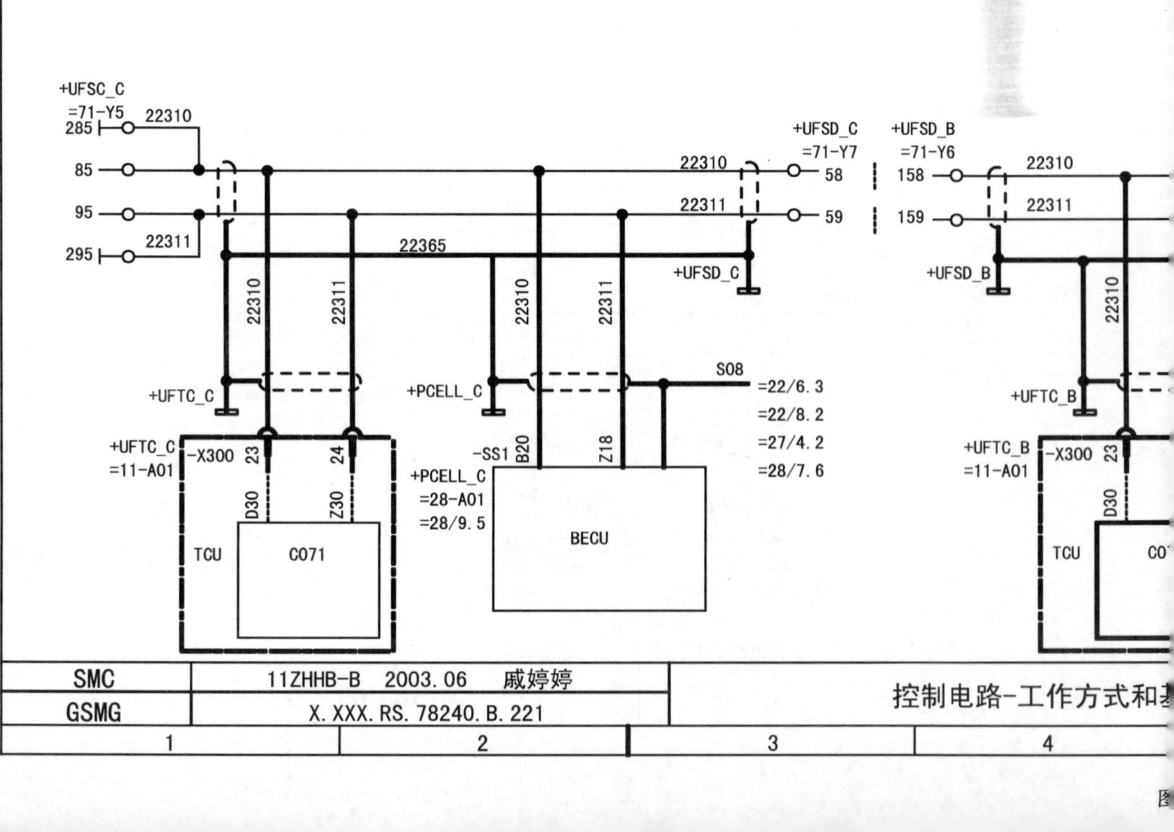

SMC	11ZHHB-B 2003.06 戚婷婷	控制电路-工作方式和基
GSMG	X.XXX.RS.78240.B.221	

1	2	3	4

1
2
3
4
C 车
车末端回路
B 车
车末端回路
=32/2.4
32110 C19
+PCEQL_C
=27-F01
6A
C34
=27/4.1
=73/2.1
27501
=27-V01
C36
=22/9.2
=27/6.1
=31/7.1
=86/1.1
33 27504
43 27504
=72-K11
=72/2.1
车末端
+UFSC_C
=71-Y5
62
27506
262
27507
263
63
=27-K02
=27/4.3
34
33
27508
=27-K03
=27/4.4
14
13
27509
+UFSD_C
=71-Y7
123
23
+UFSD_B
=71-Y6
=32/2.7
32110 B19
+PCEQL_B
B34
=27/3.1
=73/2.3
27502
=27-V02
B36
=22/9.4
=27/6.4
=31/7.4
=86/1.3
33 27505
43 27505
=72/2.8
27510
27511
=27/3.3
=27/3.4
SMC
GSMG
11ZHHB 99.12.28 叶建国
X.XXX.RS.78240.B.271
控制电路-停放制动工作状态

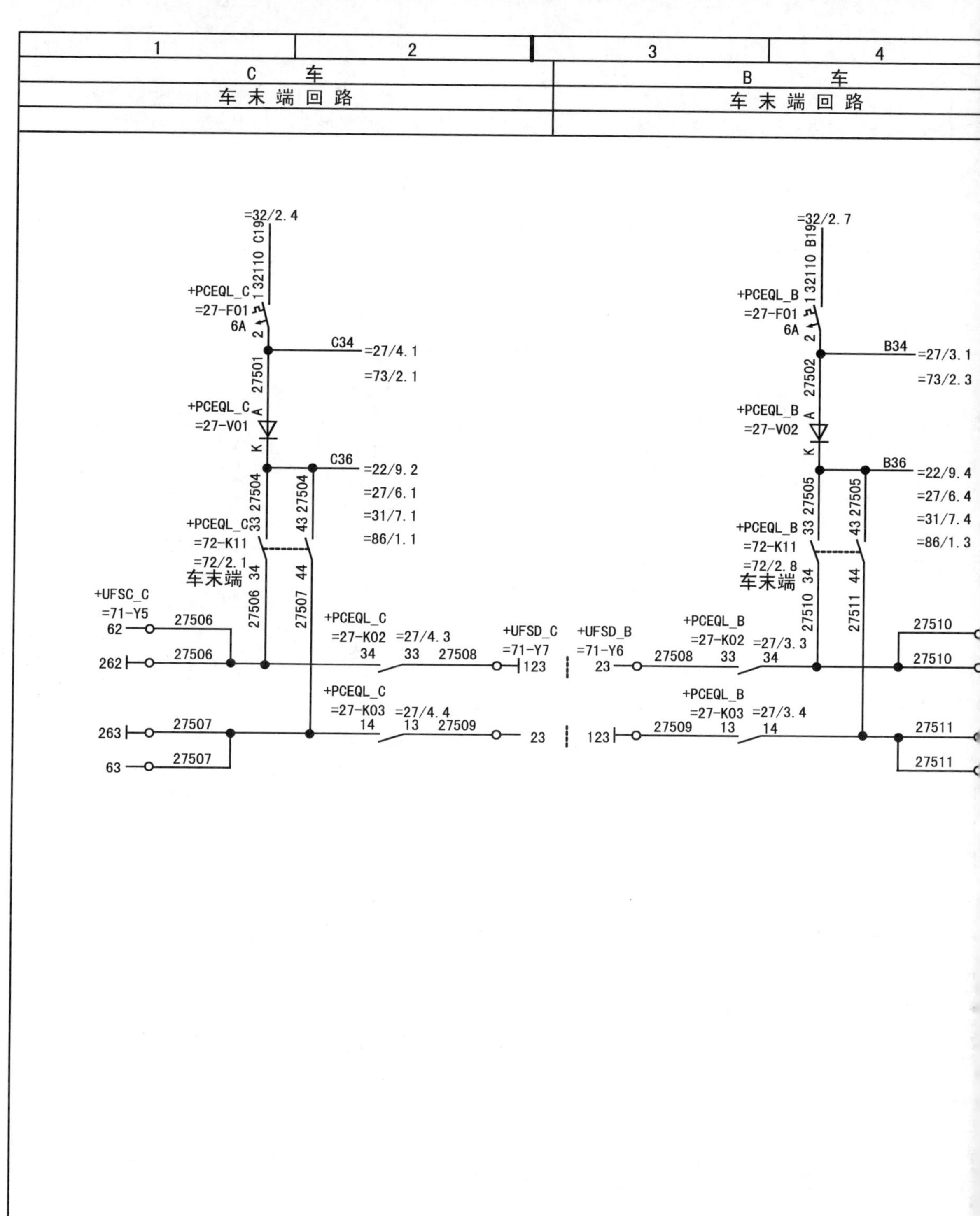

图

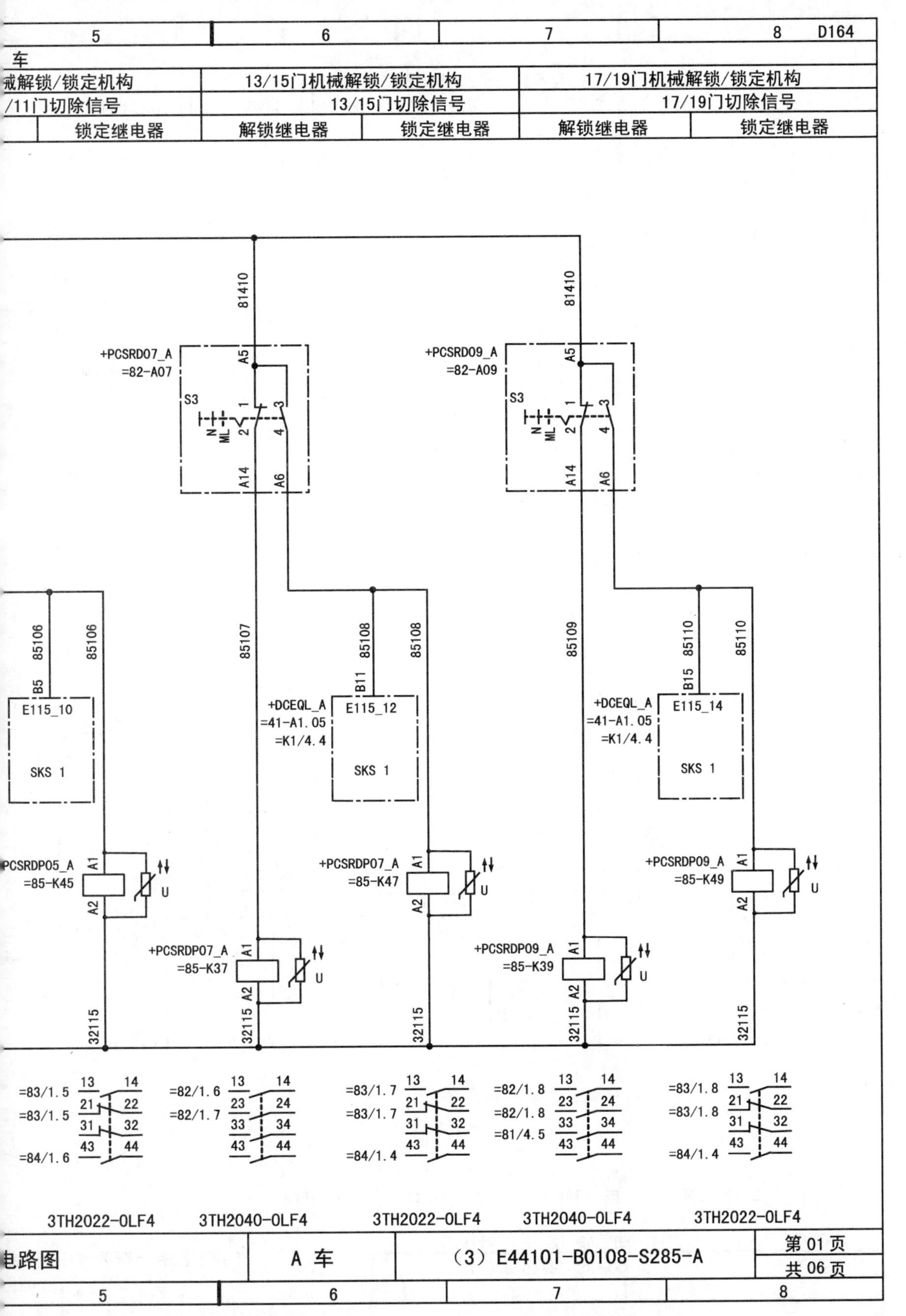
5
6
7
8
D164
车
械解锁/锁定机构
13/15门机械解锁/锁定机构
17/19门机械解锁/锁定机构
/11门切除信号
13/15门切除信号
17/19门切除信号
锁定继电器
解锁继电器
锁定继电器
解锁继电器
锁定继电器
81410
+PCSRD07_A
=82-A07
+PCSRD09_A
=82-A09
S3
N
ML
A5
A14
A6
85106
85107
85108
85109
85110
B5
B11
B15
E115_10
E115_12
E115_14
SKS 1
+DCEQL_A
=41-A1.05
=K1/4.4
PCSRDP05_A
=85-K45
+PCSRDP07_A
=85-K47
+PCSRDP09_A
=85-K49
=85-K37
=85-K39
A1
A2
U
32115
=83/1.5
=84/1.6
=82/1.6
=82/1.7
=83/1.7
=84/1.4
=82/1.8
=81/4.5
=83/1.8
3TH2022-0LF4
3TH2040-0LF4
电路图
A 车
(3) E44101-B0108-S285-A
第 01 页
共 06 页

1	2	3	4

A

2/4门机械解锁/锁定机构		6/8门机械解锁/锁定机构		10/1
2/4门切除信号		6/8门切除信号		
解锁继电器	锁定继电器	解锁继电器	锁定继电器	解锁

N—正常位　　ML—机械锁定（门切除）

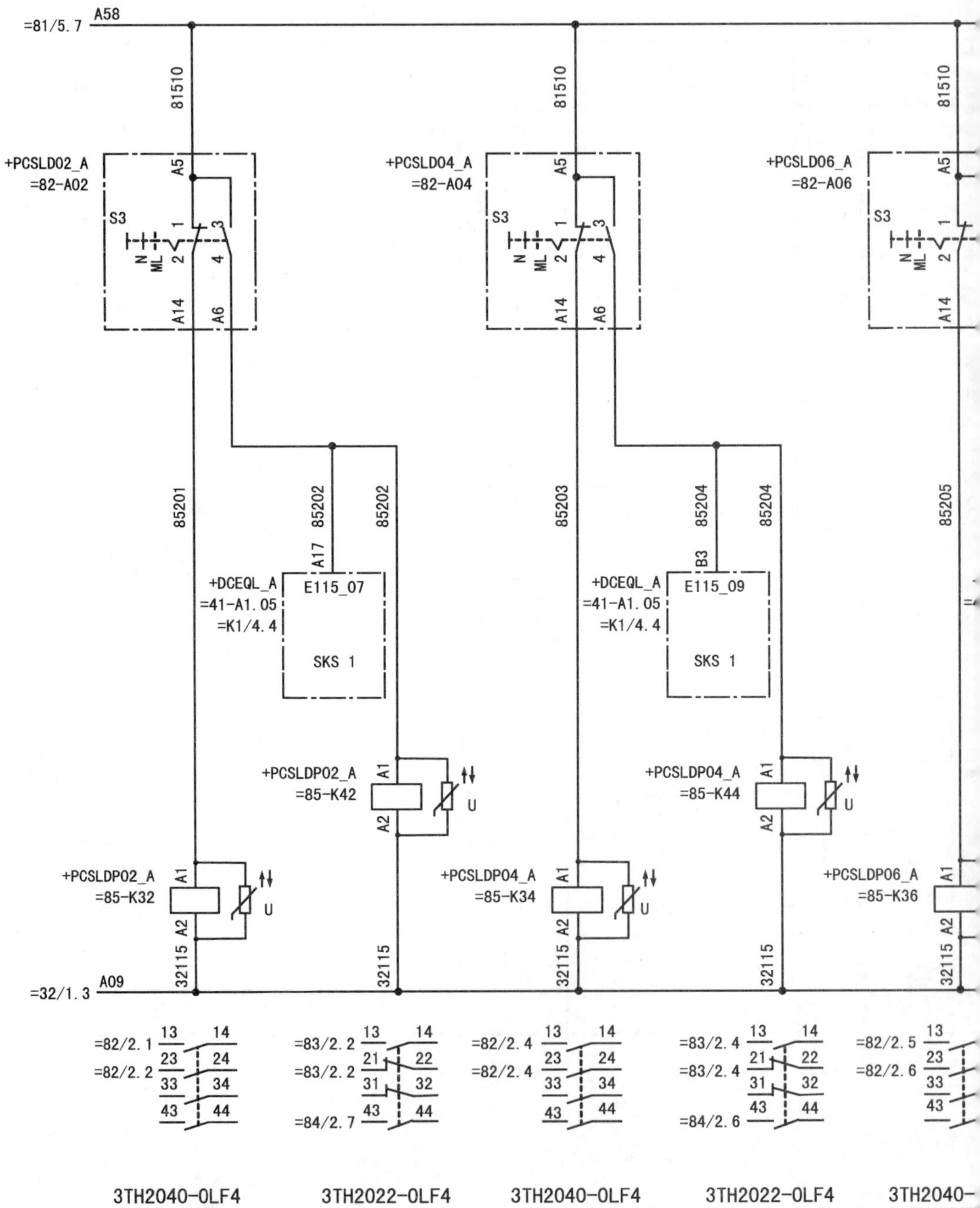

=81/5.7 A58

81510　81510　81510

+PCSLD02_A =82-A02　S3　A5　1　3　N　ML　2　4　A14　A6

+PCSLD04_A =82-A04　S3　A5　1　3　N　ML　2　4　A14　A6

+PCSLD06_A =82-A06　S3　A5　1　N　ML　2　A14

85201　85202　85202　85203　85204　85204　85205

A17　+DCEQL_A =41-A1.05 =K1/4.4　E115_07　SKS 1

B3　+DCEQL_A =41-A1.05 =K1/4.4　E115_09　SKS 1

+PCSLDP02_A =85-K42　A1　A2　U

+PCSLDP04_A =85-K44　A1　A2　U

+PCSLDP02_A =85-K32　A1　A2　U

+PCSLDP04_A =85-K34　A1　A2　U

+PCSLDP06_A =85-K36　A1　A2

=32/1.3 A09　32115　32115　32115　32115　32115

=82/2.1　=82/2.2　13 14　23 24　33 34　43 44

=83/2.2　=83/2.2　=84/2.7　13 14　21 22　31 32　43 44

=82/2.4　=82/2.4　13 14　23 24　33 34　43 44

=83/2.4　=83/2.4　=84/2.6　13 14　21 22　31 32　43 44

=82/2.5　=82/2.6　13　23　33　43

3TH2040-0LF4　3TH2022-0LF4　3TH2040-0LF4　3TH2022-0LF4　3TH2040-

SMC	11ZHHB　99.12.28　叶建国	门控电路—车左侧门
GSMG	X.XXX.RS.78240.B.851	

1	2	3	4

车							
/11门		13/15门			17/19门		
未锁好/关好	切除	未锁好信号	未锁好/关好	切除	未锁好信号	未锁好/关好	切除

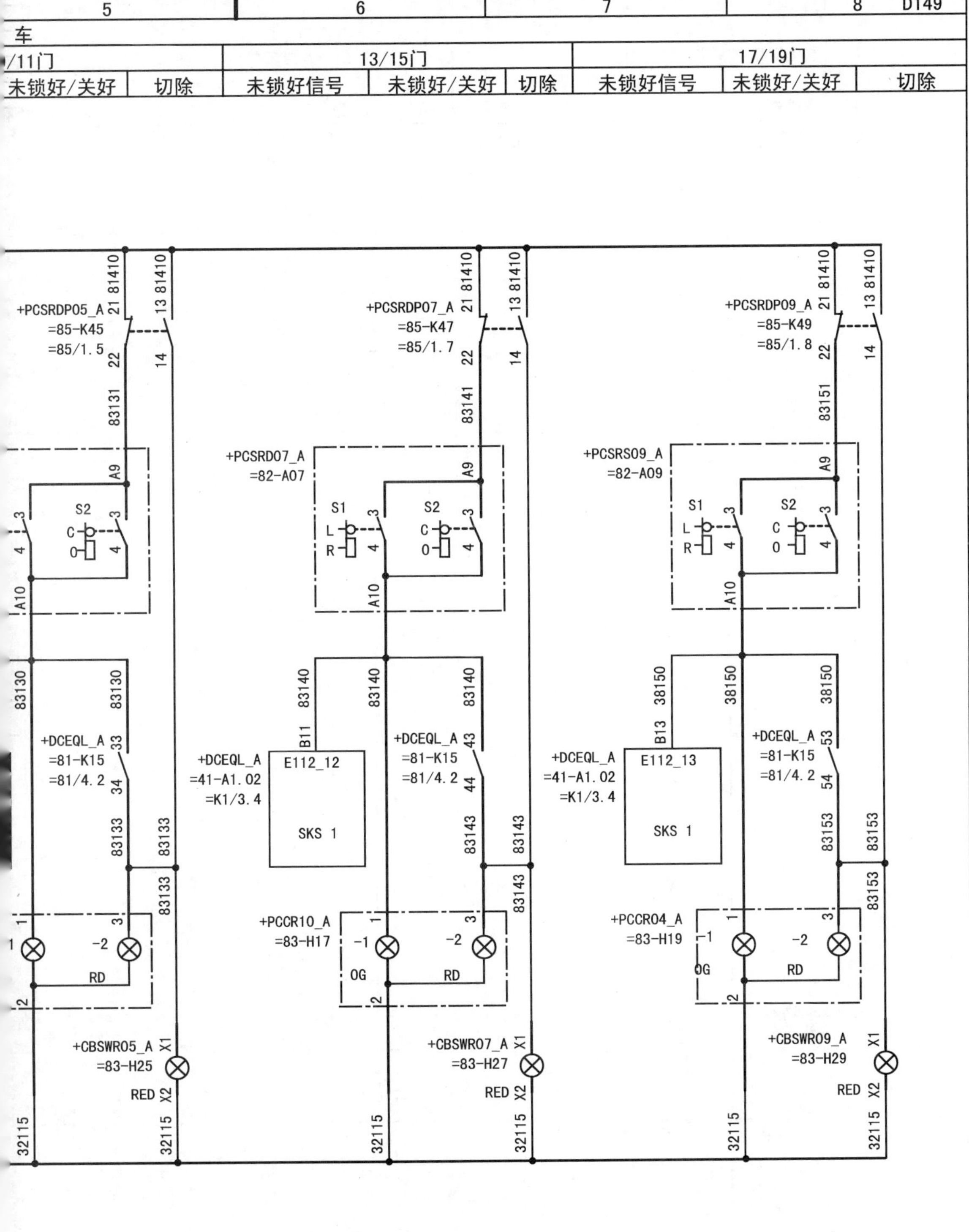

信号电路图	B 车	（3）E44101-B0108-S283-B	第 01 页 共 06 页

1	2	3	4
C 车		B 车	
末端回路		末端回路	

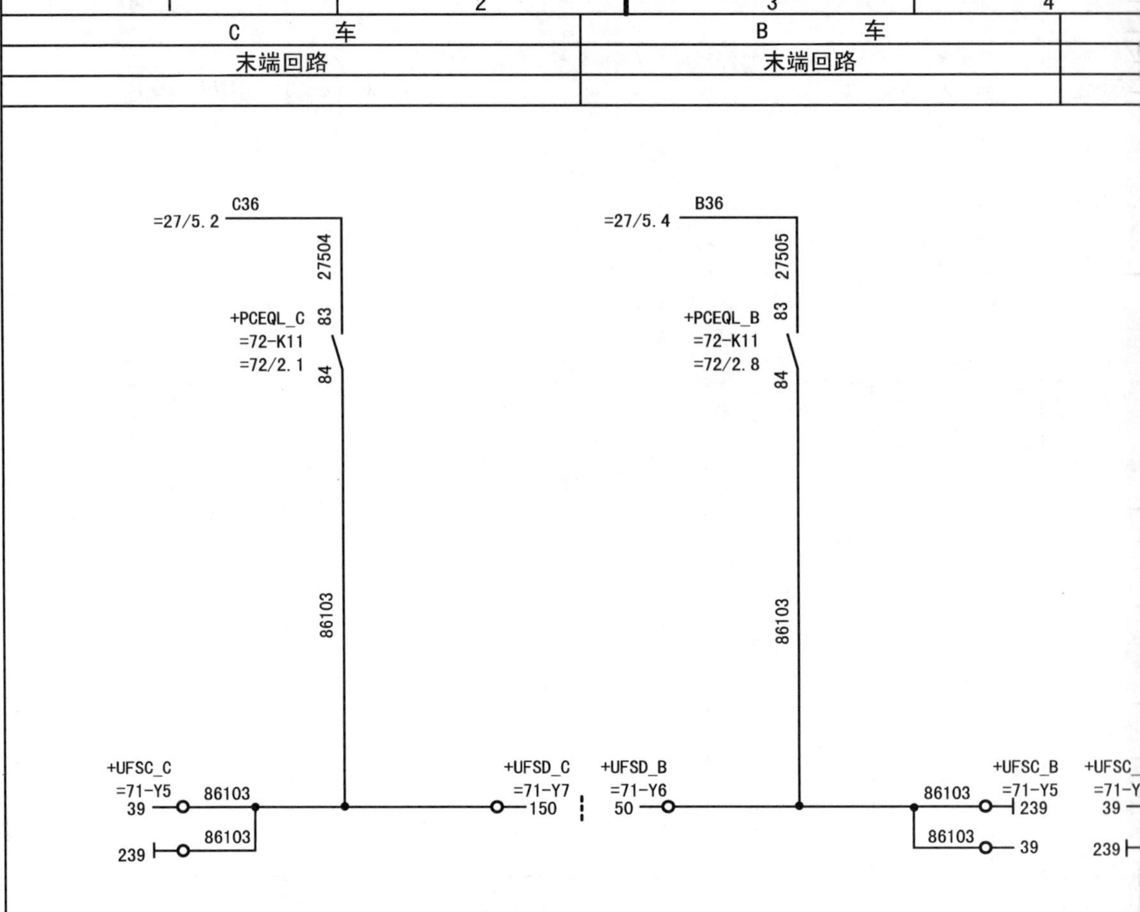

SMC	11ZHHB 99.12.28 叶建国	门控电路—安全疏散
GSMG	X.XXX.RS.78240.B.861	

1	2	3	4

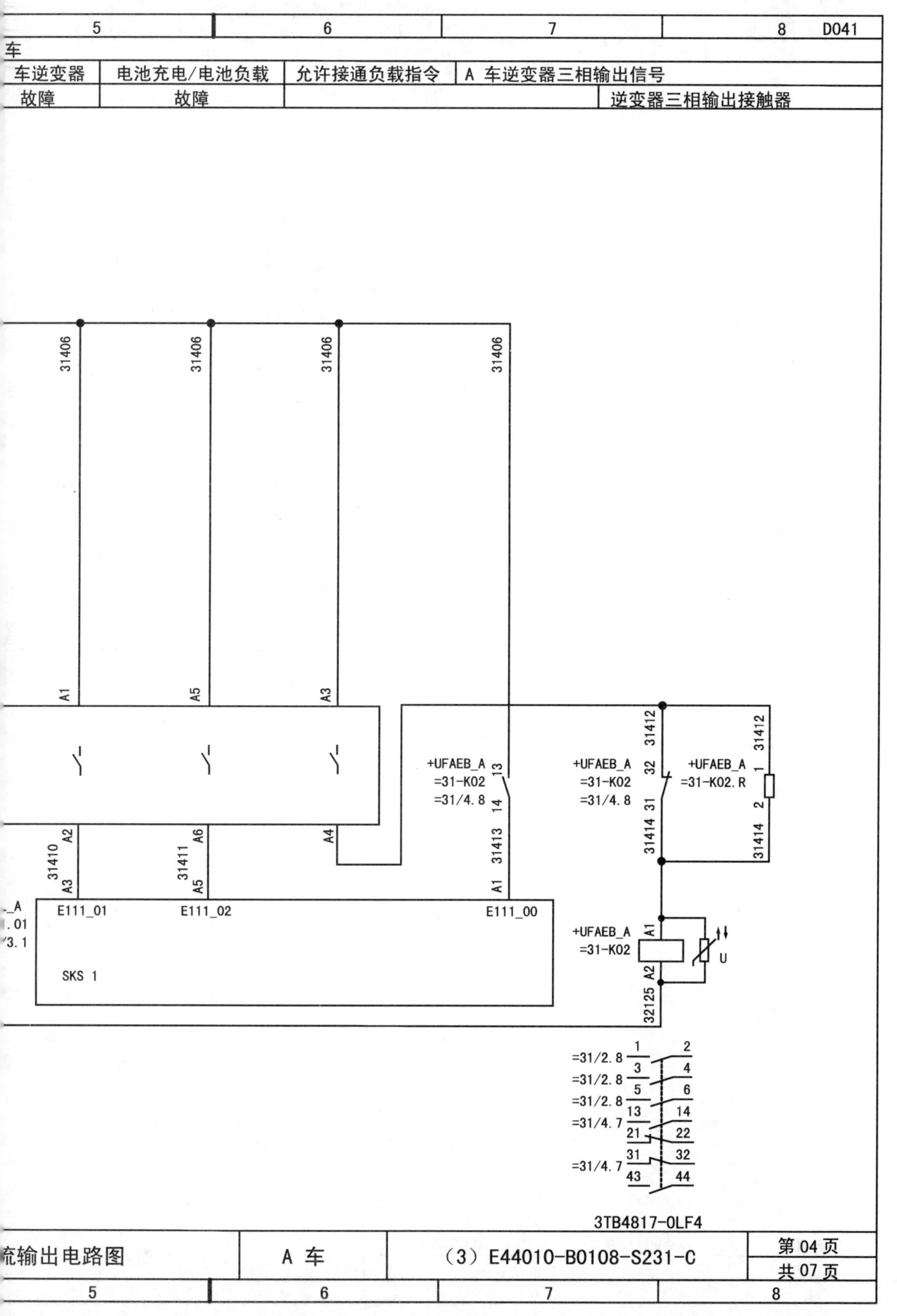

流输出电路图 | A 车 | （3）E44010-B0108-S231-C | 第 04 页 共 07 页

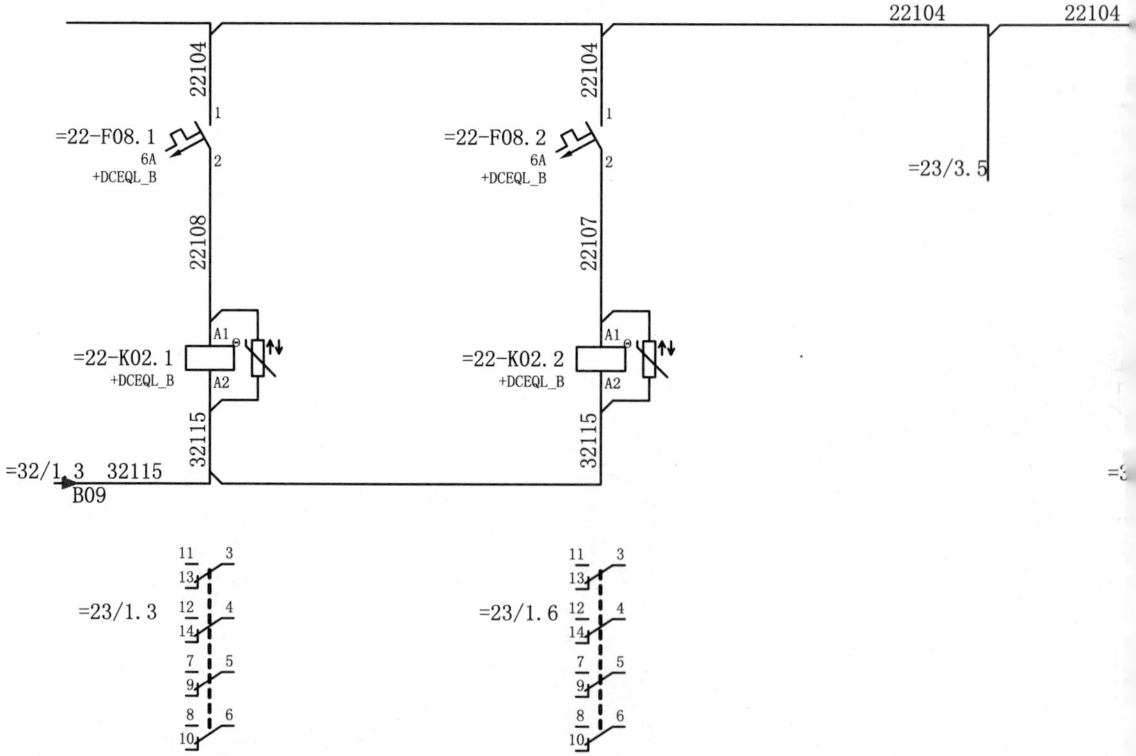

0	1	2	3	4

B车

控制列车继电器 控制列车继电器

22104 22104

22104 22104

=22-F08.1 6A +DCEQL_B

=22-F08.2 6A +DCEQL_B

=23/3.5

22108 22107

=22-K02.1 +DCEQL_B A1 A2

=22-K02.2 +DCEQL_B A1 A2

32115 32115

=32/1.3 32115 B09

=23/1.3

=23/1.6

SMC	11ZHHB 04.07.18 周 健	门控电路控制列车电路图
实训用集成化电动列车车辆改造		

0	1	2	3	4

图 3

车

所有车右门关好信号

所有车右门关好继电器

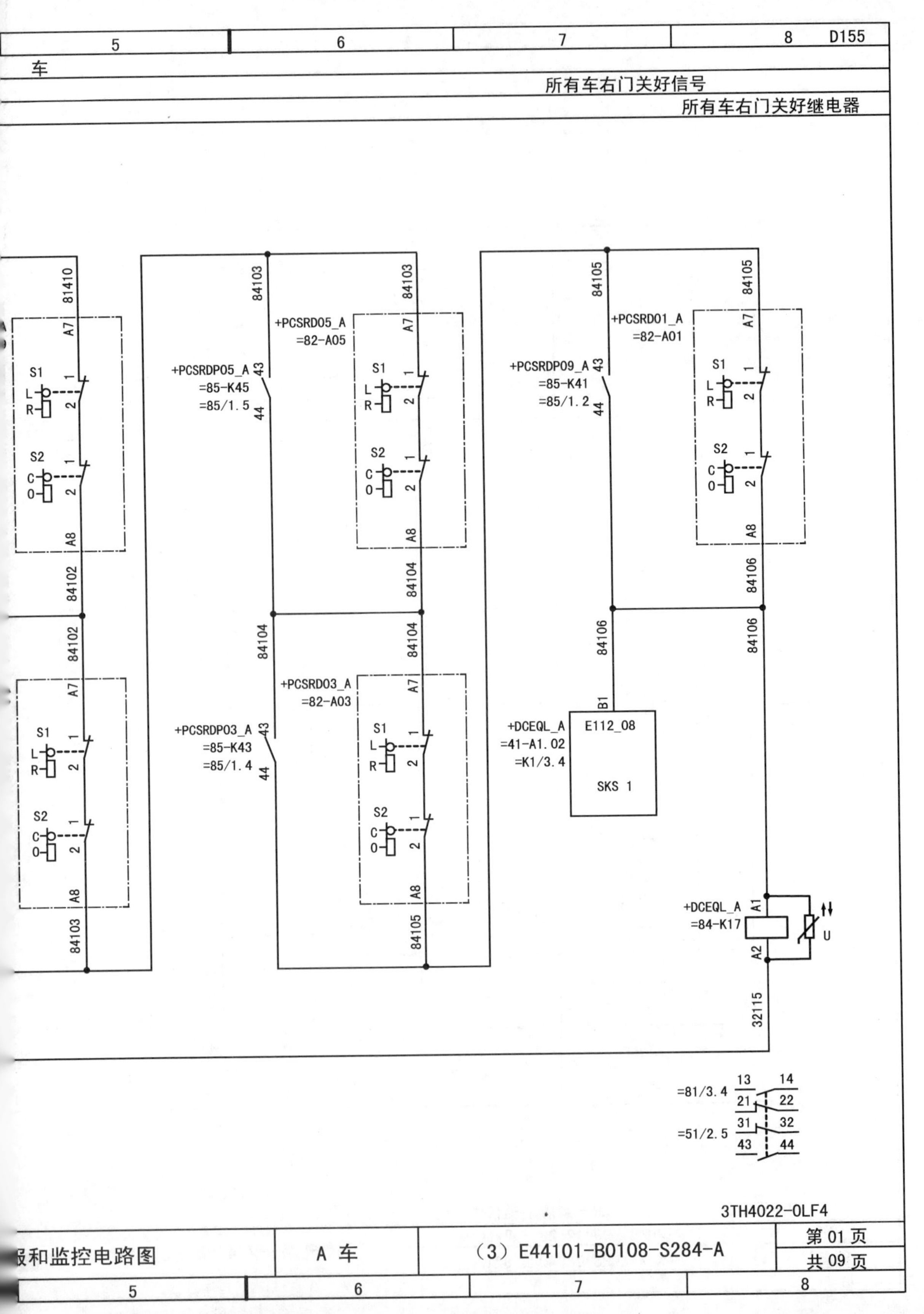

报和监控电路图	A 车	（3）E44101-B0108-S284-A	第 01 页 共 09 页

1	2		3	4
				B
2/4门的工作阀			6/8门的工作阀	
开门	关门	解钩	开门	关门	解钩

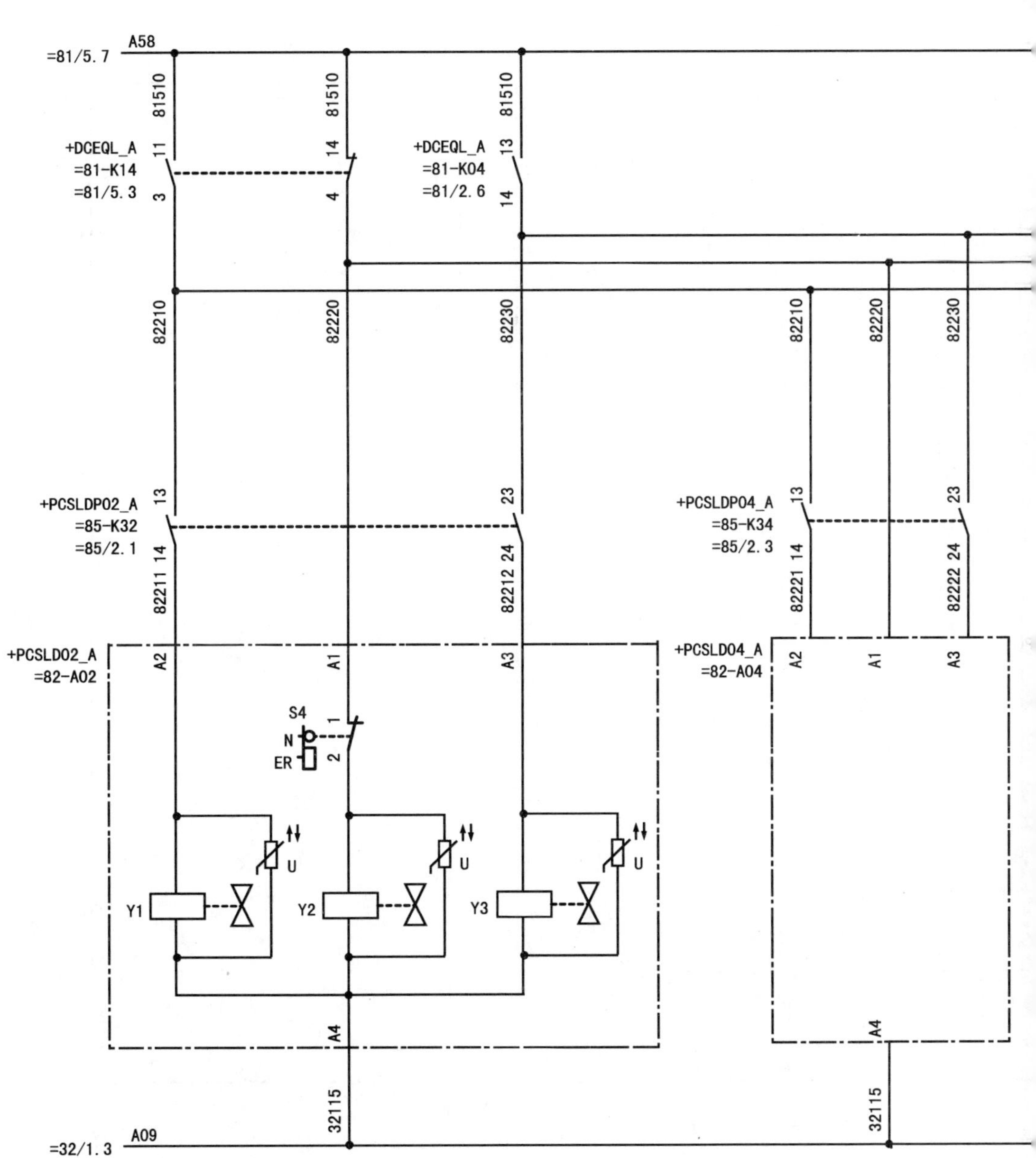

N一正常位 ER一紧急手柄拉下

SMC	11ZHHB 99.12.28 叶建国	门控电路一2/4、6/8、10/12、14/16、
GSMG	X.XXX.RS.78240.B.821	

1	2	3	4

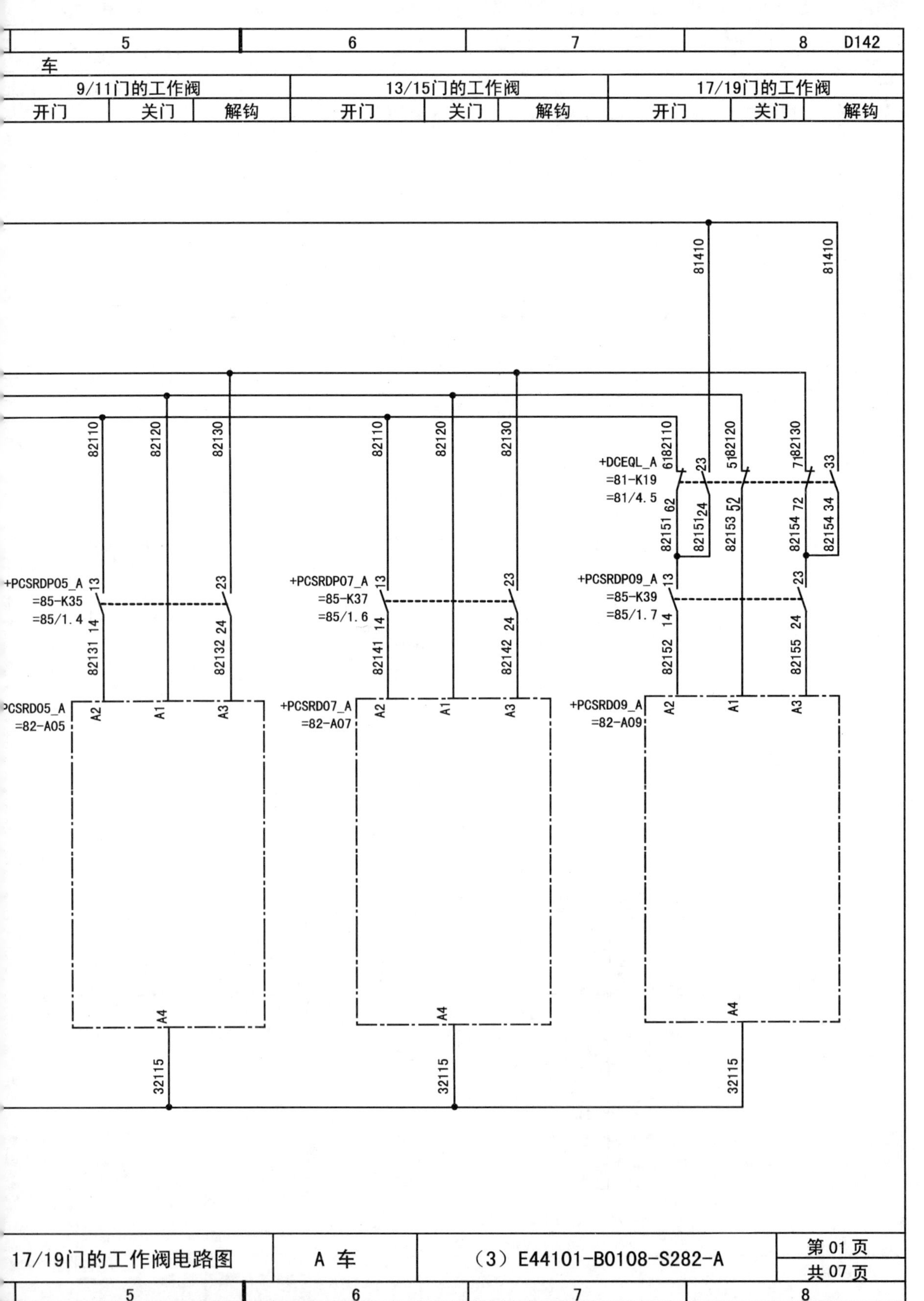

5
6
7
8
D142
车
9/11门的工作阀
13/15门的工作阀
17/19门的工作阀
开门
关门
解钩
开门
关门
解钩
开门
关门
解钩
81410
81410
82110
82120
82130
82110
82120
82130
+DCEQL_A
=81-K19
=81/4.5
82110
82120
82130
+PCSRDP05_A
=85-K35
=85/1.4
+PCSRDP07_A
=85-K37
=85/1.6
+PCSRDP09_A
=85-K39
=85/1.7
82131
82132
82141
82142
82151
82151
82153
82154
82154
82152
82155
PCSRD05_A
=82-A05
+PCSRD07_A
=82-A07
+PCSRD09_A
=82-A09
A1
A2
A3
A4
32115
32115
32115
17/19门的工作阀电路图
A 车
（3）E44101-B0108-S282-A
第 01 页
共 07 页

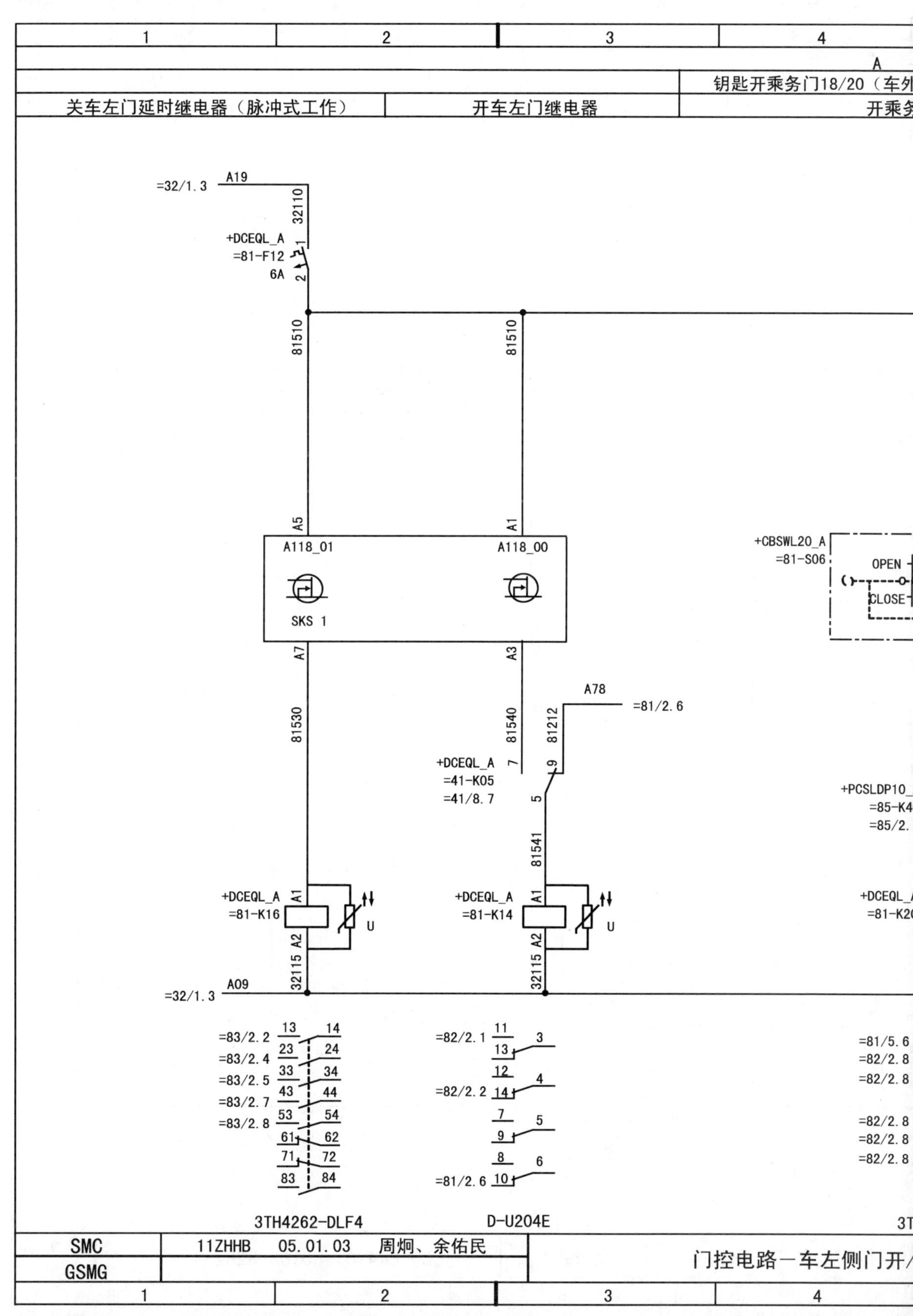

1
2
3
4
A
钥匙开乘务门18/20（车外
关车左门延时继电器（脉冲式工作）
开车左门继电器
开乘务
=32/1.3
A19
32110
+DCEQL_A
=81-F12
6A
81510
81510
A5
A1
A118_01
A118_00
SKS 1
A7
A3
+CBSWL20_A
=81-S06
OPEN
CLOSE
A78
=81/2.6
81530
81540
81212
+DCEQL_A
=41-K05
=41/8.7
81541
+PCSLDP10_A
=85-K40
=85/2.7
+DCEQL_A
=81-K16
U
+DCEQL_A
=81-K14
U
+DCEQL_A
=81-K20
32115
32115
=32/1.3
A09
=83/2.2
=83/2.4
=83/2.5
=83/2.7
=83/2.8
13 14
23 24
33 34
43 44
53 54
61 62
71 72
83 84
=82/2.1
=82/2.2
=81/2.6
11
13
3
12
14
4
7
9
5
8
10
6
=81/5.6
=82/2.8
=82/2.8
=82/2.8
=82/2.8
=82/2.8
3TH4262-DLF4
D-U204E
SMC
11ZHHB 05.01.03 周炯、余佑民
GSMG
门控电路一车左侧门开/

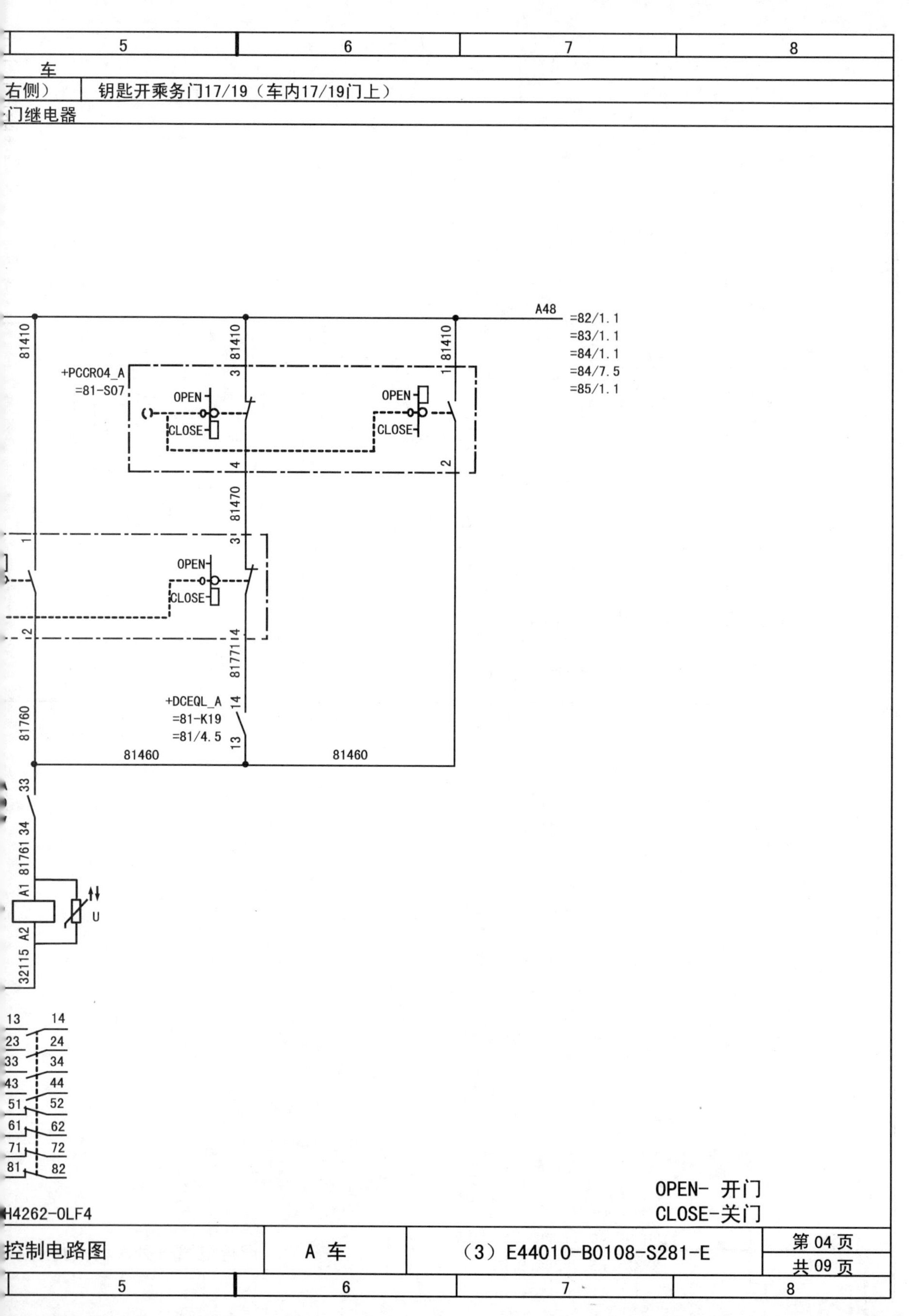

控制电路图	A 车	（3）E44010-B0108-S281-E	第 04 页 共 09 页

1	2	3	4
C 车		B 车	A
车门状态监控回路		车门状态监控回路	车门状态监控回路

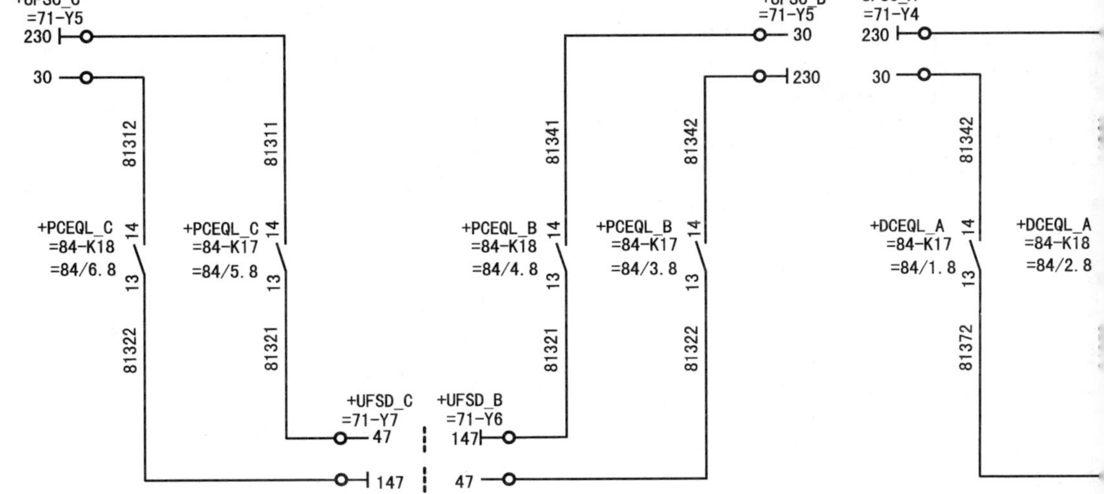

SMC	11ZHHB 99.11.28 叶建国	门控电路一列车门关好/锁好
GSMG	X.XXX.RS.78240.B.811	

1	2	3	4

图

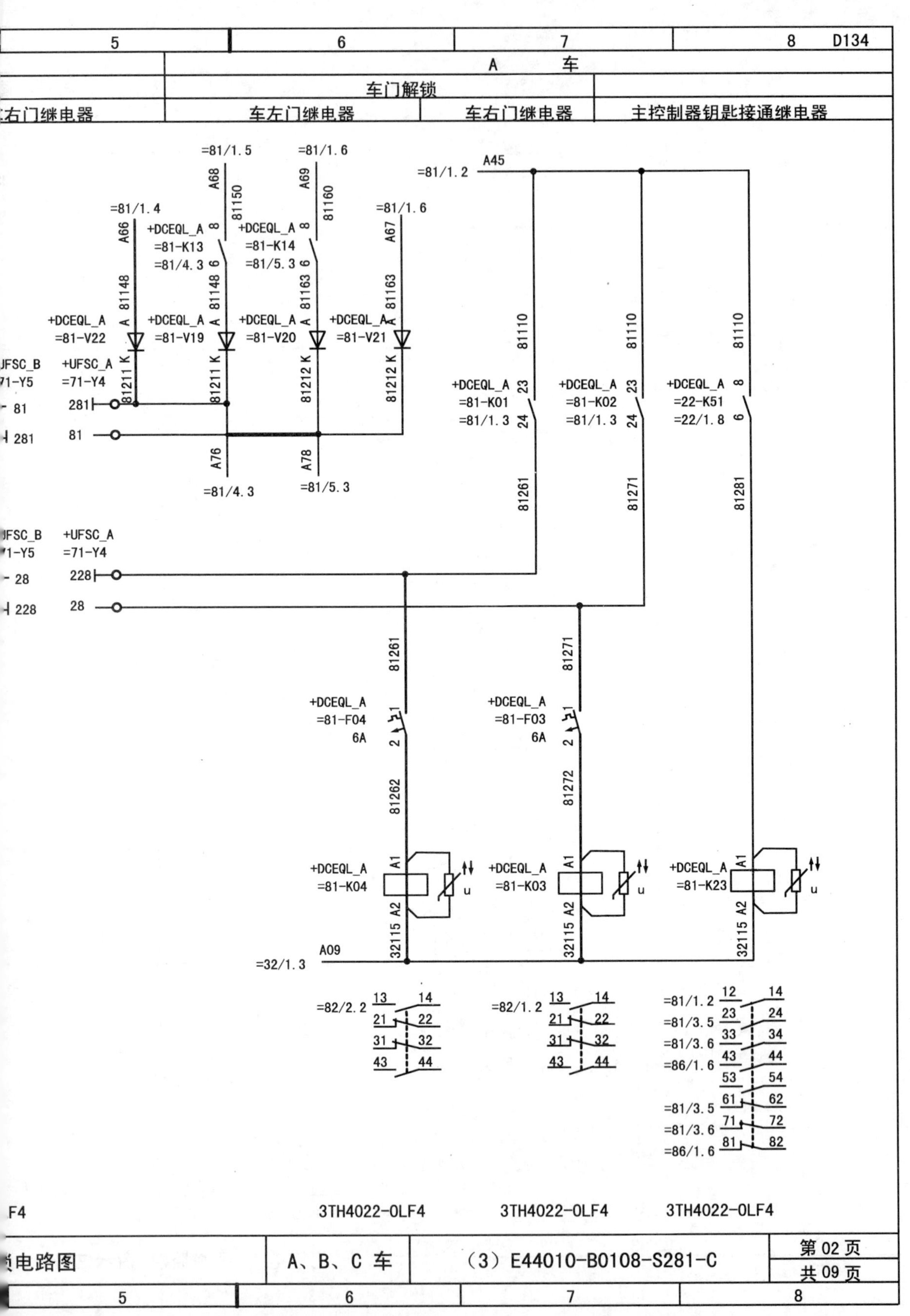

5
6
7
8 D134
A 车
车门解锁
右门继电器
车左门继电器
车右门继电器
主控制器钥匙接通继电器
=81/1.5
=81/1.6
=81/1.2
A45
=81/1.4
=81/1.6
+DCEQL_A
=81-K13
=81/4.3
+DCEQL_A
=81-K14
=81/5.3
+DCEQL_A
=81-V22
+DCEQL_A
=81-V19
+DCEQL_A
=81-V20
+DCEQL_A
=81-V21
+UFSC_A
=71-Y4
+DCEQL_A
=81-K01
=81/1.3
+DCEQL_A
=81-K02
=81/1.3
+DCEQL_A
=22-K51
=22/1.8
=81/4.3
=81/5.3
+UFSC_A
=71-Y4
+DCEQL_A
=81-F04
6A
+DCEQL_A
=81-F03
6A
+DCEQL_A
=81-K04
+DCEQL_A
=81-K03
+DCEQL_A
=81-K23
A09
=32/1.3
=82/2.2
=82/1.2
=81/1.2
=81/3.5
=81/3.6
=86/1.6
=81/3.5
=81/3.6
=86/1.6
3TH4022-0LF4
3TH4022-0LF4
3TH4022-0LF4
电路图
A、B、C 车
(3) E44010-B0108-S281-C
第 02 页
共 09 页

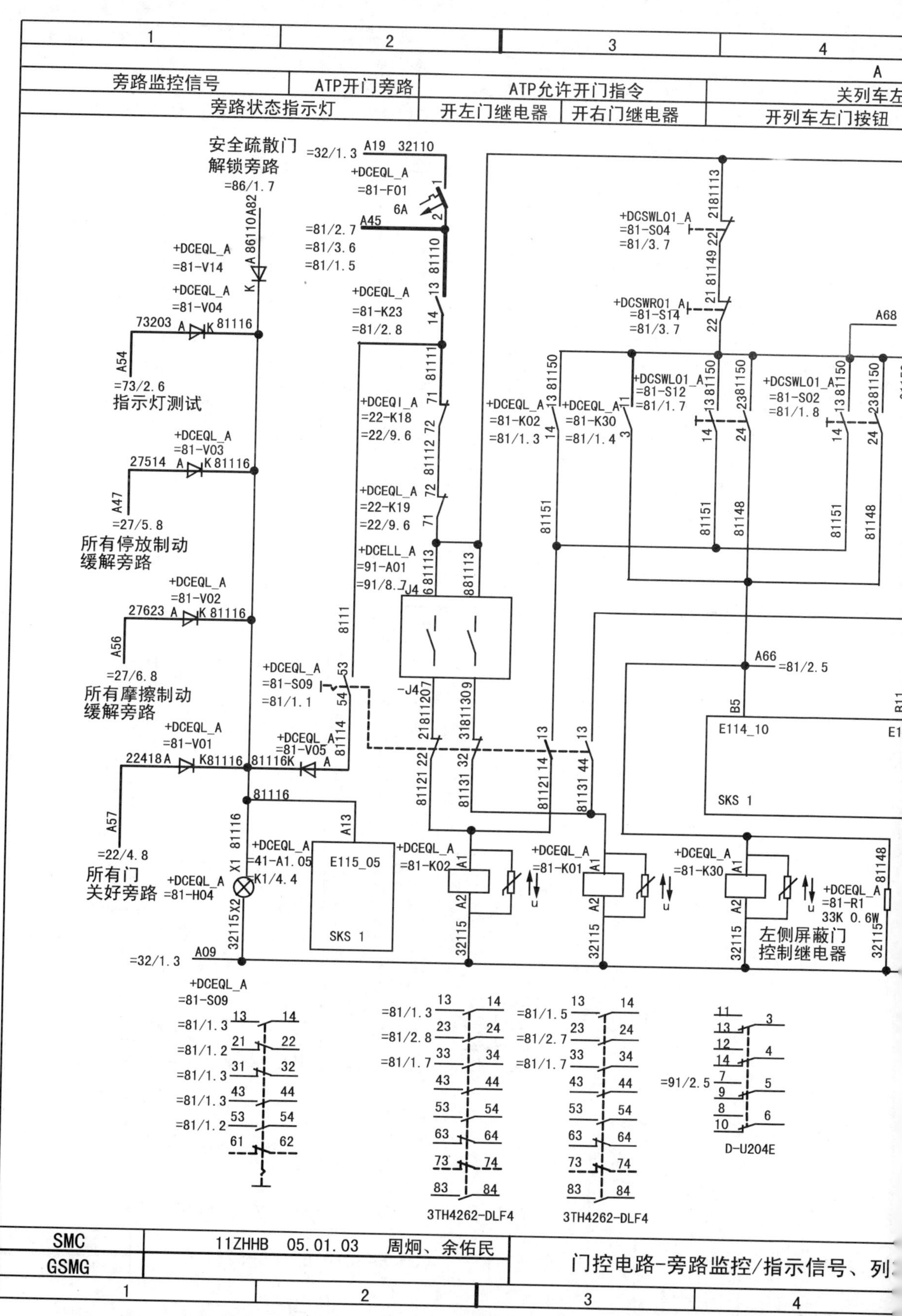

旁路监控信号
ATP开门旁路
ATP允许开门指令
关列车左门
旁路状态指示灯
开左门继电器
开右门继电器
开列车左门按钮
安全疏散门
解锁旁路
指示灯测试
所有停放制动
缓解旁路
所有摩擦制动
缓解旁路
所有门
关好旁路
左侧屏蔽门
控制继电器
3TH4262-DLF4
D-U204E
SMC
GSMG
11ZHHB 05.01.03 周炯、余佑民
门控电路-旁路监控/指示信号、列

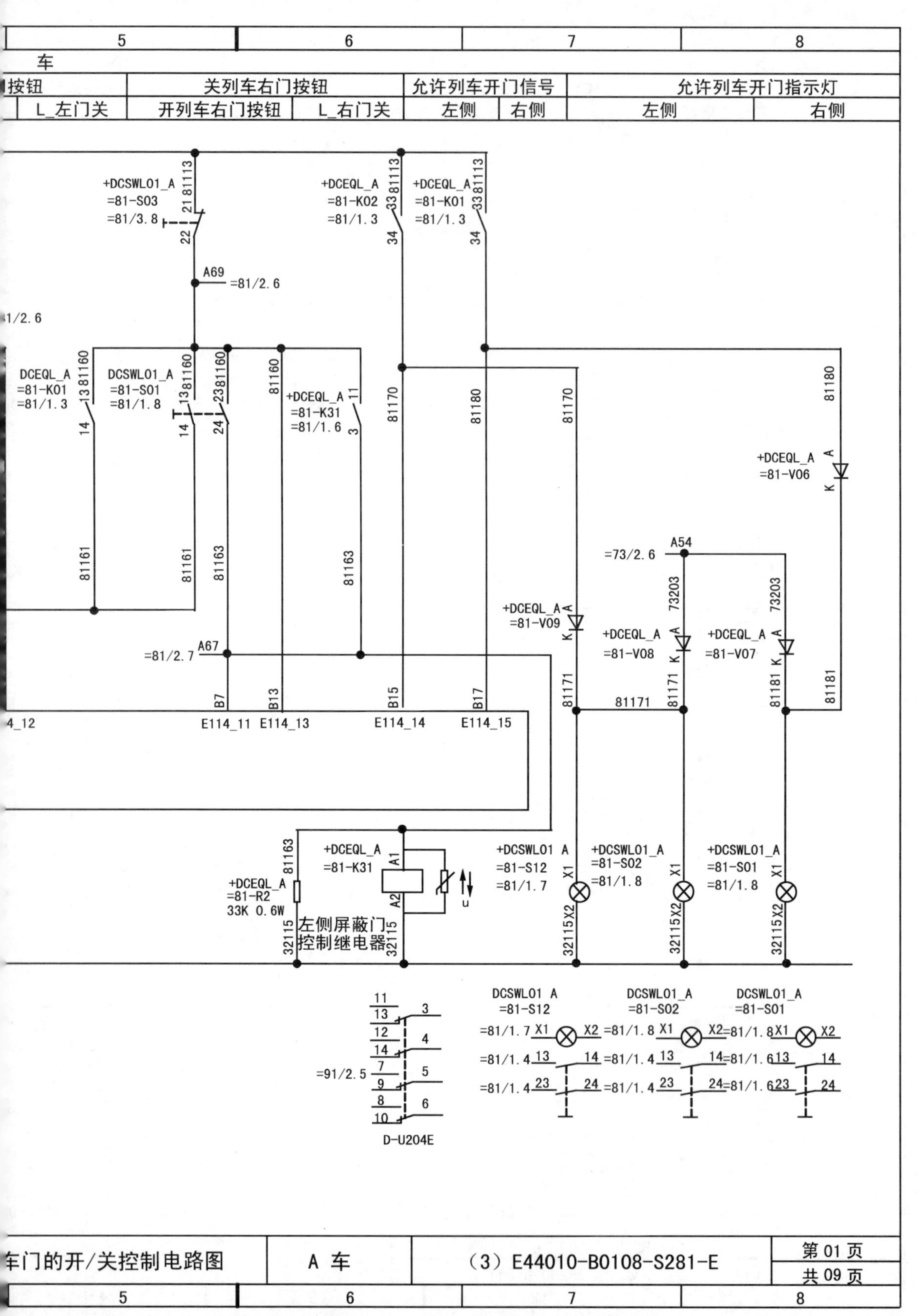

车门的开/关控制电路图	A 车	（3）E44010-B0108-S281-E	第 01 页 共 09 页

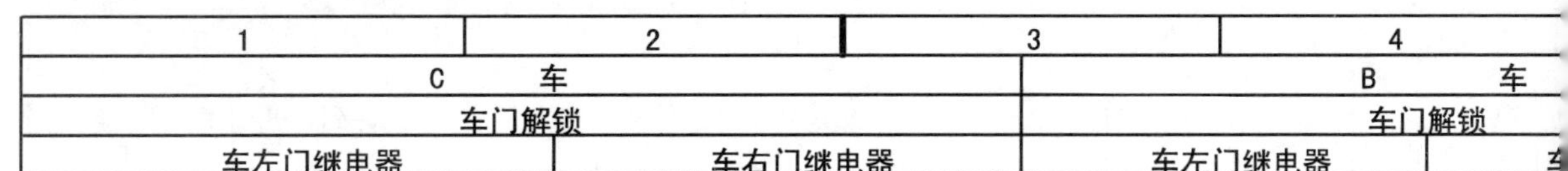

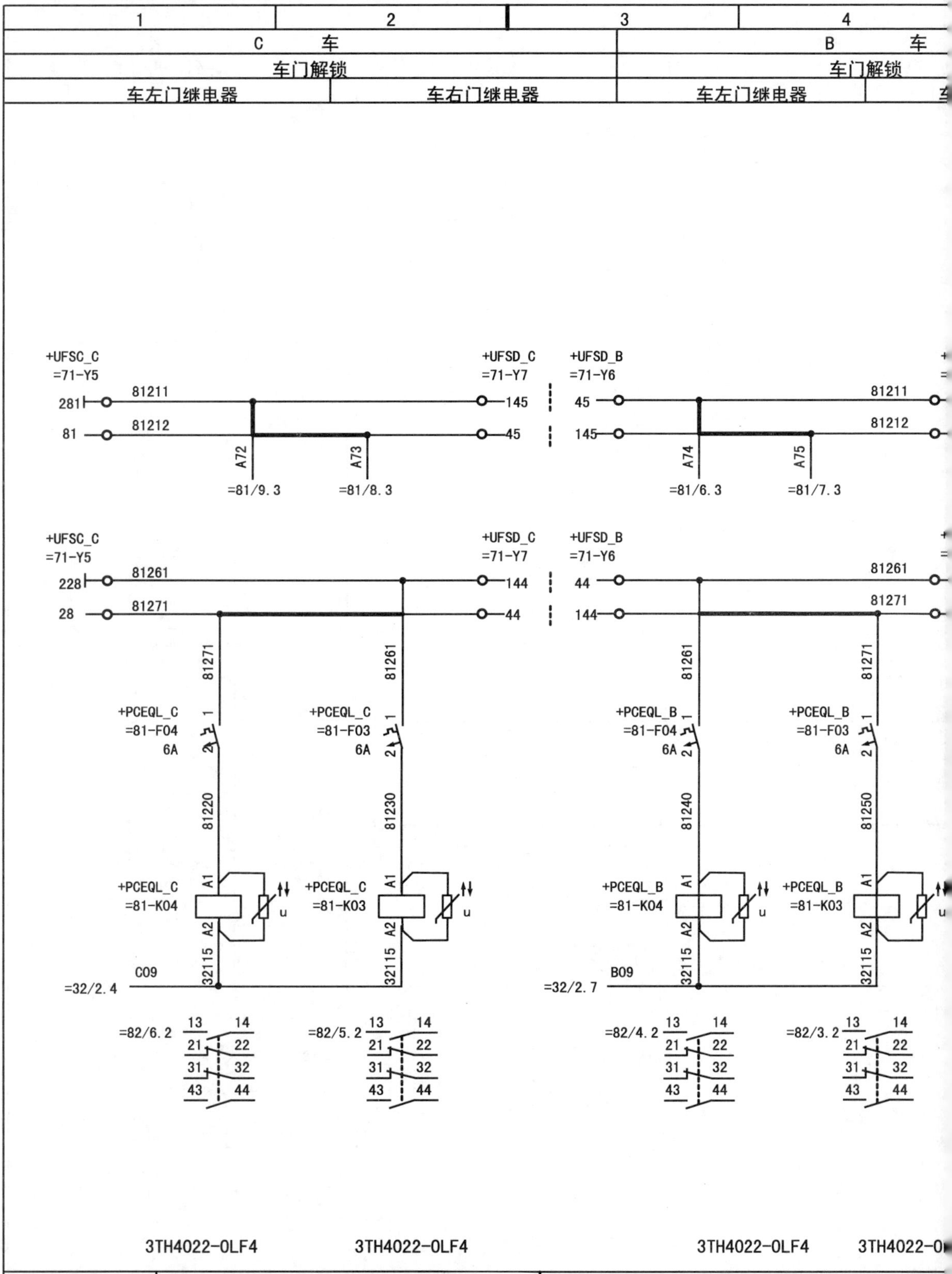

+UFSC_C
=71-Y5
281
81
81211
81212
A72
=81/9.3
A73
=81/8.3
+UFSD_C
=71-Y7
145
45

+UFSD_B
=71-Y6
45
145
A74
=81/6.3
A75
=81/7.3
81211
81212

+UFSC_C
=71-Y5
228
28
81261
81271
+UFSD_C
=71-Y7
144
44

+UFSD_B
=71-Y6
44
144
81261
81271

81271
+PCEQL_C
=81-F04
6A
1
2
81220
+PCEQL_C
=81-K04
A1
A2
u
32115
C09
=32/2.4
=82/6.2
13 14
21 22
31 32
43 44

81261
+PCEQL_C
=81-F03
6A
1
2
81230
+PCEQL_C
=81-K03
A1
A2
u
32115
=82/5.2
13 14
21 22
31 32
43 44

81261
+PCEQL_B
=81-F04
6A
1
2
81240
+PCEQL_B
=81-K04
A1
A2
u
32115
B09
=32/2.7
=82/4.2
13 14
21 22
31 32
43 44

81271
+PCEQL_B
=81-F03
6A
1
2
81250
+PCEQL_B
=81-K03
A1
A2
u
32115
=82/3.2
13 14
21 22
31 32
43 44

3TH4022-0LF4
3TH4022-0LF4
3TH4022-0LF4
3TH4022-0

SMC	11ZHHB-B 2003.06 戚婷婷	门控电路-车门解锁
GSMG	X.XXX.RS.78240.B.811	

1	2	3	4

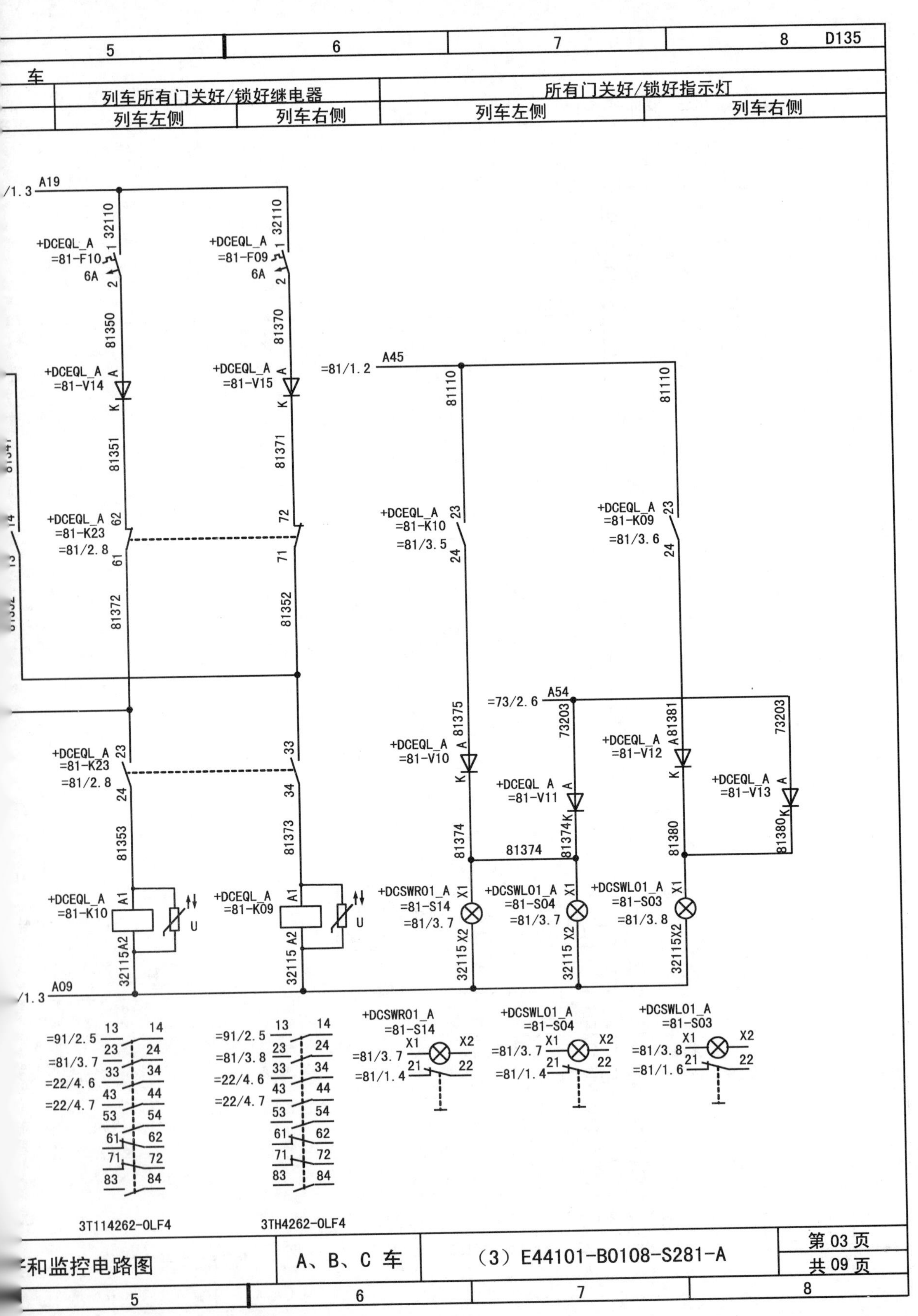

5
6
7
8
D135
车
列车所有门关好/锁好继电器
所有门关好/锁好指示灯
列车左侧
列车右侧
列车左侧
列车右侧
/1.3
A19
32110
+DCEQL_A
=81-F10
6A
+DCEQL_A
=81-F09
6A
81350
81370
A45
=81/1.2
81110
+DCEQL_A
=81-V14
+DCEQL_A
=81-V15
81351
81371
+DCEQL_A
=81-K23
=81/2.8
+DCEQL_A
=81-K10
=81/3.5
+DCEQL_A
=81-K09
=81/3.6
81372
81352
A54
=73/2.6
73203
81375
+DCEQL_A
=81-V10
+DCEQL_A
=81-V11
+DCEQL_A
=81-V12
81381
+DCEQL_A
=81-V13
81353
81373
81374
81380
+DCEQL_A
=81-K10
+DCEQL_A
=81-K09
+DCSWR01_A
=81-S14
=81/3.7
+DCSWL01_A
=81-S04
=81/3.7
+DCSWL01_A
=81-S03
=81/3.8
32115
A09
/1.3
=91/2.5
=81/3.7
=22/4.6
=22/4.7
=91/2.5
=81/3.8
=22/4.6
=22/4.7
+DCSWR01_A
=81-S14
=81/3.7
=81/1.4
+DCSWL01_A
=81-S04
=81/3.7
=81/1.4
+DCSWL01_A
=81-S03
=81/3.8
=81/1.6
3T114262-0LF4
3TH4262-0LF4
和监控电路图
A、B、C 车
（3）E44101-B0108-S281-A
第 03 页
共 09 页

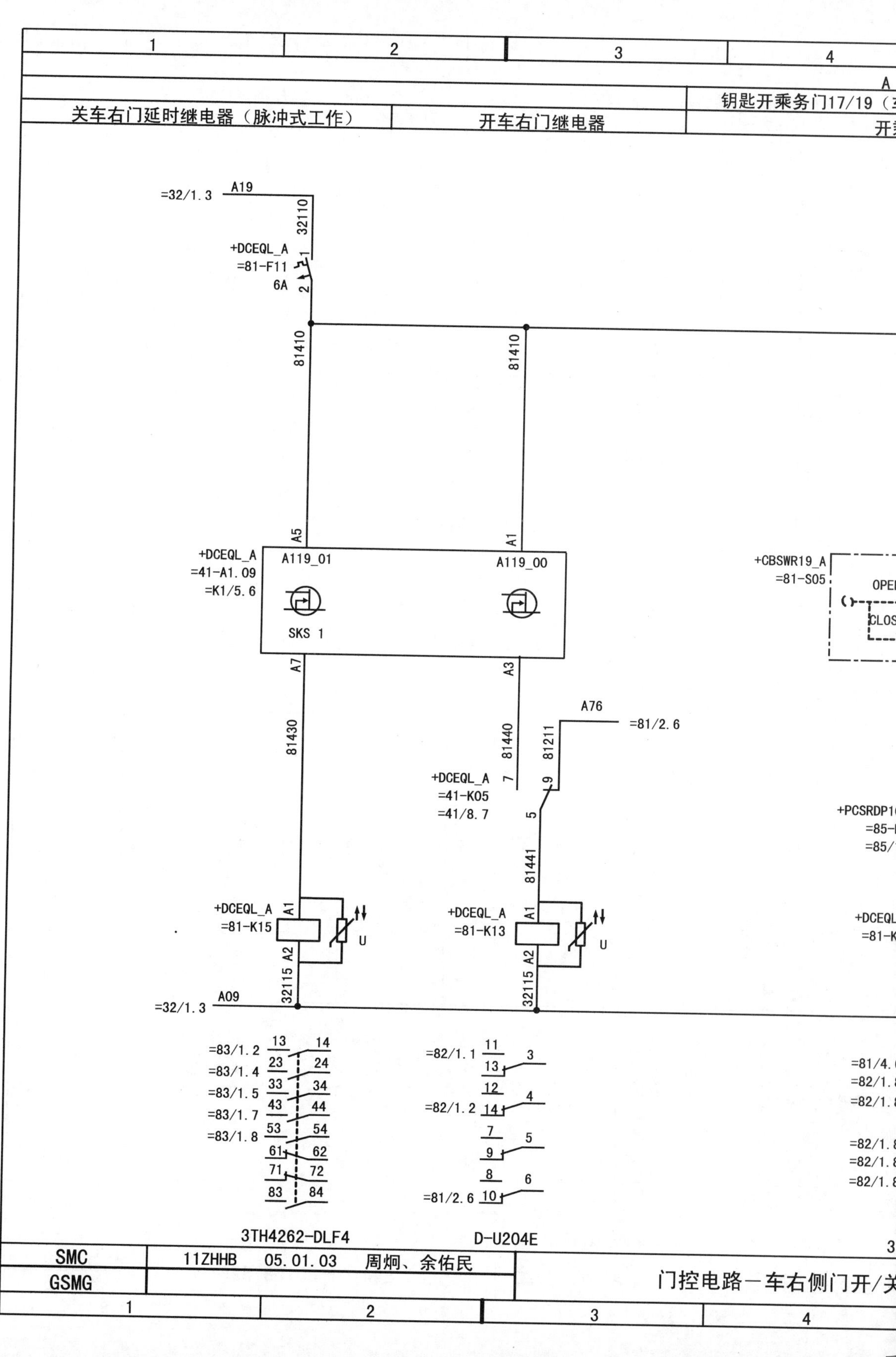

1
2
3
4
A
关车右门延时继电器（脉冲式工作）
开车右门继电器
钥匙开乘务门17/19（
开
=32/1.3
A19
32110
+DCEQL_A
=81-F11
6A
81410
81410
A5
A1
+DCEQL_A
=41-A1.09
=K1/5.6
A119_01
A119_00
SKS 1
+CBSWR19_A
=81-S05
OPEN
CLOS
A7
A3
A76
=81/2.6
81430
81440
81211
+DCEQL_A
=41-K05
=41/8.7
81441
+PCSRDP1
+DCEQL_A
=81-K15
U
+DCEQL_A
=81-K13
U
+DCEQL
=81-K
32115
32115
=32/1.3
A09
=83/1.2
=83/1.4
=83/1.5
=83/1.7
=83/1.8
=82/1.1
=82/1.2
=81/2.6
3TH4262-DLF4
D-U204E
SMC
GSMG
11ZHHB
05.01.03
周炯、余佑民
门控电路一车右侧门开/关

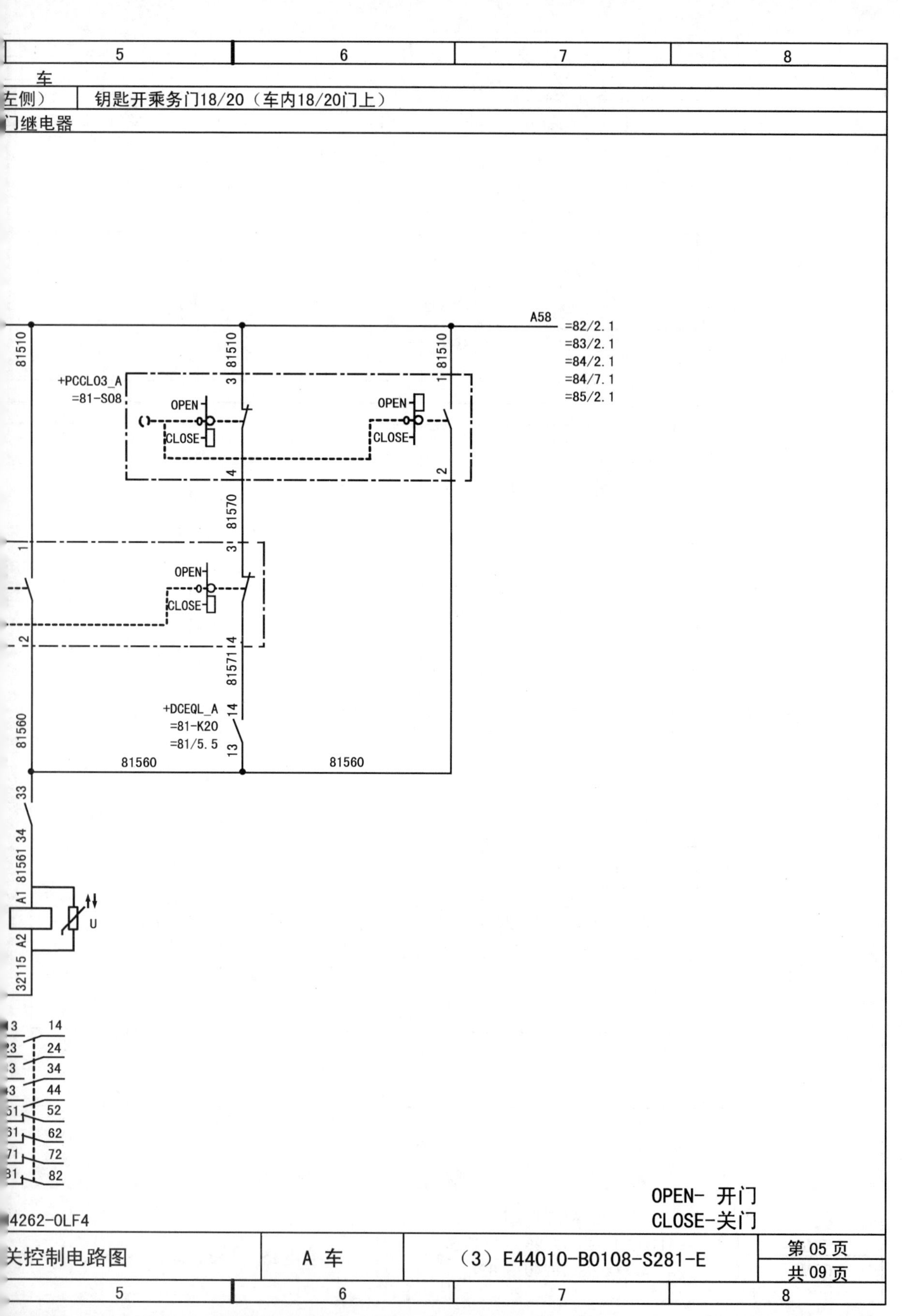
5
6
7
8
车
左侧）
钥匙开乘务门18/20（车内18/20门上）
门继电器
A58
=82/2.1
=83/2.1
=84/2.1
=84/7.1
=85/2.1
81510
+PCCL03_A
=81-S08
OPEN
CLOSE
81570
81571
+DCEQL_A
=81-K20
=81/5.5
81560
81561
32115
A1
A2
U
4262-0LF4
OPEN- 开门
CLOSE-关门
关控制电路图
A 车
（3）E44010-B0108-S281-E
第 05 页
共 09 页

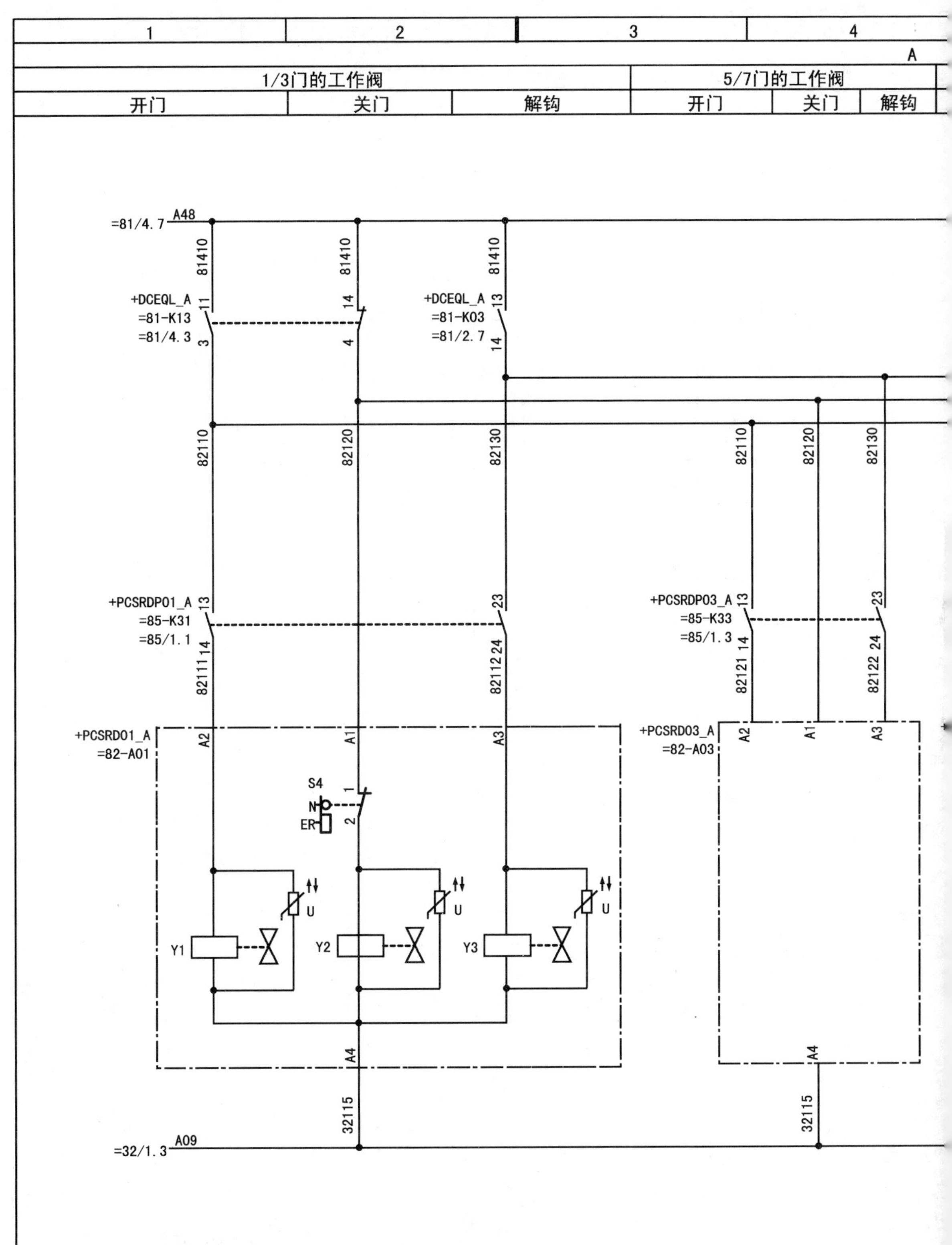

N—正常位　　　　ER—紧急手柄拉下

SMC	11ZHHB 99.12.28 叶建国	门控电路—1/3、5/7、9/11、13/15、
GSMG	X.XXX.RS.78240.B.821	

1	2	3	4

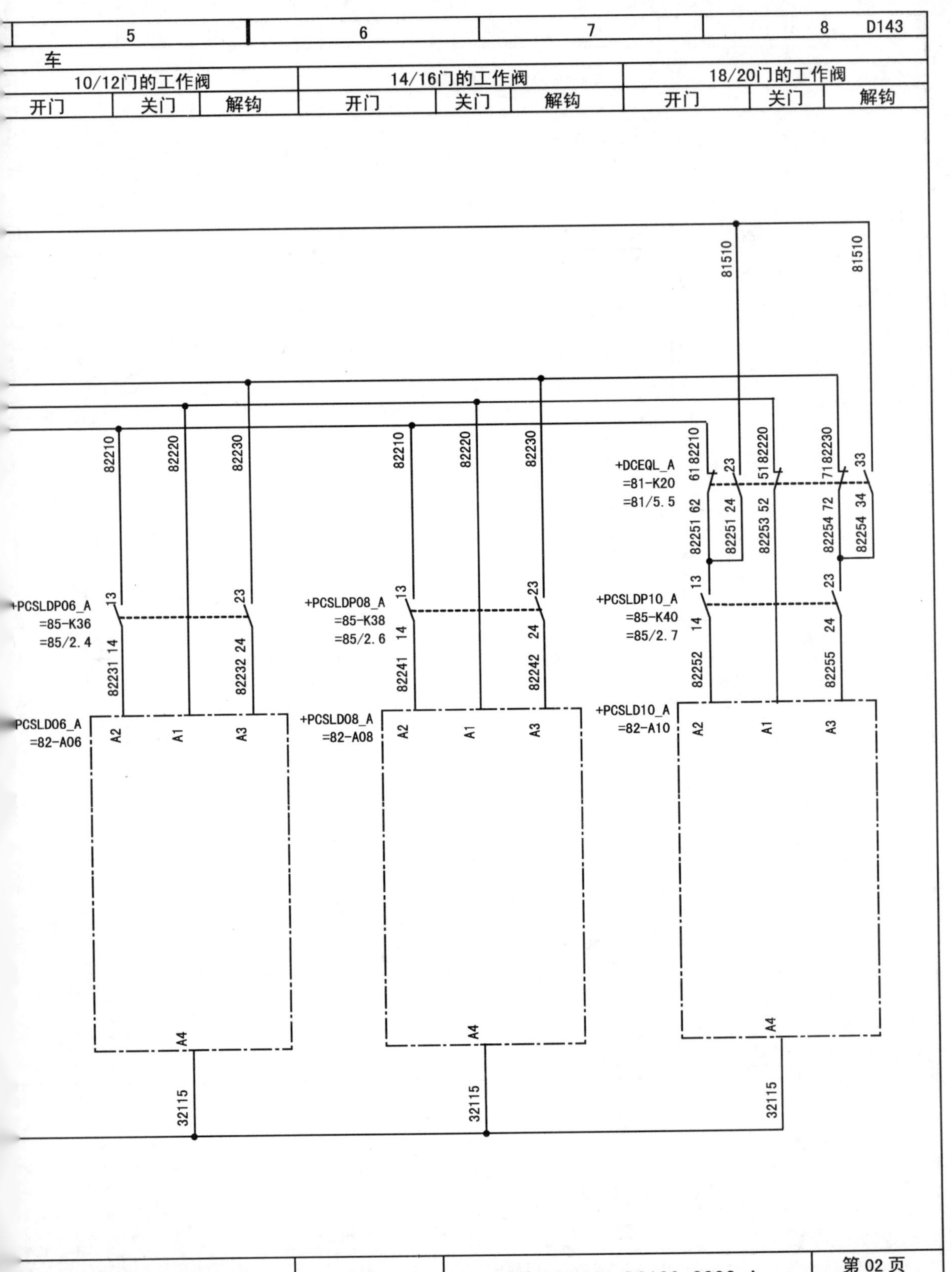

18/20门的工作阀电路图	A 车	（3）E44101-B0108-S282-A	第 02 页 共 07 页

5 6 7 8

1	2	3	4

A

车右侧通报关门蜂鸣器					
	1/3门	5/7门	9/11门	13/15门	17/19门

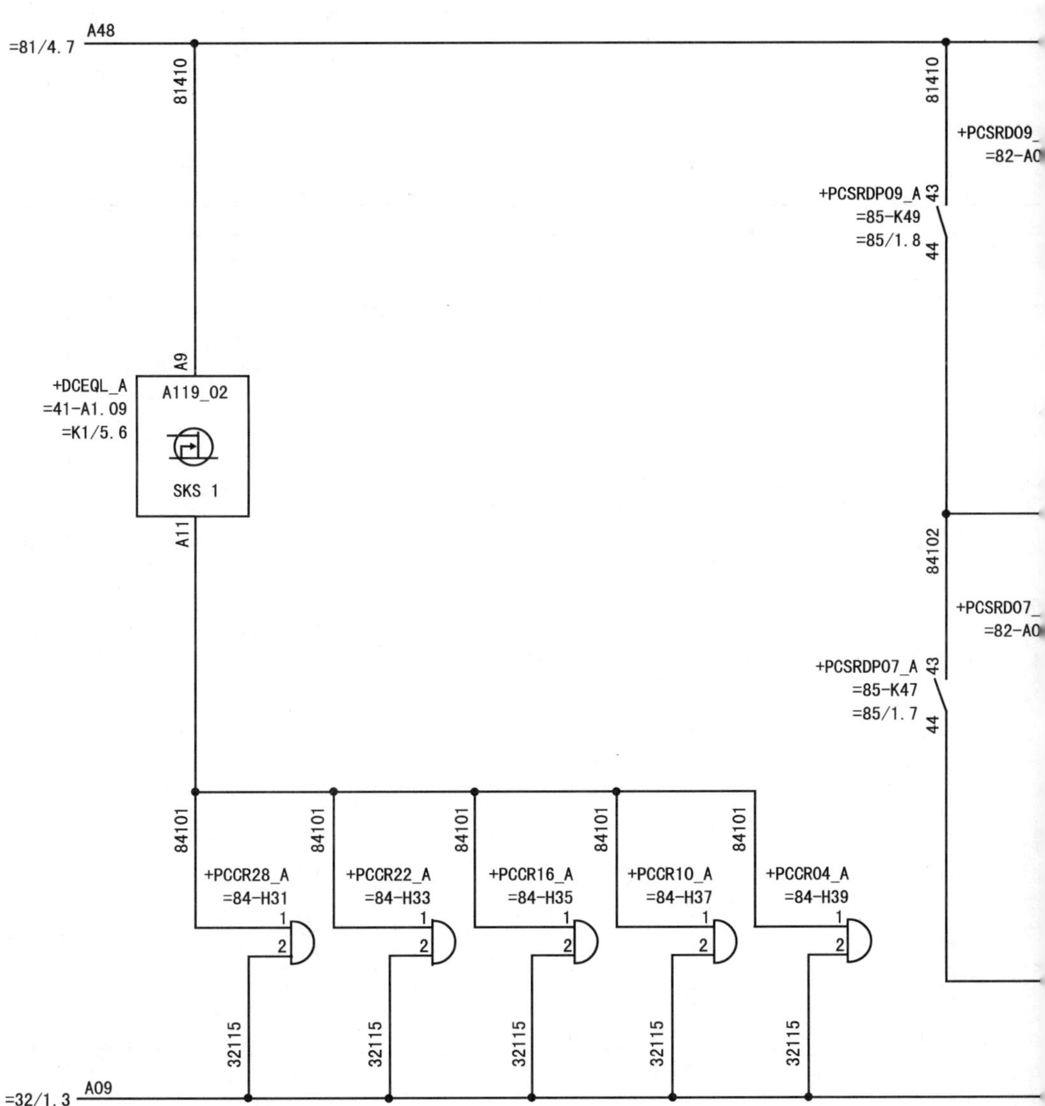

L—门锁好　　R—门解锁　　C—门关好　　O—开门

SMC	11ZHHB 99.12.28 叶建国	门控电路—车右侧关门通
GSMG	X.XXX.RS.78240.B.841	

1	2	3	4

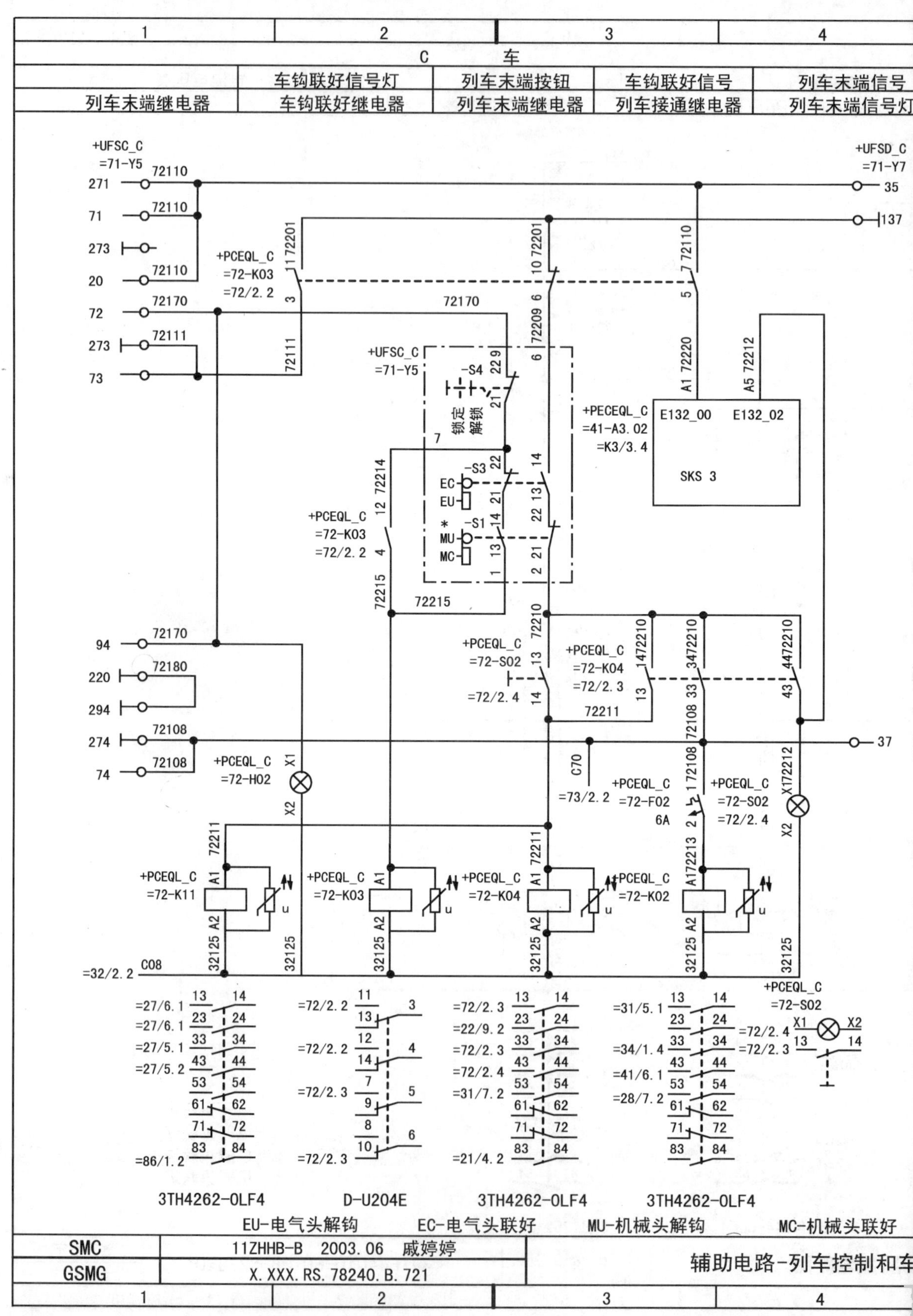

C 车
列车末端继电器
车钩联好信号灯
车钩联好继电器
列车末端按钮
列车末端继电器
车钩联好信号
列车接通继电器
列车末端信号
列车末端信号灯
+UFSC_C
=71-Y5
+UFSD_C
=71-Y7
+PCEQL_C
=72-K03
=72/2.2
锁定
解锁
+PECEQL_C
=41-A3.02
=K3/3.4
E132_00
E132_02
SKS 3
+PCEQL_C
=72-S02
=72/2.4
+PCEQL_C
=72-K04
=72/2.3
+PCEQL_C
=72-H02
+PCEQL_C
=72-F02
6A
+PCEQL_C
=72-K11
+PCEQL_C
=72-K02
3TH4262-0LF4
D-U204E
3TH4262-0LF4
3TH4262-0LF4
EU-电气头解钩
EC-电气头联好
MU-机械头解钩
MC-机械头联好
SMC
11ZHHB-B 2003.06 戚婷婷
GSMG
X.XXX.RS.78240.B.721
辅助电路-列车控制和车

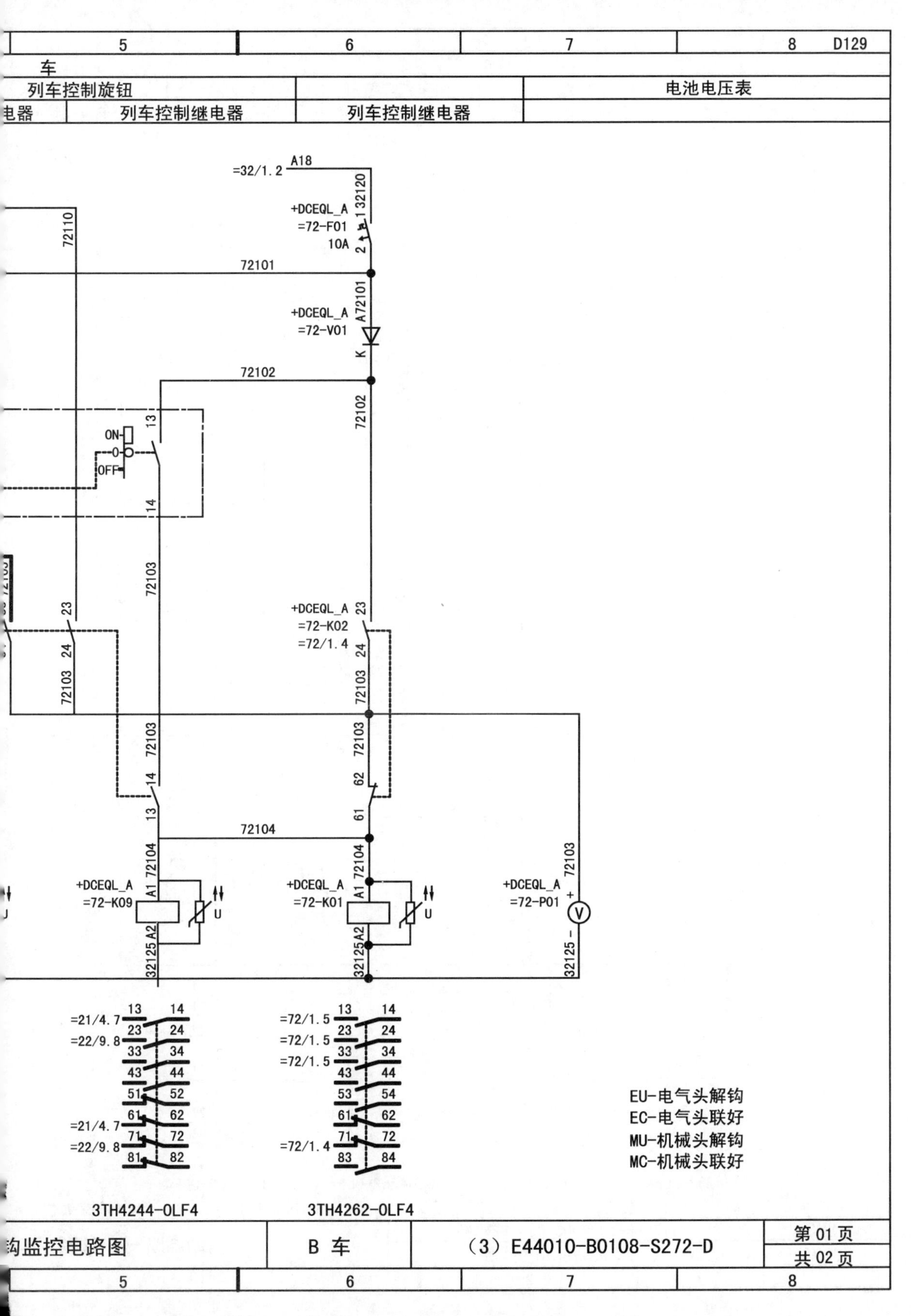

钩监控电路图	B 车	（3）E44010-B0108-S272-D	第 01 页 共 02 页

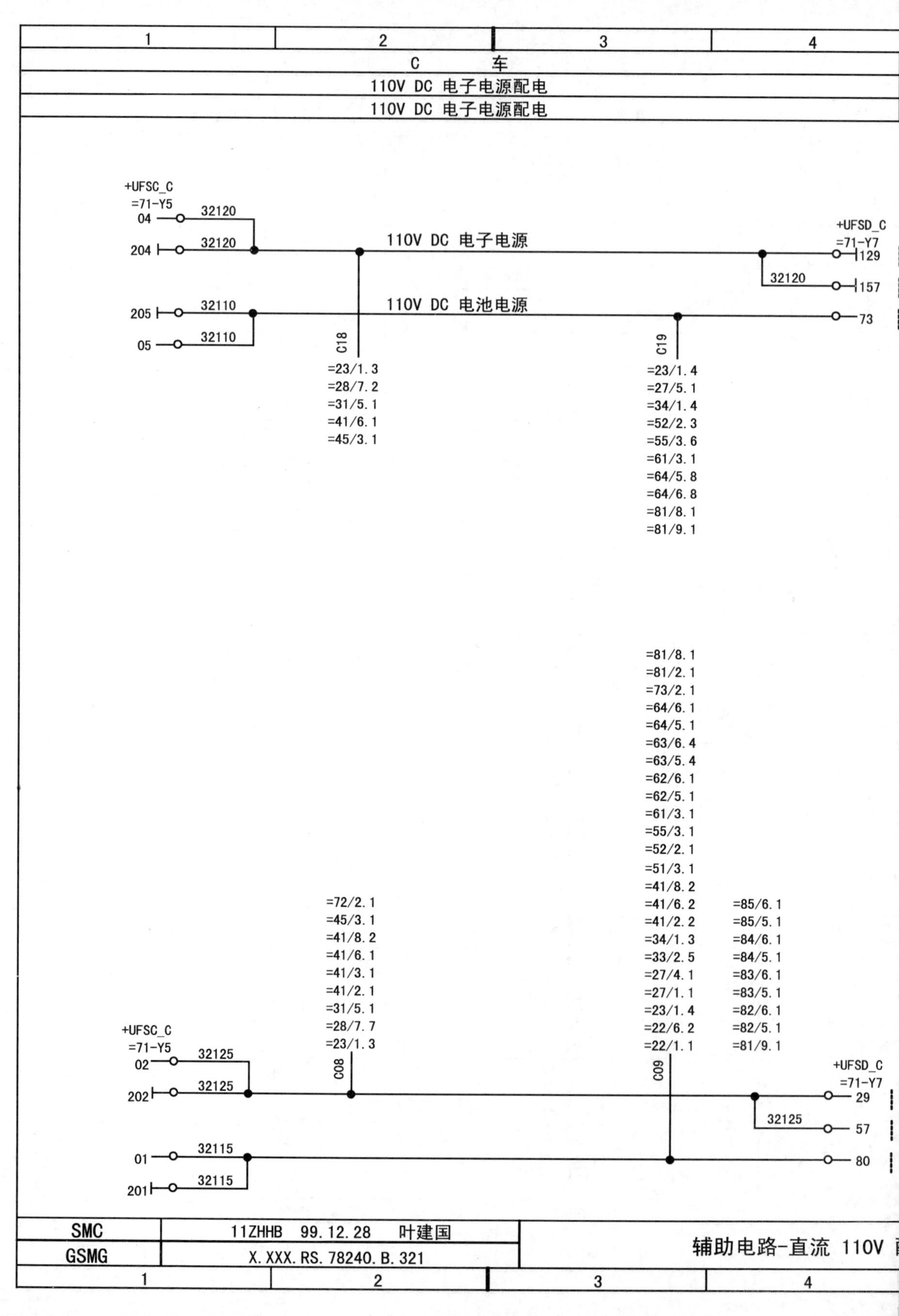
1
2
3
4
C 车
110V DC 电子电源配电
110V DC 电子电源配电
+UFSC_C
=71-Y5
04
32120
204
32120
110V DC 电子电源
+UFSD_C
=71-Y7
129
32120
157
205
32110
110V DC 电池电源
73
05
32110
C18
C19
=23/1.3
=28/7.2
=31/5.1
=41/6.1
=45/3.1
=23/1.4
=27/5.1
=34/1.4
=52/2.3
=55/3.6
=61/3.1
=64/5.8
=64/6.8
=81/8.1
=81/9.1
=81/8.1
=81/2.1
=73/2.1
=64/6.1
=64/5.1
=63/6.4
=63/5.4
=62/6.1
=62/5.1
=61/3.1
=55/3.1
=52/2.1
=51/3.1
=41/8.2
=41/6.2
=41/2.2
=34/1.3
=33/2.5
=27/4.1
=27/1.1
=23/1.4
=22/6.2
=22/1.1
=85/6.1
=85/5.1
=84/6.1
=84/5.1
=83/6.1
=83/5.1
=82/6.1
=82/5.1
=81/9.1
=72/2.1
=45/3.1
=41/8.2
=41/6.1
=41/3.1
=41/2.1
=31/5.1
=28/7.7
=23/1.3
+UFSC_C
=71-Y5
02
32125
202
32125
C08
C09
+UFSD_C
=71-Y7
29
32125
57
01
32115
80
201
32115
SMC
11ZHHB 99.12.28 叶建国
GSMG
X.XXX.RS.78240.B.321
辅助电路-直流 110V
1
2
3
4

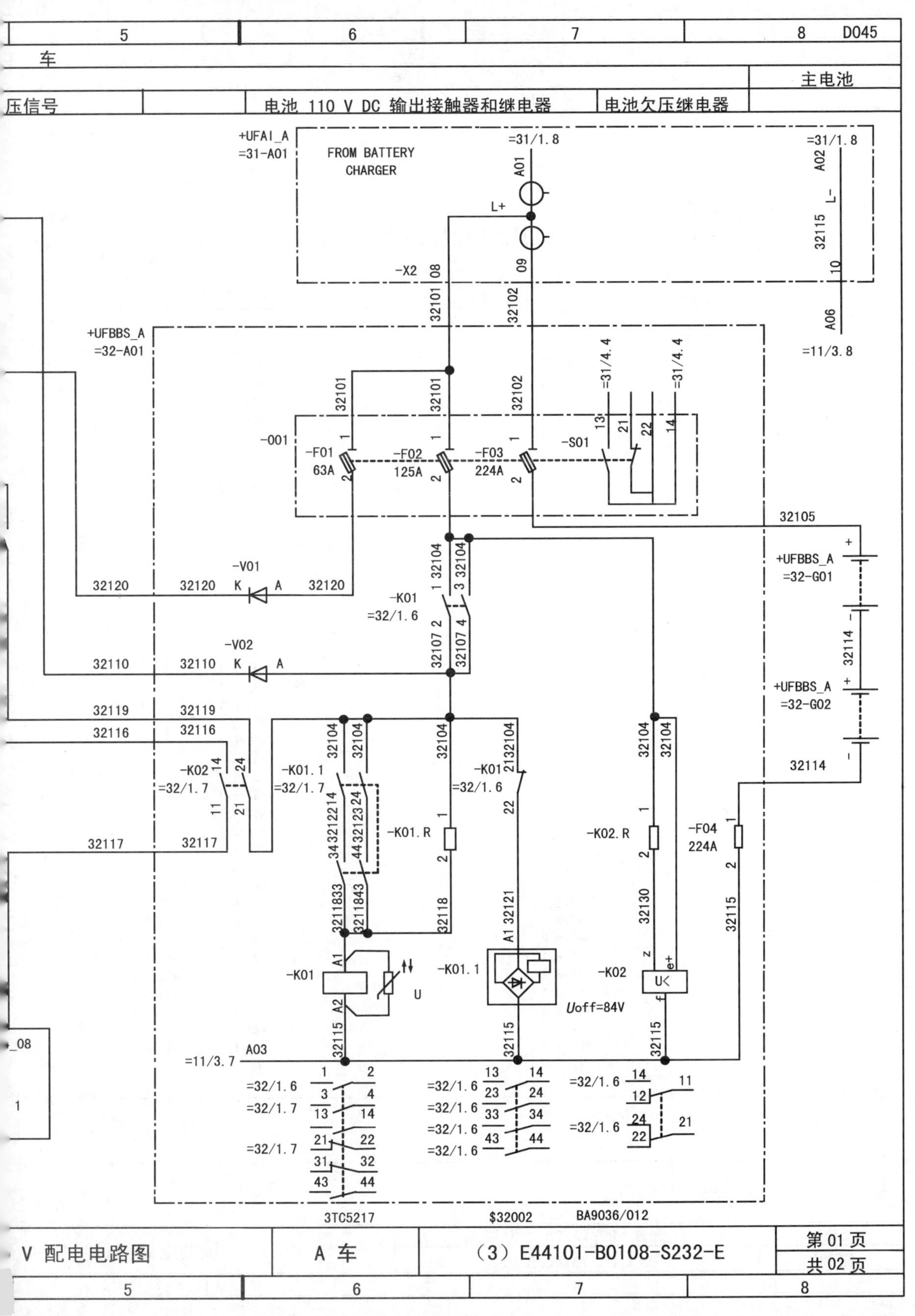

5
6
7
8 D045
车
主电池
压信号
电池 110 V DC 输出接触器和继电器
电池欠压继电器
+UFAI_A
=31-A01
FROM BATTERY CHARGER
=31/1.8
=31/1.8
L+
L-
-X2
+UFBBS_A
=32-A01
=11/3.8
-001
-F01 63A
-F02 125A
-F03 224A
-S01
=31/4.4
-V01
-V02
-K01
=32/1.6
-K02
=32/1.7
-K01.1
=32/1.7
-K01.R
-K02.R
-F04 224A
+UFBBS_A
=32-G01
+UFBBS_A
=32-G02
Uoff=84V
=11/3.7
A03
3TC5217
$32002
BA9036/012
V 配电电路图
A 车
（3）E44101-B0108-S232-E
第 01 页
共 02 页

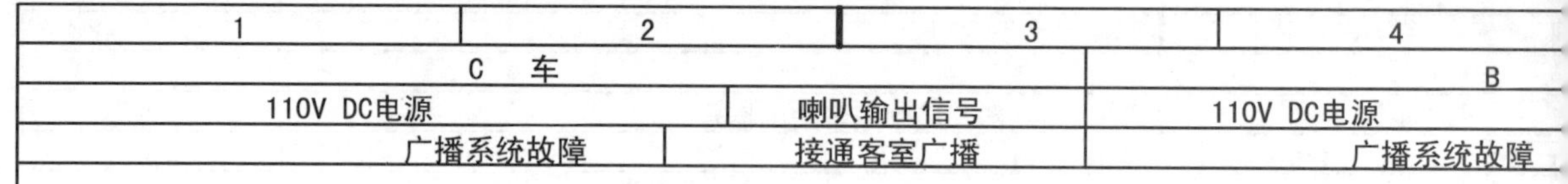

=32/2.2 C18 32120
+PCEQL_C
=45-F01
6A

+PCEQL_C
=22-K02
=22/1.1

+PCEQL_C
=22-K03
=22/1.2

45301 45302 红 棕

C41 =45/6.7
C42 =45/6.7
S01 =45/6.7

白 棕

-IF32 26D 26Z 16D 8D 8Z 10Z

+PCELL_C
=45-A01

广播放大器
公用线
广播接通
喇叭输出
音频100V

-IF32 24D 24Z 18D 6Z 10D 22D 22Z 20D

=32/2.2 C08 32125 蓝 45310 白

+PCEQL_C
=41-A3.02
=K3/3.4
A17
E132_07
SKS 3

45305 45307 45303 45304 45315 白 棕 白 棕

+UFSC_C
=71-Y5

103 45303
303 45303
102 45304
302 45304
92 45305
292 45305
91 45306
291 45306
90 45307
290 45307

+UFSC_C
=71-Y7
69
68
55
54
53

+UFSC_B
=71-Y6
169 45303
168 45304
155 45305
154 45306
153 45307

=32/2.5 B18 32120
+PCEQL_B
=45-F01
6A

+PCEQL_B
=22-K02
=22/1.3

+PCEQL_B
=22-K03
=22/1.3

45311 45312 红 棕

-IF32 26D 26Z 16D

+PCELL_B
=45-A01

PA-AMPLIFIER

-IF32 24D 24Z 18D 6Z

=32/2.5 B08 32125 蓝 45320 白

+PCEQL_B
=41-A2.02
=K2/3.4
A17
E122_07
SKS 2

45305

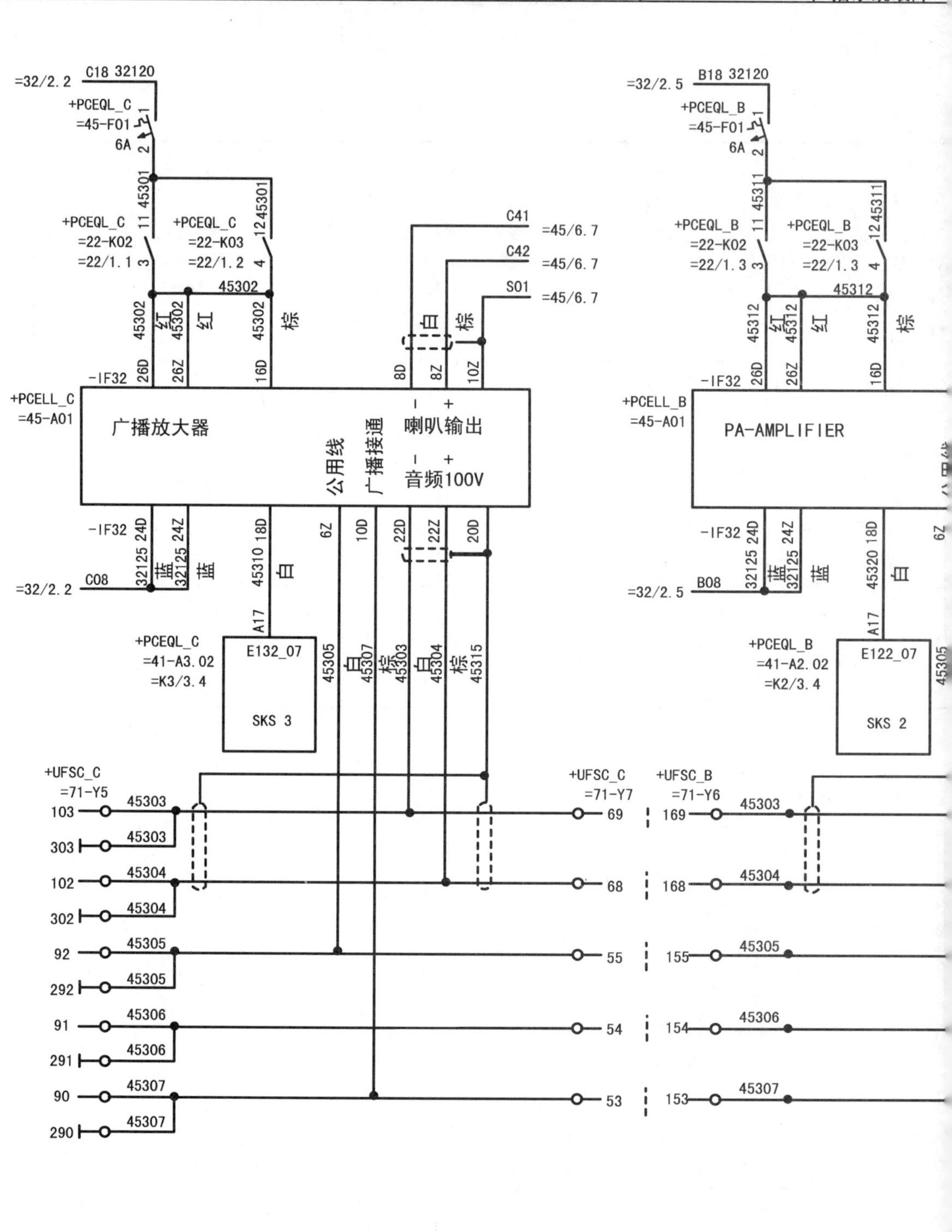

SMC	11ZHHB 99.12.28 叶建国	监控、信息和广播电路-广播放大器
GSMG	X.XXX.RS.78240.B.451	

1 2 3 4

图

车

报站器二进制编码输出信号

1位	2位	3位	4位	5位	6位	7位	8位
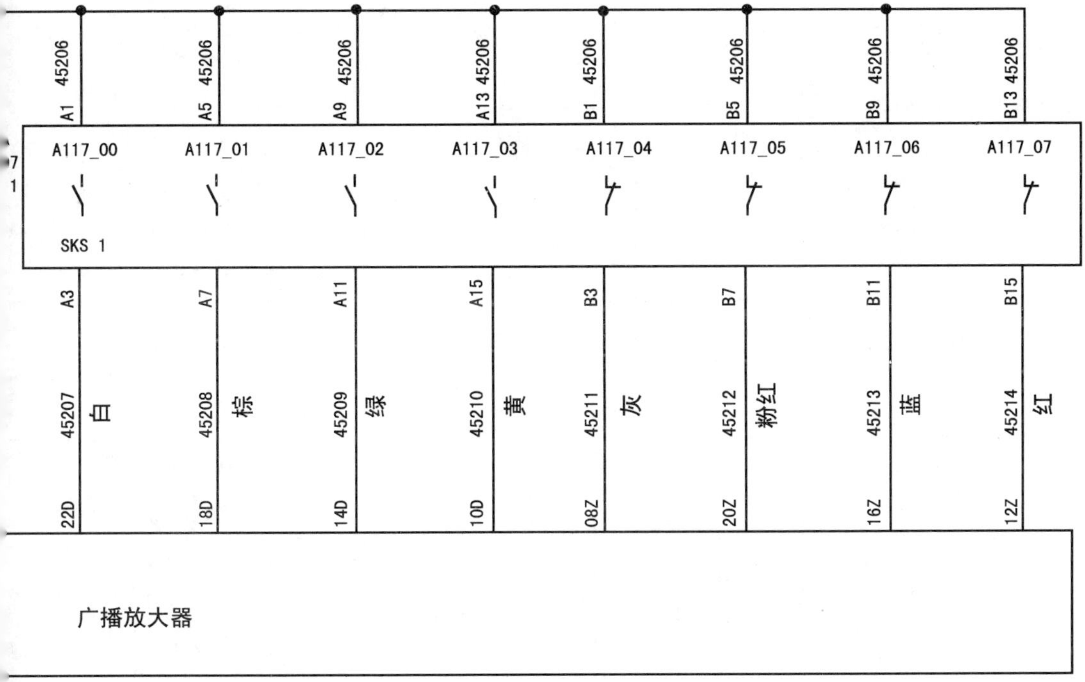 A1 45206	A5 45206	A9 45206	A13 45206	B1 45206	B5 45206	B9 45206	B13 45206
A117_00	A117_01	A117_02	A117_03	A117_04	A117_05	A117_06	A117_07
A3	A7	A11	A15	B3	B7	B11	B15
45207 白	45208 棕	45209 绿	45210 黄	45211 灰	45212 粉红	45213 蓝	45214 红
22D	18D	14D	10D	08Z	20Z	16Z	12Z

SKS 1

广播放大器

系统和广播设备电路图	A 车	（3）E44010-B0108-S245-D	第 02 页 共 06 页

1	2	3	4

A

无线电系统输入信

控制司机室	客室广播	驾驶员-驾驶员通话	控制广播	广

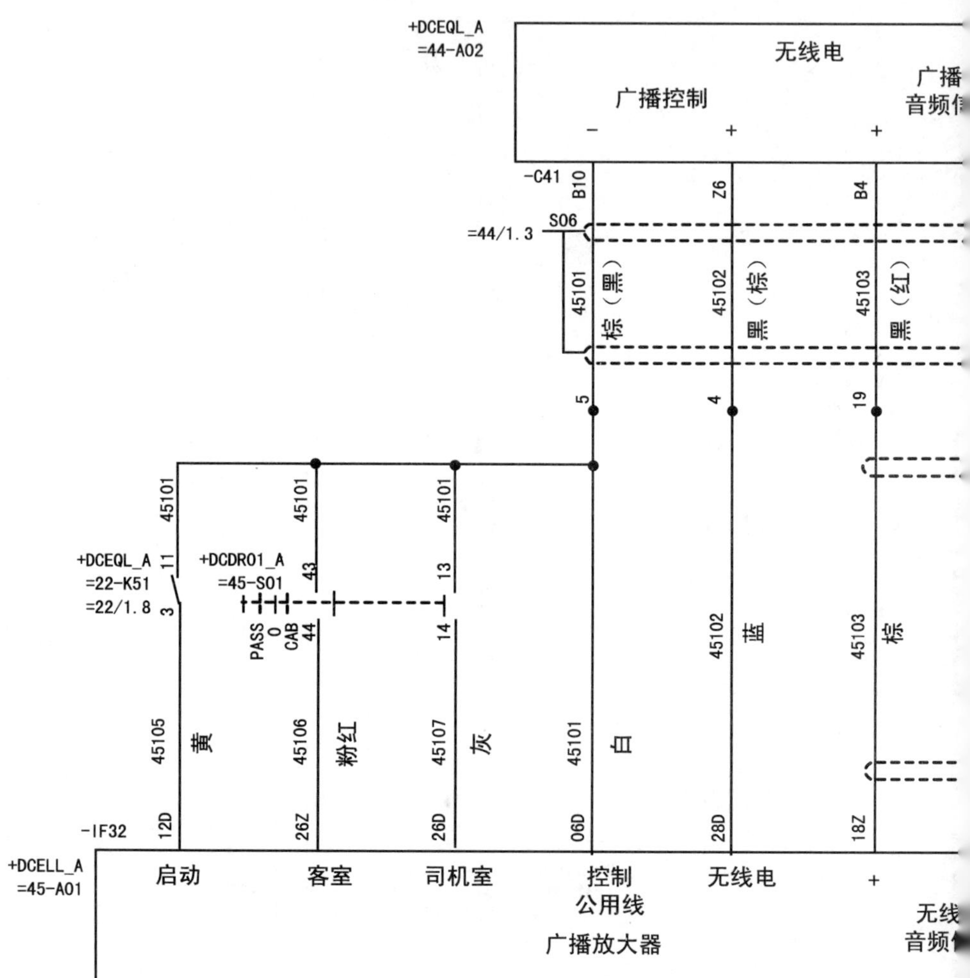

SMC	11ZHHB 99.12.28 叶建国	监控、信息和广播电路-广播系
GSMG	X.XXX.RS.78240.B.451	

1	2	3	4

图

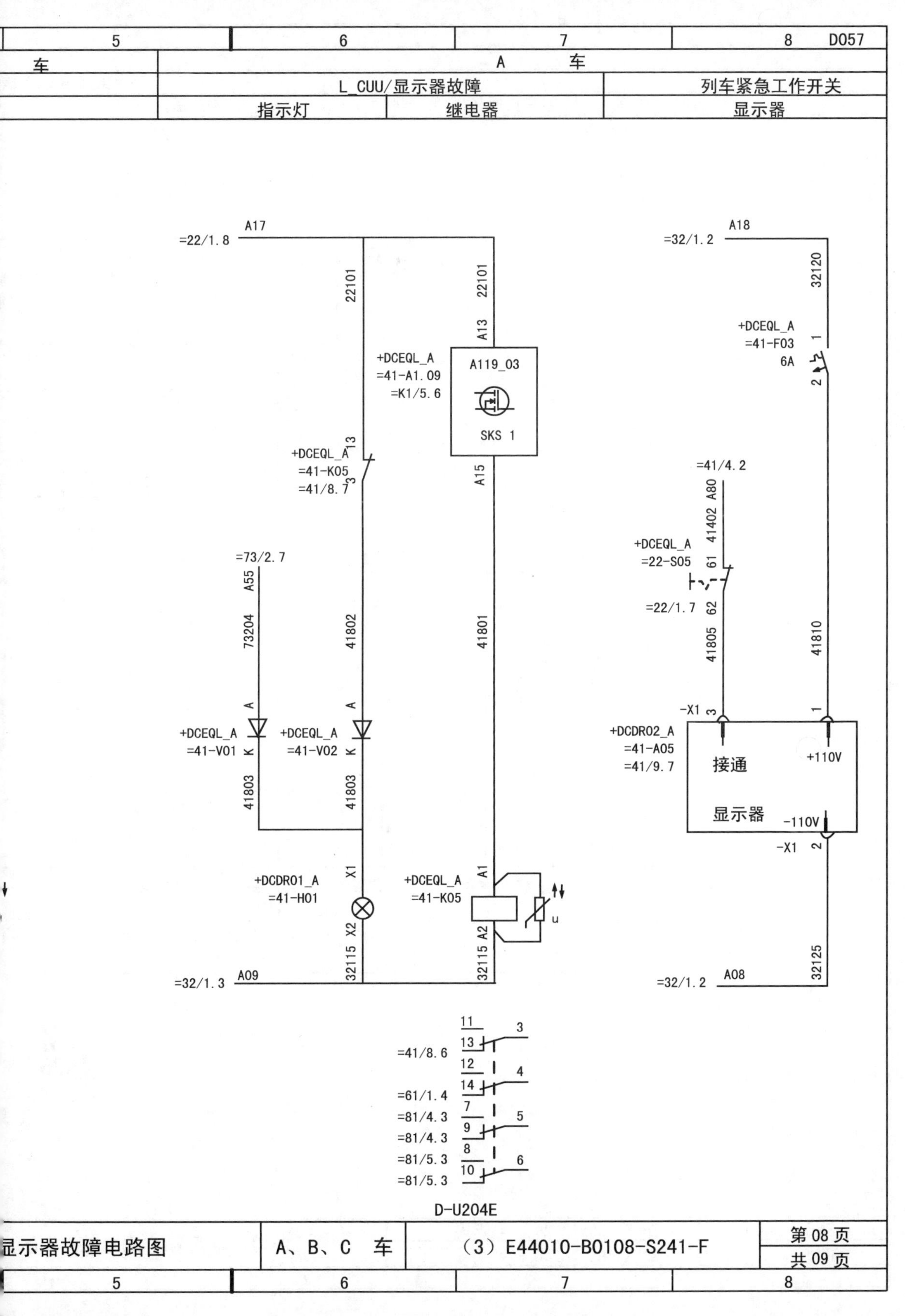

5
6
7
8
D057
车
A 车
L_CUU/显示器故障
列车紧急工作开关
指示灯
继电器
显示器
A17
=22/1.8
22101
22101
A13
+DCEQL_A
=41-A1.09
=K1/5.6
A119_03
SKS 1
A15
+DCEQL_A
=41-K05
=41/8.7
13
3
=73/2.7
A55
73204
41802
41801
A
K
+DCEQL_A
=41-V01
+DCEQL_A
=41-V02
41803
41803
+DCDR01_A
=41-H01
X1
X2
+DCEQL_A
=41-K05
A1
A2
u
32115
32115
=32/1.3
A09
A18
=32/1.2
32120
+DCEQL_A
=41-F03
6A
1
2
=41/4.2
A80
41402
61
+DCEQL_A
=22-S05
=22/1.7
62
41805
41810
-X1
3
1
+DCDR02_A
=41-A05
=41/9.7
接通
显示器
+110V
-110V
-X1
2
32125
=32/1.2
A08
=41/8.6
=61/1.4
=81/4.3
=81/4.3
=81/5.3
=81/5.3
11
13
12
14
7
9
8
10
3
4
5
6
D-U204E
显示器故障电路图
A、B、C 车
（3）E44010-B0108-S241-F
第08页
共09页
5
6
7
8

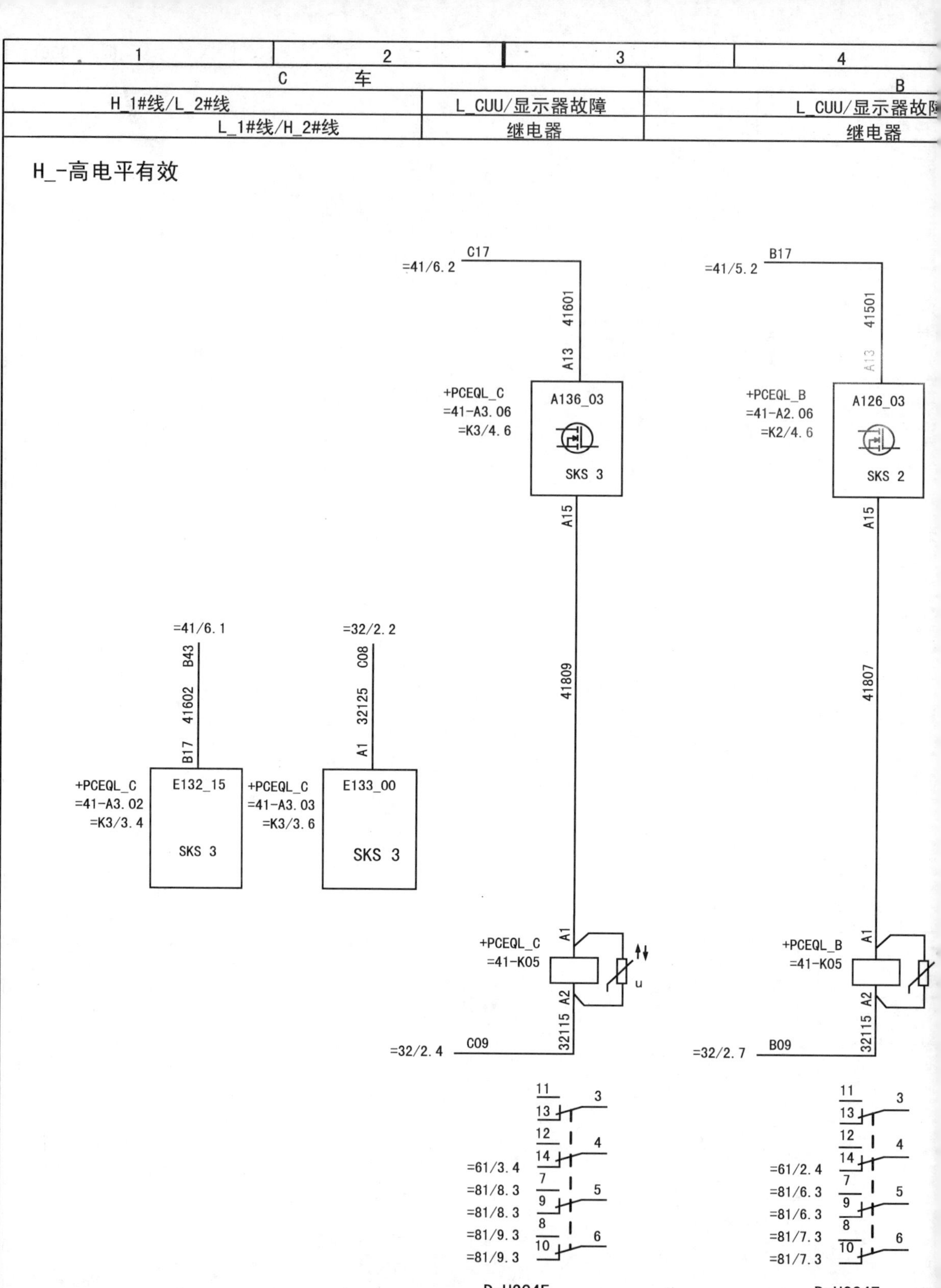
1
2
3
4
C 车
B
H_1#线/L_2#线
L_1#线/H_2#线
L_CUU/显示器故障
继电器
L_CUU/显示器故障
继电器
H_-高电平有效
=41/6.2
C17
41601
A13
+PCEQL_C
=41-A3.06
=K3/4.6
A136_03
SKS 3
A15
41809
=41/5.2
B17
41501
A13
+PCEQL_B
=41-A2.06
=K2/4.6
A126_03
SKS 2
A15
41807
=41/6.1
B43
41602
B17
+PCEQL_C
=41-A3.02
=K3/3.4
E132_15
SKS 3
=32/2.2
C08
32125
A1
+PCEQL_C
=41-A3.03
=K3/3.6
E133_00
SKS 3
+PCEQL_C
=41-K05
A1
A2
u
32115
=32/2.4
C09
+PCEQL_B
=41-K05
A1
A2
32115
=32/2.7
B09
11
13
3
12
14
4
7
9
5
8
10
6
=61/3.4
=81/8.3
=81/8.3
=81/9.3
=81/9.3
D-U204E
=61/2.4
=81/6.3
=81/6.3
=81/7.3
=81/7.3
D-U204E

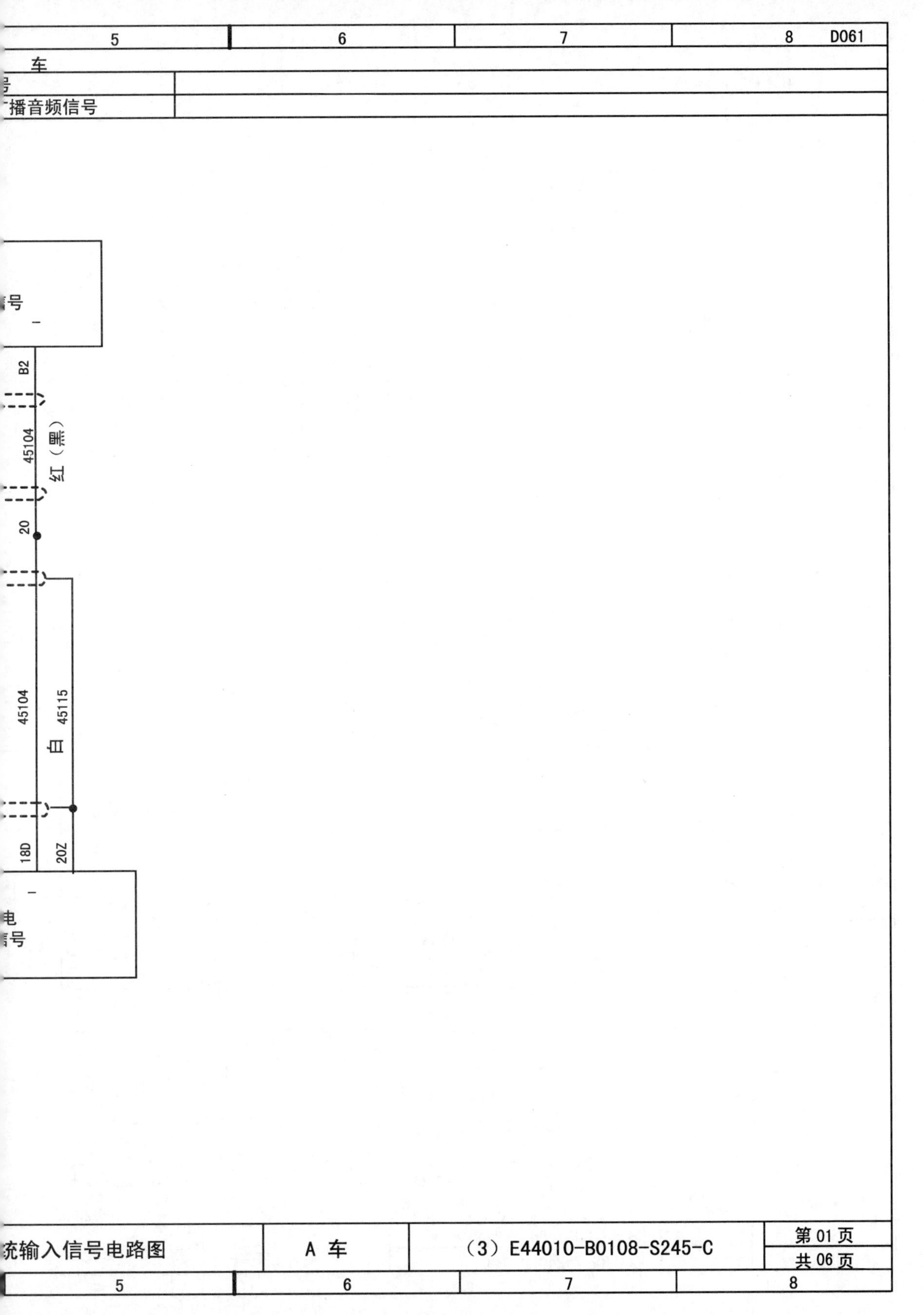
5
6
7
8
D061
车
号
广播音频信号
号
B2
45104
红（黑）
20
45104
白
45115
18D
20Z
电
号
统输入信号电路图
A 车
（3）E44010-B0108-S245-C
第 01 页
共 06 页

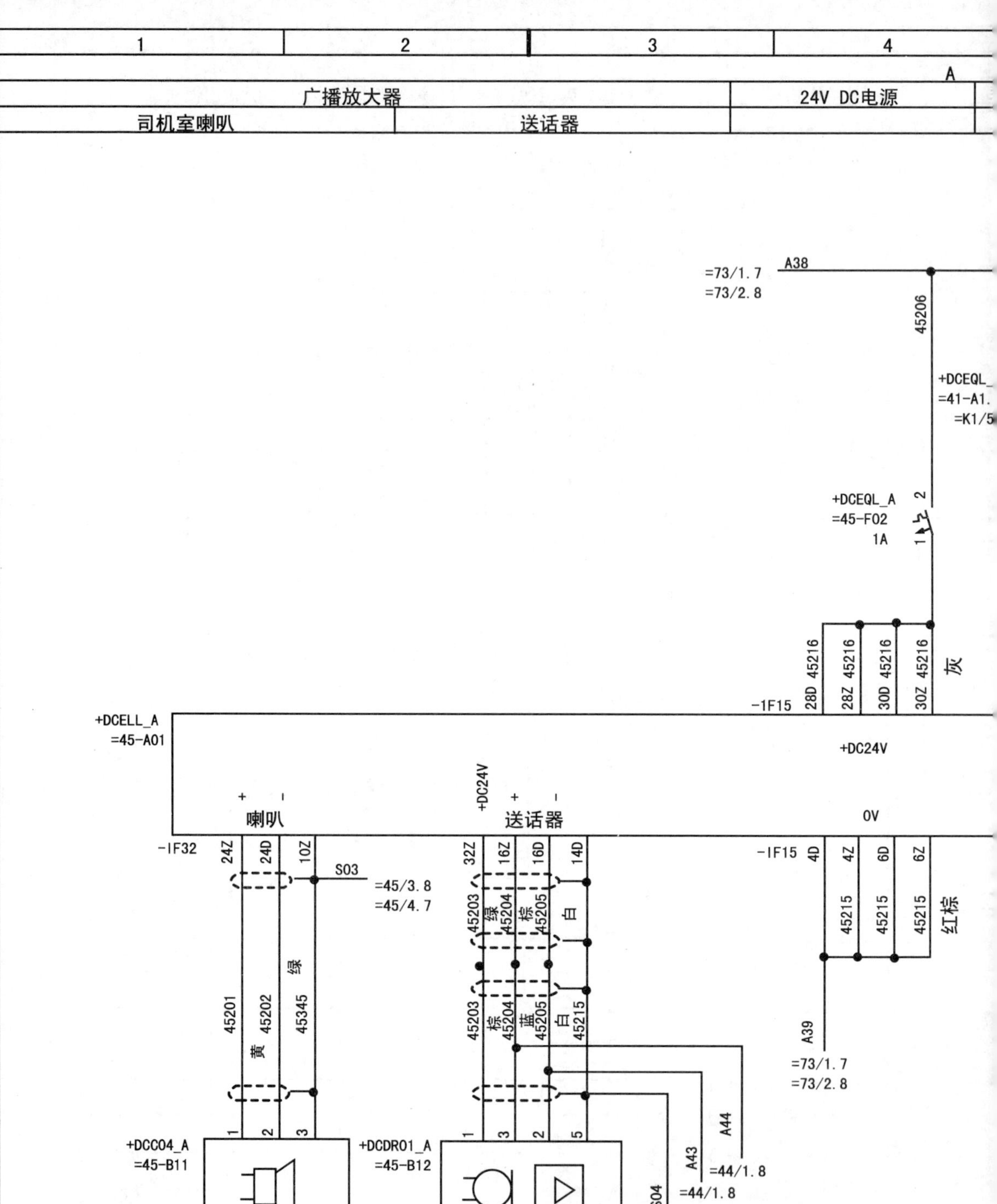

SMC	11ZHHB 99.12.28 叶建国	监控、信息和广播电路-司机室广播
GSMG	X.XXX.RS.78240.B.451	

1	2	3	4

图

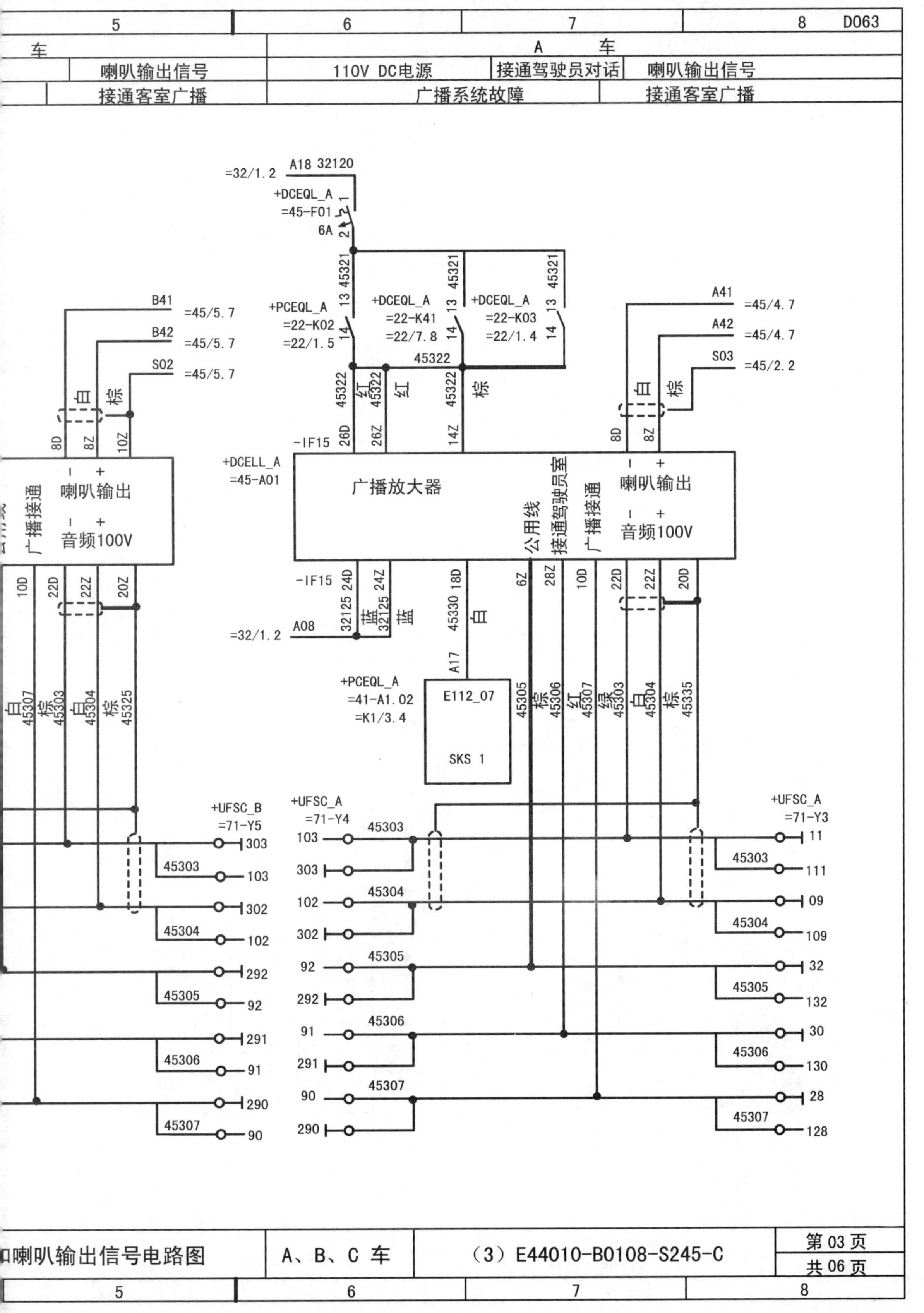

5
6
7
8
D063
车
A 车
喇叭输出信号
110V DC电源
接通驾驶员对话
喇叭输出信号
接通客室广播
广播系统故障
接通客室广播
=32/1.2
A18 32120
+DCEQL_A
=45-F01
6A
45321
+PCEQL_A
=22-K02
=22/1.5
+DCEQL_A
=22-K41
=22/7.8
+DCEQL_A
=22-K03
=22/1.4
45322
B41 =45/5.7
B42 =45/5.7
S02 =45/5.7
A41 =45/4.7
A42 =45/4.7
S03 =45/2.2
白
棕
红
-IF15
+DCELL_A
=45-A01
广播放大器
公用线
接通驾驶员室
广播接通
喇叭输出
音频100V
8D 8Z 10Z
26D 26Z 14Z
10D 22D 22Z 20Z
24D 24Z 18D 6Z 28Z 10D 22D 22Z 20D
32125
蓝
45330
A08
A17
+PCEQL_A
=41-A1.02
=K1/3.4
E112_07
SKS 1
45303
45304
45305
45306
45307
45325
45335
绿
+UFSC_B
=71-Y5
+UFSC_A
=71-Y4
+UFSC_A
=71-Y3
303 103 302 102 292 92 291 91 290 90
103 303 102 302 92 292 91 291 90 290
11 111 09 109 32 132 30 130 28 128
喇叭输出信号电路图
A、B、C 车
（3）E44010-B0108-S245-C
第03页
共06页

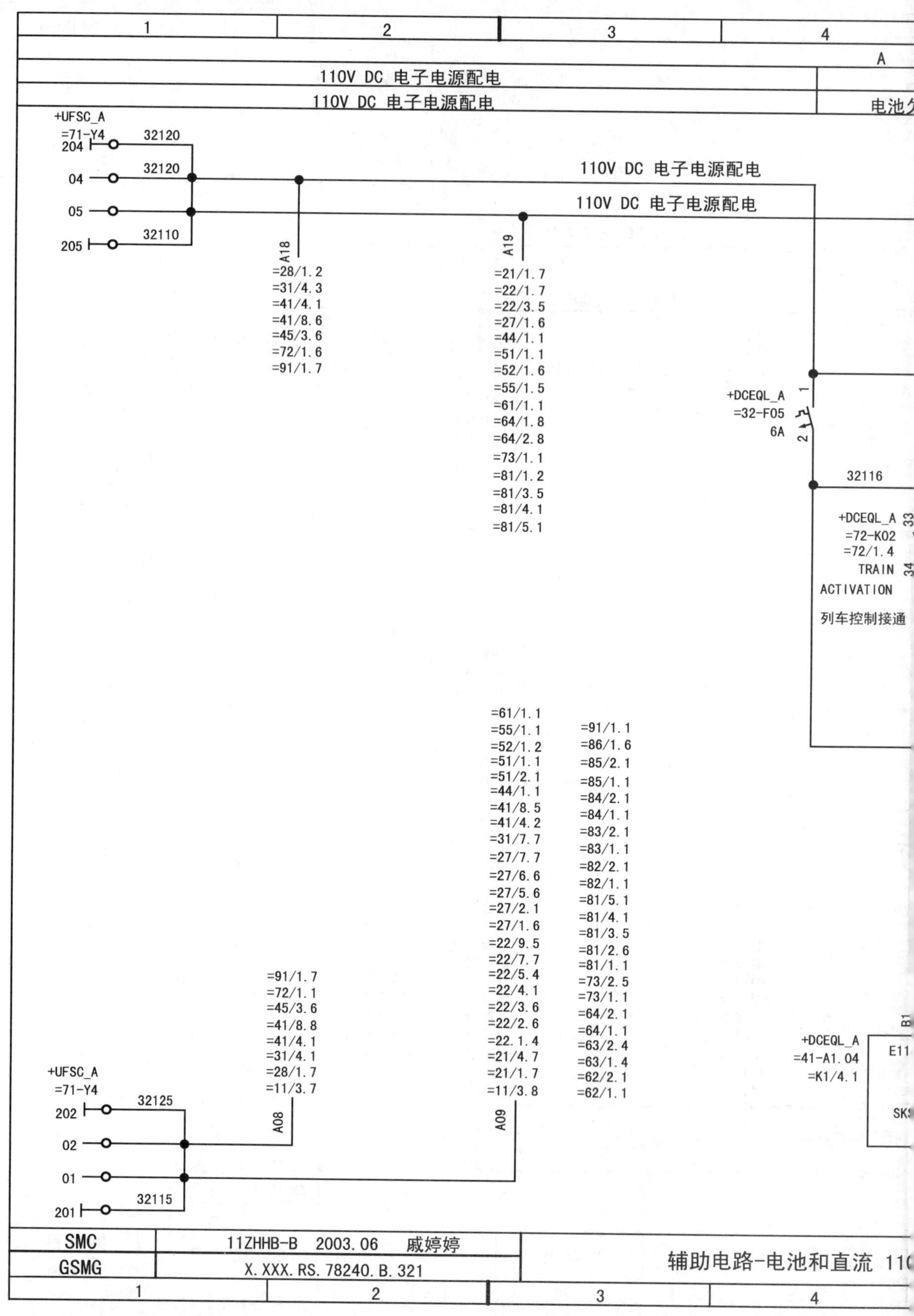
1
2
3
4
A
110V DC 电子电源配电
110V DC 电子电源配电
电池
+UFSC_A
=71-Y4
204
32120
04
32120
05
205
32110
110V DC 电子电源配电
110V DC 电子电源配电
A18
=28/1.2
=31/4.3
=41/4.1
=41/8.6
=45/3.6
=72/1.6
=91/1.7
A19
=21/1.7
=22/1.7
=22/3.5
=27/1.6
=44/1.1
=51/1.1
=52/1.6
=55/1.5
=61/1.1
=64/1.8
=64/2.8
=73/1.1
=81/1.2
=81/3.5
=81/4.1
=81/5.1
+DCEQL_A
=32-F05
6A
32116
+DCEQL_A
=72-K02
=72/1.4
TRAIN
ACTIVATION
列车控制接通
33
34
=61/1.1
=55/1.1
=52/1.2
=51/1.1
=51/2.1
=44/1.1
=41/8.5
=41/4.2
=31/7.7
=27/7.7
=27/6.6
=27/5.6
=27/2.1
=27/1.6
=22/9.5
=22/7.7
=22/5.4
=22/4.1
=22/3.6
=22/2.6
=22.1.4
=21/4.7
=21/1.7
=11/3.8
A09
=91/1.1
=86/1.6
=85/2.1
=85/1.1
=84/2.1
=84/1.1
=83/2.1
=83/1.1
=82/2.1
=82/1.1
=81/5.1
=81/4.1
=81/3.5
=81/2.6
=81/1.1
=73/2.5
=73/1.1
=64/2.1
=64/1.1
=63/2.4
=63/1.4
=62/2.1
=62/1.1
=91/1.7
=72/1.1
=45/3.6
=41/8.8
=41/4.1
=31/4.1
=28/1.7
=11/3.7
A08
+UFSC_A
=71-Y4
202
32125
02
01
32115
201
+DCEQL_A
=41-A1.04
=K1/4.1
E11
SMC
11ZHHB-B 2003.06 戚婷婷
GSMG
X.XXX.RS.78240.B.321
辅助电路-电池和直流 11
1
2
3
4

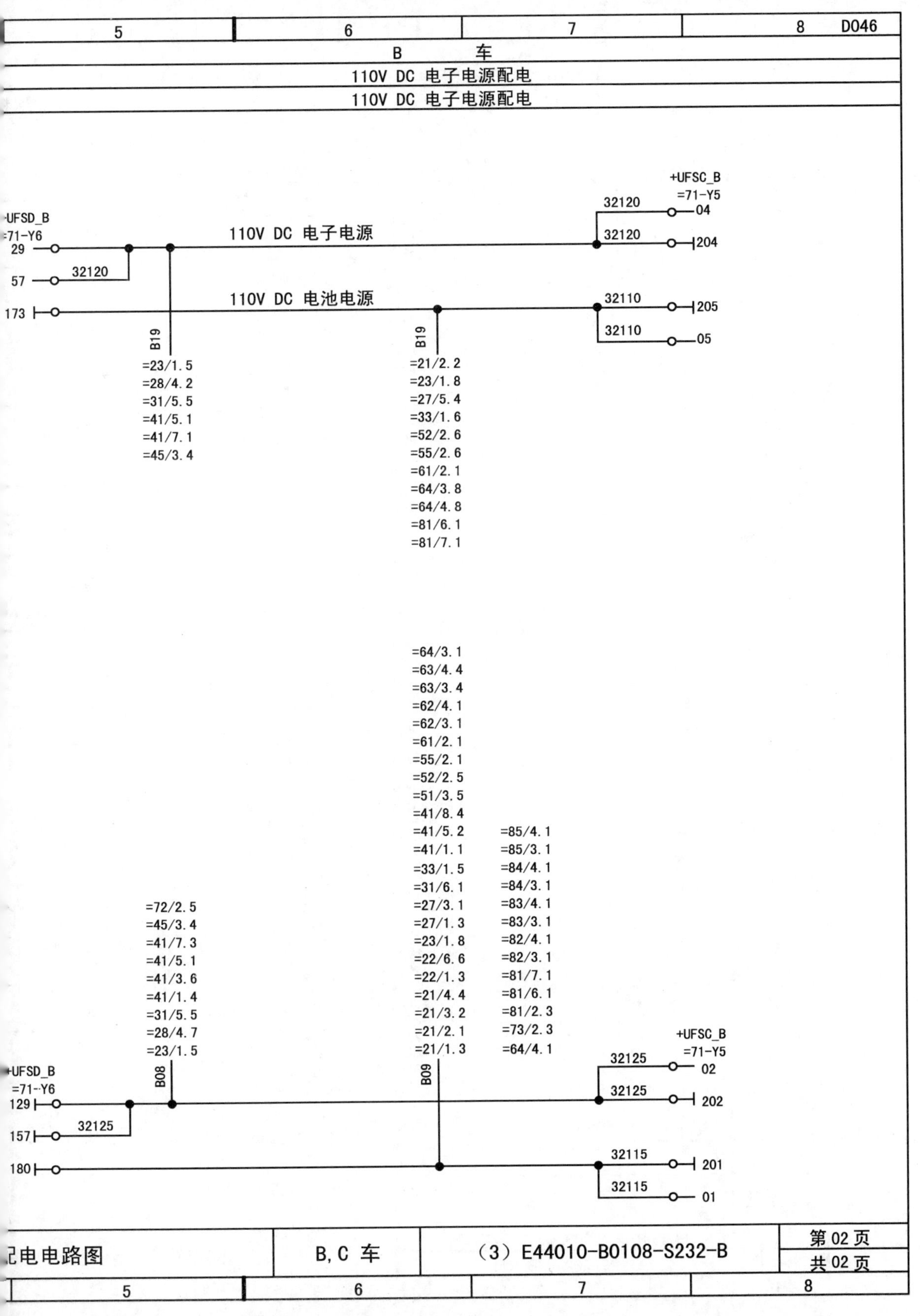

5
6
7
8
D046
B 车
110V DC 电子电源配电
110V DC 电子电源配电
+UFSC_B
=71-Y5
32120
04
32120
204
-UFSD_B
=71-Y6
29
57
32120
173
110V DC 电子电源
110V DC 电池电源
32110
205
32110
05
B19
=23/1.5
=28/4.2
=31/5.5
=41/5.1
=41/7.1
=45/3.4
B19
=21/2.2
=23/1.8
=27/5.4
=33/1.6
=52/2.6
=55/2.6
=61/2.1
=64/3.8
=64/4.8
=81/6.1
=81/7.1
=64/3.1
=63/4.4
=63/3.4
=62/4.1
=62/3.1
=61/2.1
=55/2.1
=52/2.5
=51/3.5
=41/8.4
=41/5.2
=41/1.1
=33/1.5
=31/6.1
=27/3.1
=27/1.3
=23/1.8
=22/6.6
=22/1.3
=21/4.4
=21/3.2
=21/2.1
=21/1.3
=85/4.1
=85/3.1
=84/4.1
=84/3.1
=83/4.1
=83/3.1
=82/4.1
=82/3.1
=81/7.1
=81/6.1
=81/2.3
=73/2.3
=64/4.1
=72/2.5
=45/3.4
=41/7.3
=41/5.1
=41/3.6
=41/1.4
=31/5.5
=28/4.7
=23/1.5
B08
B09
+UFSD_B
=71-Y6
129
157
32125
180
+UFSC_B
=71-Y5
32125
02
32125
202
32115
201
32115
01
配电电路图
B,C 车
（3）E44010-B0108-S232-B
第 02 页
共 02 页
5
6
7
8

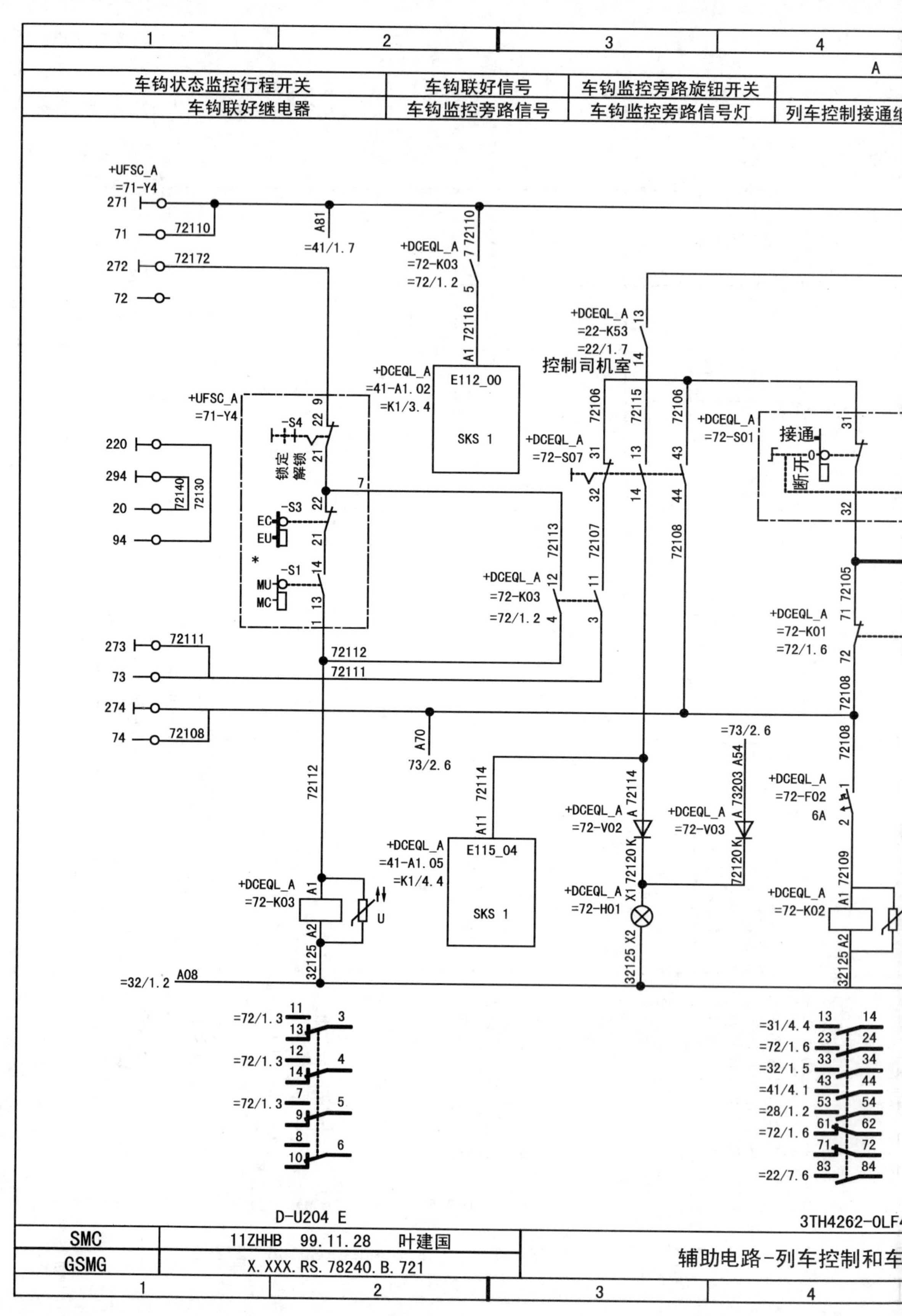

图

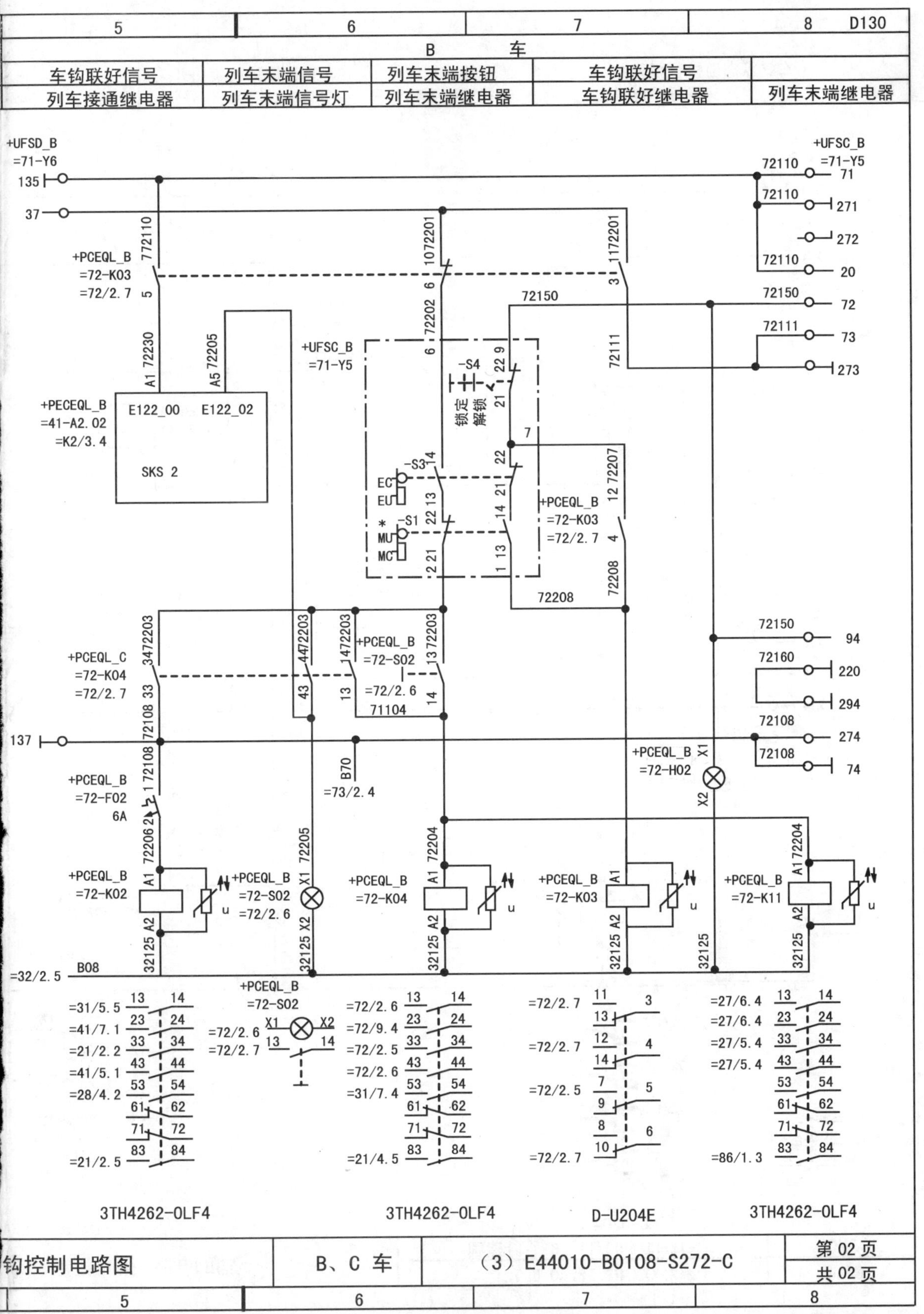

钩控制电路图 | B、C 车 | （3）E44010-B0108-S272-C | 第 02 页 共 02 页

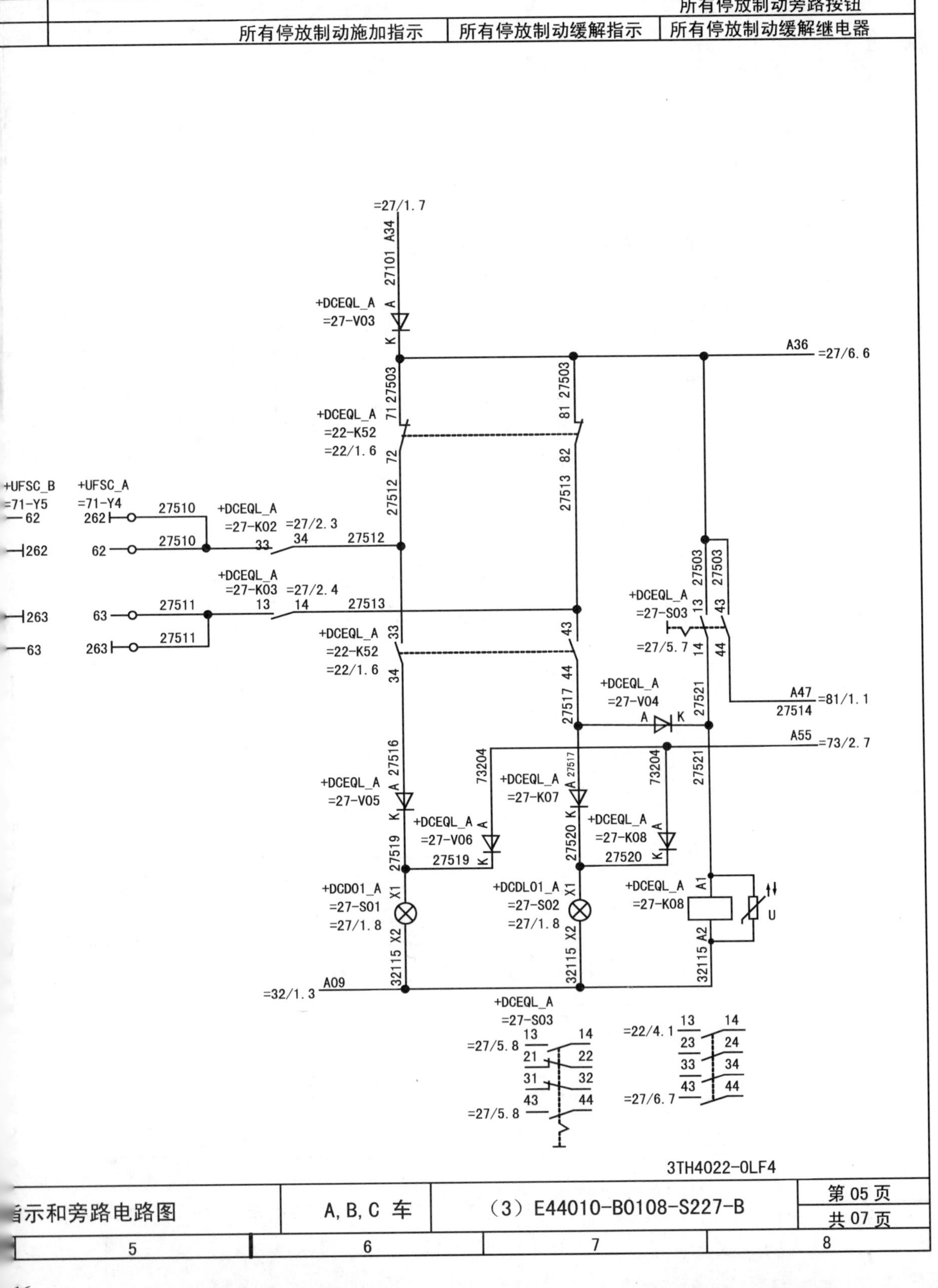

指示和旁路电路图 | A, B, C 车 | （3）E44010-B0108-S227-B | 第 05 页 共 07 页

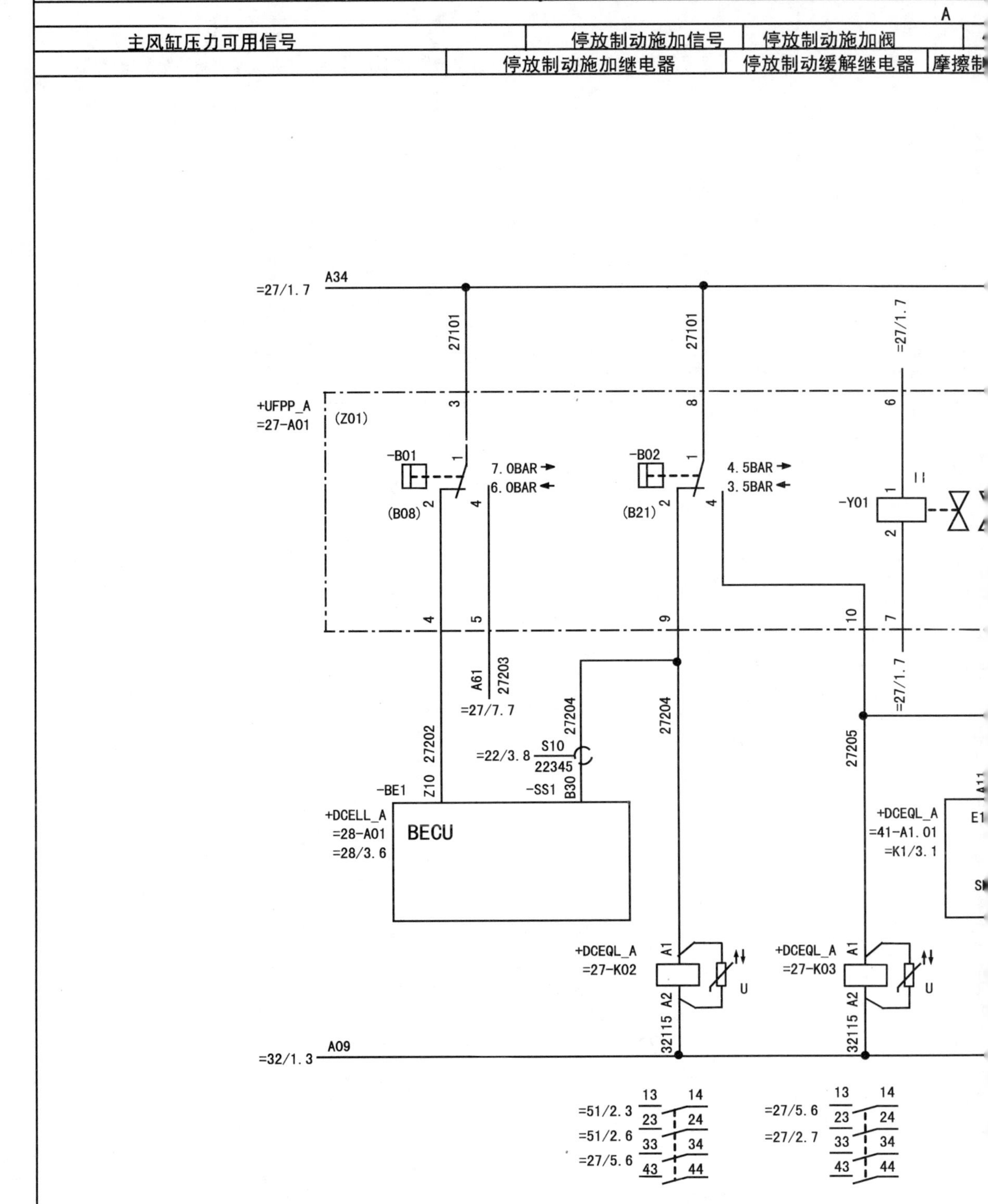
1
2
3
4
A
主风缸压力可用信号
停放制动施加信号
停放制动施加阀
停放制动施加继电器
停放制动缓解继电器
摩擦制
=27/1.7
A34
27101
27101
=27/1.7
+UFPP_A
=27-A01
(Z01)
3
8
6
-B01
1
7.0BAR
6.0BAR
(B08)
2
4
-B02
1
4.5BAR
3.5BAR
(B21)
2
4
-Y01
1
2
4
5
9
10
7
A61
27203
=27/7.7
27204
=22/3.8
S10
22345
27204
27202
=27/1.7
27205
-BE1
Z10
-SS1
B30
+DCELL_A
=28-A01
=28/3.6
BECU
+DCEQL_A
=41-A1.01
=K1/3.1
E1
+DCEQL_A
=27-K02
A1
A2
32115
U
+DCEQL_A
=27-K03
A1
A2
32115
U
=32/1.3
A09
13
14
=51/2.3
23
24
=51/2.6
33
34
=27/5.6
43
44
13
14
=27/5.6
23
24
=27/2.7
33
34
43
44
3TH2040-0LF4
3TH2040-0LF4
SMC
11ZHHB-B 2003.06 戚婷婷
GSMG
X.XXX.RS.78240.B.271
控制电路-主风缸压力、摩擦制动
1
2
3
4

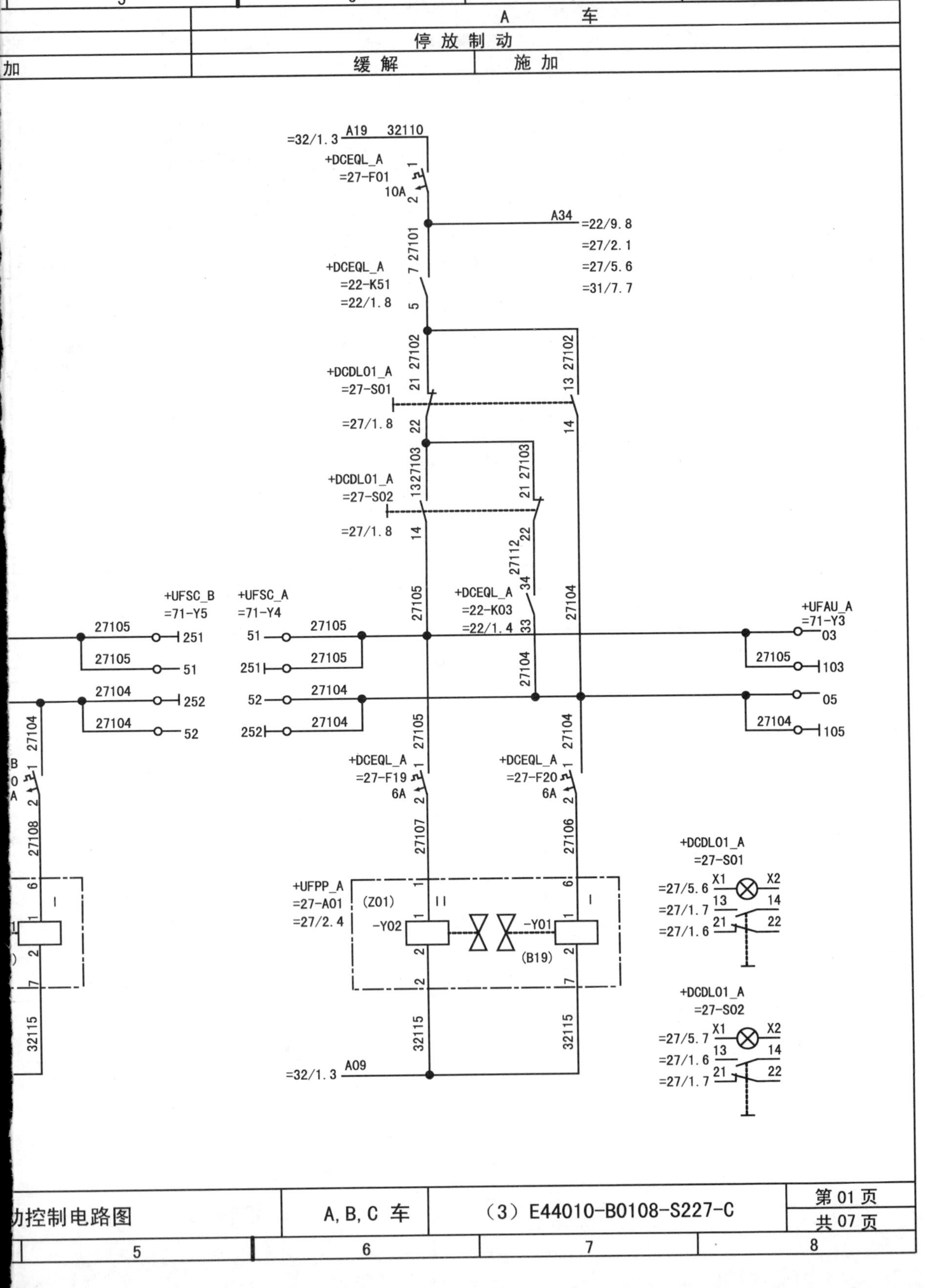

5
6
7
8 D022
A 车
停放制动
加
缓解
施加
=32/1.3 A19 32110
+DCEQL_A
=27-F01
10A
A34 =22/9.8
=27/2.1
=27/5.6
=31/7.7
27101
+DCEQL_A
=22-K51
=22/1.8
27102
+DCDL01_A
=27-S01
=27/1.8
27103
+DCDL01_A
=27-S02
=27/1.8
27112
+UFSC_B
=71-Y5
+UFSC_A
=71-Y4
+DCEQL_A
=22-K03
=22/1.4
+UFAU_A
=71-Y3
27105
27104
251
51
252
52
03
103
05
105
+DCEQL_A
=27-F19
6A
+DCEQL_A
=27-F20
6A
27107
27106
27108
+UFPP_A
=27-A01
=27/2.4
(Z01)
-Y02
-Y01
(B19)
+DCDL01_A
=27-S01
=27/5.6
=27/1.7
=27/1.6
X1
X2
+DCDL01_A
=27-S02
=27/5.7
=27/1.6
=27/1.7
32115
=32/1.3 A09
动控制电路图
A, B, C 车
（3）E44010-B0108-S227-C
第 01 页
共 07 页

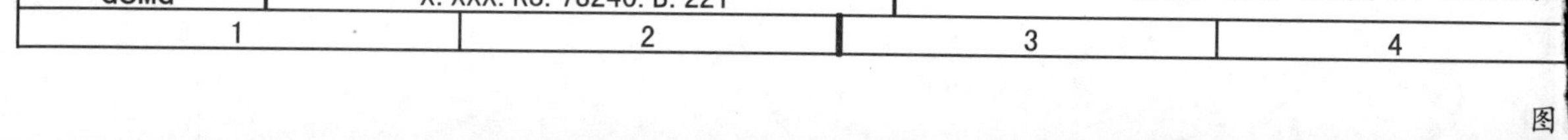

1	2	3	4
C 车		B 车	
速度 V>0km/h	末端回路	速度 V>0km/h	末端

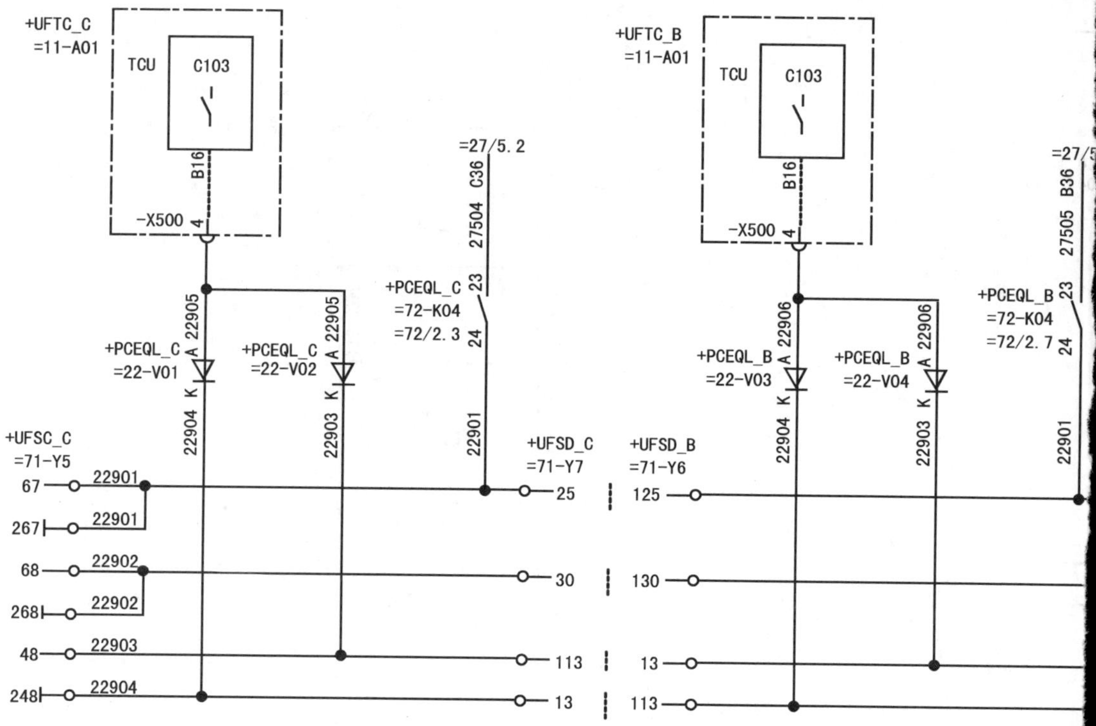

SMC	11ZHHB 99.12.28 叶建国	控制电路-速度 V>0km/h和
GSMG	X.XXX.RS.78240.B.221	

1	2	3	4

图

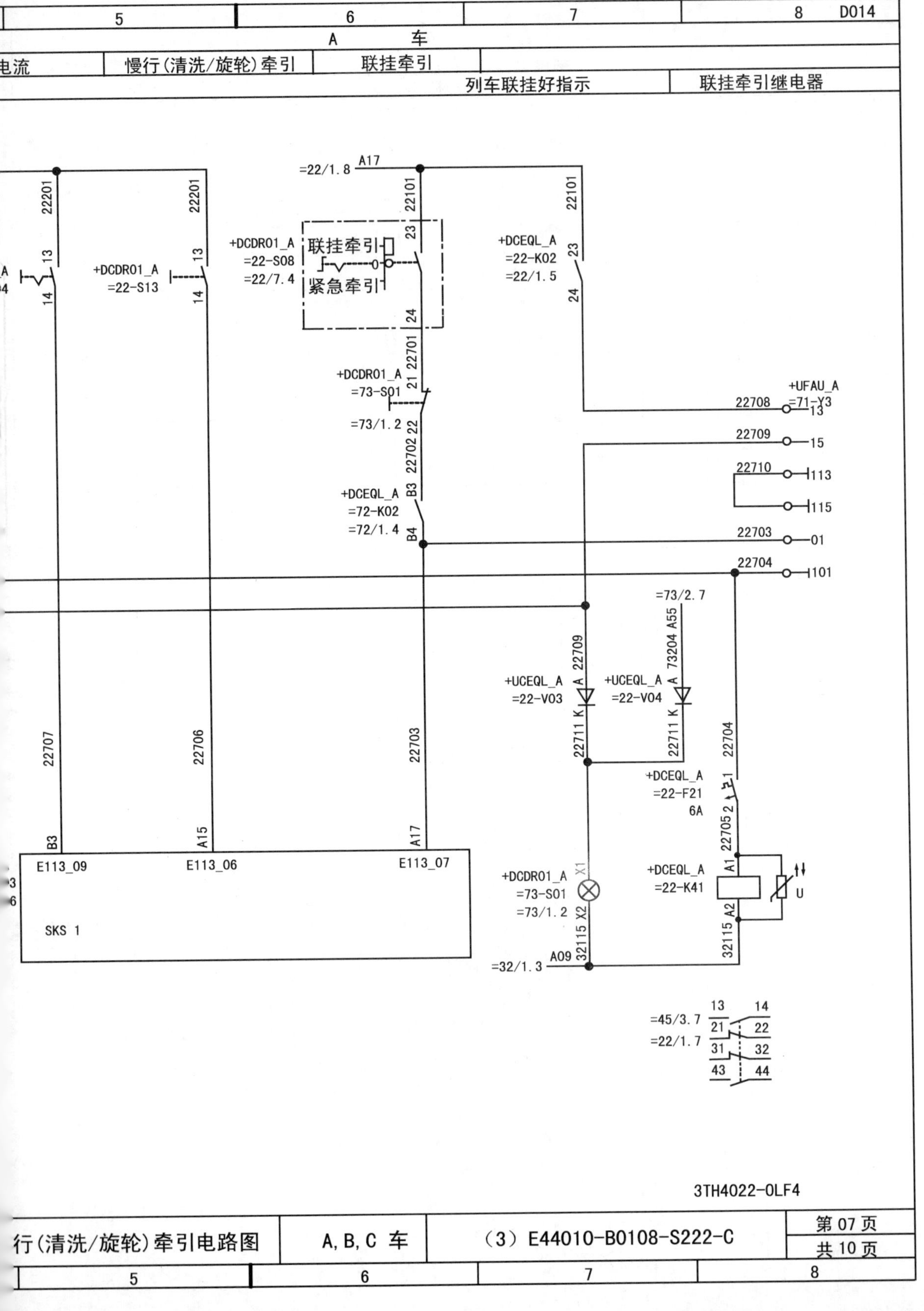

5
6
7
8
D014
A 车
电流
慢行(清洗/旋轮)牵引
联挂牵引
列车联挂好指示
联挂牵引继电器
=22/1.8
A17
22201
22101
+DCDR01_A
=22-S13
+DCDR01_A
=22-S08
=22/7.4
联挂牵引
紧急牵引
+DCEQL_A
=22-K02
=22/1.5
+DCDR01_A
=73-S01
=73/1.2
22701
22702
+DCEQL_A
=72-K02
=72/1.4
+UFAU_A
=71-Y3
22708
22709
22710
22703
22704
101
113
115
=73/2.7
73204 A55
+UCEQL_A
=22-V03
+UCEQL_A
=22-V04
22711
22707
22706
+DCEQL_A
=22-F21
6A
22705
E113_09
E113_06
E113_07
SKS 1
+DCEQL_A
=22-K41
32115
A09
=32/1.3
=45/3.7
=22/1.7
3TH4022-0LF4
行(清洗/旋轮)牵引电路图
A,B,C 车
(3) E44010-B0108-S222-C
第07页
共10页

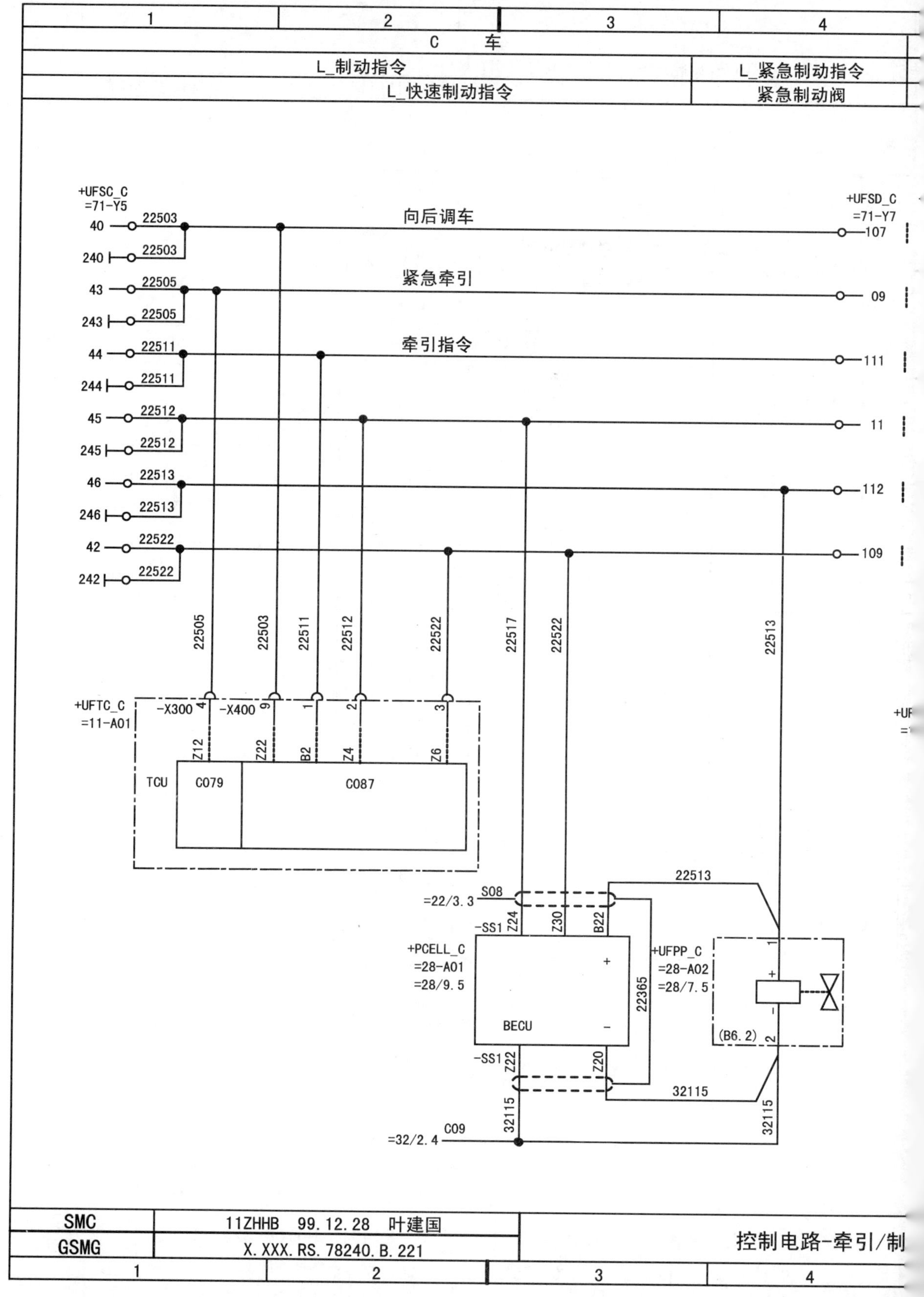
1
2
3
4
C 车
L_制动指令
L_紧急制动指令
L_快速制动指令
紧急制动阀
+UFSC_C
=71-Y5
+UFSD_C
=71-Y7
向后调车
紧急牵引
牵引指令
40
240
43
243
44
244
45
245
46
246
42
242
22503
22505
22511
22512
22513
22522
107
09
111
11
112
109
22517
+UFTC_C
=11-A01
-X300
-X400
Z12
Z22
B2
Z4
Z6
TCU
C079
C087
S08
=22/3.3
-SS1
Z24
Z30
B22
+PCELL_C
=28-A01
=28/9.5
BECU
22365
+UFPP_C
=28-A02
=28/7.5
(B6.2)
Z22
Z20
32115
C09
=32/2.4
SMC
GSMG
11ZHHB 99.12.28 叶建国
X.XXX.RS.78240.B.221
控制电路-牵引/制
图

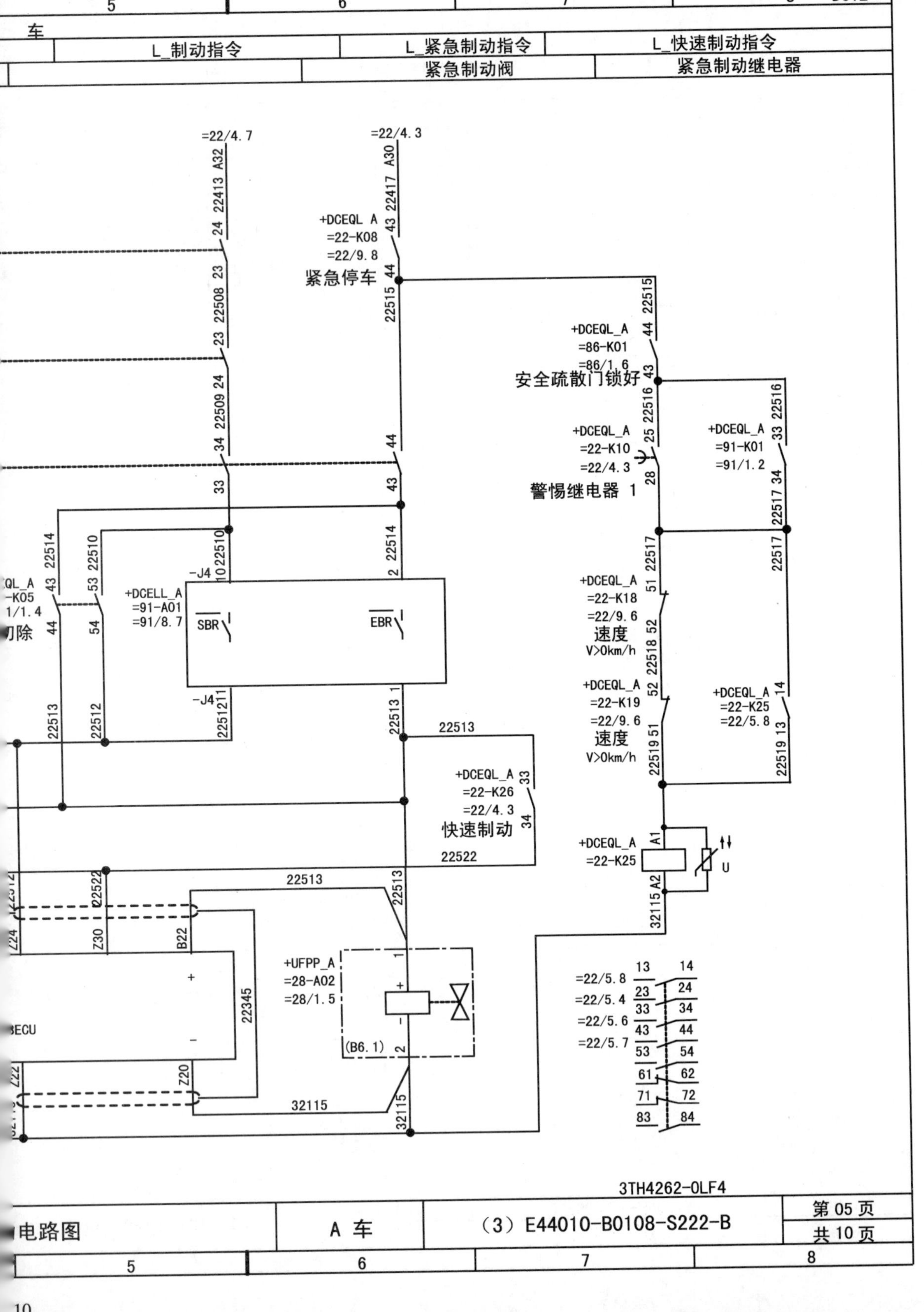
5
6
7
8
D012
车
L_制动指令
L_紧急制动指令
L_快速制动指令
紧急制动阀
紧急制动继电器
=22/4.7
=22/4.3
+DCEQL_A
=22-K08
=22/9.8
紧急停车
+DCEQL_A
=86-K01
=86/1.6
安全疏散门锁好
+DCEQL_A
=22-K10
=22/4.3
警惕继电器 1
+DCEQL_A
=91-K01
=91/1.2
+DCELL_A
=91-A01
=91/8.7
SBR
EBR
+DCEQL_A
=22-K18
=22/9.6
速度
V>0km/h
+DCEQL_A
=22-K19
=22/9.6
速度
V>0km/h
+DCEQL_A
=22-K25
=22/5.8
+DCEQL_A
=22-K26
=22/4.3
快速制动
+DCEQL_A
=22-K25
+UFPP_A
=28-A02
=28/1.5
(B6.1)
BECU
=22/5.8
=22/5.4
=22/5.6
=22/5.7
3TH4262-0LF4
电路图
A 车
（3）E44010-B0108-S222-B
第 05 页
共 10 页

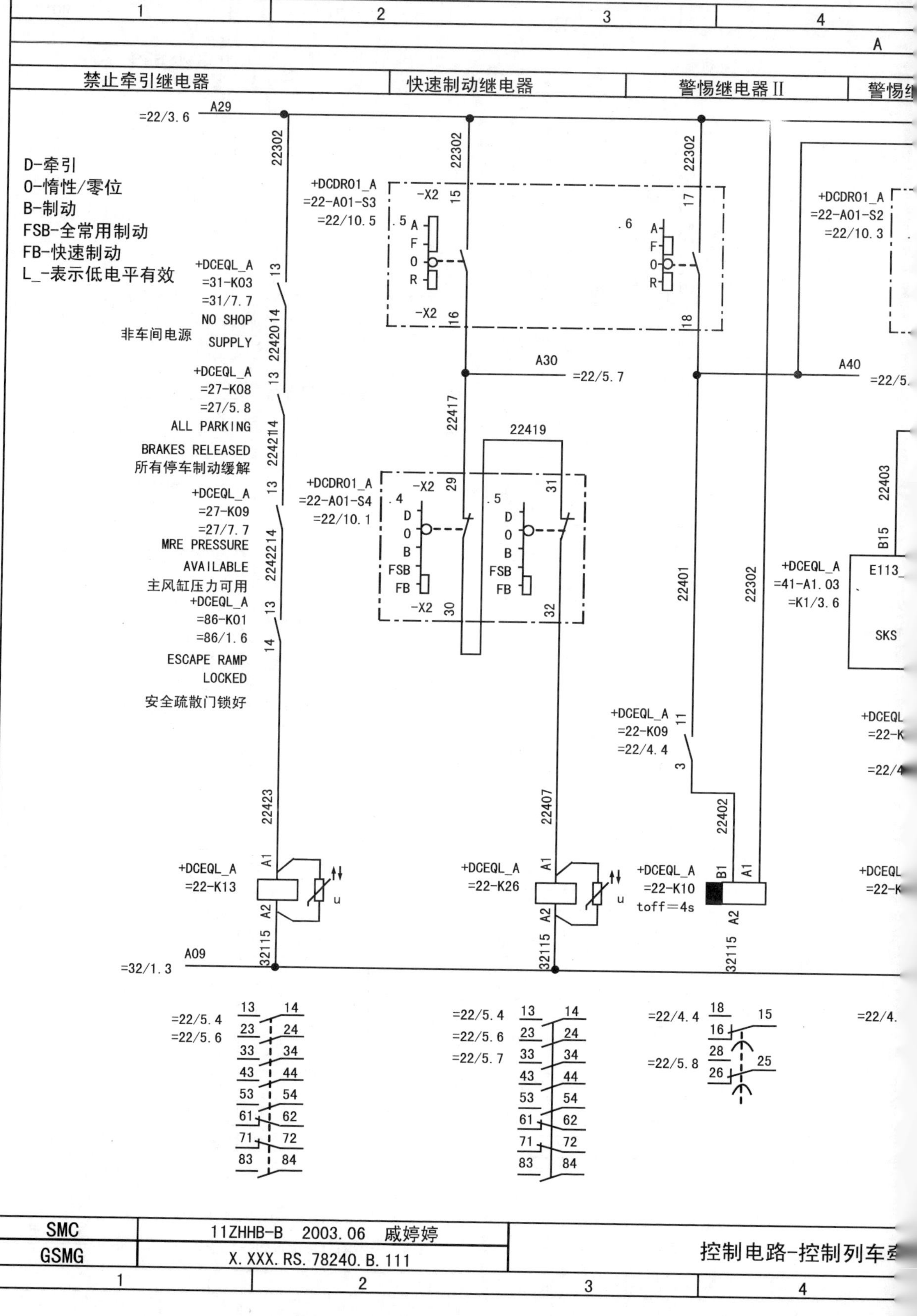

禁止牵引继电器
快速制动继电器
警惕继电器 II
D-牵引
O-惰性/零位
B-制动
FSB-全常用制动
FB-快速制动
L_-表示低电平有效
非车间电源
NO SHOP SUPPLY
ALL PARKING BRAKES RELEASED
所有停车制动缓解
MRE PRESSURE AVAILABLE
主风缸压力可用
ESCAPE RAMP LOCKED
安全疏散门锁好
+DCEQL_A
=31-K03
=27-K08
=27-K09
=86-K01
=22-K13
=22-K26
=22-K10
toff=4s
=22-K09
+DCDR01_A
=22-A01-S3
=22-A01-S4
=22-A01-S2
=41-A1.03
SKS
SMC
GSMG
11ZHHB-B 2003.06 戚婷婷
X.XXX.RS.78240.B.111
控制电路-控制列车

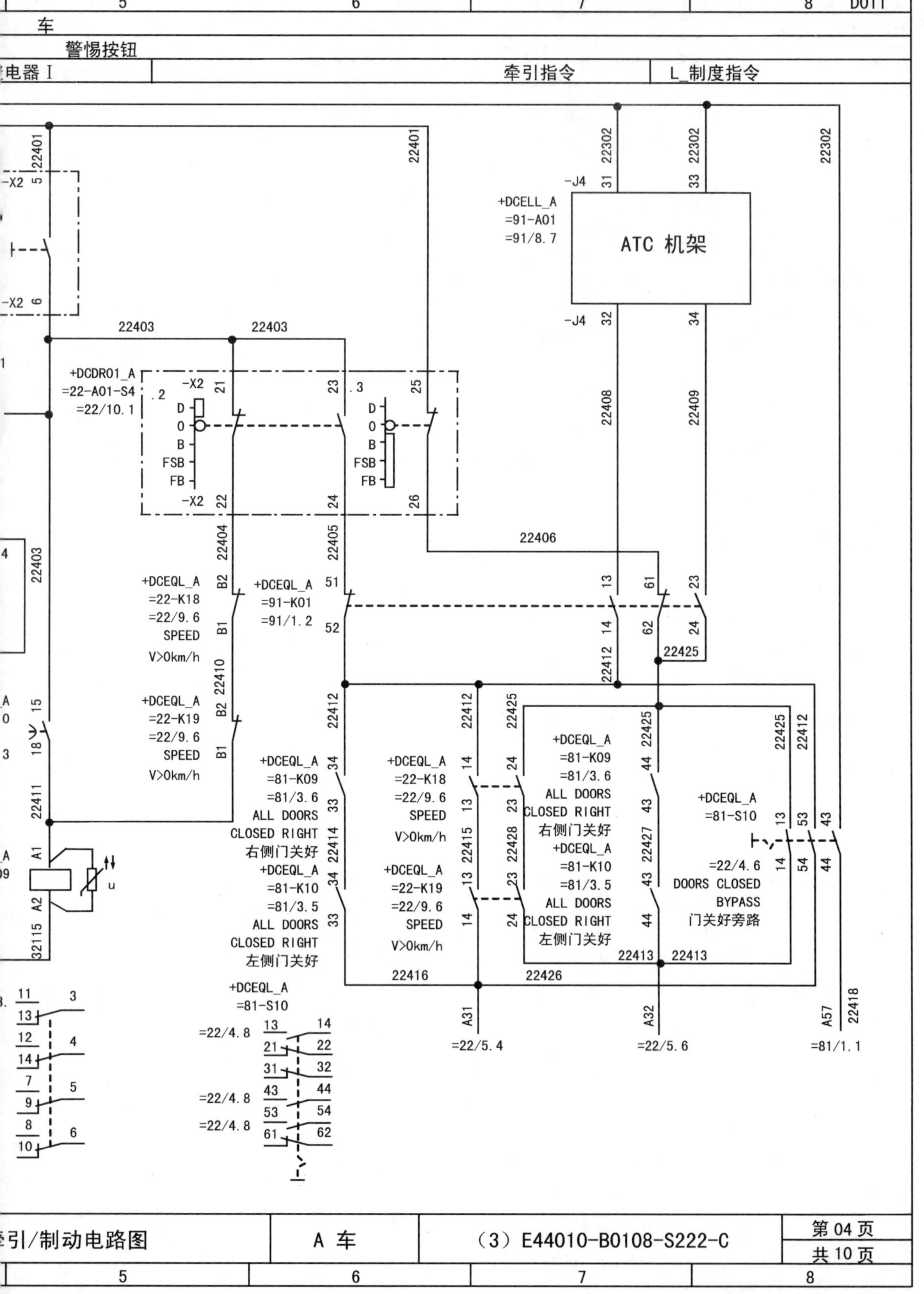
D011
车
警惕按钮
电器 I
牵引指令
L_制度指令
22401
22302
+DCELL_A
=91-A01
=91/8.7
ATC 机架
-J4
22403
+DCDR01_A
=22-A01-S4
=22/10.1
-X2
22408
22409
22406
22404
22405
+DCEQL_A
=22-K18
=22/9.6
SPEED
V>0km/h
+DCEQL_A
=91-K01
=91/1.2
22410
22425
22412
+DCEQL_A
=22-K19
=22/9.6
+DCEQL_A
=81-K09
=81/3.6
ALL DOORS
CLOSED RIGHT
右侧门关好
+DCEQL_A
=81-K10
=81/3.5
左侧门关好
+DCEQL_A
=81-S10
=22/4.6
DOORS CLOSED
BYPASS
门关好旁路
22411
22414
22415
22428
22427
22416
22426
22413
32115
A31
=22/5.4
A32
=22/5.6
A57
22418
=81/1.1
=22/4.8
牵引/制动电路图
A 车
(3) E44010-B0108-S222-C
第 04 页
共 10 页

向后调车
紧急牵引
牵引指令
牵引指令
L_制动指令
L_紧急制动指令
主控制器位于ATO
L_快速制动指令
联挂牵引
紧急牵引
禁止牵引
快速制动
SKS 1
SMC
GSMG
11ZHHB 99.12.28 叶建国
X.XXX.RS.78240.B.221
控制电路-牵引/制动

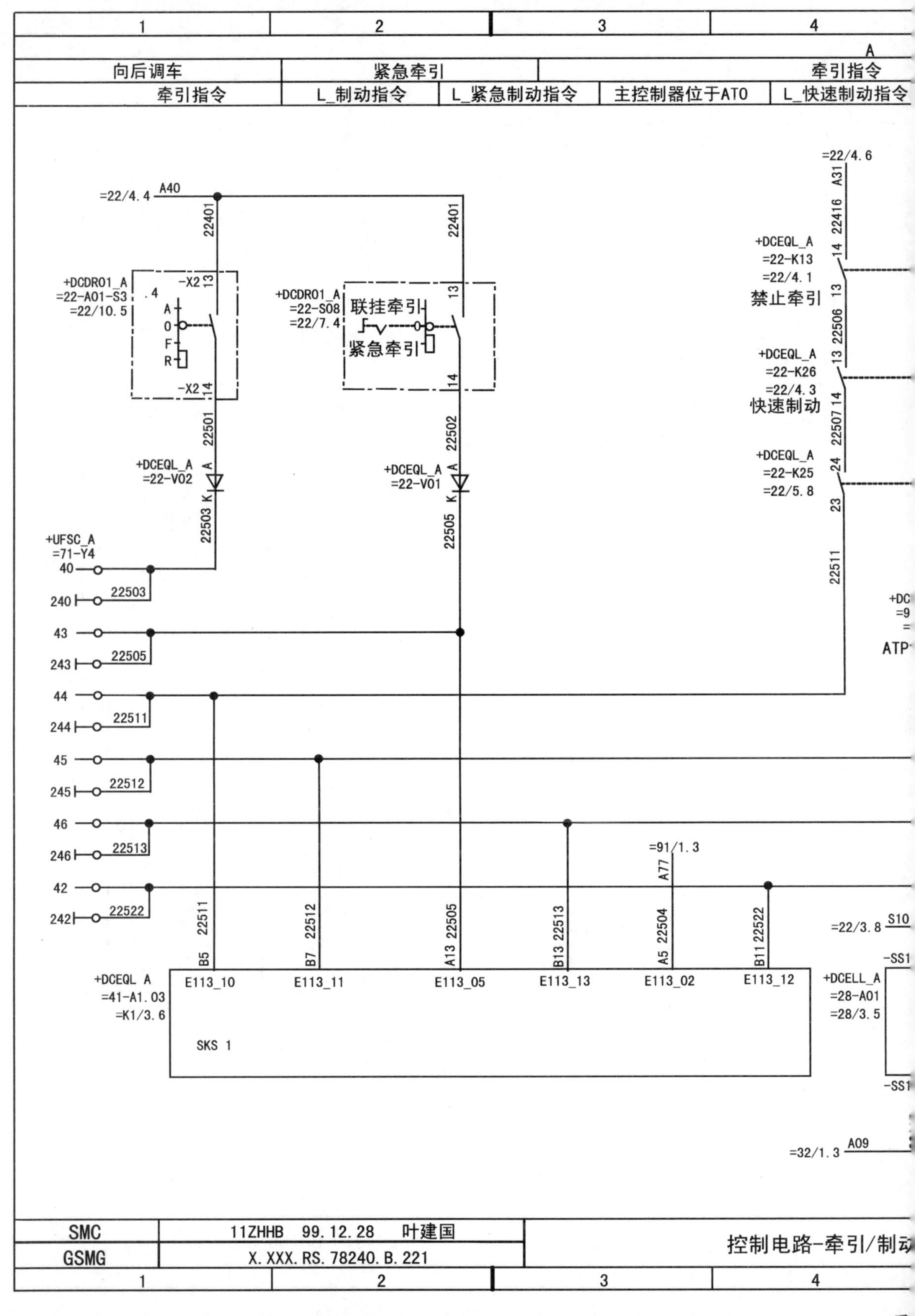

图

5	6	7	8	D013

B 车	
L_制动指令	L_紧急制动指令
L_快速制动指令	紧急制动阀

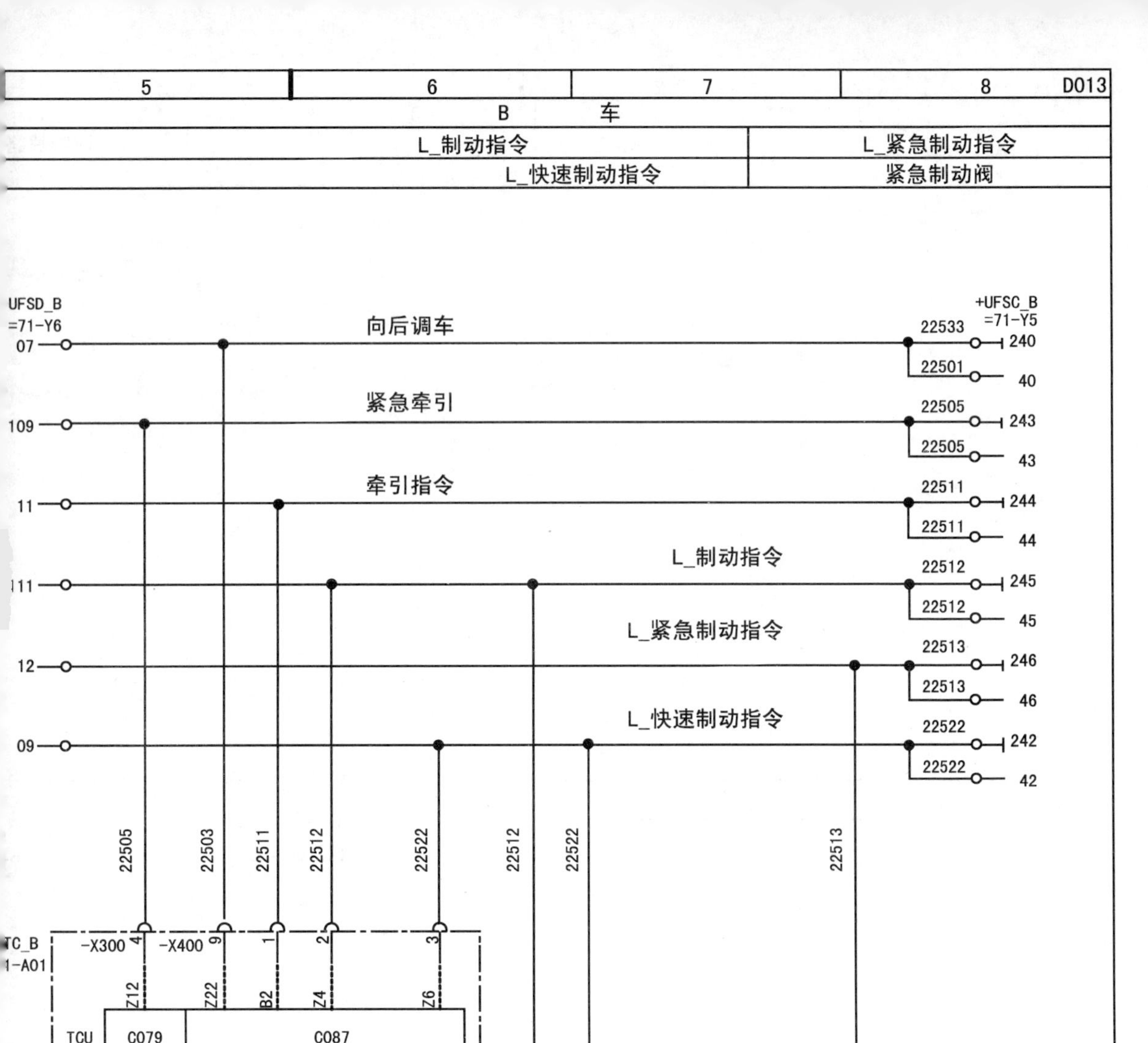

动电路图	B,C 车	（3）E44010-B0108-S222-A	第 06 页 共 10 页

5	6	7	8

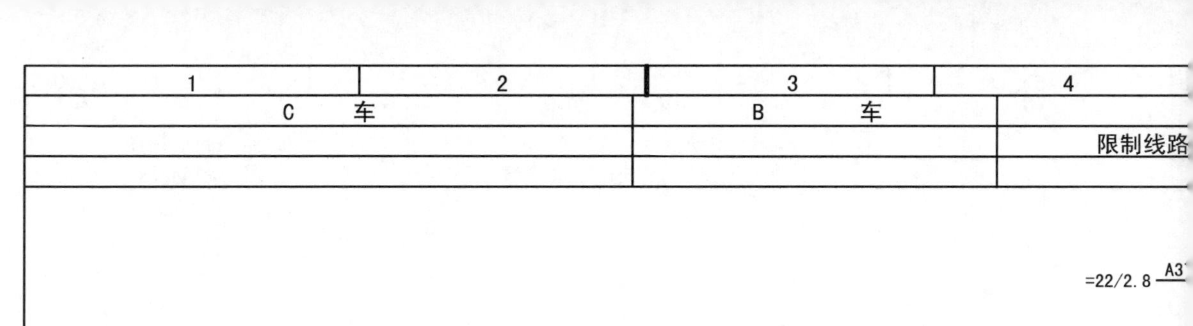

1
2
3
4
C 车
B 车
限制线路
=22/2.8 A3
+DCDR01
=22-S
+UFSC_C
=71-Y5
50
250
21
221
22704
22704
22709
22709
+UFSD_C
=71-Y7
16
27
+UFSD_B
=71-Y6
116
127
+UFSC_B
=71-Y5
22704
22704
22709
22709
50
250
221
21
+UFSC_A
=71-Y4
250
50
21
221
22704
22709
+DCEQL_
=41-A1.
=K1/3
=22/5.3
=22/7.6
+DCDR01_A
=22-S08
联挂牵引
紧急
牵引
13
14
23
24
=22/5.3
=22/7.6
SMC
11ZHHB 99.12.28 叶建国
GSMG
X.XXX.RS.78240.B.221
控制电路-限制线路电流、联挂牵引、慢
1
2
3
4
图

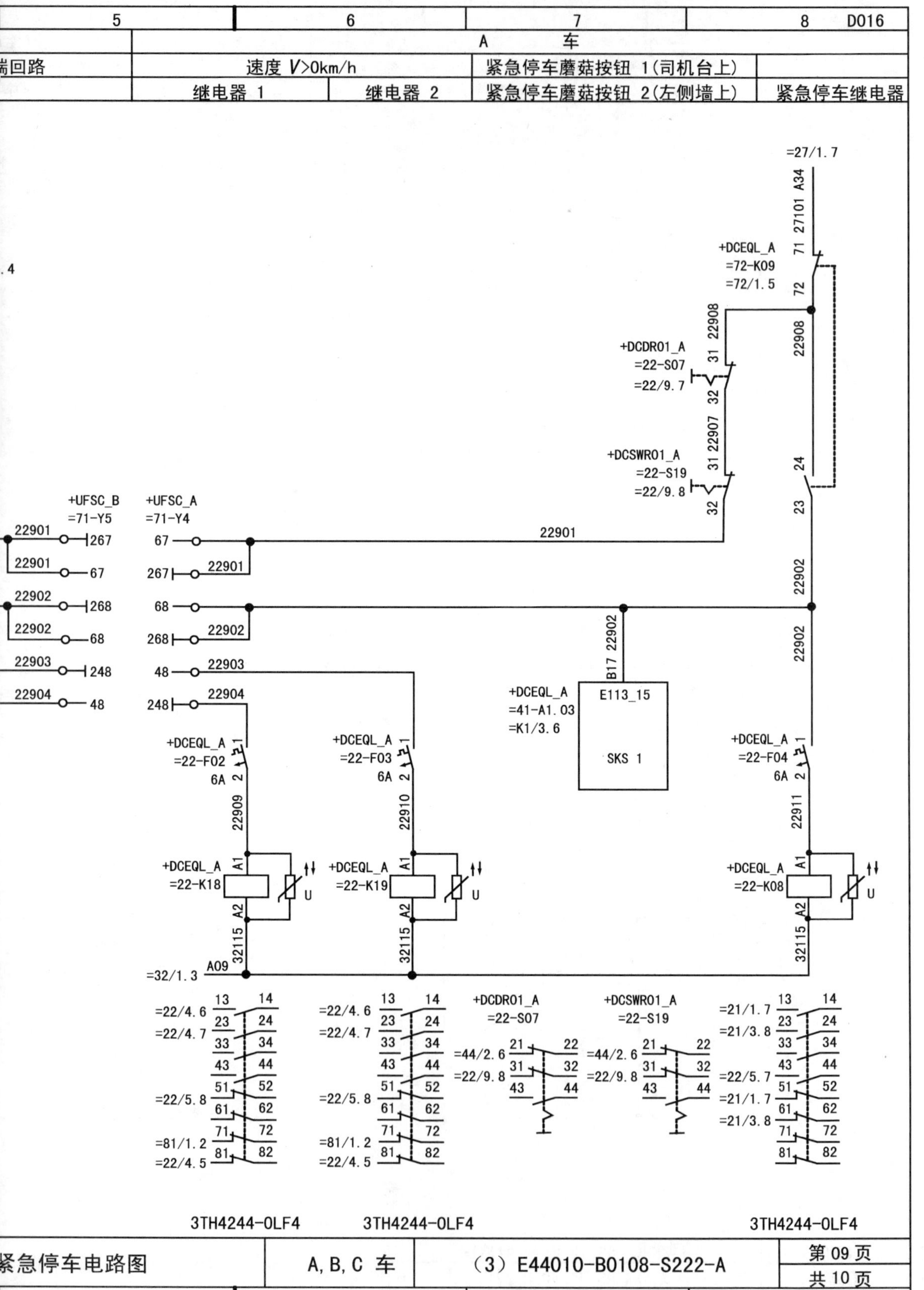
5 6 7 8 D016
A 车
端回路
速度 V>0km/h
紧急停车蘑菇按钮 1(司机台上)
继电器 1
继电器 2
紧急停车蘑菇按钮 2(左侧墙上)
紧急停车继电器
=27/1.7
A34
27101
71
+DCEQL_A
=72-K09
=72/1.5
72
22908
+DCDR01_A
=22-S07
=22/9.7
31
32
22907
+DCSWR01_A
=22-S19
=22/9.8
24
23
22901
22902
+UFSC_B
=71-Y5
+UFSC_A
=71-Y4
267
67
268
68
22903
248
48
22904
B17
+DCEQL_A
=41-A1.03
=K1/3.6
E113_15
SKS 1
+DCEQL_A
=22-F02
6A
22909
=22-F03
22910
=22-F04
22911
=22-K18
=22-K19
=22-K08
A1
A2
U
32115
A09
=32/1.3
=22/4.6
=22/4.7
=22/5.8
=81/1.2
=22/4.5
=22/5.7
=21/1.7
=21/3.8
=44/2.6
=22/9.8
13 14 23 24 33 34 43 44 51 52 61 62 71 72 81 82
21 22 31 32 43 44
3TH4244-0LF4
3TH4244-0LF4
3TH4244-0LF4
紧急停车电路图
A, B, C 车
(3) E44010-B0108-S222-A
第 09 页
共 10 页
5 6 7 8

1	2	3	4
C 车		B 车	
停放制动		停放制动	
缓解	施加	缓解	施

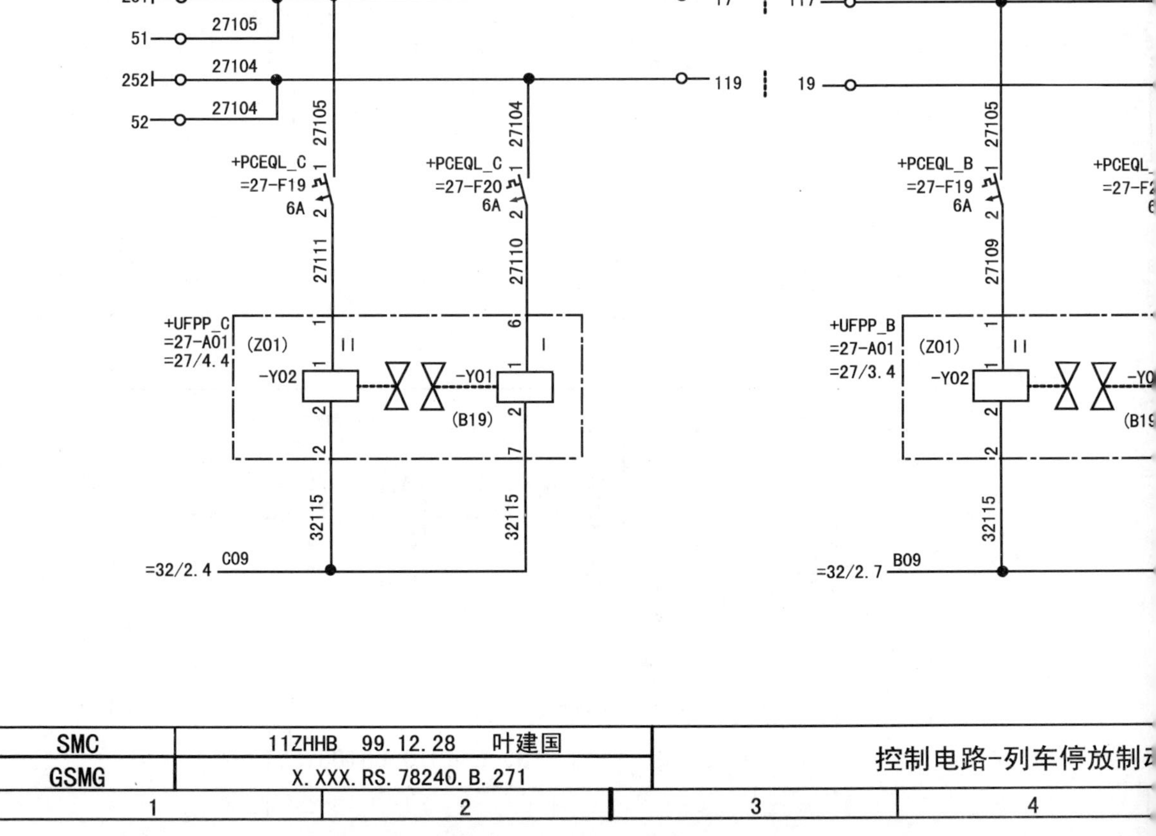

SMC	11ZHHB 99.12.28 叶建国	控制电路-列车停放制动
GSMG	X.XXX.RS.78240.B.271	

1	2	3	4

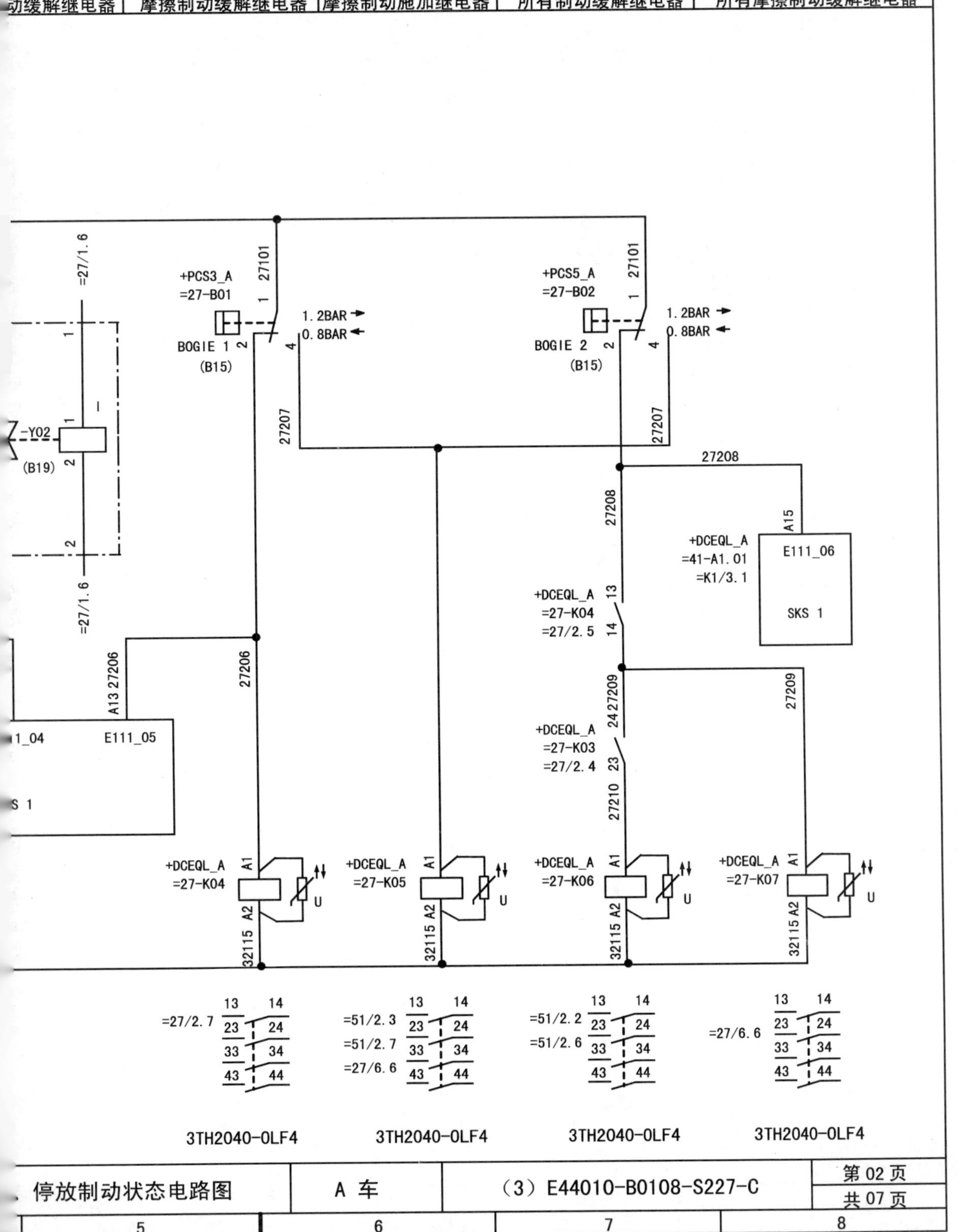
5
6
7
8 D023
车
停放制动缓解阀
摩擦制动1缓解信号
摩擦制动2缓解信号
动缓解继电器
摩擦制动缓解继电器
摩擦制动施加继电器
所有制动缓解继电器
所有摩擦制动缓解继电器
=27/1.6
-Y02
(B19)
+PCS3_A
=27-B01
BOGIE 1
(B15)
1.2BAR
0.8BAR
27101
27207
+PCS5_A
=27-B02
BOGIE 2
(B15)
27208
+DCEQL_A
=41-A1.01
=K1/3.1
E111_06
SKS 1
A15
+DCEQL_A
=27-K04
=27/2.5
27209
+DCEQL_A
=27-K03
=27/2.4
27210
A13 27206
E111_05
27206
+DCEQL_A
=27-K04
+DCEQL_A
=27-K05
+DCEQL_A
=27-K06
+DCEQL_A
=27-K07
32115 A2
A1
U
=27/2.7
=51/2.3
=51/2.7
=27/6.6
=51/2.2
=51/2.6
=27/6.6
3TH2040-0LF4
3TH2040-0LF4
3TH2040-0LF4
3TH2040-0LF4
停放制动状态电路图
A 车
（3）E44010-B0108-S227-C
第 02 页
共 07 页
5
6
7
8

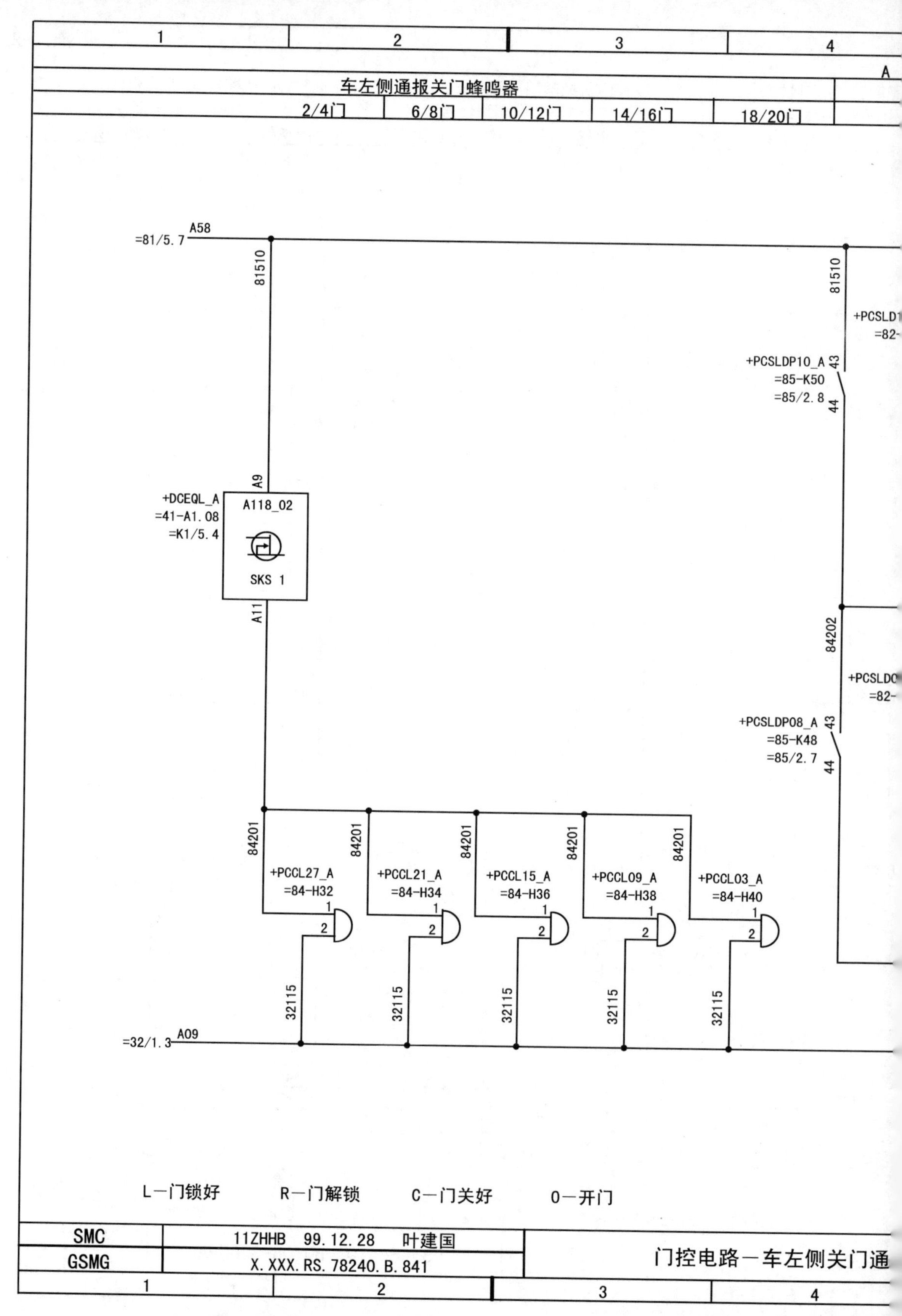

1
2
3
4
A
车左侧通报关门蜂鸣器
2/4门
6/8门
10/12门
14/16门
18/20门
=81/5.7
A58
81510
81510
+PCSLDP10_A
=85-K50
=85/2.8
43
44
A9
+DCEQL_A
=41-A1.08
=K1/5.4
A118_02
SKS 1
A11
84202
+PCSLDP08_A
=85-K48
=85/2.7
43
44
84201
+PCCL27_A
=84-H32
+PCCL21_A
=84-H34
+PCCL15_A
=84-H36
+PCCL09_A
=84-H38
+PCCL03_A
=84-H40
32115
=32/1.3
A09
L一门锁好
R一门解锁
C一门关好
0一开门
SMC
GSMG
11ZHHB 99.12.28 叶建国
X.XXX.RS.78240.B.841
门控电路一车左侧关门通

5	6	7	8 D156

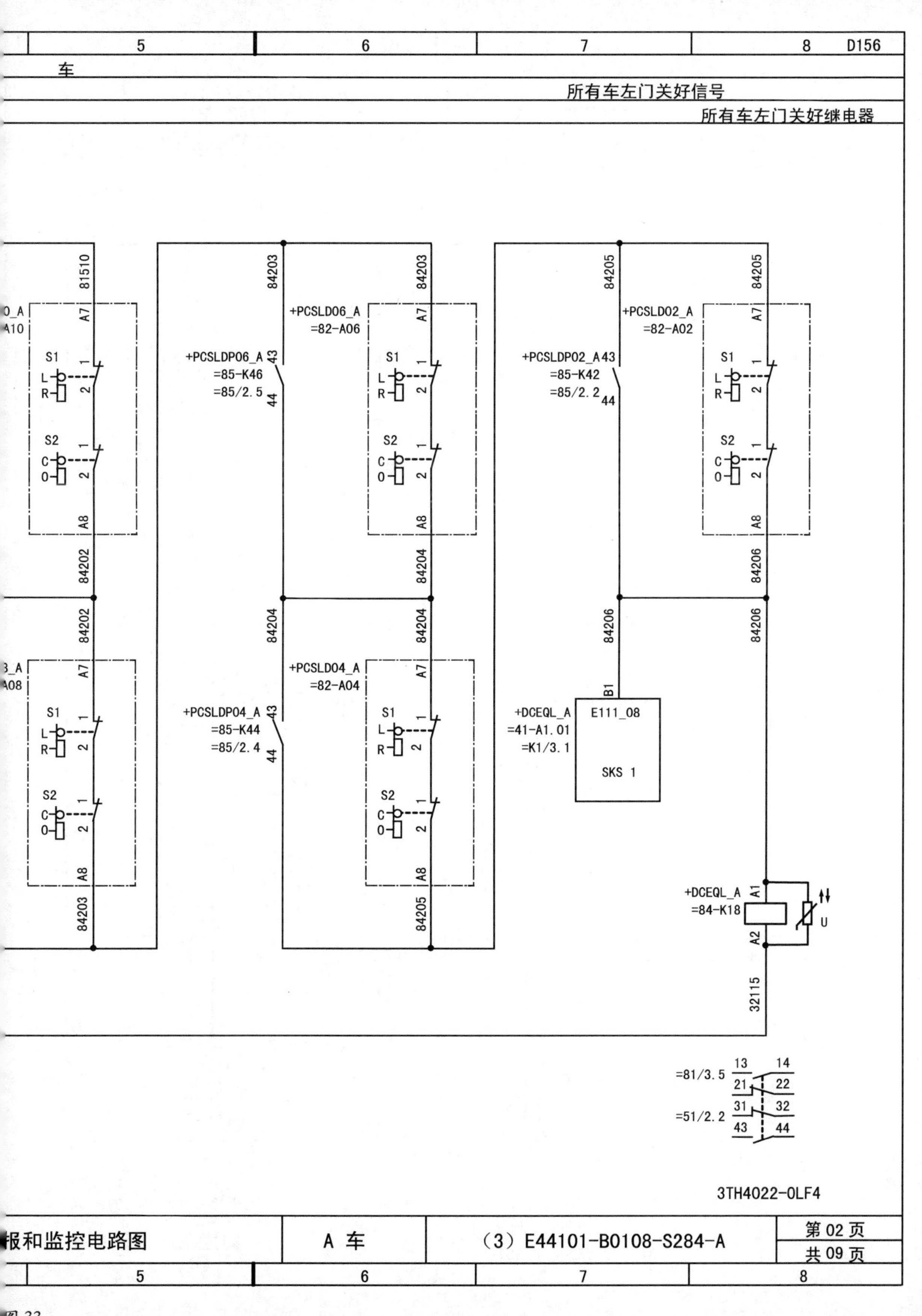

报和监控电路图	A 车	（3）E44101-B0108-S284-A	第 02 页 共 09 页
5	6	7	8

图 33

1
2
3
4
A
1/3门机械解锁/锁定机构
5/7门机械解锁/锁定机构
9/11门机
1/3门切除信号
5/7门切除信号
解锁继电器
锁定继电器
解锁继电器
锁定继电器
解锁继电器
N一正常位
ML一机械锁定（门切除）
=81/4.7
A48
81410
+PCSRD01_A
=82-A01
+PCSRD03_A
=82-A03
+PCSRD05_A
=82-A05
S3
85101
85102
85102
85103
85104
85104
85105
+DCEQL_A
=41-A1.05
=K1/4.4
E115_06
E115_08
SKS 1
+PCSRDP01_A
=85-K41
+PCSRDP03_A
=85-K43
+PCSRDP01_A
=85-K31
+PCSRDP03_A
=85-K33
+PCSRDP05_A
=85-K35
=32/1.3
A09
32115
=82/1.1
=82/1.2
=83/1.2
=83/1.2
=84/1.7
=82/1.4
=82/1.4
=83/1.4
=83/1.4
=84/1.6
=82/1.5
=82/1.6
3TH2040-0LF4
3TH2022-0LF4
3TH2040-0LF4
3TH2022-0LF4
3TH2040-0LF4
SMC
11ZHHB 99.12.28 叶建国
GSMG
X.XXX.RS.78240.B.851
门控电路一车右侧门切除

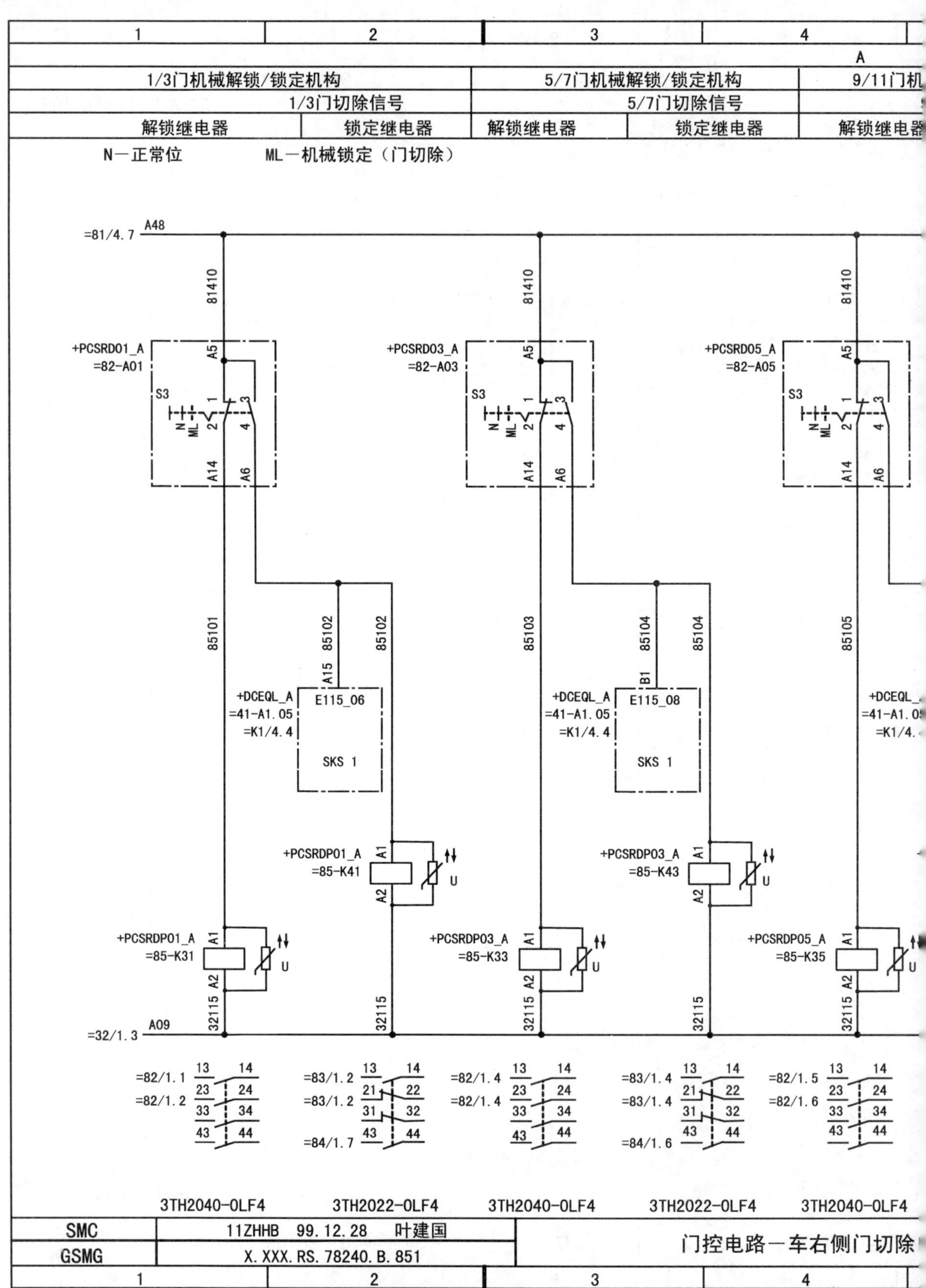

图 34

5
6
7
8
D165
车
2门机械解锁/锁定机构
14/16门机械解锁/锁定机构
18/20门机械解锁/锁定机构
10/12门切除信号
14/16门切除信号
18/20门切除信号
继电器
锁定继电器
解锁继电器
锁定继电器
解锁继电器
锁定继电器
81510
81510
+PCSLD08_A
=82-A08
+PCSLD10_A
=82-A10
S3
S3
85206
85206
85207
85208
85208
85209
85210
85210
+DCEQL_A
=41-A1.05
=K1/4.4
E115_11
E115_13
E115_15
SKS 1
+PCSLDP06_A
=85-K46
+PCSLDP08_A
=85-K48
+PCSLDP10_A
=85-K50
+PCSLDP08_A
=85-K38
+PCSLDP10_A
=85-K40
32115
=83/2.5
=83/2.5
=84/2.6
=82/2.6
=82/2.7
=83/2.7
=83/2.7
=84/2.4
=82/2.8
=82/2.8
=81/5.5
=83/2.8
=83/2.8
=84/2.4
3TH2022-0LF4
3TH2040-0LF4
3TH2022-0LF4
3TH2040-0LF4
3TH2022-0LF4
门除电路图
A 车
（3）E44101-B0108-S285-A
第 02 页
共 06 页

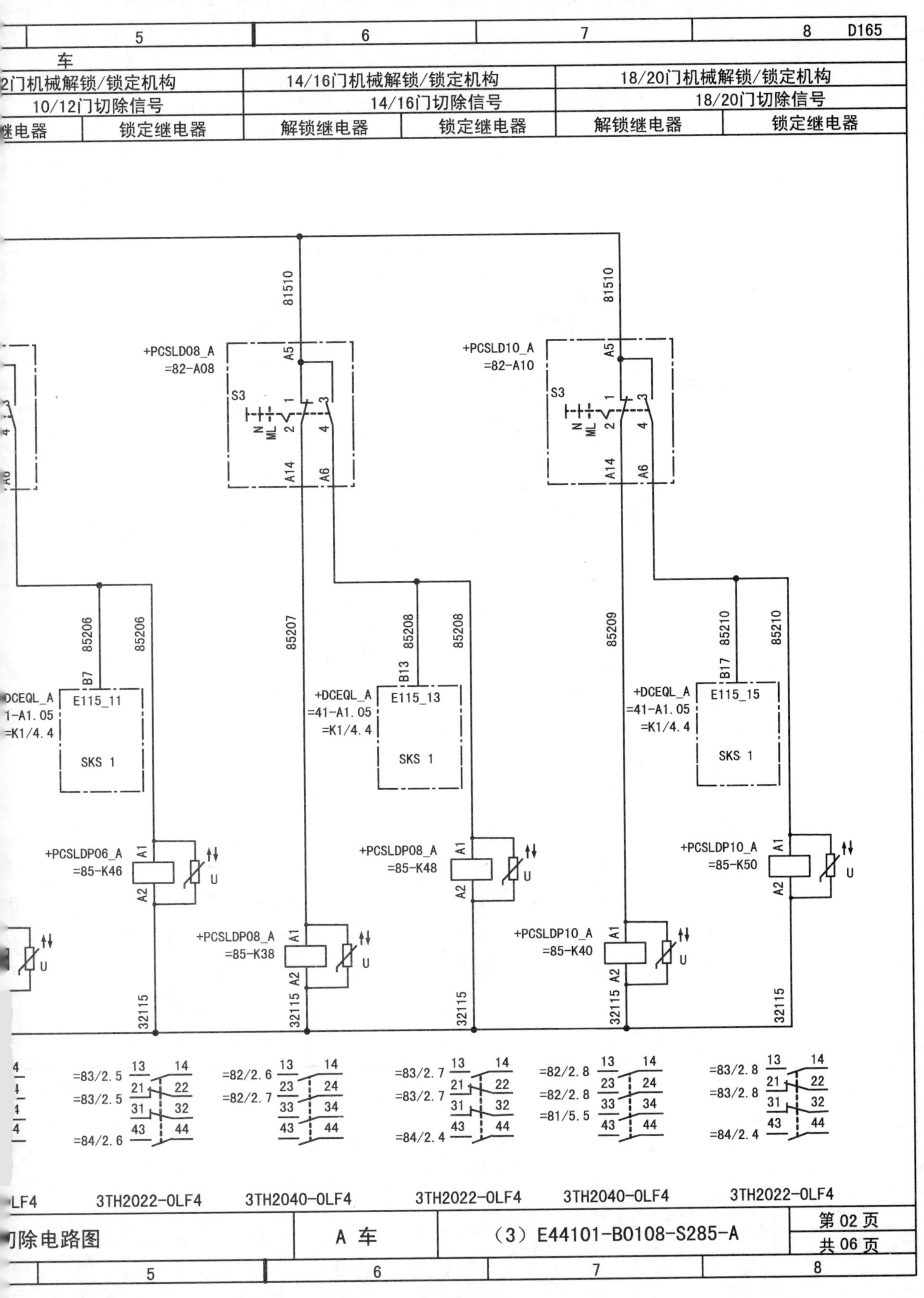

图 35

1			2		3		4
							A
1/3门				5/7门			
未锁好信号	未锁好/关好	切除	未锁好信号	未锁好/关好	切除	未锁好信号	

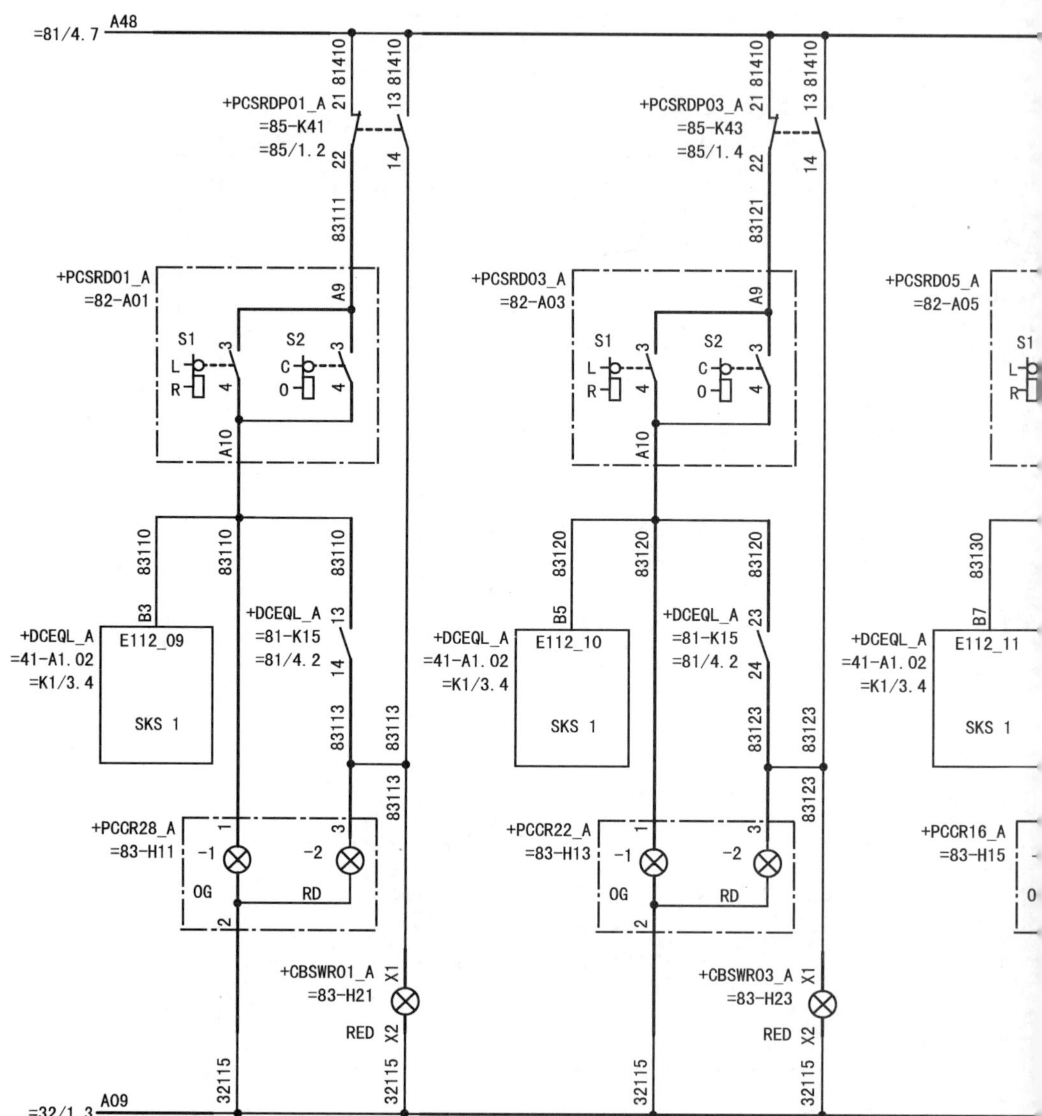

L—门锁好　　R—门解锁　　C-门关好　　0—开门

SMC	11ZHHB 99.12.28 叶建国	门控电路—右侧车门的特定
GSMG	X.XXX.RS.78240.B.831	

1	2	3	4

图 36

5
6
7
8 D170
A 车
安全疏散门监控行程开关
安全疏散门锁好监控继电器
指示灯测试指令
安全疏散门锁好监控继电器
安全疏散门解锁指示灯
+DCEQL_A
=86-V01
=81/1.2
A45
81110
A
K
+DCEQL_A
=81-K23
=81/2.8
+DCEQL_A
=86-S04
=86/1.7
+DCEQL_A
=86-K01
=86/1.6
86101
+CBFWL05_A
=86-S01
锁好
解锁
+CBFWR05_A
=86-S02
锁好
解锁
+CBFWR06_A
=86-S03
关好
打开
86103
86103
86104
86104
A82
86110
=81/1.1
86105
=73/2.6
A54
73203
+DCEQL_A
=91-K03
=91/1.3
86107
+DCEQL_A
=86-V02
+DCEQL_A
=86-V04
86109K
86109K
+DCEQL_A
=86-K01
U
+DCDR01_A
=86-H01
X1
X2
32115
=32/1.3
A09
32115
=22/4.1
=86/1.7
=22/5.8
+DCEQL_A
=86-S04
=86/1.7
=86/1.7
3TH2022-0LF4
门监控电路图
A 车
(3) E44101-B0108-S286-D
第 01 页
共 01 页
5
6
7
8

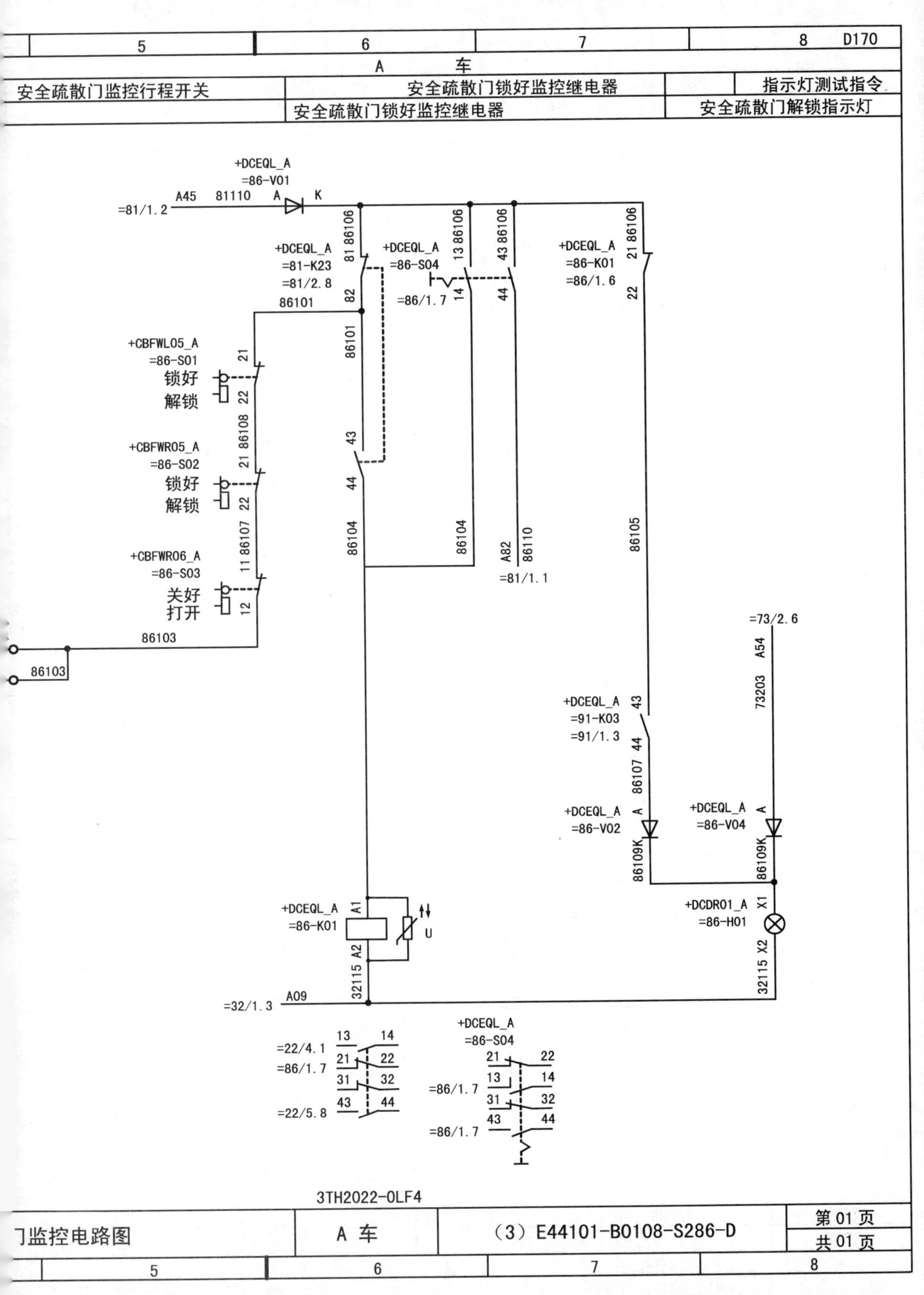

图 37

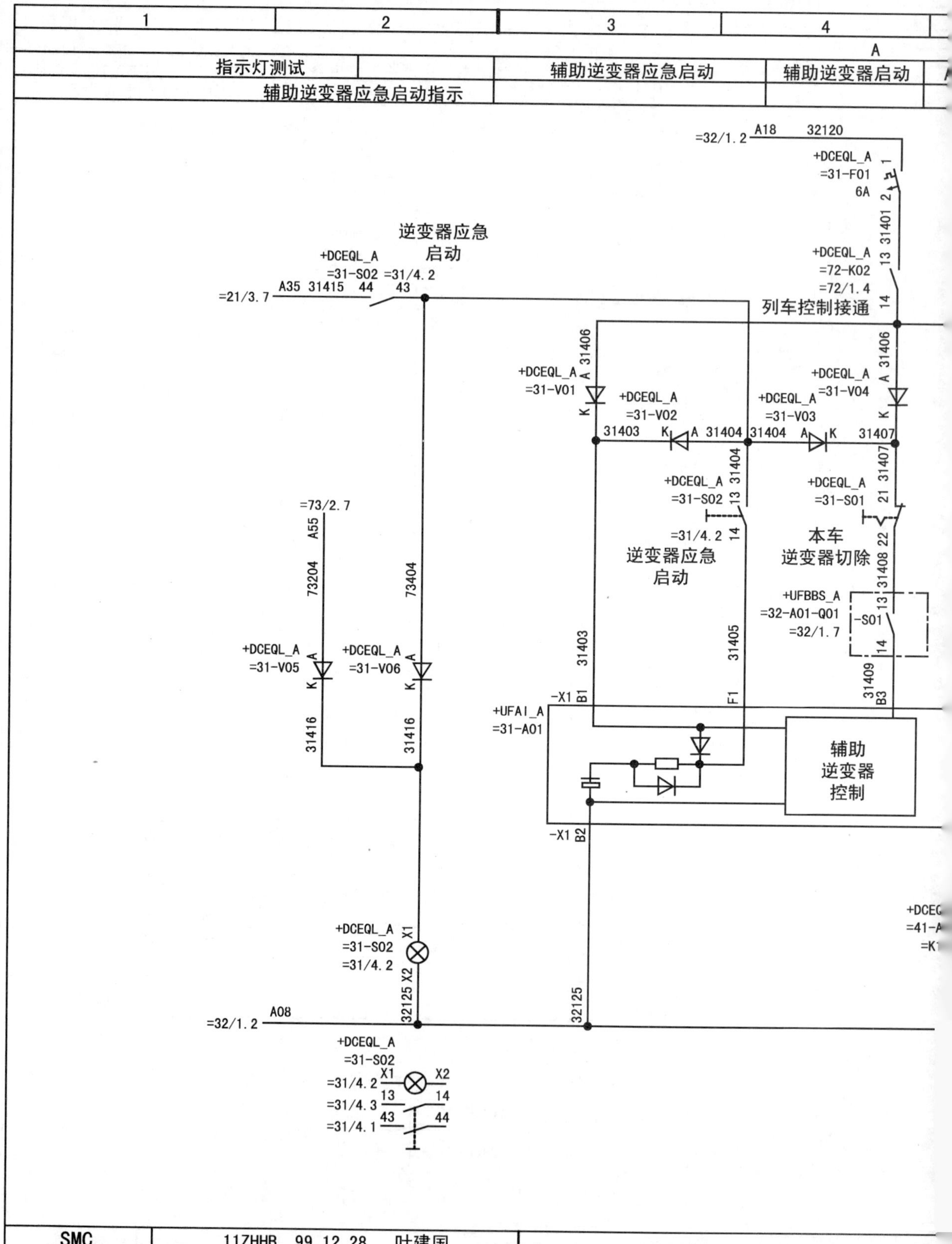

1
2
3
4
A
指示灯测试
辅助逆变器应急启动
辅助逆变器启动
辅助逆变器应急启动指示
=32/1.2 A18 32120
+DCEQL_A
=31-F01
6A
31401
+DCEQL_A
=72-K02
=72/1.4
列车控制接通
逆变器应急
启动
+DCEQL_A
=31-S02 =31/4.2
=21/3.7 A35 31415 44 43
31406
+DCEQL_A
=31-V01
+DCEQL_A
=31-V02
+DCEQL_A
=31-V03
+DCEQL_A
=31-V04
31403
31404
31407
+DCEQL_A
=31-S02
=31/4.2
逆变器应急
启动
+DCEQL_A
=31-S01
本车
逆变器切除
31408
+UFBBS_A
=32-A01-Q01
=32/1.7
-S01
=73/2.7
A55
73204
73404
+DCEQL_A
=31-V05
+DCEQL_A
=31-V06
31405
31409
-X1 B1
F1
B3
+UFAI_A
=31-A01
31416
辅助
逆变器
控制
-X1 B2
+DCEQL_A
=31-S02
=31/4.2
32125
=32/1.2 A08
+DCEQL_A
=31-S02
=31/4.2
=31/4.3
=31/4.1
X1 X2
13 14
43 44
SMC
11ZHHB 99.12.28 叶建国
GSMG
X.XXX.RS.78240.B.311
门控电路-逆变器启动和故障、交

图 38

A车

控制列车继电器 控制司机室的钥匙接通继电器

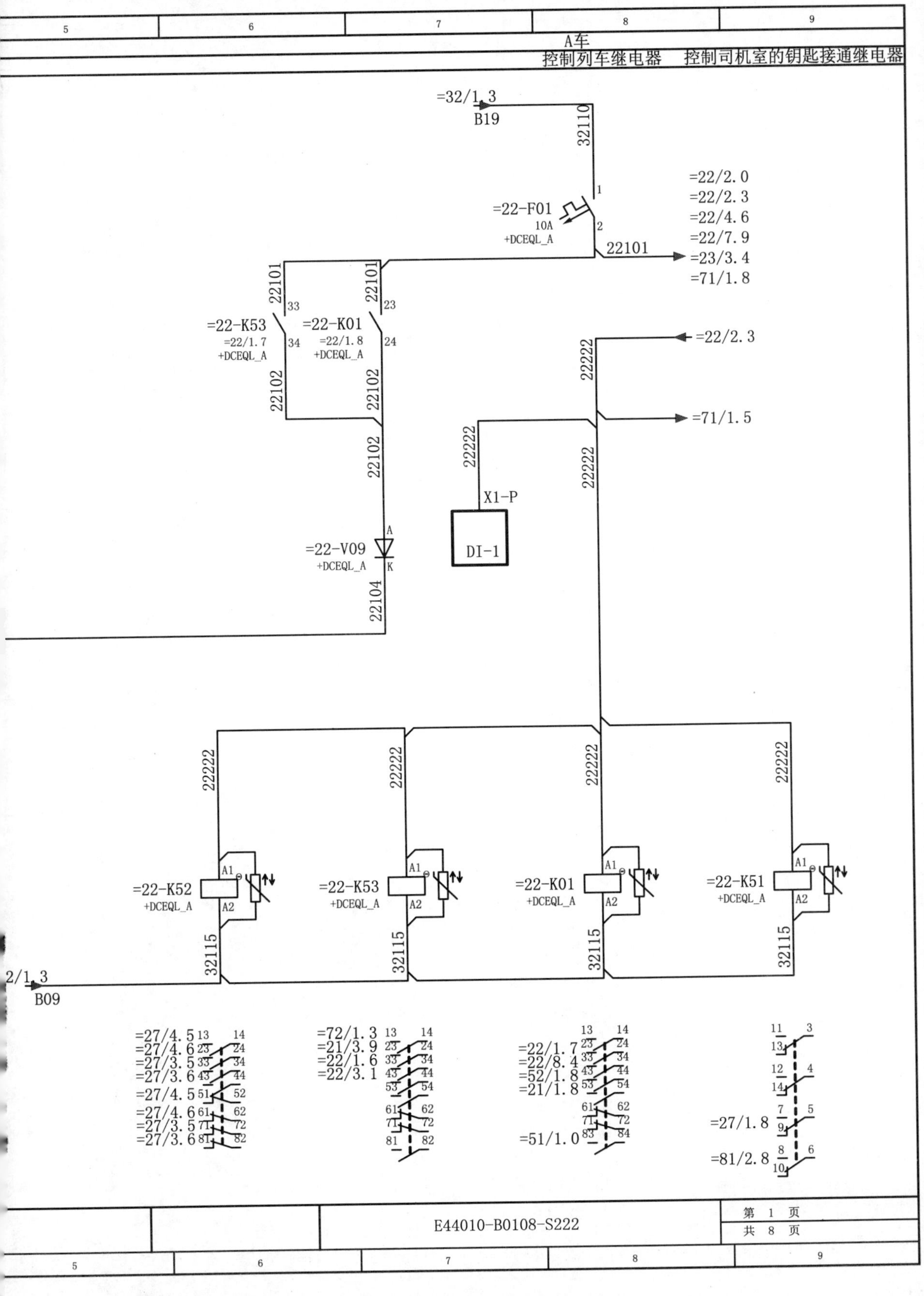